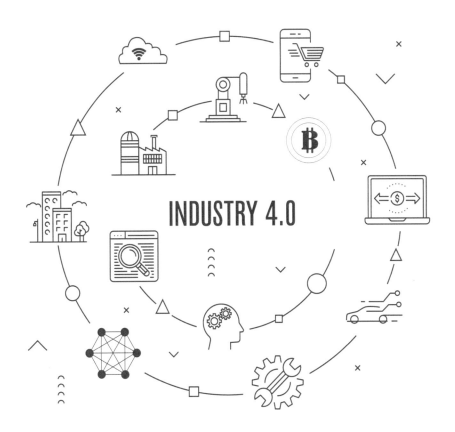

INDUSTRY 4.0

4차 산업혁명과
스마트 비즈니스

배재권

박영사

머리말

　최근 세계경제포럼(World Economic Forum)은 사물인터넷, 클라우드, 빅데이터, 인공지능, 블록체인 등의 기술융합을 토대로 한 '제4차 산업혁명(Fourth Industrial Revolution)' 시대의 도래를 예고하였다. 4차 산업혁명은 제조업의 스마트화에서 시작해서 금융, 유통, 물류 등 서비스업을 포함한 전 산업을 대상으로 혁신적인 변화를 만들고 있다. 4차 산업혁명의 기술혁신이 비즈니스 분야에 무엇을 어떻게 변화시키는지 이해하고 정책적 도전과 비즈니스 적용사례를 학습할 필요가 있다.

　본서는 4차 산업혁명의 핵심기술을 학습하고 기술 발전의 전체를 통찰할 수 있는 프레임을 제시하여 비즈니스 산업구조의 재편을 이해하도록 돕고 있다. 또한 4차 산업혁명으로 인한 일자리 위기의 해법을 구축하고 이를 통해 비즈니스 관련 전공자들은 무엇을 준비해야 하는지 해결책을 제안하고 있다.

　구체적으로 본서는 4차 산업혁명과 융합의 시대, 4차 산업혁명과 업종별 변화, 4차 산업혁명의 핵심원천기술, 4차 산업혁명과 일자리의 변화 등 총 10개의 챕터(chapter)로 구성된다.

　제1장은 '4차 산업혁명의 개요' 부분으로 산업혁명의 역사, 4차 산업혁명의 기술적 특징, 4차 산업혁명에 대응한 세계 주요국 정책, 그리고 4차 산업혁명의 산업변화 및 일자리 영향에 대해 학습한다.

　제2장은 '4차 산업혁명의 비즈니스 모델과 핵심원천기술'에 대해 학습한다. 세부적으로 4차 산업혁명 신경제의 특징, 4차 산업혁명 시대의 비즈니스 모델과

핵심원천기술, 그리고 한국형 4차 산업혁명 프레임워크 역량을 학습한다.

제3장은 '정보기술업 혁신과 4차 산업혁명'에 대해 학습한다. 세부적으로 정보시스템과 정보기술의 개념, 3차 산업혁명 시대의 정보시스템, 4차 산업혁명 시대의 통합정보시스템, 그리고 4차 산업혁명 시대의 정보시스템 보안에 대해 학습한다.

제4장은 '제조업, 물류업 혁신과 4차 산업혁명'에 대해 학습한다. 주요 내용으로 독일의 인더스트리 4.0과 스마트 팩토리, 사이버물리시스템과 서비스로의 제조, 그리고 4차 산업혁명과 스마트 물류에 대해 학습한다.

제5장은 '금융업 혁신과 4차 산업혁명'에 대해 학습한다. 주요 내용으로 핀테크 서비스, 금융 빅데이터 분석, 인터넷전문은행과 로보어드바이저, 블록체인과 금융혁명, 그리고 인슈어테크에 대해 학습한다.

제6장은 '사물인터넷과 4차 산업혁명'에 대해 학습한다. 사물인터넷의 개념 및 구성요소, 사물인터넷의 응용분야, 사물인터넷의 특징과 경제적 부가가치, 국내외 사물인터넷 산업동향, 그리고 사물인터넷 보안위협과 향후 과제에 대해 학습한다.

제7장은 '클라우드 서비스와 4차 산업혁명'에 대해 학습한다. 주요 내용으로 클라우드의 개요와 비즈니스 모델, 국내외 클라우드 서비스 현황과 산업동향, 그리고 클라우드 서비스의 보안위협과 해결방안에 대해 학습한다.

제8장은 '빅데이터와 4차 산업혁명'에 대해 학습한다. 주요 내용으로 빅데이터의 개념 및 특성, 빅데이터 분석기법과 분석단계, 빅데이터 분석 개발방법론, 그리고 분야별 빅데이터 활용사례에 대해 학습한다.

제9장은 '인공지능과 4차 산업혁명'에 대해 학습한다. 주요 내용으로 인공지능 기술발전의 역사, 인공지능 산업동향과 비즈니스 모델 혁신, 인공지능의 적용 분야와 기술, 그리고 인공지능과 로봇윤리에 대해 학습한다.

마지막 제10장은 '4차 산업혁명과 일자리의 미래'에 대해 학습한다. 주요 내용은 4차 산업혁명 시대 일자리의 긍정적·부정적 전망, 4차 산업혁명 시대 일자리 변화에 따른 대응 전략, 4차 산업혁명 시대 직무역량의 변화, 그리고 4차 산업혁명 시대의 유망 직종과 전문가 양성 방안에 대해 학습한다.

이상의 내용을 바탕으로 본서는 다음과 같은 기대성과를 예상할 수 있다.

첫째, 4차 산업혁명을 촉발시키고 있는 혁신원천기술과 산업별 적용사례를 학습하여 4차 산업혁명 시대에 필요한 소양과 가치판단을 제공할 것으로 기대한다.

둘째, 4차 산업혁명으로 인해 기존 일자리는 대부분 사라지고 4차 산업혁명 관련 일자리는 늘어나는 현실에서 비즈니스 분야의 전공자들에게 4차 산업혁명에 적합한 인재상 정립과 비즈니스 리더십 향상에 도움이 될 것으로 기대한다.

셋째, 4차 산업혁명 시대의 초연결, 초지능 사회 패러다임에 맞는 교육의 혁명적인 변화가 절실히 요청되고 있는 시점에서 4차 산업혁명 시대에 적합한 인재양성을 위한 교육 환경의 변화(융복합 교과목 강의범위 및 내용설계 정보제공, 인재양성 교육프로그램 수립)에 기여할 수 있을 것이다.

끝으로 저서가 출간될 수 있도록 도움을 주신 박영사의 대표님과 장규식 과장님, 편집부 황정원 님께 깊은 감사를 드린다.

아울러 항상 자식들을 위해 헌신하시는 부모님, 사랑하는 아내 보미, 소중한 딸 유나, 곧 축복받으며 태어날 둘째 딸에게도 감사의 말을 전한다.

2020년 8월
저자 씀

contents

○

차례

PART 03   4차 산업혁명의 핵심원천기술

Chapter 06 **사물인터넷과 4차 산업혁명**

Chapter 07 **클라우드 서비스와 4차 산업혁명**

Chapter 10 **4차 산업혁명과 일자리의 미래**

PART 01

The Fourth Industrial Revolution and Smart Business

4차 산업혁명과 융합의 시대

CHAPTER

01

4차 산업혁명의 개요

1.1 4차 산업혁명의 개요

　제4차 산업혁명(Fourth Industrial Revolution)은 사물인터넷(Internet of Things, IoT), 클라우드 컴퓨팅(Cloud Computing), 빅데이터(Big Data), 인공지능(Artificial Intelligence, AI) 등(I.C.B.A.)의 첨단 정보통신기술(Information and Communications Technologies, ICT)이 기존 산업과 서비스에 융합되어 혁신적인 변화를 만들고 있는 차세대 산업혁명이다. 4차 산업혁명의 핵심원천기술(I.C.B.A.)은 서로 융복합 또는 결합하여 새로운 제품 및 서비스 그리고 비스니스 모델을 창출하는 혁신석인 변화를 만들고 있다.

　2016년 개최된 제46차 세계경제포럼(World Economic Forum, WEF) 연차총회 (Davos Forum, 다보스포럼)의 핵심주제로 처음 소개된 4차 산업혁명은 기후변화 대응, 정치적 갈등, 실업 및 고용감소 등의 위험요인을 극복할 대안으로 제안되었다. 4차 산업혁명의 학술적 정의는 아직 통합되지는 않았으나 일반적으로 [표 1-1] 과 같이 정의하고 있다. 1) 4차 산업혁명은 초연결(hyper-connectivity)과 초지능 (super-intelligence)의 특징을 지니며 기존 산업혁명에 비해 더 넓은 범위(scope)

에 더 빠른 속도(velocity)로 혁신적인 변화를 만든다. 2) 4차 산업혁명은 I.C.B.A. 뿐만 아니라 로봇공학, 드론, 자율주행자동차, 가상현실(VR), 3D프린팅, 나노기술, 생명공학 등의 기술이 주도하여 산업과 생활 전반에 걸친 혁명적 변화를 만든다. 4차 산업혁명은 ICT 중심의 디지털혁명(제3차 산업혁명)에 기반을 둔 물리적 공간, 디지털 공간 및 생물학적 공간의 경계가 모호해지는 '융합(convergence)의 시대'를 말한다. 사람이 조작하던 기계를 인공지능이 직접 운영하고 인체에 컴퓨팅 기술을 적용하여 인간의 능력을 획기적으로 향상시키는 방식이 확대되고 있다. 3) 인공지능, 로봇, 사물인터넷, 빅데이터 기술의 혁명을 통해 실재와 가상이 통합되고, 사물을 자동적·지능적으로 제어할 수 있는 사이버물리시스템(Cyber Physical System, CPS, 4장에서 학습)이 구축되어 이를 기반으로 제조 및 생산 공정을 디지털화하는 과정이 4차 산업혁명이다. 사이버물리시스템은 내장된 컴퓨터와 네트워크가 물리적 프로세스를 감독 및 통제하고, 물리적 프로세스는 피

● 표 1-1 4차 산업혁명의 정의

기관 및 연구자	정의	핵심키워드
클라우스 슈밥 (2016)	사물인터넷, 클라우드 컴퓨팅, 빅데이터, 인공지능 등의 첨단 정보통신기술이 기존 산업과 서비스에 융합되어 혁신적인 변화를 만들고 있는 차세대 산업혁명	사물인터넷, 클라우드, 빅데이터, 인공지능 융합
세계경제포럼 (2016)	초연결과 초지능의 특징을 지니며 기존 산업혁명에 비해 더 넓은 범위(scope)에 더 빠른 속도(velocity)로 혁신적인 변화를 만드는 것	초연결, 초지능
보스턴 컨설팅 그룹 (2017)	I.C.B.A.뿐만 아니라 로봇공학, 드론, 자율주행, 가상현실(VR), 3D프린팅, 나노기술 등의 기술이 주도하여 산업과 생활 전반에 걸친 혁명적 변화	로봇공학, 드론, 자율주행, VR, 3D프린팅
Lee (2017)	IoT기반의 사이버물리시스템을 기반으로 제조 및 생산 공정을 디지털화하는 과정	IoT, CPS
Dujin et al. (2017)	사이버물리시스템, 지능화된 로봇, 빅데이터의 활용, 가상현실 기반의 기술의 융복합과정	IoT, CPS, 드론, 빅데이터, 융복합
Marshall (2018)	지능화, 자동화된 스마트 팩토리(smart factory)을 기반으로 다양한 사업체들과 이해관계자 집단, 공급업체, 물류업자, 그리고 공급자 간에 완벽한 커뮤니케이션 네트워크가 구축되는 것	스마트 팩토리, 네트워크

드백을 통해 상호 연결된 디지털 생산과정과 물리적 프로세스의 통합된 시스템을 말한다. 4) 4차 산업혁명이 추구하는 미래 비전을 구현하기 위한 3대 요소로 공장(factory), 사업(business), 상품(product)이 있다. 4차 산업혁명은 지능화, 자동화된 스마트 팩토리(smart factory)를 기반으로 다양한 사업체들과 이해관계자 집단, 공급업체, 물류업자, 그리고 공급자 간에 완벽한 커뮤니케이션 네트워크가 구축되는 것을 말한다.

　　4차 산업혁명은 제조업의 스마트화에서 시작해서 유통, 금융 등 서비스업을 포함한 전 산업을 대상으로 혁신적인 변화를 만들고 있다. 최근에는 각 산업영역에서 4번째의 혁명을 뜻한다는 의미에서 제조업 4.0(Industry 4.0), 물류 4.0(Logistics 4.0) 또는 지능이 가미되었다는 의미에서 스마트 제조, 스마트 물류 등으로 표현되고 있다. 이 중에서 제조업 4.0(Industry 4.0)은 제조업의 경쟁력 강화를 위해 독일 정부가 추진하고 있는 제조업 성장전략을 말한다. Industry 4.0은 사물인터넷(IoT)을 통해 생산기기와 생산품 간의 정보교환이 가능한 제조업의 완전한 자동생산체계를 구축하고 전체 생산과정을 최적화하는 산업정책이다. 전 세계적으로 4차 산업혁명이 경제·산업 분야에 큰 변화를 초래할 것으로 전망되는 가운데, 미국의 '첨단제조파트너십(AMP)', 독일의 'Industry 4.0', 중국의 '제조업 2025' 등 세계 주요국의 산업정책을 통해 산업 경쟁력을 강화하고 있다. 한편 우리나라는 2016년 알파벳의 자회사인 딥마인드(Deepmind)와 이세돌 기사의 바둑 대결로 인해 인공지능과 4차 산업혁명에 대한 논의가 활성화되기 시작하였으며, 4차 산업혁명 시대에 능동적으로 대응하기 위해 '제조업 혁신 3.0 실행대책' 발표와 대통령직속 4차 산업혁명위원회(www.4th-ir.go.kr)를 설치하는 등 다양한 정책을 마련하고 있다. 4차 산업혁명위원회는 4차 산업혁명에 대한 종합적인 국가전략, 4차 산업혁명의 근간이 되는 핵심원천기술(I.C.B.A.) 확보 및 기술 혁신형 연구개발 성과창출 강화에 관한 사항, 전 산업의 지능화 추진을 통한 신산업·신서비스 육성에 관한 사항 등에 관한 전략과 실천과제를 제시하고 있다.

● 그림 1-1 대통령직속 4차 산업혁명위원회(www.4th-ir.go.kr) 웹 사이트

1.2 산업혁명의 역사와 4차 산업혁명

　최초의 산업혁명(First Industrial Revolution)은 1760년에서 1820년 사이(18세기 중반부터 19세기 초반)에 영국에서 시작된 기술의 혁신과 새로운 제조공정(manufacturing process)의 전환으로 발생된 사회적, 경제적 큰 변혁을 말한다. 제1차 산업혁명은 석탄과 철을 주원료로 삼고 면직물 공업과 제철 공업 분야의 혁신이 핵심과제이다. 산업구조는 과거 자연력 또는 인력에 의한 생산이 기계로 대체되고 초기에 방직업에서 점차적으로 다른 제조업 분야로 확산되면서 생산의 획기적인 변화를 가져왔다. 물류부문은 기존 풍력 또는 동물의 힘을 빌려 교통수단으로 활용하던 방식에서 증기기관의 동력을 활용한 증기선과 증기기관차가 개발되었다. 이를 활용하여 화물을 대량으로 신속하게 운송할 수 있는 환경이 조성되면서 운송의 혁명적인 변화를 가져오게 되었다. 즉, 1차 산업혁명은 철도건설과 증기기관의 발명을 토대로 하여 사람의 노동력이 기계에 의한 생산으로 제조업의 패러다임을 바꾸었다.

　제2차 산업혁명(Second Industrial Revolution)은 산업혁명의 두 번째 단계(1865년부

터 1900년까지)로 산업의 중심이 경공업에서 중화학 공업으로 전환된 혁명을 말한
다. 즉, 산업구조가 소비재 산업인 경공업 중심에서 부가가치가 큰 생산재 산업
인 중화학 공업으로 전환된 것이다. 2차 산업혁명으로 인해 자본주의는 고도로
발달되어 독점 자본주의 단계에 이르게 되었고, 2차 세계대전을 거치면서 군사
기술과 화학 공업 등이 현저하게 발달하였다. 이 시기 산업은 제품의 생산량 최
대화가 중요시되었고, 작업방식을 표준화하면서 작업능률 향상과 품질 개선에
몰두하게 되었다. 미국의 헨리 포드(Henry Ford)에 의한 자동차 산업의 이동조립
식 대량생산체제(mass production system)가 대표적이다. 대량 생산과 소비로 인
해 물류의 수요가 급증하면서 운송수단은 더욱 대형화되고 속도도 빨라지게 되
었다. 2차 산업혁명은 전기와 석유를 활용한 생산조립라인이 생산현장에 도입되
어 대량생산체제가 확산되었다.

　1969년에는 인터넷(internet)이 이끈 컴퓨터 정보화 및 자동화 생산시스템이
주도하는 제3차 산업혁명(Third Industrial Revolution)이 일어났다. 3차 산업혁명은
컴퓨터와 인터넷을 기반으로 전 세계적으로 확산된 지식정보혁명을 말한다. 컴
퓨터 및 통신기술은 전 산업부문에서 생산, 소비, 유통의 전 과정을 시스템으로
자동화하였고, 제조과정의 상당부분이 디지털화되어 기계가 제품을 생산할 수
있는 시대가 되었다. 제조업의 디지털화가 촉진되고 실제 제조를 담당하는 메이
커 스페이스(maker space, 작업공간)가 확대되면서 대량맞춤화(mass customization)
현상이 일어나는 것이 3차 산업혁명이다. 디지털 물류부문에서도 물류관련 당사
자들 간의 원활한 정보교환과 공유가 이루어지면서 물류기능의 통합적 관리를
추구하게 되었다. 또한 각종 소프트웨어의 활용을 통해 물류 프로세스의 최적화
를 도모함으로써 물류의 효율성과 효과성을 제고하는 데 초점을 맞추고 있다.

　2016년 이후 발생된 제4차 산업혁명(Fourth Industrial Revolution)은 사물인터
넷(IoT), 클라우드 컴퓨팅(Cloud Computing), 빅데이터(Big Data), 인공지능(AI), 로
봇공학, 무인운송수단, 3D프린팅, 나노기술 등의 혁신기술이 기존 산업과 서비
스에 융합되어 혁신적인 변화를 만들고 있는 차세대 산업혁명이다. 4차 산업혁명
은 기존의 기계화, 전기화, 정보화 혁명에서 디지털혁명으로 전환된 것으로 개별적
영역에 머물던 3차 산업의 영역에서 한 차원 높은 수준으로 과학과 기술의 통합된
형태(integrated system of all modern and advanced science and technology)로 발전

하고 있다. 산업에서는 현실과 가상이 통합되어 사물을 자동적, 지능적으로 제어할 수 있는 사이버물리시스템(CPS, 사이버시스템과 물리적 시스템의 통합)이 구축되고 있다. 5G를 포함한 초고속 네트워크의 연결과 인공지능 기술이 적용되어 공장의 기계와 제품이 지능을 보유하여 학습능력이 향상되고 있다. 또한 기술과 산업 간 융합을 통해 산업의 구조를 변화시키고 새로운 스마트 비즈니스 모델(smart business model)을 창출하고 있다. 4차 산업혁명 시대는 제조업과 서비스

● 그림 1-2 산업혁명의 역사

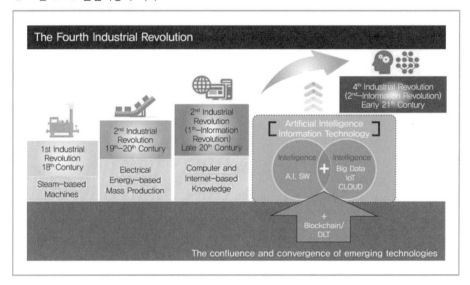

● 표 1-2 1차~4차 산업혁명의 주요 내용

구분	주요 특징
1차 산업혁명	• 18세기 중반부터 19세기 초반 영국에서 시작된 새로운 제조공정 전환 • 증기기관의 발명과 기계식 생산방식 도입
2차 산업혁명	• 19세기 컨베이어 벨트 도입되고 분업과 자동화 생산 확산 • 전기의 힘을 이용한 대량생산체제 확산
3차 산업혁명	• 1970년대 컴퓨터와 인터넷 기반의 지식정보혁명 • 대량 맞춤화 현상, 물류기능의 통합적 관리
4차 산업혁명	• 2016년 이후 초연결화, 초지능화 • I.C.B.A., 디지털 기술융합, 스마트 비즈니스 모델

업의 경계가 소멸되고 데이터와 인공지능 산업이 새로운 근간 산업으로 부상한다. 4차 산업혁명의 원천기술을 보유하고 있는 글로벌 기업의 스마트 비즈니스 모델은 더 이상 한 지역과 한 가지 산업에 머물지 않고 국가경계와 산업별 장벽을 넘어서 전 세계를 기반으로 하게 된다(end to end loops in integrated space and industry).

1.3 4차 산업혁명의 기술적 특징

4차 산업혁명은 초연결(hyper-connectivity), 초지능(super-intelligence), 융합화(convergence)를 특징으로 하는 新산업혁명이며, I.C.B.A.(Internet of Things, Cloud, Big Data and Artificial Intelligence)가 대표적인 핵심원천기술이다. 4차 산업혁명 시대의 산업생태계는 사물인터넷(IoT)을 통해 방대한 빅데이터(Big Data)를 생성하고, 이를 인공지능(AI)이 분석, 해석, 판단, 자율제어 등을 수행하여 초지능적인 제품 생산 및 서비스를 제공한다. 즉, 4차 산업혁명은 연결, 탈중앙화·분권, 공유·개방을 통한 맞춤시대의 지능화 세계를 지향한다. 맞춤시대의 지능화를 위해 현실세계의 모든 내용을 가상세계로 연결한 다음 가상세계에서 빅데이터 및 인공지능 분석을 통해 예측과 맞춤을 예상하고 이를 현실세계에 적용하고 있다.

4차 산업혁명의 주요 기술적 특징인 초연결성(hyper-connectivity), 초지능화(super-intelligence), 융합화(convergence)를 알아보자.

첫째, 초연결성(hyper-connectivity)은 사물인터넷(IoT)과 정보통신기술(ICT)의 진화를 통해 인간과 인간, 인간과 사물, 사물과 사물 간의 연결과정을 의미한다. 2020년 기준 전 세계 인터넷 플랫폼 가입자 수가 35억 명에 이르고 600억 개의 스마트 디바이스(smart device)로 인해 상호 간 네트워킹이 강화되면서 현재 우리 사회는 초연결 사회로 진입하고 있다. 또한 인터넷과 연결된 사물(internet-connected objects)의 수가 2015년 182억 개에서 2020년 550억 개로 증가하고, M2M(Machine to Machine, 사물통신) 시장규모도 급성장하고 있다. 이러한 현상은 초연결성이 4차 산업혁명이 도래하는 미래사회에서 가장 중요한 특성임을 보여주고 있다. 초연결성은 소비재를 유형재에서 서비스, 소프트웨어, 콘텐츠 등과 같은 무형재(invisible goods)로 확대시켜 무역패턴과 산업구조를 변화시키고 있다. 초연결의 시대에 도달하면서 가장 큰 우려사항은 바로 정보보안(information security)이다. 하버드 대학교 교수 마이클 샌델(Michael J. Sandel)은 초연결 시대의 정보보안 문제를 지적하면서 "우리는 일상적으로 사용하는 다양한 스마트 기기를 통해 편리함을 대가로 사생활을 제공하려는 경향을 보이고 있다"고 언급하였다. 문제는 자발적 정보제공만이 아니라 자기도 모르는 비의도적인 정보유출(information leakage)이 지속적으로 발생되고 있는 점이다. 실질적인 위험은 금융기관에서 일어나는 개인정보유출과 프라이버시 침해 우려이다. 결국 4차 산업시대의 '초연결'은 '초보안(super security)'의 필요성을 강조할 수밖에 없는 환경을 만들게 되었다.

둘째, 초지능(super-intelligence) 또는 초인공지능은 다양한 분야에서 인간의 두뇌를 뛰어넘는 총명한 지적 능력을 말한다. 이는 사람보다 단순히 계산능력의 우수함을 말하는 것이 아니라 과학기술의 창조성, 일반적 분야의 지식 및 전문지식 등 인류의 두뇌를 뛰어넘는 기계의 지능을 말한다. 초지능화는 인공지능과 빅데이터의 연계 및 융합으로 기술과 산업구조를 지능화, 스마트화시키고 있다. 인공지능은 빅데이터를 활용 및 분석하여 인간의 지적 능력을 컴퓨터를 통해 구현하는 기술로 그 자체로 지능정보시스템 또는 전문가시스템의 운영 주체가 될 수 있다. 2016년 3월, 구글(Google)의 딥마인드(DeepMind)가 개발한 인공지능 바둑프로그램 알파고(AlphaGo)와 국제 기전에서 18차례 우승기록을 보유한 이세돌 9단과의 공개 대국에서 알파고가 승리(4승 1패)하였다. 바둑판 위의 수많은 경우의 수와 인간의 직관 등을 고려하여 인간이 우세할 것이라는 전망과 달리 알파고의 승리는 초지능화 시대의 시작을 알리는 단초가 되었고, 많은 사람들이 인공지능과 미래사회 변화에 대해 관심을 갖기 시작하였다. 산업시장에서도 딥러닝(deep learning, 심층학습) 등 기계학습과 빅데이터에 기반한 인공지능 시장이 급성장하고 있다. 이러한 기술발전 속도와 시장 성장 규모는 초지능화가 4차 산업혁명 시대의 또 하나의 특성이라는 점을 말해주고 있다.

셋째, 융합화(convergence)는 초연결성과 초지능화의 결합으로 인해 수반되는 특성으로 4차 산업혁명 시대의 산업 간 융합화와 기술 간 융합화를 말한다. 산업 간 융합화는 IT활용 범위가 보다 확대되고 타 산업분야 기술과의 접목이 활발해지면서 산업 간 경계가 무너지고 산업지도 재편 및 이종 산업 간 경쟁이 격화되는 현상을 말한다. 모든 산업분야에서 IT기술을 이용한 융합이 급속히 진전되면서 IT가 모든 산업의 영역에서 부가가치를 높이는 원천기술로 자리 잡고 있으며 유비쿼터스 정보기술(ubiquitous IT) 개념이 확대되면서 전 산업부문에서 IT 활용도가 점차 가속화되고 있다. IT와 금융의 융합인 핀테크(Fintech), IT와 가전제품의 융합인 스마트 홈(smart home), IT와 의료의 융합인 유비쿼터스 헬스케어(u-Health), IT와 건설과의 융합(u-Building) 등이 그 대표적인 사례이다. 기술 간 융합화는 서로 다른 기술요소들이 결합되어 개별 기술요소들의 특성이 상실되고 새로운 특성을 갖는 기술과 제품이 탄생되는 현상이다. IT와 생명공학(BT) 및 나노기술(NT)의 융합, IT와 기계의 융합인 메카트로닉스(mechatronics) 등이 대표적인 사례이다. 4차 산업혁명 시대는 산업 간, 기술 간 융합화가 심화 및 확산되면서 기존 산업구조 및 기업들의 경쟁방식도 크게 변하고 있다. 융합화를 통해 사람, 사물, 사람과 사물 간 극대화된 연결성은 지능정보시스템으로 활용도가 극대화되면서 기술과 산업의 경계를 무의미하게 만들고 있다.

4차 산업혁명은 초연결화, 초지능화, 융합화를 통해 모든 것이 상호 연결되고 보다 지능화·융합화된 사회로 변하고 있다. 4차 산업혁명은 발전 속도가 빠르고 영향 및 파급효과가 매우 큰 기술의 융합에 기반을 둔 혁신이기에 3차 산업혁명을 조금 더 발전시킨 것이 아니라 3차 산업혁명을 뛰어넘는 새로운 변화

● 그림 1-3 융합화 사례(스마트 홈과 스마트 헬스케어)

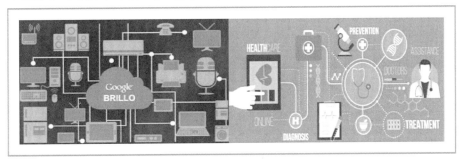

출처: 구글 홈페이지

로 평가할 수 있다. 4차 산업혁명의 핵심원천기술에 입각하여 4차 산업혁명의 특징을 세 가지로 요약할 수 있다. 첫째, 인공지능이 인력을 일부 대체하는 등 인간과 인간이 대면하는 행위 자체가 감소하는 경향이 있다. 둘째, 개인별 맞춤형 상품의 증가이다. 고객 데이터를 기반으로 획일화된 상품에서 벗어나 고객맞춤형 상품이 증가할 것이다. 마지막으로 기술의 복합적(융합적) 활용이 두드러진다는 점이다. 사물인터넷을 활용하여 사용자가 소지한 모바일 디바이스에서 빅데이터를 형성하고 클라우드 서버에 저장한다. 이렇게 축적된 빅데이터를 인공지능 기술을 적용하여 분석하고 이를 통해 고객 맞춤형 제품과 서비스를 제공할 수 있다.

1.4 4차 산업혁명의 전개양상 및 주요 변화동인

1차~3차 산업혁명을 촉발하였던 혁신기술들은 실제 경제, 사회에 적용 및 확산에 적지 않은 시간이 소요되었다. 그러나 4차 산업혁명의 주요 핵심원천기술은 초연결, 초지능, 초융합화의 특징으로 인해 적용 및 확산도 빠르게 진행되고 있다. 다수의 미래 전망보고서들은 4차 산업혁명과 미래사회 변화가 사회·경제적 측면의 변화동인과 기술적 측면의 변화동인으로 야기될 것으로 전망하고 있다. 사회·경제적 측면의 주요 변화동인은 '업무환경 및 방식의 변화', '신흥시장의 중산층 등장' 및 '기후변화' 등이 있고, 기술적 측면은 '무선인터넷과 5G', '클라우드 기술', '빅데이터', '사물인터넷' 및 '인공지능' 등이 주요 변화동인이 될 것으로 전망하고 있다. 독일의 경우 기술적 측면의 변화동인들이 일자리 지형에 직접적인 영향을 미쳐 기술발전을 적용함으로써 제조업 생산성이 크게 향상되고 있다. 이러한 변화의 중심에는 빅데이터, 인공지능, 로봇 및 자동화 등의 기술이 자리를 잡고 있다. 다양한 미래 전망자료를 종합·분석해보면, 과학기술 측면에서 4차 산업혁명과 미래사회 변화를 촉진하는 주요 변화동인이 I.C.B.A.(IoT, Cloud, Big Data, AI) 기술임을 알 수 있다.

4차 산업혁명은 3차 산업혁명을 기반으로 한 디지털, 물리학, 생물학 등 경

● 표 1 - 3 제4차 산업혁명의 주요 변화동인

사회 · 경제학적 주요 변화동인		기술적 주요 변화동인	
업무환경의 변화, 업무의 유연성	44%	무선인터넷과 5G, 클라우드 기술	34%
신흥시장에서 중산층	23%	연산능력(processing power), 빅데이터	26%
기후변화, 천연자원	23%	새로운 에너지 공급 및 기술	22%
지정학적 불안감의 증가	21%	사물인터넷	14%
소비자의 신념 및 사생활 이슈	16%	공유경제, 크라우드 소싱	12%
노령화 사회	14%	로봇틱스, 자동수송	9%
신흥시장에서 젊은 세대	13%	인공지능	7%
여성의 경제적 능력 및 열정	12%	진보된 제조업, 3D프린팅	6%
급속화 도시화	8%	진보된 소재 및 생명공학, 나노기술	6%

출처: WEF(The Future of Jobs, 2016), 김진하(2016 재인용)

계가 없어지고 융합되는 기술혁명을 의미한다. 산업 측면은 공유경제(sharing economy) 및 온디맨드 경제(on-demand economy)가 부상하고 있다. 공유경제는 한 번 생산된 제품을 여럿이 함께 공유해 쓰는 협업 소비를 기본으로 한 경제를 의미하는 것으로 대량생산체제의 소유 개념과 대비된다. 물품은 물론, 생산설비나 서비스 등을 개인이 소유할 필요 없이 필요한 만큼 빌려 쓰고, 필요 없는 경우 다른 사람에게 빌려주는 공유소비의 의미를 담고 있다. 온디맨드 경제는 플랫폼과 기술력을 가진 기업이 수요자의 요구에 즉각적으로 대응하여 서비스 및 제품을 제공하는 경제 전략 혹은 활동을 말한다. 온디맨드 경제하에서 기업은 품질 좋은 제품이나 서비스를 제공하는 것뿐만 아니라 수요자와 공급자를 연결해주고 이 둘 간의 거래가 원활하게 이루어질 수 있도록 서비스 질을 관리한다. 최근에는 경기침체와 환경오염의 대안을 모색하는 사회운동으로 공유경제와 온디맨드 경제가 확산되고 있다.

1세대 공유경제 및 온디맨드 경제 기업으로 우버(Uber), 에어비앤비(Airbnb)를 예로 들 수 있다. 우버는 자체적인 검증 절차를 걸쳐 고용된 운전기사와 승객을 스마트폰 애플리케이션(앱)으로 연결하는 기술플랫폼이다. 우버는 택시를 소유하지 않고 운전기사도 고용하지 않는 운송서비스로 승객과 운전기사를 연결해주는 허브 역할과 우버 앱을 통한 결제기능만 담당한다. 에어비앤비는 임대인과 임차인을 실시간으로 연결시켜주는 세계 최대의 숙박 공유 서비스이다. 자신의 방이나 집, 별장 등 사람이 지낼 수 있는 모든 공간을 임대하는 숙박 공유 플랫폼이다. 이들 공유경제 기업은 자신이 보유한 제품과 매장, 자산 없이 플랫폼을 제공하는 형태로 성장하여 플랫폼 가입자들이 온라인을 통해 자동차와 택시, 호텔 등의 오프라인 재산 소비를 공유하도록 서비스를 제공한다. 공유와 연결을 통한 중개플랫폼 사업은 성장 가능성이 높고 새로운 일자리 창출뿐만 아니라 적시 수요와 틈새 수요의 경제적 특성을 구현하고 있다. 그러나 온디맨드 경제하에서 노동자들은 필요할 때에만 고용되고 기존 기업들이 담당했던 노동자들의 연금 혹은 건강보험 등을 노동자 스스로 책임져야만 한다. 이러한 문제로 온디맨드 경제의 부상은 사회의 불평등을 악화시키고 일반 노동자들의 일자리를 위협할 가능성이 있다는 비판을 받고 있다. 실제로 우버의 경우 우버가 진출하는 도시마다 택시 기사들의 반발과 파업이 진행되어 공유경제 관련 규제 정비 및 대책마련이 시급한 실정이다. 이와 관련된 내용은 10장 '4차 산업혁명과 일자리의 미래'에서 상세히 학습한다.

1.5 4차 산업혁명에 대응한 세계 주요국 정책

세계경제포럼(World Economic Forum, WEF), 스위스 금융그룹(UBS), 블룸버그(Bloomberg)가 공동으로 세계 128개국의 국가역량지표를 분석하여 4차 산업혁명에 가장 잘 적응할 수 있는 국가 순위를 발표하였다(표 1-4 참조). 정책기관역량, 인적자원 및 연구 수준, 인프라 수준, 시장성숙도, 기업성숙도, 지식 및 기술 성과, 창의적 성과 등의 국가역량지표를 분석하여 4차 산업혁명 준비정도 및 경쟁력을 분석한 것이다. 16개 선도국은 미국, 영국, 이스라엘, 독일, 프랑스, 스웨덴, 핀란드, 네덜란드, 덴마크, 스위스, 노르웨이, 아일랜드, 일본, 싱가포르, 홍콩, 뉴질랜드 등이다.

16개 선도국은 4차 산업혁명을 촉발하는 경제성장 패러다임의 변화, 산업·사회 구조의 변혁에 대비하기 위한 다양한 혁신전략을 추진하고 있다. 즉, 4차 산업혁명 정책은 각국 여건에 따라 추진 주체와 방향 등에서 차별성이 존재한다. 미국, 독일, 일본 등은 국가혁신전략을 통해 글로벌 사회에서 자국의 경제·산업 경쟁력을 강화하고 국가의 위상을 제고하고 있다. 이들 국가는 '국가전반 혁신형' 모델을 채택하여 글로벌 경제·산업 내 리더십 유지를 목표로 하고 있다. 미국은 신산업 육성을 통해 세계 1위 경제대국을 유지한다는 목표이며, 독일과 일본은 각각 제조산업과 로봇산업에서 세계를 선도한다는 계획을 발표한 바 있다.

덴마크, 핀란드, 네덜란드, 아일랜드, 노르웨이, 스위스 등의 강소국들은 자국의 핵심역량을 적극 활용하는 가운데 국제화 기반의 개방형·협동형 혁신전략을 추진하고 있다. 이들 국가는 '선택적 혁신형' 모델을 채택하여 협소한 내수시장과 인구 고령화의 한계 극복을 위해 공동연구 등 국제 연구개발 협력을 강조하고 인적·물적 자원의 이동과 해외 진출을 장려하고 있다. 미래 성장동력 확보 측면에는 선도적 신기술에 대규모 투자를 추진하는 강대국과 달리 자국이 명확한 우위를 보유한 일부 주력산업 육성에 집중한다. 이스라엘은 우주 및 항공 분야, 덴마크는 목재 관련 제조 등 산업 육성에 집중하고 있다.

우리나라의 4차 산업혁명 대비평가(준비 수준 및 적용 수준 평가)는 25위 수준(24위 말레이시아)이며, 중국이 28위로 우리나라를 바짝 추격하고 있다. 우리나라의 적응 수준을 요소별로 보면, '노동시장 유연성'은 중국보다 낮은 수준(한국 89위)이며 지적재산권 보호, 기업의 윤리적 행동 등으로 구성된 '법적 보호'도 상대적으로 열악한 것으로 분석되었다. 또한 2015년에 발표한 세계경제포럼(WEF)의 국가 경쟁력 분석보고서에서 우리나라의 약점으로 분석된 평가항목은 '정책 결정의 투명성', '법 체계의 효율성', '시장 지배(독점)의 정도', '벤처 자본의 이용 가능성'이다. 우리나라는 기술적 편익과 가능성을 제도가 침식하는 상황으로 혁신기술을 개발하더라도 경직된 법과 제도 규제로 인해 사업화가 지연되는 현상이 발생하고 있다. 기술 기반으로 4차 산업혁명에 적응하고 이를 선도하는 선진국과 신흥국은 노동시장, 교육, 인프라, 제도 등 총체적 시스템의 업그레이드를 통해 후발주자와의 격차를 더욱 확대할 것으로 전망되어 우리나라의 4차 산업혁명 전략의 수정보완이 필요한 시점이다. 다음 절에서는 독일, 미국, 일본의 4차 산업혁명 정책에 대해 상세히 알아보고, 우리나라의 4차 산업혁명 정책의 보완점은 무엇인지 생각해보자.

● 표 1-4 제4차 산업혁명 영향도 국가별 평가

역량 지표	노동유연성	기술 수준	교육시스템	SOC	법적 보호	영향도
국가별 세부 지표	노동시장 효율성	고등교육훈련	혁신	국가기반시설 기술수용성	재산권, 저작권 사법독립성	순위의 가중평균
스위스	1	4	1	4.0	6.75	3.4
싱가포르	2	1	9	3.5	9.00	4.9
네덜란드	17	3	8	6.5	12.50	9.4
핀란드	26	2	2	19.0	1.25	10.1
미국	4	6	4	14.0	23.00	10.2
영국	5	18	12	6.0	10.00	10.2
홍콩	3	13	27	4.5	10.00	11.5
일본	21	21	5	12.0	18.00	15.4
독일	28	17	6	9.5	18.75	15.9
타이완	22	14	11	20.0	31.25	19.7
프랑스	51	25	18	12.0	31.00	27.4
이스라엘	45	28	3	26.0	38.50	28.1
한국	83	23	19	20.0	62.25	41.5
중국	37	68	31	56.5	64.25	51.4

출처: UBS, WEF(2016), 김윤경(KERI Brief, 2017 재인용)

● 표 1-5 국가별 미래사회 변화의 주요 동인

국가	주요 변화동인
독일	빅데이터, 로봇, 자율주행자동차, 스마트 공급망 등
영국	바이오 및 나노 기술, 차세대 컴퓨터, 가상현실, 3D프린팅 등
미국	클라우드, 자동화 기술, 센서 및 통신기술, 3D프린팅, 사물인터넷, 자율주행자동차 등
호주	클라우드, 사물인터넷, 빅데이터, 인공지능, 로봇 등
이스라엘	우주 및 항공 분야의 인공지능 적용, 빅데이터, 로봇 등
덴마크	목재 관련 스마트 제조, 센서 및 통신기술, 사물인터넷 등

출처: Oxford Univ.(Fast Future Research, 2010), 김진하(2016 재인용)

1.5.1 독일과 미국의 제4차 산업혁명

독일, 미국 등 주요국은 4차 산업혁명에 직접적으로 대응하기 위해 다양한 정책과 전략을 수립하여 추진하고 있는 중이다. 독일은 정보통신기술(ICT)과 제조분야의 융합을 통해 '인더스트리 4.0(Industry 4.0)'이라는 제조업 혁신전략을 추진하고 있다. 인더스트리 4.0은 제조업의 경쟁력 강화를 위해 독일 정부가 추진하고 있는 제조업 성장전략이다. 인더스트리 4.0은 제조업의 완전한 자동생산 체계 구축과 생산과정의 최적화를 목표로 스마트 팩토리(smart factory, 지능형 공장)로 진화하자는 내용이다. ICT를 이용하여 공장의 기계, 산업장비, 부품들은 서로 정보와 데이터를 자동으로 주고받을 수 있으며 기계마다 인공지능이 적용되어 모든 작업과정이 스스로 통제되고 최적화된다. 이를 통해 생산에서 노동자가 차지하는 비중이 줄어들고 창의적인 기술개발과 혁신이 제조업의 경쟁력을 좌우하게 됨으로써 인구감소 등의 변화에도 불구하고 낮은 인건비가 핵심역량인 신흥국과의 경쟁력에서 우위를 확보할 수 있는 전략이다. 또한 독일은 정부 주도로 4차 산업혁명의 아젠다(agenda)를 설계하고, 스마트 팩토리의 초기 구축을 정부가 직접 지원하고 있다. 독일의 4차 산업혁명은 제조, 공장 중심(factory creates value)의 비즈니스 모델이다. 궁극적으로 인더스트리 4.0을 통해 다양한 ICT기술의 활용 및 융합이 적용되는 스마트 팩토리를 구축하여 제조분야와 관련된 모든 산업에 활용하는 것이다. 인더스트리 4.0의 주관부처는 독일 교육연구부와 경제·에너지부로, 연방정부는 예산 지원 등의 역할만 수행하며 인더스트리 4.0의 원활한 추진을 위해 산학연 혁신클러스터(innovative cluster)로 구성된 인더스트리 4.0 플랫폼 구축을 지원하고 있다. 인더스트리 4.0 플랫폼은 독일 정부 기관 및 협회·단체, 기업, 연구기관, 지역 대학 등 다양한 분야의 조직이 참여하고 있다. 4차 산업혁명에 따른 기술변화와 스마트화된 제품 및 서비스 제공은 보다 나은 인간 삶을 위한 것이며 변화 지향은 인간중심적 사고를 채택하고 있다.

미국은 4차 산업혁명 시대의 대비와 미래 산업의 일자리 창출, 그리고 초강대국 지위 유지를 위한 '미국혁신전략(A Strategy for American Innovation)'을 수행하고 있다. 미국은 산업별 인터넷 컨소시엄(industrial internet consortium)과 진보된 제조(advanced manufacturing) 등 자국 내 첨단산업의 강점을 극대화하는 방향으로 정책을 추진하고 있다. ICT산업의 강점을 활용하여 기계, 공장, 제품, 서비스 등에서 발생하는 데이터의 생성－저장－연결－활용 관련 산업과 기술을 집중적으로 육성하고 있다. 미국의 4차 산업혁명은 데이터 및 첨단 산업 중심 (data creates value)의 비즈니스 모델이다. 사이버보안, IT와 헬스, 빅데이터 및 데이터 집약형 컴퓨팅, IT와 물리시스템, 사이버 휴먼시스템 및 고성능컴퓨팅 등 8개 분야를 선정하여 이를 집중적으로 추진하고 있다. 또한 미국 대통령실은 미래사회 변화에 대응하기 위해 '스마트 아메리카 프로젝트(Smart America Project)'를 추진하여 사물인터넷(IoT)을 활용한 스마트 도시(smart city) 구축을 수행하고 있다. 미국은 ICT기반의 과학기술 경쟁력을 강화함으로써 기술·산업적 측면에서 4차 산업혁명 시대의 주도권을 선점하기 위해 지속적으로 노력하고 있다.

1.5.2 일본의 제4차 산업혁명

일본은 2016년 다보스포럼(Davos Forum)에서 '제4차 산업혁명' 개념이 제시된 후 정부차원에서 이 개념을 적극적으로 수용해서 정책에 반영한 첫 국가이다. 정부 전략 문서에 '제4차 산업혁명'을 적극 사용할 뿐만 아니라 일본이 당면한 문제와 강점을 분석하여 자국에 맞는 독특한 4차 산업혁명 전략을 수립하고 있다. 일본은 2016년 1월에 내각부 산하 종합과학기술·이노베이션회의에서 '초스마트 사회(Society 5.0)'를 제시하였다. 수렵사회, 농경사회, 공업사회, 정보사회를 거쳐 초스마트 사회가 오고 있다고 전망한 것이다. 초스마트 사회는 필요한 제품과 서비스를 필요한 사람에게 필요한 시간에, 필요한 만큼 제공하고 사회의 다양한 니즈(needs)에 세밀하게 대응하여 모든 사람이 질 높은 서비스를 받아 연령, 성별, 지역, 언어의 차이를 초월하여 건강하고 쾌적하게 살 수 있는 사회이다.

일본은 로봇, 센서 디바이스, 네트워크 인프라, 현실 데이터, 컴퓨터 개발능력 등에서 세계 최고 수준이다. 산업용 로봇 출하액 3,400억 엔(3조 8,422억 원, 세계시장 점유율 약 60%), 가동대수 약 30만 대(세계시장 점유율 약 30%)로 세계 1위 (2019)이다. 일본의 4차 산업혁명 로드맵 중심에는 로봇과 인공지능이 있다. 일본은 로봇산업 강점을 기반으로 사회적 문제인 고령화를 해결하는 것을 4차 산업혁명의 국가 아젠다로 설정하고 관련 산업 및 기술 개발에 집중하고 있다. 고령화 등 노동력 감소문제를 해결하고, 산업 내 축적된 노하우를 다음 세대에 전수하는 것이 일본의 4차 산업혁명 정책의 주요 이슈이다. 또한 일본은 로봇과 인접기술(빅데이터, 클라우드, 인공지능)과의 선제적 융합을 시도하고 있으며 로봇혁명을 위한 추진체계 정비, 핵심기술 개발, 제도적 인프라 정비, 규제 개혁 등을 추진하고 있다.

일본은 4차 산업혁명의 다양한 기술적 동인을 고려하여 '데이터의 확보와 활용'이라는 측면을 핵심으로 이해하고 이를 토대로 일관된 대응책을 강구하고 있다. 특히 고령화, 자연재해 등 일본 사회가 지닌 고질적인 문제와 기존 산업의 강점을 분석해서 자국에 맞는 독특한 대응전략을 수립하고 있다. 초스마트 사회의 목표는 과학기술을 통한 생산성 향상(경제성장)과 사회문제 해결이며, 이들 문제를 동시에 달성할 수 있을 것으로 기대하고 있다. 또한 일본은 데이터 기반(data driven) 선순환형 비즈니스 모델을 지속적으로 개발하고 있다. 기술 및 비즈니스 모델 개발 시 데이터의 취득, 공유, 데이터 분석, 그리고 실용화 과정(빅데이터 활용)에서 각 단계별로 일본의 문제점을 파악하여 해결하고 있다. 사이버공간(가상사회)과 물리적 공간(현실사회)을 고도로 융합하는 매개체이자 경제성장과 사회문제 해결이라는 목표를 달성하기 위한 핵심적인 수단이 데이터임을 강조하고 있다. 4차 산업혁명의 핵심기술을 사물인터넷, 빅데이터, 인공지능, 로봇으로 규정하고, 이들을 부문별 기술(금융, 의약, 생산 등) 및 데이터와 결합하여 새로운 제품과 서비스를 창출하고 있다.

4차 산업혁명을 선도하는 일본의 전략은 다음과 같다. (1) 데이터 이용 및 활용 촉진을 향한 환경정비: 데이터 플랫폼 구축, 데이터 유통시장 조성 (2) 인재육성·확보 등 고용시스템의 유연성 향상: 교육시스템 구축, 글로벌 인재 확보 (3) 이노베이션·기술개발 가속화: 오픈 이노베이션시스템 구축, 지식재산 관리, 표준화 (4) 금융 기능 강화: 리스크 비용 지원, 무형자산 투자 활성화, 핀테크 고도화 (5) 4차 산업혁명의 중소기업·지역경제로의 파급: 중소기업·지역에 사물인터넷 기술 도입 (6) 4차 산업혁명을 위한 경제사회시스템의 고도화: 규제 개혁, 사회인식 확산 등이다. 이처럼 일본은 4차 산업혁명이 미칠 영향을 산업과 고용 관점에서 종합적이고 정량적으로 전망하여 4차 산업혁명의 세부전략을 수행하고 있다.

1.6 한국에서 4차 산업혁명은 위기인가? 기회인가?

2008년 글로벌 금융위기와 2019년 코로나바이러스(COVID-19)로 인한 경기 침체 이후 국내 주력산업의 위기 상황에서 4차 산업혁명은 새로운 질서와 게임의 규칙(rule) 변화를 가져올 것이다. 우리나라는 1970년대 이후 빠른 추격자 전략을 통해 선두주자(front-runner) 그룹의 국가들을 추격하였고, 1990년대 말 금융위기 이후 자동차, 반도체, IT기기, 조선 등 주요 제조업을 중심으로 선두주자 그룹 내 입지를 구축하였다. 현재 4차 산업혁명으로 인해 선두주자 그룹을 유지할 것인지, 낙오할 것인지 기로에 서있는 시점이다. 4차 산업혁명은 독일, 미국 등 제조 강국들의 주도권 쟁탈전으로서 그들이 추구하는 새로운 질서와 규칙에 따라 글로벌 주도권 및 핵심역량의 변화가 예상된다. 새로운 질서와 규칙이란 소프트웨어 역량 기반의 승자 독식 구조, 국제표준화 채택을 위한 경쟁체제, 플랫폼 비즈니스 모델의 주도 등을 말하며 IT산업의 특성이 타 산업에 융복합되는 것을 말한다. 4차 산업혁명은 '효율', '규모', '자본' 주도의 성장보다는 '기술', '지식', '소프트파워' 중심의 성장과 경쟁력이 핵심이다. 그러나 국내 산업은 인공지능, 빅데이터, 사물인터넷, 로봇공학, 3D프린팅 등 4차 산업혁명의 핵심원천기술 분야에서 선도적 기술 확보가 취약한 상태이며, 특히 이들 혁신기술과 산업간 연계, 그리고 융복합 측면에서 선진국에 비해 열악한 상황이다. 국내 주력산업이 현 생태계 구조를 그대로 유지한다면 성장의 한계가 드러나고 위기가 가중될 것이다.

국내 주력산업은 4차 산업혁명 시대의 적응력을 높이고, 새로운 시대에 적합한 경쟁력 확보와 비즈니스 모델 구축이 필요한 시점이다. 4차 산업혁명은 ICT 기술 주도의 변화이지만 생산의 스마트화, 제품 및 기술의 융복합 확대, 제조와 서비스 결합 등 제조업의 변화가 특히 두드러진다. 4차 산업혁명 시대에 적합한 국내 주력산업의 경쟁력 향상 및 신규 성장동력을 창출하기 위한 새로운 국가산업 발전 방향 및 전략 수립이 필요하다. 이에 본 절에서는 한국형 4차 산업혁명 프레임워크의 정의와 구조에 대해 설명한다.

한국형 4차 산업혁명 프레임워크는 국내 주력산업의 축적된 강점을 연결하고, 소프트파워(soft power: 정보과학, 문화, 예술 등의 영향력)를 높여 당면한 사회적 과제를 해결하는 것이 목적이다. 한국형 4차 산업혁명은 산업별 연결(industrial connection)과 협력(collaboration)이 핵심이다. 즉, 한국형 4차 산업혁명은 산업별 강점 연결과 협력을 통한 주력산업 생태계의 진화(industrial connection and collaboration create value)이다. 지난 40년간의 산업화 과정에서 축적된 주력산업(자동차, 조선, 철강, 석유화학, 반도체, 디스플레이, 스마트폰, 기계 등)의 기술력과 인재를 타 산업에서도 활용할 수 있는 인재-기술의 선순환 생태계가 필요하다. 4차 산업혁명 시대의 승부는 결국 인재경쟁으로 오늘을 뛰어넘는 새로운 지식과 기술을 갖춘 전문가 확보와 인재양성에 더욱 힘써야 한다. 설비, 디바이스 등 하드웨어 구현 역량과 빠른 실행력 등 국내 주력산업만의 장점을 활용한 4차 산업혁명의 핵심영역 발굴이 필요하다. 또한 제조에만 의존적인 산업·경제를 벗어나 제조업 간, 제조-서비스 간, 서비스-서비스 간 새로운 융복합 혁신동력을 발굴하는 융합형, 경계형 산업역량 강화가 필요한 시점이다. 창의성, 연결성 등 소프트파워를 지향하는 산업문화를 조성하고, 가치 창출형 협력과 연계 확대가 필요하다. 한국형 4차 산업혁명은 제조, 공장 중심(factory creates value)의 독일 모델, 데이터 및 첨단 산업 중심(data creates value)의 미국 모델, 로봇 및 인간 지식 중심(human knowledge creates value)의 일본 모델과 차별화되어야 한다. 4차 산업혁명의 핵심기술 확보와 산업별 빅데이터 분석 및 활용에 초점을 둔 국가전략의 수립이 필요하고, 고용뿐만 아니라 전체 산업구조에 미치는 영향에 대한 연구와 논의가 필요하다.

1.7 4차 산업혁명의 산업변화 및 일자리 영향

많은 미래학자들과 미래전망보고서들은 4차 산업혁명에 따른 미래사회 변화가 크게 기술·산업 구조, 고용구조 그리고 직무역량 등 세 가지 측면에서 나타날 것으로 예측하고 있다. 미래사회 변화는 기술의 발전에 따른 생산성 향상 등 긍정적인 변화도 존재하는 반면, 일자리 감소 등과 같은 부정적인 변화도 존재한다.

첫째, 기술·산업적 측면에서 4차 산업혁명은 기술 및 산업 간 융합을 통해 산업구조를 변화시키고 스마트 비즈니스 모델(smart business model)을 창출한다. 4차 산업혁명의 특성인 초연결성, 초지능화, 융합화는 사이버물리시스템(CSP) 기반의 스마트 팩토리(smart factory)와 같은 새로운 구조의 산업생태계를 만들고 있다. 스마트 팩토리의 등장배경은 선진국들의 생산성 증가율 하락에 기인한다. 저성장 시대의 지속은 저출생, 저금리, 양극화로 대표되는 비정상의 정상화인 '뉴노멀(New Normal) 시대'로 이어지고 있다. 2000년대 초반부터 영국, 미국의 생산성 증가율 추세가 하락하기 시작하였고, 프랑스, 독일, 일본은 1970년대부터 하락하기 시작하였다. 노동생산성의 자동화가 특징인 3차 산업혁명 시기에 생산성 증가율이 개선되지 않았기에 효율적인 생산관리로 노동생산성 답보를 극복하는 것이 4차 산업혁명의 목표이다. 스마트 팩토리는 수주, 생산계획이 생산공정으로 이어지고 생산제품 출하, 사후서비스 관리까지 모든 비즈니스 프로세스를 통합·관리할 수 있는 디지털화된 시스템이다. 스마트 팩토리 구축 이전에는 부품·제품을 만드는 기계설비가 생산과정의 주체이지만 스마트 팩토리 구축 이후에는 부품·제품이 주체가 되어 기계설비의 서비스를 받아가며 스스로 생산과정을 거치는 형태의 산업구조로 변화한다. 이로 인해 제조업 분야에서 인간의 노동력 필요성이 점차 낮아지면서 해외에 나가있는 자국기업들을 각종 세제혜택과 규제완화를 통해 자국으로 불러들이는 정책인 리쇼어링(reshoring) 현상이 나타나고 있다.

둘째, 4차 산업혁명으로 인해 고용구조의 변화가 나타날 것이다. 즉, 4차 산업혁명을 야기하는 과학기술적 주요 변화동인이 미래사회의 고용구조인 일자리 지형을 변화시킨다는 것이다. 특히 자동화 기술 및 컴퓨터 연산기술의 향상은 단순·반복적인 사무행정직이나 저숙련(low-skills) 업무와 관련된 일자리에 직접적으로 영향을 미쳐 고용률을 감소시킬 것으로 예측되고 있다. 옥스퍼드 대학(Oxford Univ.) 마틴스쿨(Martin School)의 칼 베네딕트 프레이(Carl Benedikt Frey) 교수는 컴퓨터화 및 자동화로 인해 20년 뒤 사라질 가능성이 높은 직업군을 발표한 바 있다. 현재 직업의 47%가 20년 이내에 사라질 것이며 특히 텔레마케터, 도서관 사서, 회계사 및 택시기사 등의 단순·반복적인 업무와 관련된 직업들이 자동화 기술로 사라질 가능성이 높다고 전망하였다. 또한 수요와 공급을 연결하는 플랫폼이 활성화됨에 따라 공유경제 및 온디맨드 경제가 발전하여 2015~2020년에 710만 개의 일자리가 소멸하고 200만 개의 일자리가 새로 창출되어 결과적으로 510만 개의 일자리가 소멸할 것이라고 전망하였다. 전자상거래 기업 아마존(Amazon)은 세계 최초의 무인 슈퍼마켓인 아마존고(Amazon Go)를 2016년 부터 운영하고 있다(그림 1-4 참조). 아마존 고는 계산원이 전혀 없는 점포로 인간 노동력 사용을 최소화한 점포이다. 아마존 고는 인공지능(AI), 머신러닝, 컴퓨터 비전(컴퓨터가 사람의 눈처럼 이미지를 인식하는 기술) 등 첨단기술을 적용하고 있다. 무인점포의 등장은 계산원 일자리 파괴 등 일자리 감소에 큰 영향을 미칠 전망이다. 미국 노동통계국 통계에 의하면 계산원은 2019년 기준 400만 명이 종사하고 있는데, 이는 단일 직업으로는 두 번째로 많으며 미국 전체 고용인의 3.5%를 차지하고 있다. 계산원 일자리가 최저임금 수준의 저숙련 노동자 계층의 보편적인 일자리라는 점에서 무인점포의 확산은 제2의 러다이트 운동(Luddite Movement)을 야기할 수 있다. 또한 저숙련 및 저임금 노동인력이 수행하는 단순업무와 더불어 재무관리자, 의사, 고위간부 등 고숙련 고임금 직업의 상당수도 자동화되어 인간 업무의 대부분이 자동화될 가능성이 높다고 전망되고 있다.

일자리 지형 변화와 관련하여 부정적인 전망만 있는 것은 아니다. 4차 산업혁명과 관련된 기술 직군 및 산업분야에서 새로운 일자리가 등장하고, 고숙련

● 그림 1-4 세계 최초의 무인 슈퍼마켓 아마존고(Amazon Go)

(high-skilled) 노동자에 대한 수요가 증가할 것이라는 예측도 존재한다. 보스턴 컨설팅 그룹(Boston Consulting Group)은 인공지능, 3D프린팅, 빅데이터 및 산업로봇 등 4차 산업혁명의 주요 변화동인과 관련성이 높은 기술 분야에서 약 200만 개의 새로운 일자리가 창출되고, 그중 65%는 신생직업이 될 것이라고 전망하였다. 또한 독일 제조업 분야 내 노동력의 수요는 대부분 IT와 소프트웨어(SW) 개발 분야에서 경쟁력을 가진 노동자를 대상으로 나타날 것이고, 특히 데이터 분석 및 데이터 통합 분야의 일자리 수는 110,000개(약 96%) 증가하고, 인공지능과 로봇 배치의 일반화로 인해 로봇 코디네이터(robot coordinator) 등 산업용 로봇분야 일자리가 다수 증가할 것으로 전망하고 있다.

셋째, 4차 산업혁명에 따른 기술·산업 측면의 변화와 일자리 지형의 변화는 고용인력의 직무역량(Skills & Abilities) 변화에도 영향을 미치고 있다. 4차 산업혁명은 고용인력의 직무역량 안정성(skills stability)에 영향을 미치고, 산업분야가 요구하는 주요 능력 및 역량에도 변화가 생겨 복합문제 해결능력(complex problem solving skills) 및 인지능력에 대한 요구가 높아지고 있다. 특히 STEM(Science, Technology, Engineering, Mathematics) 분야의 지식이 4차 산업혁명 시대에 필요한 능력이다. 미국 제조업계는 2018년까지 전체 일자리의 63%가 STEM 분야의 교육 이수를 요구하고, 첨단제조분야의 15% 이상이 STEM 관련 고급학위(석사 이상)를 필요로 할 것으로 전망하고 있다. 또한 미래사회의 고용인력은 새로운 역할과 환경에 적응할 수 있는 유연성과 더불어 지속적인 학제 간 학습(interdisciplinary learning)이 필요하고, 다양한 하드스킬(hard skills)을 활용해야 한다. 로봇이나 기계를 다루는 전문적인 직업 노하우를 정보통신기술(ICT)과 접목할 수 있는 역량과 더불어 다양한 지식의 활용을 기반으로 소프트스킬(soft skills)도 4차 산업혁명 시대에 중요한 역량이 될 것이다.

4차 산업혁명은 기술융합으로 생산성을 높이고 생산 및 유통비용을 낮추어 소득증가와 삶의 질 향상이라는 긍정적 효과를 기대할 수 있다. 그러나 사회적 불평등, 빈부격차뿐만 아니라 기계가 사람을 대체하면서 노동시장의 붕괴와 같은 부정적 요소들이 등장할 것으로 우려되어 이에 대한 대책이 필요하다. 4차 산업혁명은 '기술·산업 구조' 및 '고용구조'와 같이 사회 외적인 측면에만 영향을 미치는 것이 아니라 '역량'이라는 사회 내적인 측면이자 인간 개개인의 특성에도 영향을 미치고 있다. 이는 미래사회 변화에 대비하기 위해서 사회 외적인 측면에서의 대응과 내적인 측면에서의 대응이 병행되어야 함을 의미한다. 이에 10장에서는 4차 산업혁명과 일자리의 미래, 그리고 인재양성 방안과 전략에 대해 모색해보고자 한다.

🔍 기업사례 4차 산업혁명 시대 GE의 경영전략은 무엇인가?

　　4차 산업혁명 시대를 맞이하여 다수의 기업들이 변화와 혁신을 모색하고 있다. 제너럴일렉트릭(GE)과 지멘스(SIEMENS)와 같은 글로벌 기업들은 제조업의 서비스화를 통해 사업구조와 비즈니스 모델의 혁신을 추진하고 있다. GE는 글로벌 복합기업(conglomerate)에서 디지털화 시대의 혁신을 선도하는 디지털 소프트웨어 기업으로 변신한 모범사례로 평가받고 있다.

　　100년 전통의 가전업체 GE는 4차 산업혁명 시대 대응을 위해 수년 전부터 변신을 거듭하고 있다. GE는 1990년대 말까지 문어발식 사업 확장을 지속하였으나 2001년 제프리 이멜트(Jeffrey Immelt) 회장 취임 이후 사업포트폴리오 재편을 추진하기 시작하였다. GE그룹 총 매출의 28%를 차지하던 금융부문의 사업을 매각하고 소프트웨어 사업에 진출하여 종합 인프라 전문기업으로 탈바꿈을 시도하였다. GE는 새로운 사업을 육성하면서 사물인터넷(IoT)과 빅데이터(Big Data) 분석을 적극 활용하였다. 석유플랜트, 의료기기, 항공기 엔진 등을 서로 연결하는 소프트웨어를 외부에 개방하는 등 거대한 산업플랫폼을 구축하여 글로벌 표준 선점에 한발 앞서 나가고 있다. 또한 지식공유와 기술이전 등의 협력이 가능한 개방형 플랫폼을 구축하여 수요와 공급이 자발적으로 생태계를 이룰 수 있도록 유도하고 있다. 이멜트 회장은 2020년까지 소프트웨어 부문의 매출액이 약 150억 달러(원화 18조 원)에 이르는 세계 10대 소프트웨어 기업의 성장계획을 발표한 바 있다. 현재 사업영역은 디지털, 파워(전력), 신재생에너지, 오일·가스, 에너지커넥션(송배전), 항공, 헬스케어, 운송(철도), 조명 부문으로 구성된다.

　　GE는 소프트웨어 사업전략을 개발하고 실행하는 GE 디지털이라는 조직을 신설하고 다양한 사업기회를 선점하는 데 주력하고 있다. 현실에서 발생할 수 있는 상황을 컴퓨터로 시뮬레이션함으로써 결과를 미리 예측하는 기술인 디지털 트윈(digital twin) 기술을 개발하였다. 디지털 트윈은 제조업뿐만 아니라 다양한 산업·사회 문제를 해결할 수 있는 기술로 주목받고 있다. 디지털 트윈은 기본적으로는 다양한 물리적 시스템의 구조, 맥락, 작동을 나타내는 데이터와 정보의 조합으로 과거와 현재의 운용 상태를 이해하고 미래를 예측할 수 있는 인터페이스이다. GE는 산업용 기계의 디지털 프로파일을 만들어 고객의 성장과 생산성을 위한 새로운 기회를 제공하고 있는데 디지털 트윈은 더욱 정교한 관리가 가능하고 더 나은 결과를 제공할 수 있는 물리적 자산이나 프로세스에 대한 소프트웨어 모델을 제시한다. 항공기 장착 GE90 엔진의 경우 디지털 트윈을 이용하여 항공기의 가용성을 높이고 불필요한 정비에 따른 수천만 달러의 비용을 절감하였다. 철도부문의 경우 GE의 에볼루션 기관차에 디지털 트윈 모델을 적용하여 연료 소모와 온실가스 배출을 최소화하고 있다. 또한 GE는 디지털 트윈 모델을 적용하여 빅데이터 플랫폼 프레딕스(Predix)를 구축하고 이를 운영기술과 접목하여 공장, 에너지, 항공 등 다양한 분야에서 생산성을 높이며 신규 비즈니스를 창출하고 있다. GE 디지털은 소프트웨어 전문가를 대거 영입하고 전통 제조업에 I.C.B.A. 기술을 융합하여 생산 효율을 극대화하고 있다.

이처럼 4차 산업혁명에 대응하는 GE의 사례는 향후 유망분야가 무엇인지, 대기업이 어떻게 변신해야 하는지에 대한 함의를 내포하고 있다. GE는 4차 산업혁명 시대의 핵심원천기술을 채택하여 종래의 제조업 편중에서 벗어나 서비스분야로의 진출이 두드러지고 있다는 점이다. 이는 우리나라 대기업에도 시사하는 바가 크다고 할 수 있다.

출처: 김용열, 박영서(2017), "4차 산업혁명과 중소기업 지원정책", 기술혁신학회지, 제20권 제2호, pp. 387 – 405.

Q. 4차 산업혁명 시대에 인공지능은 인간의 일자리를 위협하는가?

A. 과거의 산업혁명과 달리 기술의 진보속도가 혁명적이고 기술 융합의 범위가 예측 가능하지 않아 인간의 적응에 한계가 있다는 비관론이 우세하고 있다. 4차 산업혁명은 이전 산업혁명과 달리 미(未)자동화 분야를 남겨두지 않고, 훈련을 통한 신기술 흡수도 쉽지 않은 '기술 실업(technological unemployment)' 문제가 심화될 것으로 예상된다. 스마트팩토리 확산, 인공지능 의사 왓슨(AI doctor Watson), 로봇투자전문가(로보어드바이저), 그리고 인터넷전문은행 도입 등은 생산성 향상을 위해 생산과정에서 인간 노동의 개입을 최소화하는 것을 목표로 한다.

다수의 4차 산업혁명 관련 미래전망보고서는 단순 판매직과 서비스분야를 중심으로 일자리 감소가 일어날 것으로 예측하고 있다. 특히 텔레마케터가 가장 위험도가 높은 직업으로 나타났으며, 회계사와 소매상도 위험이 높을 것으로 나타난 반면에 치과의사나 레크레이션 강사는 위험도가 낮은 것으로 분석되었다. 단순·반복적인 사무행정직이나 저숙련 직업뿐만 아니라 인공지능에 의해 의사, 재무관리자, 고위간부 등 고숙련·고임금 직업도 자동화될 가능성이 있을 것으로 예상하고 있다.

4차 산업혁명 시대에는 저숙련·저기술 부문의 일자리가 감소하고, 고숙련·전문직 일자리만 소폭 상승하여 소득 양극화는 더욱 심화될 것으로 예상된다. 저임금·저숙련 일자리에 근무하는 저학력 근로자일수록 자동화의 위험이 높다. 결과적으로 4차 산업혁명 시대는 노동력의 저임금 일자리 이동에 의한 소득 양극화가 아니라 고숙련직을 제외한 전반적인 일자리 감소로 인한 실업으로 소득 양극화가 악화될 가능성이 크다.

　　글로벌 컨설팅회사 맥킨지(McKinsey & Company)가 운영하는 맥킨지글로벌연구소(MGI)는 주요 선진국의 일자리를 분석한 보고서에서 2030년까지 1억 700만 명의 여성이 자동화로 새 일자리를 찾아야 할 것으로 전망하였다. 아마존 알렉사(Amazon Alexa)와 같은 음성인식 비서서비스가 기존 비서 인력을 대체하고 인공지능 기술이 콜센터(call center)의 고객 응대전화 담당자들을 대체하는 등 여성들이 대부분 종사하는 서비스 업종 일자리가 사라질 것이라고 예측하였다. 현재 선진국은 비서 및 부기(簿記) 직종 종사자의 72%가 여성인 것으로 나타나 직종별·성별 간에도 일자리 영향에 차이가 있다. 반면에 신생 기술과 관련한 새로운 직군과 산업분야에서 일자리가 등장하고 고숙련 노동자에 대한 수요가 증가할 것으로 예상하고 있다. 로봇과 인공지능이 담당하지 못하는 '인지능력'과 '복합문제 해결능력'에 대한 수요가 높아져 이에 대한 훈련이 필요하다. 4차 산업혁명 속도의 가속화에 대응하기 위해서는 현재의 현장중심의 직업훈련에서 핵심역량 배양 중심의 평생교육으로 전환할 필요가 있겠다.

- 제4차 산업혁명(The Fourth Industrial Revolution): 사물인터넷, 클라우드, 빅데이터, 인공지능 등 첨단 정보통신기술이 경제·사회 전반에 융합되어 혁신적인 변화가 나타나는 차세대 산업혁명
- 사물인터넷(Internet of Things, IoT): 인터넷을 기반으로 모든 사물을 연결하여 사람과 사물, 사물과 사물 간의 정보를 상호 소통하는 지능형 기술 및 서비스
- 빅데이터(Big Data): 디지털 환경에서 생성되는 데이터로 그 규모가 방대하고, 생성 주기도 짧으며, 형태도 수치, 문자, 영상데이터를 포함하는 대규모 데이터
- 인공지능(Artificial Intelligence, AI): 인간의 학습능력, 추론능력, 지각능력, 자연어 이해능력 등을 컴퓨터프로그램으로 실현한 기술
- 클라우드 컴퓨팅(Cloud Computing): 인터넷상의 서버를 통하여 데이터 저장, 네트워크, 콘텐츠 사용 등 IT 관련 서비스를 한 번에 사용할 수 있는 컴퓨팅 환경
- 스마트 팩토리(Smart Factory): 설계·개발, 제조 및 유통·물류 등 생산과정에 디지털 자동화 솔루션이 결합된 정보통신기술(ICT)을 적용하여 생산성, 품질, 고객만족도를 향상시키는 지능형 생산공장
- 사이버물리시스템(Cyber Physical System): 통신기능과 연결성이 증대된 메카트로닉스 장비에서 진화하여 컴퓨터 기반의 알고리즘에 의해 서로 소통하고 자동적, 지능적으로 제어 및 통제되는 다양한 물리적 개체(센서, 제조장비 등)들로 구성된 시스템
- 로봇공학(Robot Engineering): 로봇에 관한 기술인 로봇의 설계, 구조, 제어, 지능, 운용 등에 대한 기술을 연구하는 공학(engineering)의 한 분야
- 3D프린팅(Three Dimensional Printing): 프린터로 평면으로 된 문자나 그림을 인쇄하는 것이 아니라 입체도형을 찍어내는 것을 말함. 종이를 인쇄하듯 3차원 공간 안에 실제 사물을 인쇄하는 3D기술은 의료, 생활 용품, 자동차 부품 등 많은 물건을 만들어낼 수 있음
- 첨단제조파트너십(Advanced Manufacturing Partnership, AMP): 미국은 첨단제조혁신을 통한 국가 경쟁력 강화나 일자리 창출을 위해 첨단제조업을 위한 국가전략을 수립함. AMP는 산학관의 역량을 결집하여 질 높은 제조업 고용을 창출하고, 국가 경쟁력을 끌어올릴 수 있도록 신기술 연구개발에 중점을 둠. 안보, 첨단소재, 로봇공학, 제조공정의 4대

중점영역을 선정함

- 빅데이터 분석가(Big Data Analyst): 빅데이터 전문가로 '디지털 사이언티스트(Digital Scientist)' 혹은 '데이터 과학자(Data Scientist)'로 불리는 전문가, 빅데이터 분석가는 기본적으로 통계학 지식과 비즈니스 컨설팅에 대한 이해, 그리고 데이터 분석을 위한 설계기법 활용 등에 관한 전문적인 역량이 필요함
- 비식별 정보: 주민등록번호처럼 특정한 개인을 구분할 수 있는 정보를 제외한 데이터, 비식별 정보는 사전 동의 없이 기업이나 공공기관이 자유롭게 활용할 수 있으며 특히 빅데이터 산업, 핀테크 산업 등에서 큰 부가가치를 창출할 전망임
- 정부 3.0(Government 3.0): 투명한 정부, 유능한 정부, 서비스 정부라는 목표를 가지고 이를 실현하기 위해 공공정보를 적극 개방·공유하고, 부처 간 칸막이를 없애며 소통·협력함으로써 국민 개개인에 대해 맞춤형 서비스를 제공하는 노력에 역점을 두는 정부 운영의 패러다임
- 시민 데이터 과학(Citizen Data Science): 비즈니스 현장의 실무자로서 조직 내외의 데이터를 수집하여 분석함으로써 문제를 해결하는 분야를 지칭
- 데이터 거버넌스(Data Governance): 기업에서 사용하는 데이터의 가용성, 유용성, 통합성, 보안성을 관리하기 위한 정책과 프로세스를 다루며 프라이버시, 보안성, 데이터품질, 관리규정 준수를 강조함
- 공유경제(Sharing Economy): 2008년 하버드 대학교의 로런스 레식(Lawrence Lessig) 교수가 만든 용어로 제품이나 서비스를 소유하는 것이 아니라 필요에 의해 서로 공유하는 활동을 말함(대량생산체제의 소유 개념과 대비)
- 온디맨드 경제(On-Demand Economy): 재화나 서비스의 즉시공급을 원하는 소비자 요구를 만족시키기 위해 앱을 활용한 기술기업들에 의해 발생하는 경제적 활동임, 디지털플랫폼을 중심으로 수요와 공급이 즉각적으로 매칭되는 경제시스템
- 한국형 4차 산업혁명 프레임워크: 국내 주력산업의 축적된 강점을 연결하고, 소프트파워 등 새로운 성공동인을 강화하며, 당면한 사회적 과제를 해결하기 위한 것, 한국형 4차 산업혁명은 산업별 연결(industrial connection)과 협력(collaboration)이 핵심
- 러다이트운동(Luddite Movement): 1811~1817년 영국의 중부 및 북부의 직물공업지대에서 일어났던 기계 파괴운동
- 리쇼어링(Reshoring): 해외에 나가있는 자국기업들을 각종 세제혜택과 규제완화 등을 통해 자국으로 불러들이는 정책
- STEM(Science, Technology, Engineering, Mathematics): 과학(Science), 기술(Technology), 공학(Engineering), 수학(Math)의 준말로 1990년대 들어서 미국과학재단(NSF)이 집중적으로 사용하기 시작한 용어로서, 융합형 인재를 키워 경쟁력 유지에 필요한 혁신을 주도하자는 것

연습문제

01 다음 설명에서 Ⓐ와 Ⓑ가 무엇을 말하는지 답하시오.

제4차 산업혁명(Fourth Industrial Revolution)이란 사물인터넷(Internet of Things, IoT), (Ⓐ), 빅데이터(Big Data), (Ⓑ) 등의 첨단 정보통신기술이 기존 산업과 서비스에 융합되어 혁신적인 변화를 만들고 있는 차세대 산업혁명이다.

Ⓐ – (   )   Ⓑ – (   )

02 다음 설명에서 Ⓐ가 무엇인지 답하시오.

(Ⓐ)은 내장된 컴퓨터와 네트워크가 물리적 프로세스를 감독 및 통제하고, 물리적 프로세스는 피드백을 통해 상호 연결된 디지털 생산과정과 물리적 프로세스의 통합된 시스템을 말한다.

Ⓐ – (   )

03 다음 설명에서 Ⓐ가 무엇인지 답하시오.

4차 산업혁명의 주요 기술적 특징은 초연결성(hyper-connectivity), 초지능화(super-intelligence), (Ⓐ)이다.

Ⓐ – (   )

04 다음 설명에서 공통적으로 Ⓐ가 무엇인지 답하시오.

초연결의 시대에 도달하면서 가장 큰 우려사항은 바로 (Ⓐ)이다. 하버드대 교수 마이클 샌델(Michael J. Sandel)은 초연결 시대의 (Ⓐ) 문제를 지적하면서 "우리는 일상적으로 사용하는 다양한 스마트 기기를 통해 편리함을 대가로 사생활을 제공하려는 경향을 보이고 있다"고 언급하였다.

Ⓐ – ( )

05 다음 설명에서 Ⓐ가 무엇인지 답하시오.

초지능(super-intelligence) 또는 지능화는 인공지능과 (Ⓐ)의 연계·융합으로 기술과 산업구조가 지능화되는 것을 말한다. 융합화(convergence)는 초연결성과 초지능화의 결합으로 인해 수반되는 특성이다.

Ⓐ – ( )

06 다음 설명에서 공통적으로 Ⓐ가 무엇인지 답하시오.

(Ⓐ)는 주민등록번호처럼 특정한 개인을 구분할 수 있는 정보를 제외한 데이터를 말한다. (Ⓐ)는 사전 동의 없이 기업이나 공공기관이 자유롭게 활용할 수 있으며 빅데이터 및 핀테크 산업 등에서 큰 부가가치를 창출할 전망이다.

Ⓐ – ( )

07 다음 설명에서 Ⓐ와 Ⓑ가 무엇을 말하는지 답하시오.

(Ⓐ)은 제조업의 경쟁력 강화를 위해 독일 정부가 추진하고 있는 제조업 성장전략이다. (Ⓐ)은 제조업의 완전한 자동생산체계 구축과 생산과정의 최적화를 목표로 (Ⓑ)로 진화하자는 내용이다.

Ⓐ – ( ) Ⓑ – ( )

08 다음 설명에서 Ⓐ가 무엇인지 답하시오.

(Ⓐ   )란 2008년 하버드대학교의 로런스 레식(Lawrence Lessig) 교수가 만든 용어로 제품이나 서비스를 소유하는 것이 아니라 필요에 의해 서로 공유하는 활동을 말한다(대량생산체제의 소유 개념과 대비).

Ⓐ – (   )

09 다음 설명에서 공통적으로 Ⓐ가 무엇인지 답하시오.

한국형 4차 산업혁명은 (Ⓐ   )과 협력(collaboration)이 핵심이다. 즉, 한국형 4차 산업혁명은 (Ⓐ   )과 협력을 통한 주력산업 생태계의 진화(industrial connection and collaboration create value)이다.

Ⓐ – (   )

10 다음 설명에서 Ⓐ와 Ⓑ가 무엇을 말하는지 답하시오.

STEM이란 과학(Science), 기술(Technology), (Ⓐ   ), (Ⓑ   )의 준말로 1990년대 들어서 미국과학재단(NSF)이 집중적으로 사용하기 시작한 용어로서, 융합형 인재를 키워 경쟁력 유지에 필요한 혁신을 주도하자는 것이다.

Ⓐ – (   )   Ⓑ – (   )

참고문헌

과학기술동향지(2017), "일본의 과학기술혁신정책과 추진체계 특징", 제27권, 제3호, pp. 44-49.

강영문(2017), "제4차 산업혁명과 물류교육에 관한 연구", 물류학회지, 제27권, 제2호, pp. 1-8.

김근혜(2017), "제4차 산업혁명기술 도입을 위한 규제 방식 전환에 대한 탐색적 연구", 한국지역정보화학회지, 제20권, 제3호, pp. 59-88.

김상윤(2017), "한국형 4차 산업혁명 Framework과 3대 추진역량", POSRI 이슈리포트, 포스코경영연구원, pp. 2-30.

김용열, 박영서(2017), "4차 산업혁명과 중소기업 지원정책", 기술혁신학회지, 제20권, 제2호, pp. 387-405.

김윤경(2017), "제4차 산업혁명 시대의 국내환경 점검과 정책 방향", KERI Brief, 한국경제연구원, pp. 16-33.

김은경, 문영민(2016), "제4차 산업혁명에 대한 경기도의 대응방향", 경기연구원.

김주찬(2016), "4차 산업혁명 시대의 규제개혁 과제", KIPA 칼럼, 한국행정연구원.

김진하(2016), "4차 산업혁명 시대, 미래사회 변화에 대한 전략적 대응 방안 모색", KISTEP 보고서, 한국과학기술평가원.

원동규, 이상필(2016), "인공지능과 제4차 산업혁명의 함의", ie 매거진, 제23권, 제2호, pp. 13-22.

이광희, 안춘모, 박광만(2008), "전통산업과 IT산업의 융합화 분석", 전자통신동향분석, 제23권, 제2호, pp. 1-10.

이원준(2018), "4차 산업혁명의 논의와 경영 및 마케팅 관리의 변화", Korea Business Review, 제22권, 제1호, pp. 177-193.

이충배, 노진호, 김정환(2017), "제4차 산업혁명의 기술이 물류성과에 미치는 영향에 대한 인식 연구", 물류학회지, 제27권, 제5호, pp. 1-12.

임형백(2017), "제4차 산업혁명 시대의 정부의 역할과 실패 비즈니스", 한국정책연구, 제17권, 제3호, pp. 1-22.

정민, 오준범(2017), "4차 산업혁명에 대한 기업 인식과 시사점", 현대경제연구원 VIP Report, 제691권, pp. 1-15.

최예린, 정홍주(2017), "4차 산업혁명시대의 인슈어테크산업 발전방안 연구", Asian Trade Risk Management, 제2권, 제1호, pp. 25 – 46.

최해옥, 최병삼, 김석관(2017), "일본의 제4차 산업혁명 대응 정책과 시사점", 동향과 이슈, 제1권, 제30호, pp. 1 – 25.

한세억(2017), "제4차 산업혁명의 창조적 제도화에 대한 연구", 한국지역정보화학회지, 제20권, 제3호, pp. 111 – 133.

Boston Consulting Group(2017), Man and Machine in Industry 4.0.

Dujin, A., C. Geissler, and D. Horstkotter(2017), Industry 4.0 The New Industrial Revolution How Europe Will Succeed, Roland Berger Strategy Consultants GMBH, Munich.

Frey, C. B., & M. A. Osborne(2013), The Future of Employment: How susceptible are jobs to computerisation?, Oxford University Press.

Klus, Schwab(2016), The Fourth Industrial Revolution, World Economy Forum.

WEF(2016), The Future of Jobs: Employments, Skills and Workforce Strategy for the Fourth Industrial Revolution.

CHAPTER

02

4차 산업혁명의 비즈니스 모델과 핵심원천기술

4차 산업혁명은 디지털혁명인 3차 산업혁명에 기반을 두고 디지털, 물리적, 생물학적 영역의 경계가 사라지면서 융합되는 새로운 차원의 기술적인 혁명을 말한다. 4차 산업혁명 시대의 도래로 산업 간 경계가 해체되며 수요자 중심의 서비스 경제로 전환이 촉진되고 있다. 산업구조의 변화와 함께 산업생태계와 일자리 구조도 급격하게 변하고 있다. 본 장에서는 4차 산업혁명 시대의 비즈니스 모델과 경제 패러다임의 변화, 그리고 4차 산업혁명의 핵심원천기술인 사물인터넷(IoT), 클라우드(Cloud), 빅데이터(Big Data), 인공지능(AI)에 대해 알아보고자 한다.

2.1 4차 산업혁명 시대 신경제의 특징

4차 산업혁명은 인공지능으로 대표되는 초지능화 시대, 사물인터넷으로 대표되는 초연결화 시대의 산업변화를 의미한다. 4차 산업혁명 시대의 경제 패러다임은 바로 디지털 전환(Digital Transformation)이다. 디지털 전환은 디지털 기술을 사회 전반에 적용하여 전통적인 사회구조를 혁신시키는 것이다. 일반적으로 기업에서 사물인터넷(IoT), 클라우드 컴퓨팅(Cloud), 인공지능(AI), 빅데이터(Big Data) 등(I.C.B.A.)의 핵심원천기술을 플랫폼으로 구축·활용하여 기존 전통적인 운영 방식과 서비스를 혁신하는 것이다. IBM의 기업가치연구소는 디지털 전환을 기업이 디지털과 물리적인 요소들을 통합하여 비즈니스 모델을 변화시키고, 산업에 새로운 방향을 정립하는 전략이라고 정의한 바 있다. 디지털 전환을 위해서 아날로그 형태를 디지털 형태로 변환하는 '전산화(digitization)' 단계와 산업에 정보통신기술을 활용하는 '디지털화(digitalization)' 단계를 거쳐야 한다. 4차 산업혁명 시대의 신경제(New Economy)의 특징은 다음과 같이 6가지로 요약할 수 있다.

첫째, 생산방식과 생산요소 개념의 변화가 일어나고 있다. 즉, 전통적인 생산의 3요소(토지, 자본, 노동) 개념이 사라지고 있다. 사이버공간과 초고속 네트워크 환경에서 작업·생산이 가능하게 됨으로써 토지의 한계성을 극복할 수 있다. 블록체인(block chain)이라는 가상의 광산에서 자원을 채굴할 수 있는 가상화폐(암호화폐)가 등장하였고, 넓은 땅(토지)이 없어도 고층빌딩에서 집약적 농장경영이 가능한 스마트 팜(smart farm)이 활성화되고 있다. 종래의 금융·실물자본(유형)이 아닌 무형의 기술·지식 자본이 활성화되면서 고갈되지 않는 자원이 등장하고 급기야 '수확체증의 법칙(투입된 생산요소가 늘어날수록 산출량이 기하급수적으로 증가)' 현상이 나타나고 있다. 노동의 개념 역시 과거의 육체적·물리적 노동 위주에서 정신적·지적 노동으로 성격이 바뀌고 있다. 즉, 전통적 생산요소에 기초한 '산업경제' 대신에 '지식'과 '정보'를 기반으로 하는 신경제가 도래하고 있다.

둘째, 사물인터넷, 클라우드, 빅데이터, 인공지능 등 첨단 지능정보기술이 기존 산업과 서비스에 융합되거나 3D프린팅, 로봇공학, 생명공학, 나노기술 등의 신기술과 결합되어 실세계 모든 제품 및 서비스를 네트워크로 연결하고 사물을 지능화한다. 산업 간 융합 및 초연결, 사물과 인간과의 융합 및 초연결을 통해 산업은 '연결된 산업(connected industry)'으로 발전하고 있다. ICT와 제조업의 융합을 통해 산업기기와 생산과정이 연결되고, 상호 소통하면서 최적화와 효율화를 달성할 수 있는 환경이 조성되고 있다.

셋째, 생산과 소비의 연결과 융합현상이 가속화되어 공유경제(sharing economy)와 온디맨드 경제(on-demand economy)가 발전하고, 핀테크 산업이 활성화되고 있다. 사물인터넷 환경에서 빅데이터가 산출되고, 이것을 처리·활용하는 인공지능이 발전함에 따라 현실세계는 가상현실과 증강현실로 연결되며 그 결과 소유가 아니라 공유를 기반으로 한 '우버화(Uberization)'가 진행되고 있다. 무형재화인 서비스재화에 대한 수요가 크게 증가하여 산업구조는 서비스산업 중심으로 재편될 것이다. 온디맨드 경제(주문형 디지털 경제)가 확대되면서 플랫폼 기반 경제도 발전하고 있다. 또한 전자금융(Fintech, 핀테크)이 활성화되고 온라인 전자지불 형태가 발전함에 따라 거래수단으로 실물적 화폐(지폐, 동전)의 활용도가 떨어지고 있다. 암호화폐 및 가상화폐가 활성화된다면 실물화폐의 기능은 더욱 위축될 것이며 가상공간을 통한 온라인 국제거래로 인해 국가 간 무역장벽이 허물어지고 있다.

넷째, 지식의 가치가 급속히 하락하는 지식보편화 시대이다. 디지털혁명의 시작과 함께 구글(Google), 네이버(NAVER) 등의 검색엔진에서 실시간으로 거의 모든 지식들을 공급하게 되면서 정형화된 지식의 가치가 꾸준히 하락하고 있다. 인공지능 시대가 보편화되면, 고급 지식을 기계로부터 공급받을 수 있고 한계비용(marginal cost)을 0으로 획득하는 것이 가능하기에 고급 지식마저도 보편화될 것이다. 지식보편화 시대에는 다양한 빅데이터를 분석하고 이를 실제 의사결정 문제에 활용하는 능력이 매우 중요해질 것이다.

다섯째, 신경제 시대는 인간 고유의 감성이 중시되고, 인간 욕구의 확장 시대가 열리게 된다. 기계(인공지능)는 학습부분과 이성적 부분을 담당하고, 인간은 기계가 처리하기 어려운 감성부분에 주력하게 된다. 또한 정치민주화로 인한 개인 자유의 증대와 방송통신과 인터넷 등 욕구확장 학문 및 기술의 발전으로 인간의 욕구는 계속 확장되어왔다. 4차 산업혁명 시대의 신경제는 인간의 의무적인 노동 필요가 감소되면서 욕구 개발에 보다 많은 시간을 투입하게 되어 욕구의 확장 시대가 도래할 것이다.

마지막으로 신경제 시대는 개인 중심 시대가 될 것이다. 과학기술발전으로 개인을 위한 제품과 서비스 공급역량이 증대되어 개인 소비 중심 시대가 열릴 것이다. 이로 인해 신경제의 경쟁력 원천요소도 많이 변화될 것이다. 과거에는 응용력이 중시되었으나 이제는 창조력이 중요해진다. 새로운 것을 창조하지 못하는 기업이나 개인은 생존이 어려워질 것이다. 또한 수많은 현상과 관계 속에서 중요한 지혜를 발견해내는 통찰력도 중요해진다. 기계가 학습하지 못하는 고도의 지혜를 인간은 최대의 경쟁력으로 활용하게 될 것이다.

앞으로는 신경제의 특징을 가진 산업이 발전하면서 신경제의 경쟁력 원천요소를 발휘하는 일자리에 대한 수요가 증대될 것이다. 그러나 한편으로 기존에 낮은 기술수준을 보유한 인력의 일자리 대체도 동시에 발생하여 기술을 보유한 개인 또는 국가가 시장을 주도하므로 불평등이 심화될 것이다. 중국·인도와 같은 저임금의 비교우위 시대가 종식될 것이며 기술보유의 시장 선점기능이 중요시된다. 1990년대 후반 이후 등장한 알파벳, 애플, 아마존, 페이스북 등의 글로벌 IT기업은 블리츠스케일링(Blitzscaling, 기습적 성장)이라는 신조어를 만들어내면서 급격히 성장하였고, 이들 기업과 국내 기업과의 생산성 격차는 날로 증대되고 있다. 4차 산업혁명 시대의 신경제는 단기간에 기습공격하듯 하나의 시장에 모든 화력을 집중하여 결정적인 규모(critical scale)에 도달해야 한다. 결정적 규모에 도달해야만 인재와 자본을 끌어들일 수 있고, 이들 인재와 자본이 다시 더 큰 성장을 이끄는 선순환 구조(산업생태계)를 만들어낼 수 있다. 이처럼 신경제는 최대한 빨리 시장을 장악한 초기시장선도자(first scaler)가 되어야 하며 이를 위해서는 효율성(efficiency)보다 신속성(speed)에 모든 역량을 집중해야 승자독식에서 살아남을 수 있다.

2.2 4차 산업혁명 시대의 비즈니스 모델과 경제 패러다임의 전환

4차 산업혁명 시대는 고부가 제조기술 및 제품개발을 넘어 미래 선도형 산업구조로 전환될 것이다. 글로벌 시장을 선도할 산업 및 시장 경쟁력 강화뿐만 아니라 고령화 시대에 적합한 구조로의 변혁이 요구되고 있다. 비즈니스 모델이란 고객들이 원하는 가치를 찾고 제공하는 프로세스와 이를 통한 수익의 창출 과정을 말한다. 4차 산업혁명 시대의 비즈니스 모델은 I.C.B.A. 등의 핵심원천기술을 이용하여 수익모델을 실현하는 것이다. 비즈니스 모델은 크게 가치 창출과 이익실현으로 구성된다. 가치 창출은 누구를 대상으로 어떠한 가치를 어떻게 만들어 제공하는가의 문제이고, 이익실현은 제공된 가치를 어떻게 수익모델로 연결시키느냐의 문제이다. 매사추세츠공과대학교(MIT) 경영대학원(Sloan School of Management)의 피터 웨일(Peter Weill)과 스테파니 워너(Stephanie Woerner) 교수는 4차 산업혁명 시대의 디지털 비즈니스 모델 개념을 제시하였다. 디지털 비즈니스 모델은 콘텐츠, 고객 경험, 플랫폼의 세 가지 요소들이 결합되어 고객 가치를 창출하는 비즈니스 모델이다. 즉, 이들 세 가지 요소를 통해 비즈니스 모델의 차별성이 생긴다.

4차 산업혁명 시대에는 비즈니스 모델의 재편이 필요하다. 주요 선도국은 데이터 분석 및 활용 기반으로 제품 및 서비스 혁신을 도모하여 최종적으로 제조와 서비스를 융합한 비즈니스 모델을 추구하고 있다. 전통 제품에 I.C.B.A. 원천기술을 접목하여 연결성과 자율성을 높이고 여기에 이용서비스를 결합하여 소비자의 요구기능과 제품 활용 니즈(needs)를 동시에 충족하는 문제해결형 솔루션(solution) 제품을 제공하고 있다. 즉, 4차 산업혁명 시대의 비즈니스 모델은 서비스 중심 제조모델이 대표적이다. 이와 관련된 세 가지 대응전략은 [표 2-1]과 같다.

첫째, I.C.B.A.를 이용해 솔루션(solution)을 제공하는 플랫폼을 구축하고 시장 주도 기반으로 자리 잡기 위해 동종·이종업체가 제휴하는 다양한 생태계를 형성한다. GE의 산업별 인터넷(industrial internet) 구축과 이에 대한 생태계 형성을 위한 산업별 인터넷 컨소시엄(industrial internet consortium)이 대표적 사례이다. 또한 생산에서 소비로 이어지는 가치사슬(value chain)의 활동에 필요한 빅데이터를 정제한 스마트 서비스를 제공하고 있다. 일본은 자율주행, 제조현장, 보건·의료 등에서 발생하는 빅데이터를 분석·활용하고, 이에 대한 활용가치를 제고하는 플랫폼 구축(빅데이터 분석 플랫폼)에 정책을 집중하고 있다.

둘째, 기술 중심에서 제품·서비스 융합 기반 비즈니스 모델로 전환하고 이를 지원하는 인력, 제도, 촉진환경조성(인프라) 등을 포괄하는 정책을 수행해야 한다. 제품과 서비스가 융합한 솔루션 창출로 주도권이 재편되고 있는 글로벌 가치사슬(value chain)상에서 국내 산업이 최종솔루션 공급자 역할에 위치할 수 있도록 제조업과 서비스업을 융합한 산업정책을 수행해야 한다. 또한 ICT를 활용해 현실세계(일반 기계 등)와 가상세계(소프트웨어 등)를 통합해 제조공정 혁신을 실현한 스마트 팩토리(지능형 공장) 구축에 대한 활성화도 필요하다. 생산현장을 고도화 및 고율화하는 공정혁신을 포함해서 경제적, 사회적 니즈를 해소하기 위해 I.C.B.A.를 활용한 로봇, 자율주행자동차, 스마트 시티 등 신제품 및 서비스를 창출하는 전 산업 혁신을 추구할 필요가 있다.

셋째, 변혁의 마중물로 공급자 역할을 하는 정부 주도 혁신과 수요 중심적인 민간 주도 혁신을 융합한 시너지 창출 체계 구축이 필요하다. 핵심원천기술 개발과 인력양성, 업종 주도의 플랫폼 구축, 해외 유관기관과 협력 확보 등 다양한 과제에 대응하려면 정부를 중심으로 학계, 연구계, 업종별 민간단체, 기업 등 다양한 성격, 규모의 조직 참여가 필수적이다. 민간 기업이 자율적으로 고부가 제품 사업으로의 혁신 활동을 수행할 수 있도록 정부는 세제 지원, 재무적 지원 등의 유인책을 지속적으로 제공하고, 규제 해소 등과 같은 사업 환경을 정비하는 것이 필요하다. 또한 4차 산업혁명의 융합화, 서비스화 추세에 필요한 핵심 기술을 조속히 확보하기 위한 M&A, 개방형 혁신 등 외부 역량을 적극 활용할 필요가 있다.

● 표 2-1 4차 산업혁명 시대의 비즈니스 모델과 대응전략

구분	특징	방법 및 사례
4차 산업혁명 시대의 비즈니스 모델 목표	서비스 중심 제조모델로 전환	전통 제품에 I.C.B.A. 원천기술을 접목하고 소비자의 니즈를 반영한 제품+서비스 융합의 문제해결형 솔루션 제품 제공
	가치사슬 증대를 위한 플랫폼경제	서비스 영역을 활용, 제품 시장 지배력 확보와 고부가화 실현 추구
비즈니스 모델 재편에 따른 대응전략	I.C.B.A. 기반 플랫폼을 구축하고 시장 주도 기반으로 자리 잡기 위해 동종·이종업체가 제휴하는 생태계 형성	GE 중심의 산업별 인터넷 컨소시엄, 일본의 Industrial Value Chain Initiative, ICT업체와 제조업체 제휴
	데이터의 수집, 분석, 유통을 기반으로 하는 서비스의 디지털화를 통해 제품+서비스 융합	GE·고마쓰(원격 가동 관리 서비스), 도요타(원격 메인터넌스 서비스 T-Connect)
	인터넷 서비스 업체의 유형 제품 및 서비스 사업 강화	구글(자율주행차), 소프트뱅크(로봇), 아마존(유통, 물류)

2.3 4차 산업혁명 시대의 비즈니스 모델

2.3.1 O2O(Online to Offline) 서비스와 O2O 경제

4차 산업혁명은 다양한 디바이스(스마트폰, 태블릿 등)로부터 발생된 데이터가 온라인에서 편집과 복제를 거쳐 서비스로 융합되면서 최적화된 세상을 만드는 과정으로 제조, 의료, 관광, 교육, 금융, 자동차 등 모든 산업분야에 영향을 미치고 있다. 이러한 현상을 반영하여 최근 온·오프라인 연계(Online to Offline, O2O) 서비스가 각광받고 있다. O2O란 온라인(online)과 오프라인(offline)이 결합하는 현상으로 정보유통비용이 저렴한 온라인과 실제 소비가 일어나는 오프라인의 장점을 접목하여 새로운 시장을 창출하는 것이다. O2O 서비스는 인터넷에 연결된 스마트폰, 태블릿, PC와 같은 단말기를 이용하여 온라인 고객을 오프라인 매장으로 유치하여 위치기반의 이동성, 정보의 동시성, 즉시 반응성, 개인 맞춤형 등의 서비스를 제공한다.

O2O 서비스의 유형은 다음과 같이 네 가지 형태로 구성된다. (1) 온라인에서 오프라인으로 비즈니스 채널을 확대시킨 모델(온라인 서점의 오프라인 진출), (2) 오프라인에서 온라인으로 비즈니스 채널을 확대시킨 모델(백화점이나 대형할인점이 모바일 앱을 통해 제품검색 및 주문, 결제까지 가능하도록 연계), (3) 플랫폼 기반 사업자의 O2O 서비스 제공모델(구글, 애플, 아마존 등의 플랫폼에서 오프라인 서비스 결합), (4) 애그리게이터(Aggregator) 모델 또는 슈퍼 앱(배달앱, 숙박앱, 택시앱, 부동산앱 등)으로 구성된다.

O2O 서비스가 본격적으로 활성화되기 시작한 것은 소셜커머스(Social Commerce)의 등장이다. 소셜커머스는 페이스북(Facebook), 트위터(Twitter) 등의 소셜네트워크서비스(Social Network Service, SNS)를 활용하여 이루어지는 전자상거래의 일종으로 일정 수 이상의 구매자가 모일 경우 파격적인 할인가로 상품을 제공하는 서비스이다. 소셜커머스는 상품에 관한 장바구니 공유, 상품 속성 평가, 사용 정보 및 조언을 소비자들이 공유할 수 있도록 지원하는 소셜 쇼핑(Social shopping)이다. 즉, 소셜커머스 시장의 급성장과 I.C.B.A. 기술의 확산으로 인해 O2O 서

비스는 타 분야로 융복합 현상이 일어나면서 새로운 O2O 경제(Online to Offline Economy)를 창출하고 있다. 현재 O2O 서비스는 택시, 음식 배달, 택배, 숙박, 부동산중개 등 광범위한 분야에 걸쳐 다양한 서비스를 제공하고 있다.

O2O 서비스의 대표적인 사례로 인도네시아의 고젝(Go-Jek) 서비스를 예로 들 수 있다(그림 2-1 참조). 고젝은 나디엠 마카림(Nadiem Makarim)이 2010년에 설립된 콜 센터 회사로 인도네시아 스타트업 최초로 유니콘 기업(기업가치 1조 원 이상 비상장기업)으로 성장한 회사이다. 2019년 기준 고젝의 기업가치는 12조 원이며 인도네시아 인구의 70% 이상이 고젝 서비스를 이용(가입자 1억 명)한다. 인도네시아는 교통체증이 극심하고 대중교통이 발전하지 못한 나라이다. 위 문제를 해결하기 위해 초창기 고젝은 오토바이와 택시를 중개하는 서비스(Go-car)를 출시하였다. 근처의 고젝 기사를 호출할 수 있는 애플리케이션(앱)을 내놓으면서 편의성과 이용 용이성을 높였다. 이후 고젝은 생활 플랫폼으로 진화하기 위해 슈퍼 앱(서비스영역 확장)으로 확장하였고, 현재 18개 분야의 서비스를 제공하고 있다. 음식 배달 서비스(Go-food), 의약품 배달 서비스(Go-med), 마사지(Go-massage), 티켓예매서비스(Go-tickets) 등을 출시하였고, 최근 고젝은 핀테크 업체를 인수하여 온라인 대출·결제서비스(Go-pay)를 제공하고 있다.

최근 급성장하고 있는 O2O 경제에서 고려해야 할 사항은 바로 규제이다. 4차

그림 2-1 인도네시아의 고젝(Go-Jek) 서비스

산업혁명의 변화에 따라 규제 패러다임은 변화해야 한다. 4차 산업혁명의 주요 원천기술들은 데이터 수집 → 저장 및 분석 → 가치 창출 → 최적화 과정을 거친다(그림 2-2 참조). 즉, 사물인터넷(IoT)으로부터 수집된 데이터가 클라우드(Cloud) 서버에 저장이 되면서 빅데이터(Big Data)가 생성되고, 이것을 인공지능(AI) 기술을 이용하여 빅데이터를 분석한 후 다양한 의사결정문제(예측과 추측, 최적화 등)를 해결한다. 아마존(Amazon)의 로지스틱스(logistics) 분야는 데이터 수집 단계에서 고객의 구매정보 데이터를 수집하는 과정 중에 개인정보보호법, 정보통신망법, 전자거래기본법 등이 충돌한다. 저장 및 분석 단계에서 고객의 구매패턴을 분석하기 위해 클라우드 서버 기반의 빅데이터 분석 수행 중 개인정보보호법, 정보통신망법 등이 충돌한다. 가치 창출 단계에서 고객의 구매패턴을 기반으로 예상 구매물품을 미리 예상하는 과정에서 포괄적으로 데이터를 이용하는 데 있어 개인정보보호법이 충돌한다. 최적화 단계에서 유통과 물류비용 감소를 위한 최적화 과정에서 전자서명법, 전자금융거래법 등이 충돌한다. 4차 산업혁명의 핵심은 O2O 인프라의 초고속 및 초융합을 반영하는 규제혁신이다. 따라서 사물인터넷, 클라우드, 빅데이터, 인공지능의 제도가 정비되고 오프라인 서비스가 융합되는 과정에서 관련 규제가 완화될 필요성이 있다.

그림 2-2 4차 산업혁명: 디바이스, 데이터, 서비스의 융합

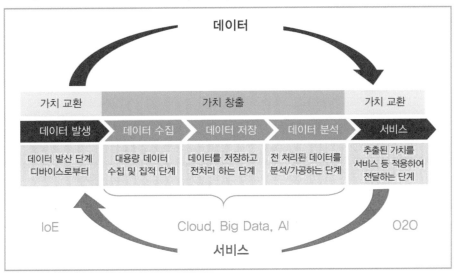

2.3.2 데이터경제(Data Economy)와 블록체인(Block Chain)

3차 산업혁명은 데이터 공유를 중시하고, 4차 산업혁명은 데이터에 경제적 가치를 부여하는 것이 핵심이다. 4차 산업혁명의 기술적 특징인 초연결로 인해 데이터는 폭발적으로 증가하고 지능화로 인해 의미 있는 데이터가 생성된다. 경제적 가치를 만들어내는 데이터를 능동형 지능(actionable intelligence)이라고 하며 능동형 지능을 보유한 데이터가 공유되는 현상을 데이터경제(data economy)라고 한다. 데이터경제는 사물인터넷, 클라우드, 빅데이터 그리고 모바일 기술을 융합한 ICBM 플랫폼이 핵심요소이다(그림 2-3 참조). 사물인터넷(IoT)는 스마트 기기에서 생성된 데이터를 클라우드(Cloud) 서버로 보내고, 클라우드에 모인 빅데이터(Big Data)는 인공지능(AI) 기술을 이용하여 분석하다. 이러한 분석 결과는 모바일 또는 스마트 기기로 전송되며 이를 기반으로 사용자에게 의사결정지원을 위한 스마트 서비스를 제공하다. 즉, ICBM 플랫폼에서 중요한 것은 데이터 흐름이다. 데이터는 사물인터넷에서 생산해서 클라우드, 빅데이터를 거쳐 가공되면서 모바일에서 의미 있는 정보를 제공하여 이를 바탕으로 다양한 의사결정문제 해결에 도움을 준다.

● 그림 2-3 ICBM 플랫폼

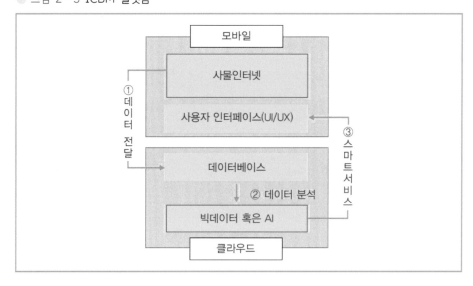

데이터경제 시대는 데이터 처리 기술의 성장과 더불어 데이터 장터(데이터 거래소)의 활성화도 중요하다. 미국을 비롯한 각국 정부는 공공데이터 개방정책을 추진하고 있다. 정부 기관들이 보유한 데이터를 민간에서 사용할 수 있도록 별도 포털 사이트를 통해 공개하여 빅데이터 분석 및 활용을 장려하고 있다. 우리나라도 공공데이터를 효율적으로 제공하기 위해 공공데이터포털(data.go.kr)을 운영하고 있다(그림 2 - 4 참조). 공공데이터(open data, public information)란 공공기관이 생성한 모든 데이터와 정보, 그리고 국민 모두의 소통과 협력을 이끌어내는 공적인 정보를 말한다. 정부 데이터 공개 정책은 빅데이터 시대에 소통과 공유, 협업전략이 무엇보다 중요하다는 것을 의미한다. 데이터경제 시대는 데이터의 공유 및 이용, 활용 촉진을 위한 빅데이터 분석 플랫폼 구축, 데이터 유통시장의 창출, 보안 기술 및 인재 육성 생태계 조성, 그리고 지적재산 정책 마련 등을 추진하여 데이터 기반의 행정서비스를 고도화해야 한다. 중앙정부 및 지자체의 경우 공공 및 민간 빅데이터를 융합 및 분석하여 과학적, 선제적 의사결정으로 미래지향적 시장정책 구현이 가능해진다. 특히 지자체는 관광객 행태분석, 전통시장 상권분석, 지방행사 분석, 지역 교통사고 감소 정책지원시스템 구축 등 다양한 분야에서 빅데이터 분석 및 활용이 가능하다.

● 그림 2 - 4 공공데이터포털

데이터경제는 부정적인 측면도 존재한다. 첫째는 데이터 및 정보의 독점으로 발생하는 빅브라더(big brother)의 문제이다. 데이터가 경제적 가치를 지니면 기업은 이를 가능한 한 많이 확보할 것이며 이로 인해 개인정보유출과 프라이버시 침해 문제가 발생할 수 있다. 둘째는 데이터의 신뢰성이다. 데이터는 경제적 가치를 만들어내는 원재료와 같아 데이터가 훼손되거나 조작된다면 이에 기반을 두어 나온 산출물도 역효과를 불러올 수 있다. 특히 빅데이터의 유형 중 비정형 데이터(제품리뷰 데이터, 소셜댓글 데이터)의 경우 데이터 신뢰성 문제가 해결해야 할 과제이다. 이와 같은 데이터경제의 부정적인 측면을 해결할 기술로 블록체인(block chain) 기술이 각광받고 있다. 블록체인은 블록(block, 블록 한 단위로 취급할 수 있는 문자, 단어, 레코드의 집합)에 데이터를 담아 체인 형태로 연결하고 수많은 컴퓨터에 이를 복제해 저장하는 분산형 데이터 저장 기술을 말한다. 중앙 집중형 서버에 거래 기록을 보관하지 않고 거래에 참여하는 모든 사용자에게 거래 내역이 공개 및 공유되기 때문에 데이터 위조나 변조가 불가능하다. 즉, 블록체인의 탈중앙성이 4차 산업혁명의 특징인 초연결과 지능형에 결합될 수 있다. 블록체인은 공유형 원장과 합의 알고리즘을 기반으로 탈중앙성과 신뢰성의 가치를 제공한다. 공유형 원장은 블록체인 내에서 발생하는 데이터를 참여자인 노드 전체에 공유하는 기술이다. 합의 알고리즘은 공유된 데이터의 무결성을 검증하고 참여 노드가 동일한 데이터가 저장되도록 한다. 이처럼 블록체인의 데이터 무결성과 자동거래의 기능은 데이터경제에 유용하게 활용될 수 있다(표 2-2 참조).

● 표 2-2 데이터경제 시대의 변화

	제3차 산업혁명	제4차 산업혁명
시기	20세기 후반	2016년 이후
핵심기술	인터넷 기반의 지식정보	ICBM 플랫폼, 블록체인
제공가치	데이터 공유	초연결화, 초지능화, 탈중앙화
주요 특징	인터넷으로 인한 데이터 공유의 국가 진입 장벽 해소	데이터경제 시대 (데이터의 폭발적 생산, 이를 기반한 가치 창출)

2.3.3 공유경제(Sharing Economy)와 플랫폼경제(Platform Economy)

공유경제(sharing economy)는 미국의 법학자 로런스 레식(Lawrence Lessig) 교수가 만든 용어로, 한 번 생산된 제품을 여럿이 함께 공유해 쓰는 협업 소비를 기본으로 한 경제를 의미한다. 공유경제는 대량생산체제의 소유 개념과 대비된다. 물품과 생산설비, 서비스 등을 개인이 소유할 필요 없이 필요한 만큼 빌려 쓰고, 필요 없는 경우 다른 사람에게 빌려주는 공유소비의 의미를 담고 있다. 즉, 공유경제는 자원의 공유를 통해 협력적 소비 형태의 경제가 문화로 정착되는 것이다.

공유경제는 협력적 소비에 초점을 맞춘 개념으로 소유에서 공유로, 기업 위주의 생산 경쟁보다는 개인 간 신뢰 중심의 가치 창출로 패러다임의 변화를 보여주는 개념이다. 잉여 자원에 새로운 가치를 부여하여 그 자원을 플랫폼 기업과 연결시키고, 그 플랫폼을 통해 전혀 모르는 낯선 사람들 간의 네트워크가 형성되면서 가치와 관계가 연결성(connectivity)을 갖고 연계하게 된다. 이는 4차 산업혁명의 대표적 특징인 초연결성(hyper-connectivity)의 특징이 공유경제의 특징으로 나타나는 것이다.

공유경제의 참여자는 전통적인 시장의 행위자인 소비자와 공급자 외에 플랫폼(platform)이 추가된다. 플랫폼은 소비자와 공급자를 연결하여 이들 간의 효과적인 거래를 용이하게 하는 역할을 담당하며, 소비자와 공급자들은 인터넷으로 연결되는 디지털 통신수단으로 온라인 시장에 접근할 수 있다. 즉, 플랫폼이란 공급자, 수요자 등 복수 집단이 참여하여 각 집단이 얻고자 하는 가치를 공정한 거래를 통해 교환할 수 있도록 구축된 환경으로서 플랫폼 참여자들 간의 상호작용을 통해 새로운 가치와 혜택을 제공하는 상생의 생태계로 정의된다. 이러한 플랫폼은 비즈니스와 경제, 사회를 혁신적으로 변화시키는 개념으로 공유경제의 형성과 작동에 있어 핵심적인 역할을 수행하고 있다. 따라서 공유경제는 공유플랫폼경제 또는 플랫폼경제(platform economy)라고도 불린다.

공유경제의 대표적인 사례로 알려진 우버(Uber)는 2010년에 스마트폰을 기반으로 한 승차공유서비스를 출시하였다. 우버는 고용되거나 공유된 차량의 운전기사와 승객을 모바일 앱(app)을 통해 중개하는 서비스를 제공한다. 차량의 예약은 텍스트 메시지나 모바일 앱을 통해 진행되며 모바일 앱에서는 예약된 차량의 위치가 승객에게 실시간으로 제공된다. 2015년 우버는 세계에서 2번째로 높은 가치를 갖는 스타트업 기업으로 선정되었고, 2019년에는 기업가치가 100억달러(13조 원)가 넘는 스타트업인 데카콘(Decacon) 기업 중 1위에 선정되는 등 공유경제의 대표적인 기업으로 자리 잡게 되었다. 국내는 최근 지자체를 중심으로 무인 공공자전거 서비스를 운영하는 등 시민들을 위한 공유경제 서비스를 제공하고 있다. 서울시는 공유자전거(따릉이), 공유자동차(나눔카), 주차장 공유, 공공데이터 개방 등의 서비스를 시행하면서 시민들의 많은 호응을 누리고 있다(그림 2-5 참조). 시민을 위한 공유경제 서비스는 합리적 소비를 돕고 자원을 절약하여 교통체증, 대기오염 문제 등 환경에 이바지하므로 이용자들의 만족도가 높아 공유경제 서비스가 점차 확산되고 있다.

공유경제는 다양한 경제적·사회적 편익을 창출한다. 공유경제는 기본적으로 사용빈도가 낮은 자산(dead capital)의 활용도를 높임으로써 자산의 효과적인 이용을 가능하게 한다. 이로 인해 수요자는 저렴한 가격으로 재화나 서비스를 구매할 수 있고 공급자는 유휴자원의 거래를 통해 수익을 창출할 수 있는 등 경제적 이익이 발생한다. 또한 수요자와 공급자를 플랫폼을 통해 연결시킴으로써 거래비용을 감소시켜 거래가 일어날 수 있는 범위를 확대시킴은 물론, 종전에는 존재하지 않던 새로운 시장이 창출된다. 경제적 편익 이외에도 공유경제는 지역경제의 활성화, 새로운 일자리 창출, 사회적 관계의 강화라는 사회적 편익도 제공한다.

● 그림 2-5 **공공자전거와 공유자동차**

반면에 공유경제는 소비자보호와 개인정보보호 문제, 형평성 문제 등 다양한 문제를 야기하고 있다. 첫째, 공유경제에서 개인 간(Peer to Peer, P2P) 거래의 결과는 소비자들이 전적으로 책임지게 되므로 이에 대비한 법적 제도적 장치가 마련되지 않는 이상 소비자가 피해를 볼 가능성이 높다. 또한 소비자의 정보보호와 프라이버시 침해 문제 등 보안 문제도 해결해야 할 과제이다. 전통적인 산업은 기존의 규제를 준수하기 위해 규제순응비용을 부담하고 있으나 공유경제 기업들은 이러한 규제들이 상대적으로 약하거나 없는 경우가 많아 불공정 경쟁 등 형평성 문제가 제기되고 있다. 둘째, 노동과 관련해서 공유경제는 많은 사회적 문제와 형평성 문제가 지적되고 있다. 서비스 공급자인 개인의 잠재적인 수입이 불확실하고 불안정하며, 이들이 자영업자로 분류되기 때문에 근로상의 제도적 보호장치도 미비하다. 또한 서비스 공급자는 자신에 대한 교육훈련의 책임과 부담을 스스로 감당하고 고정투자와 유지비용도 서비스 공급자가 부담해야 한다. 이와 같은 개인정보보호 및 보안의 문제, 외부효과, 소비자 피해, 전통적인 사업자들과의 형평성 문제, 노동과의 관계 등과 같은 공유경제로 파생되는 문제에 대해 정부가 규제를 통해 적극적으로 개입할 필요가 있다.

공유경제의 문제점을 해결하기 위한 방안은 다음과 같다. 첫째, 공유경제 기업을 규율하는 특별법 제정이 필요하다. 즉, 공유경제 서비스 제공을 위해서 개인 간 공유경제를 활성화할 수 있는 관련 법 제도의 정비가 필요하다는 것이다. 현재 개인 간(P2P) 공유경제는 관련된 법을 적용할 수 있는 적절한 근거가 없는 실정이다. 공유경제 기업들은 적합한 법의 적용이 어려워 투자자와 소비자에게 문제나 위험을 전가하고 있다. 둘째, 공유경제에서 발생하는 다양한 위험으로부터 소비자와 생산자를 보호하기 위한 보험제도의 활성화가 필요하다. 공유경제는 SNS와 블로그 등 사회관계망을 통해 상대방에 대한 평판을 체계적으로 관리하여 위험을 회피한다고 전제하지만 이러한 평판제도는 일종의 자율규제이므로 정부규제와 달리 위험의 제거 및 해소에 한계가 있다. 특히, 소액거래와 소규모 거래가 일반적인 공유경제 분야에서 개인이나 소규모 회사가 이러한 위험에 적절히 대응하기 어려운 경우가 많다. 이러한 이유로 위험을 공동으로 인수하는 보험제도의 활성화가 필요한 시점이다.

Q. 스마트 비즈니스 모델: 상업적 공유경제란 무엇인가?

A. 클라우드, 사물인터넷 등 초연결성에 기반을 둔 플랫폼 기술의 발전으로 O2O 경제, 데이터경제, 공유경제 등의 스마트 비즈니스 모델이 등장하고 있다. 공유경제는 자산, 상품, 기술, 시간을 활용하는 소비나 생산 활동을 가능하게 하는 다양한 상호 작용 양식(P2P, B2B, G2G 등)을 통해서 행위자들 간의 교환을 용이하게 하는 상업적이거나 비영리적인 디지털 플랫폼을 의미한다. 공유경제는 유무형의 재화와 서비스를 소유하는 형태에서 벗어나 인터넷을 기반으로 개인 간의 공유, 교환, 대여 등의 방식을 사용하는 사회적 경제 모델이다. 공유경제는 유휴자원이 있는 개인과 이를 필요로 하는 개인을 매개시켜주는 플랫폼을 토대로 발전했기 때문에 상업적 공유경제라고 할 수 있다.

공유경제는 대여자(혹은 소유자, 생산자)와 수요자(혹은 이용자, 소비자)가 디지털 기술이 적용된 공유경제 플랫폼을 매개로 이용률이 낮은 유휴자원을 활용하는 일련의 경제활동이다. 공유경제에서 플랫폼은 외부 생산자와 소비자가 상호 작용을 하면서 가치 창출을 지원하는 역할을 담당한다. 플랫폼은 상호 작용이 일어날 수 있도록 독려하는 개방적인 인프라를 제공하고 그에 맞는 표준화된 체계를 구축한다. 공유플랫폼의 가장 중요한 핵심 역할은 공유경제 참여자들이 필요한 상대를 만나서 재화나 서비스를 교환할 수 있도록 모든 참여자들이 가치를 창출할 수 있도록 지원하는 것이다.

공유경제는 발전 단계에 따라 전통적 공유경제, 상업적 공유경제, 협력적 공유경제로 구분된다. 전통적 공유경제(Commons)는 지역공동체 이전에 존재했던 우리나라의 품앗이와 두레에서 그 원형을 찾을 수 있으며, 근래 특정 지역공동체의 공동육아, 공동교육, 카풀(car pool) 등의 형태를 예로 들 수 있다. 상업적 공유경제(Commercial Sharing Economy)는 2008년 글로벌 금융위기를 기점으로 확대된 협력적 소비와 스마트 디바이스의 보편화로 다양한 분야에서 웹(web)과 앱(app)을 이용한 공유경제 비즈니스 모델을 내세워 이윤을 추구하는 것이다. 상업적 공유경제는 누구나 서비스의 제공자와 서비스의 이용자가 될 수 있으며 사용자 경험이 핵심가치이다. 또한 상업적 공유경제는 주체가 주로 스타트업과 벤처기업이다. 협력적 공유경제(Collaborative Sharing Economy)는 사물인터넷의 발전에 따라 예상되는 공유경제시스템으로 미래에는 T2P(Things to People) 형태의 비즈니스 모델이 창출될 것이다. 협력적 공유경제의 시점은 모든 사물이 인터넷과 연결되는 만물인터넷(Internet of Everything, IoE) 시대의 실현이 예상되는 2040년쯤 도래될 것으로 보인다. 협력적 공유경제는 금전적 보상에 따른 목적이 아닌 콘텐츠 자체에 대한 기여로 한계비용(marginal cost)이 제로에 수렴하는 공유경제를 의미한다. 협력적 공유경제는 비영리조직이 핵심주체가 된다.

구분	전통적 공유경제 (Commons)	상업적 공유경제 (Commercial Sharing Economy)	협력적 공유경제 (Collaborative Sharing Economy)
본격적 출현 시기	인류역사와 공존	2008년 글로벌 금융위기 이후	2040년대 이후 (모든 사물이 인터넷과 연결되는 시점)
시장범위	커뮤니티(공동체) 또는 지역중심	전 세계	전 세계
핵심가치	사람들과의 관계	플랫폼 기업의 이익, 사용자 경험	한계비용 제로화
플랫폼	물리적 공간(공동의 공간) 중심 + 인터넷	인터넷 중심(App, Web)	네트워크(사물인터넷)
비즈니스 모델 유형	커먼즈(Commons, 공공재) 경제	P2P	P2P + T2P (Things to People)
주체	독립적 커뮤니티 멤버들	스타트업, 벤처기업	비영리조직

출처: 최유성, 안혁근(2018), "공유경제 유형에 따른 규제개혁 대응전략", 기본연구과제, 제1권.

2.4 4차 산업혁명의 핵심원천기술

2.4.1 사물인터넷(Internet of Things, IoT)

사물인터넷(Internet of Things, IoT)은 유·무선 네트워크를 기반으로 모든 사물을 연결하여 사람과 사물(human to machine), 사물과 사물(machine to machine) 간에 정보를 상호 소통하는 지능형 정보기술(IT) 및 서비스를 말한다. 사물인터넷은 고도의 편재성(ubiquity)과 상호 연결성을 기반으로 인간의 직접적인 개입 없이도 다양한 사물들(장치, 제품, 센서, 어플리케이션 등)을 연결하고 소통한다. 즉, 사물인터넷은 사물과 사람이 거대 네트워크 속에서 상시 접속하고 상호 작용하는 초연결사회(hyper connected society) 또는 만능지능 인터넷사회로 발전시키고 있다. 사물인터넷은 유비쿼터스(ubiquitous)의 궁극적 지향점이다. 언제 어디서나 네트워크에 자유롭게 접속하여 개인 간 통신뿐만 아니라 분리된 공간에 위치한 각종 기기를 조작하거나 또는 이들 기기를 통해 획득한 정보를 실시간으로 공유할 수 있다. 다양한 스마트 기기(디지털 기기)가 영구적으로 또는 일시적으로 사물인터넷 시대의 네트워크 주체로 참여하여 주요한 정보 생산의 원천이 될 것이다.

세계적인 시장조사기관 가트너(Gartner)가 매년 선정하는 '정보기술 10대 전략기술(Top 10 Strategic Technology)'에서 2012년부터 6년 동안 사물인터넷을 상위 순위로 선정하였다. 현재 사물인터넷은 수많은 사물인터넷 기기들이 네트워크에 연결되는 초연결성으로 다양한 산업분야에 적용될 뿐만 아니라 우리 생활과 밀접한 스마트 가전, 스마트 홈, 스마트 의료(헬스케어), 원격검침, 교통 분야 등에서 본격적인 시장 활성화가 진행 중이다. 이처럼 사물인터넷이 실제 생활영역에 적용되면서 경제적 가치 창출, 효율성 증대, 편의 제공 서비스 등이 현실화되고 있다. 전 세계 사물인터넷 시장규모는 2015년 약 3천억 달러(345조 원)에서 2020년 1조 달러(1,150조 원)로 연평균 28.8% 성장할 것으로 전망하고 있으며, 국내 사물인터넷 시장규모는 2015년 3.3조원에서 2020년 17.1조 원으로 연평균 38.5% 성장할 것으로 전망하고 있다. 우리 정부는 사물인터넷을 '4차 산업혁명(Industry 4.0)'의 핵심기술로 인지하고 있으며, 사물인터넷을 통해 생산기기와 생산품 간 상호 소통 체계를 구축하고 전반적인 생산과정 최적화 구축을 위해 노력하고 있다.

사물인터넷은 연결(connect), 식별(identify), 위치(locate), 상호 교류(inquire) 등 4개의 핵심개념으로 구성된다. 첫째, 연결은 모든 기기가 네트워크에 연결(connect)될 수 있다는 의미이다. 즉, 사물인터넷은 기존의 인간 중심 네트워크에서 벗어나 각종 기기를 네트워크로 통합할 수 있는 기술을 요구한다. 둘째, 사물인터넷은 식별 능력(identify)을 요구한다. 인간 외에 다양한 종류의 스마트 기기들이 네트워크로 연결되기 때문에 사물인터넷은 각 네트워크 주체를 식별할 수 있는 능력이 필요하다. 셋째, 네트워크의 주체가 식별된 후, 사물인터넷은 각 주체들이 어디에 위치(locate)하고 있는지 파악할 수 있어야 한다. 넷째, 상호 교류(inquire)는 인간이 아닌 사물 또는 기기들이 다른 주체와 능동적으로 네트워크 및 상호 교류를 할 수 있는 기술을 말한다. 사물인터넷은 각 기기들이 필요에 의해 네트워크 연결을 요청하고, 관련 정보를 획득 및 공유한 이후에는 네트워크를 단절하는 수준의 인공지능 기술이 요구된다. 즉, 사물인터넷은 단독으로 존재하는 것이 아니라 인공지능 기술의 적용 또는 융합이 필수적이다. 사물인터넷은 사물에 센서(sensor)를 부착해 실시간으로 데이터를 인터넷으로 주고받는 기술이나 환경을 말한다. 사물들이 인터넷으로 연결되는 만큼 수많은 센서네트워크가 기반기술로 필요하고, 센서네트워크를 통해 생성된 방대한 양의 정보를 처리하기 위해서는 빅데이터 분석기술과 인공지능 기술의 적용이 필요하다.

사물인터넷의 기술적 환경 진화는 사물(things)의 지능을 가속화시켜 사물이 수집된 데이터를 바탕으로 스스로 학습하여 목적에 맞는 최적의 행동을 수행하는 것이다. 따라서 센서네트워크, 빅데이터, 인공지능 등은 사물인터넷의 핵심기술로서 특징성을 가지고 있으며 사물인터넷이 실행되기 위해서는 이러한 기술적인 환경 구축이 선행되어야 한다. 사물의 기술적 설정은 사물에 IP주소를 부여하여 신원확인과 인증을 수행하고 의사소통이 가능한 네트워크를 구축함으로써 사람과 사물, 사물과 사물 간에 소통시스템을 만드는 것이다. 사물인터넷 기술을 사용하는 사물의 개수는 기하급수적으로 늘고 있으며 이로 인해 방대한 양의 정보수집과 처리에 필요한 기술이 센서네트워크와 빅데이터, 그리고 인공지능이다. 사물인터넷은 신규고용창출은 물론 새로운 시장을 창조하는 데 결정적으로 기여하는 등 4차 산업혁명 시대를 리드하는 기반(인프라)기술로 각광받고 있다.

사물인터넷과 관련된 자세한 내용은 6장 '사물인터넷과 4차 산업혁명'에서 다루게 된다.

2.4.2 클라우드 컴퓨팅(Cloud Computing)

클라우드 컴퓨팅(cloud computing)은 인터넷 기술을 활용하여 정보기술(IT) 자원을 서비스로 제공하는 컴퓨팅으로 IT자원(소프트웨어, 스토리지, 서버, 네트워크)을 필요한 만큼 빌려서 사용하고, 사용한 만큼 비용을 지불하는 컴퓨팅을 의미한다. 클라우드 컴퓨팅 기술은 기업의 IT인프라에 대한 유지보수 부담을 경감시키고, 사업초기 대규모 초기투자비용에 대한 부담도 경감시킬 수 있는 등 IT혁신을 통한 비용절감을 이룰 수 있다는 점에서 국내외 많은 기업들이 클라우드 서비스를 도입·운영하고 있다.

2008년 글로벌 금융위기(global financial crisis) 이후 많은 기업들은 IT비용 등의 원가절감을 통한 생존전략 차원에서 클라우드 컴퓨팅을 IT전략기술로 채택하고 있다. 글로벌 IT기업의 최고경영자들도 잇달아 차기 비즈니스의 핵심기술로 클라우드 컴퓨팅을 지목한 바 있다. 시장조사기관 가트너(Gartner)가 매년 선정하는 10대 전략기술에서 클라우드 컴퓨팅을 2009년에는 2위, 2010년에는 1위, 2011년에는 1위, 2012년에는 10위, 2013년에는 5위로 선정하는 등 2012년을 제외하고 4년간에 걸쳐 최상위에 속하는 중요 IT기술로 선정하였다. 가트너에 의하면 전 세계 클라우드 시장규모는 2016년에 약 134조 원에 달할 전망이고, 2019년까지 연평균 약 27%의 가파른 성장세를 보일 것으로 전망하였다. 또한 시장조사기관 IDC(International Data Corporation)에 따르면 클라우드 서비스 시장은 전체 IT시장 내에서 가장 빠르게 성장하는 영역이며 향후 IT성장의 견인차 역할을 담당할 것이라고 전망하였다. 최근의 클라우드 시장은 스마트폰 확산, 다양한 모바일 디바이스의 등장, 모바일 네트워크의 고도화 등으로 인해 개인용 클라우드 서비스(personal cloud service)와 무선인터넷 기반의 모바일 클라우드 서비스(mobile cloud service)로 확장되고 있다.

클라우드 서비스는 서비스 제공 매체 및 서비스 사용자의 네트워크 위치에 따라 퍼블릭(Public) 클라우드, 사설(Private) 클라우드, 하이브리드(Hybrid) 클라우드 등으로 구분한다. 퍼블릭(공개형) 클라우드는 일반인에게 공개되는 개방형 서비스(external cloud)를 말한다. 공개형 클라우드는 전 세계의 소비자, 기업고객, 공공기관 및 정부 등 모든 주체가 클라우드 컴퓨팅을 사용할 수 있다. 또한 사용량에 따라 사용료를 지불하며 규모의 경제를 통해 경쟁력 있는 서비스 단가를 제공한다는 장점이 있다. 사설(폐쇄형) 클라우드는 특정한 기업 내부 구성원에게만 제공되는 서비스(internal cloud)를 말한다. 폐쇄형 클라우드는 주로 대기업에서 데이터의 소유권 확보와 프라이버시 보장이 필요한 경우 사용된다. 폐쇄형 클라우드는 운영자인 기업이 전체 인프라에 대한 완전한 통제권을 가질 수 있다는 장점은 있으나 규모의 경제 효과를 보기 어렵고 해당 기업이 직접 IT자원을 투자해야 하므로 사용한 만큼만 비용을 내는 운영료 방식의 클라우드 컴퓨팅의 장점을 확보하기 어렵다는 단점이 있다. 하이브리드(혼합형) 클라우드는 특정 업무(기밀 업무)는 폐쇄형 클라우드 방식을 이용하고 기타 업무는 공개형 클라우드 방식을 함께 이용하는 것을 말한다.

또한 클라우드 서비스는 사용자가 접속하여 사용할 수 있는 컴퓨팅 자원에 따라 세 가지 하위 모델로 구분할 수 있다. 첫째, 클라우드 컴퓨팅은 서버 인프라를 서비스로 제공한다(Infrastructure as a Service, IaaS). 즉 서버, 데이터 저장, 그리고 네트워크 등 컴퓨팅을 위한 하드웨어 자원을 사용자에게 서비스로 제공하며 이들 서비스는 현재 민간 영역에서 클라우드의 주요 비즈니스 모델로 활용되고 있다. 둘째, 클라우드 컴퓨팅은 사용자에게 소프트웨어 개발과 관련된 플랫폼을 제공한다(Platform as a Service, PaaS). 개발자들을 위한 제작도구, 과금모듈, 사용자관리모듈 등을 제공하는 것이다. 셋째, 클라우드 컴퓨팅을 통해 필요한 애플리케이션(응용프로그램)을 제공받을 수 있다(Software as a Service, SaaS). 즉 클라우드 컴퓨팅은 다양한 애플리케이션을 보유하고 사용자의 요청에 따라 네트워크상에서 제공함으로써 사용자는 언제 어디서든 단말기에 구애받지 않고 원하는 애플리케이션을 사용할 수 있다.

아마존, IBM, 구글 등 주요 해외 글로벌 기업은 내부 효율화 및 초기 시장 선점을 위해 다양한 클라우드 서비스를 개시하고 있다. 아마존(Amazon)은 중소기업과 프로그램 개발자를 위한 데이터 저장 서비스인 S3(Simple Storage Service)을 제공하고 있으며, 이외에도 웹 호스팅과 데이터베이스 구축을 위한 클라우드 서비스도 제공하고 있다. IBM은 IT자원(서버 및 스토리지) 임대 서비스 제공과 웹 기반의 원격회의 등 협업 기능 관련 클라우드 서비스를 제공하고 있다. 구글(Google)은 자체 클라우드 플랫폼을 구축하여 구글서비스를 위한 앱 엔진(App Engine), 저장공간(Cloud Storage), 데이터베이스 쿼리(Cloud SQL) 등을 위한 클라우드 서비스를 제공하여 인프라 관리와 프로그램 개발에 드는 비용을 감소시키는 것을 목표로 하고 있다.

우리나라는 클라우드 산업의 경쟁력 강화를 위해 2015년 3월 '클라우드 컴퓨팅 발전 및 이용자 보호에 관한 법률(클라우드 발전법)'을 제정·공표하였다. 클라우드 발전법은 공공기관의 민간 클라우드 사용률(40% 이상)을 높이고 공공 및 민간 클라우드 시장 활성화를 위한 법률이다. 클라우드 컴퓨팅 도입에 소극적이었던 정부가 먼저 나서 민간의 클라우드 컴퓨팅 서비스를 이용하고, 중소기업들도 쉽게 클라우드 사업에 참여하거나 이를 도입할 수 있게 지원하여 국내 시장규모를 선진국 수준으로 성장시킨다는 것이다. 2018년 기준 국내 클라우드 시장에서 외국 사업자의 시장점유율은 67%를 기록하고 있으며 아마존, 마이크로소프트, 구글 등 글로벌 기업들이 국내에 클라우드 센터(또는 데이터센터)를 구축 및 운영 중에 있어 외국 사업자의 시장점유율은 더욱 상승할 전망이다. 시장조사업체 IDC에 따르면 전 세계 퍼블릭 클라우드 시장규모는 2023년 600조 원에 육박할 것이며, 2023년 전 세계 퍼블릭 클라우드 매출은 5,000억 달러(약 593조 7,500억 원)까지 증가할 것이라고 전망하였다. 또한 모바일 기기의 확산으로 인해 개인용 클라우드 서비스도 급성장하고 있다. 미국과 유럽에서는 애플사(Apple Inc.)의 아이클라우드(iCloud) 서비스를 주로 이용하고 있고, 중국에서는 바이두(Baidu)를 중심으로 개인용 클라우드 서비스가 비약적으로 발전하고 있다. 글로벌 IT기업들이 무료로 개인들에게 클라우드 서비스를 제공하고 있어 그 이용자는 폭발적으로 증가하고 있다. 국내의 경우 클라우드 선도국과 비교하여 상대적으로 뒤쳐져 있는 민간 영역과 개인용 클라우드 서비스 활성화에 정부의 적극적인 대처가 요구되고 있다.

클라우드와 관련된 자세한 내용은 7장 '클라우드 서비스와 4차 산업혁명'에서 다루게 된다.

2.4.3 빅데이터(Big Data)

최근 몇 년 동안 정보통신기술(ICT) 분야에서 가장 많이 언급된 개념과 이슈가 바로 빅데이터(Big Data)이다. 전 산업에 걸쳐 빅데이터에 대한 관심과 수요가 높아짐에 따라 관련 기업들은 빅데이터 분석 솔루션과 관련 플랫폼을 활용하여 비즈니스 가치 창출과 이를 최적화하려는 수익모델을 개발하고 있다.

빅데이터의 사전적 의미는 디지털 환경에서 생성되는 데이터로 그 규모가 방대하고, 형태도 수치데이터(numerical data)뿐만 아니라 문자와 영상데이터(text and video data)를 포함한 다양하고 거대한 데이터의 집합을 말한다. 즉, 부피가크고, 변화의 속도가 빠르며, 데이터의 속성이 다양한 데이터를 지칭한다. 다국적 컨설팅 전문회사인 맥킨지(McKinsey)는 빅데이터를 '지금까지 데이터를 관리하던 기존의 소프트웨어로는 저장, 관리, 분석할 수 있는 범위를 초과하는 규모의 데이터'로 정의하였고, 가트너(Gartner)는 '보다 향상된 의사결정을 위해 사용되는 비용 효율적이며 혁신적인 거대한 용량(volume)의 정형 및 비정형의 다양한 형태(variety)로 엄청나게 빠른 속도(velocity)로 쏟아져 나와 축적되는 특성을 지닌 정보자산'이라고 정의한 바 있다.

데이터 저장 및 처리 비용의 하락과 소셜네트워크서비스(Social Network Services, SNS)의 확대 등 디지털 정보량 증가에 따라 빅데이터가 중대한 이슈로 부각되고 있다. 디지털 스토리지(storage) 및 프로세서의 발달과 더불어 데이터 분석기술의 진보는 빅데이터 시장을 촉진해왔으며 4차 산업혁명의 핵심원천기술인 사물인터넷(IoT), 클라우드(Cloud), 인공지능(AI)과 함께 폭발적인 잠재성과 함께 동반 성장하고 있다.

주요 국가 정부와 산업계는 빅데이터를 각종 문제 해결 및 이슈 대응뿐만 아니라 미래전략과 수반되는 전략적 의사결정의 중요한 도구로 활용하고 있다. IBM은 사내에 200명 이상의 수학자들과 통계학자들이 빅데이터 분석으로 도출된 핵심기술 분야를 집중 연구함으로써 다수의 관련 특허를 취득하고 미래전략 사업을 준비하고 있다. 시장조사기관인 포레스터 리서치(Forrester Research, Inc.)의 '빅데이터 기술 수명주기 예측보고서'에서는 빅데이터 기술은 향후 10년간 안정적 성장세를 유지할 것이며, 비즈니스 가치가 높은 핵심기술이라고 언급하였다. 위 보고서는 상위 5개 빅데이터 기술로 예측분석(predictive analytics), 빅데이터 처리(Big Data preparation, 쿼리언어), 데이터 통합(data integration), 인공지능(artificial intelligence), 기계학습(machine learning)을 제시하였다. 이들 빅데이터 기술을 통해 각종 의사결정문제에 관한 대응방안을 마련하고 실시간 경기예측, 사회적 위험 모니터링, 장기적 미래예측 등의 통합적 미래연구를 할 수 있는 토대가 되고 있다.

전 세계 빅데이터 시장규모는 2018년 420억 달러(약 51조 원)에서 2027년 1,000억 달러(122조 원)를 넘어설 것이며 2018~2027년 동안 연평균 성장률이 10.5%를 나타낼 것이라 예측하고 있다. 국내 빅데이터 시장규모는 2019년 기준 7조 원으로 연평균 7.5% 성장하고 있다. 과학기술정보통신부는 30개 공공기관의 빅데이터 활용 확대를 위해 연구개발투자와 빅데이터 시스템 구축 및 활용추진을 권고하기로 하였다. 우리 정부도 4차 산업혁명(Industry 4.0)의 핵심으로 연구개발의 주요 인프라 성격을 지니는 빅데이터 구축과 활용이 필요하다는 점을 인식하고 있다. 사물인터넷(IoT)으로부터 클라우드 컴퓨팅(cloud computing), 모바일 커뮤니케이션 채널 등을 통해 획득한 데이터를 중앙 클라우드 서버에 보관하고, 이것을 누구나 활용 가능할 수 있는 환경을 만들어 빅데이터 수집, 처리, 시각화, 분석 등 빅데이터 핵심기술역량을 높이는 것이 매우 중요하다. 이를 위해 법제적으로는 '빅데이터 진흥법(빅데이터의 이용 및 산업진흥에 관한 법률안)'이 2016년 6월에 발의되었다. 또한 빅데이터 산업 활성화를 위한 '데이터경제 3법(데이터 3법)'이 2020년 1월에 국회 본회의를 통과하였다. '데이터 3법'은 개인정보보호법·정보통신망법·신용정보법 개정안과 빅데이터 분석활용에 관한 법률이다. '데이터 3법'은 모든 산업에서 개인을 알아볼 수 없게 안전한 기술적 처리(비식별화)가 완료되면 이들 비식별 데이터를 산업적 연구와 상업적 통계 목적으로 개인 동의 없이 활용할 수 있다. 즉, 특정 개인을 식별할 수 없도록 처리한 가명 정보를 본인 동의 없이 통계 작성과 연구 등의 목적으로 활용할 수 있다는 것이다. '데이터 3법' 본회의 통과로 금융권 빅데이터 분석의 법적 근거가 마련되었고, 인공지능 시대와 데이터경제를 선도할 수 있는 제도적 기반이 마련되었다. 4차 산업혁명 시대 핵심자원인 데이터의 개방·유통 확대를 추진하고, 데이터 간 융합과 활용 촉진을 통해 데이터 산업 육성을 지원해야 한다.

4차 산업혁명의 기반을 이루는 핵심 분야인 빅데이터, 인공지능, 사물인터넷, 클라우드 등은 모두 데이터가 필수적인 기반이므로 데이터 처리, 분석, 적용기술이 중요하다. 주요 국가와 글로벌 기업들은 4차 산업혁명 기술을 선점하기 위해 빅데이터 분석기술력을 향상시키는 데 주력하고 있다. 이처럼 빅데이터 분석 결과 및 활용은 어떤 문제에 대한 구체적인 해결책을 제시할 수 있고, 국민 삶의 질 향상과 더불어 미래 지향적인 정책 추진을 지원할 수 있다는 점에서 파급효과가 크다.

빅데이터와 관련된 자세한 내용은 8장 '빅데이터와 4차 산업혁명'에서 다루게 된다.

2.4.4 인공지능(Artificial Intelligence)

인공지능(Artificial Intelligence, AI)은 인간의 학습능력, 추론능력, 지각능력, 자연어 이해능력 등을 컴퓨터프로그램으로 실현한 기술로 미국의 컴퓨터과학자인 John McCarthy가 1956년 다트머스 콘퍼런스(Dartmouth Conference)에서 사용한 표현이다. 이후 인간의 지식을 다양한 분야에서 활용하기 위해 컴퓨터로 구현한 전문가시스템(Expert Systems)이 개발되었다. 인공지능은 기억, 지각, 이해, 학습, 연상, 추론 등 인간의 지성을 필요로 하는 행위를 기계를 통해 실현하고자 하는 학문 또는 기술의 총칭으로 정의되고 있다. 인공지능의 용어가 최초로 사용된 지 60년이 지났음을 고려한다면 인공지능은 갑작스럽게 등장한 최신의 기술분야는 아니며 하드웨어 및 소프트웨어 기술의 발전으로 실현가능성이 고조되고 있다. 지난 2016년 3월 프로바둑 기사 이세돌 9단과 구글 딥마인드(Google Deepmind)가 개발한 인공지능 바둑프로그램인 알파고(AlphaGo)의 대결 이후 인공지능의 다양한 활용에 대한 관심이 고조되고 있다. 마이크로소프트(MS)사의 공동창업자인 폴 엘런(Paul Allen)은 현존하는 이 세상의 모든 지식(인터넷에 축적된 방대한 정보 포함)을 인공지능시스템과 연결하는 슈퍼 인공지능 프로그램(디지털 아리스토텔레스, 줄여서 아리스토)을 개발하였다. 아리스토(Aristo)는 방대한 지식을 컴퓨터가 처리 가능한 형태로 변환하여 저장한 지식통합시스템을 구축하고, 자연어 처리 기술을 통해 인간의 질문을 이해하여, 다양한 수준의 질문에 답을 제공한다. 현재 인공지능 기술은 자율주행자동차, 지능형 로봇, 스마트 팩토리 등 제조업 분야나 의료, 교육, 금융 등 서비스업 분야, 재생에너지 분야 등에서 본격적으로 활용되고 있다.

인공지능의 형태학적 분류로 약한 인공지능(weak AI)과 강한 인공지능(strong AI)이 있다. 약한 인공지능은 인공지능 기술을 유용한 소프트웨어 기술로 파악하고, 특정문제를 해결하기 위한 인간의 지능적 행동을 수행하도록 공학적 응용을 모색한 접근방식이다. 약한 인공지능은 인간의 지능이 가진 여러 요소들 가운데 기계학습 능력을 갖춘 시스템이다. 반면 강한 인공지능은 인간과 같은 사고체계로 문제를 분석하고 행동할 수 있도록 인공지능을 연구하는 접근방식이다. 강한 인공지능은 미래에 개발될 자의식을 가진 인공지능을 말한다.

다른 한편으로 인공지능의 분류를 4가지 레벨(level 1~4)로 구분할 수 있다. AI level 1은 기술적 인공지능으로 기계학습 능력을 갖춘 인공지능을 말한다. AI level 2는 기능적 인공지능으로 알파고시스템과 같이 딥러닝(deep learning, 심층학습) 기법을 활용한다. 딥러닝은 인공신경망(artificial neural networks) 알고리즘을 기반으로 사물이나 데이터를 군집화하거나 분류하여 패턴을 발견하고 학습할 수 있는 기법이다. AI level 3은 범용 인공지능으로 챗봇(chatbot)처럼 문화와 맥락을 이해하면서 대화할 수 있는 종합적 능력을 갖추고 있다. 인간이 사용하는 언어(자연어)를 이해할 수 있어 AI level 3은 자연어 처리 기술이 핵심요소이다. 주로 고객서비스 분야에 적용되고 있는 챗봇은 스마트폰 혹은 PC에서 고객과 문자로 대화하며 제품의 이상 원인을 파악하여 적합한 해결방법을 제안한다. 챗봇은 딥러닝 기술을 기반으로 스스로 학습하기 때문에 시간이 지날수록 서비스가 정교해지고 있다. 대화 시나리오의 정교함을 높이기 위해 고객 상담 빅데이터를 기반으로 챗봇을 개발하고 있다. AI level 4는 초인공지능(Super AI)으로 스스로 목적과 자유의지를 가지고 행동하며 때로는 인류에 위협이 될 수 있다. 인공지능 관련 기술이 폭발적으로 발전하여 인간의 통제와 인식의 수준을 넘어서는 '특이점(singularity)'도 발생한다. 인간의 지능이 갖고 있는 특징인 사고, 학습, 자유의지, 자아에 대해 고찰하는 초인공지능은 현재 기술로는 당분간 출현하는 것이 어려우나 미래에는 가능할 전망이다.

인공지능(또는 인공지능시스템)의 구조는 다음과 같다. 인공지능은 사용자가 인공지능시스템의 인터페이스를 통해 질의하면 인공지능시스템이 추론엔진(inference engine)에 의해 해당 질의를 처리하게 된다. 다음으로 인공지능은 지식베이스(knowledge base)를 이용하여 사용자의 질의에 대해 응답한다. 즉, 인공지능의 구조는 규칙베이스(rule base)와 데이터베이스(database)가 포함된 지식베이스와 추론엔진, 그리고 사용자와의 인터페이스 구조로 구성된다. 인공지능시스템은 학습, 추론, 인식의 3가지 주요 기술이 실현된 것으로 핵심기술인 학습은 현재 딥러닝 기술이 적용되고 있다. 추론과 인식 분야는 다양한 분야와의 융복합 및 ICBMS (IoT, Cloud, Big Data, Mobile, Security)와의 결합으로 인해 새로운 개념이 등장하여 혁신적 돌파구를 찾을 것으로 예상된다. 이것이 가능하다면 진정한 형태의 인간을 모방하는 지능형시스템(intelligent system)이 등장할 수 있다.

최근 빅데이터를 처리할 수 있는 환경이 조성되면서 인공지능 로봇의 성능은 비약적으로 발전하고, 그 중요성도 날로 강조되고 있다. 인공지능은 4차 산업혁명의 핵심원천기술로 4차 산업혁명의 선도국가와 기업은 인공지능을 통한 혁신 및 성장 모멘텀(momentum) 발굴에 집중하고 있다. 4차 산업혁명 시대 인공지능의 완성은 모든 분야에서 인간을 대체하거나 능가할 수 있는 가능성을 보여주는 것으로 4차 산업혁명과 이전 산업혁명과의 결정적인 차이는 인공지능 기술력에서 발생한다. 인공지능이 클라우드 서버의 빅데이터를 분석하여 시간을 최적화(예측)하고 인간과 공간을 최적화(맞춤)함으로써 가치를 창출한다. 인공지능은 이들 과정을 융합하는 미래의 원천기술로 '시간의 예측과 공간의 맞춤'이라는 4차 산업혁명의 가장 핵심적인 가치를 창출한다. 즉, 4차 산업혁명의 핵심가치는 효율화와 자동화가 아니라 예측(추측)과 맞춤, 그리고 최적화이다.

　　인공지능의 발전과 함께 다른 한편에서는 부작용과 위협에 대한 논의가 시작되었으며, 그중 대표적인 것이 인공지능의 윤리문제이다. 인공지능 무기, 채팅봇, 자율주행자동차 등의 알고리즘을 구현하는 경우 인공지능의 윤리문제가 제기된다. 또한 인공지능에 의해 인간관계 및 사회문화적 단절 또는 파괴가 일어나는 경우 우리 사회는 어떠한 조치를 수행할 것인가의 문제도 고려 대상이다. 인공지능의 윤리문제를 해결하기 위한 세 가지 방안은 다음과 같다. 첫째, 인공지능 공학자의 전문가적 윤리 정립이 필요하다. 즉, 프로그래머는 인공지능 윤리 체계(매뉴얼) 및 거버넌스(governance)하에서 인공지능을 구동하는 알고리즘을 작성해야 한다. 둘째, 사회 문화적으로 통용되는 윤리적 가치관에 의해 인공지능이 실행될 수 있는 알고리즘 체계(moral code)가 필요하다. 셋째, 인공지능 스스로 자기 윤리성을 검증할 수 있는 능력이 필요하다. 인공지능이 실행하는 연산 및 그 결과가 윤리적인지 스스로 검증할 수 있는 능력을 보유해야 한다. 인공지능의 레벨이 높아질수록 사용영역의 민감성 여부에 따라 인공지능의 윤리에 대한 많은 문제들이 제기될 것이며 향후 이와 관련하여 많은 논의와 사회적 합의가 필요하다.

　　인공지능과 관련된 자세한 내용은 9장 '인공지능과 4차 산업혁명'에서 다루게 된다.

2.5 4차 산업혁명의 원천기술과 데이터 과학과의 관계

4차 산업혁명의 핵심원천기술과 데이터 과학 간에는 다섯 가지 연관성이 있다.

첫째, 사물통신(Machine to Machine, M2M)을 사용하면서 얻어지는 센서 자료(sensor data)의 방대함(비정형데이터)이다. 사물통신(M2M)은 기계, 센서, 컴퓨터 등 다양한 장치들이 유무선 통신 기술을 이용해 서로 정보를 교환함으로써 개별 장치들의 기능이나 성능을 개선시키고 개별 장치들이 제공하지 못했던 새로운 지능형 서비스를 제공한다. 센서 자료는 위치, 온도, 습도, 무게, 압력, 진동, 명암, 소음 등이 센서를 통해 연속적인 값으로 나타난다. 보통 초단위로 기록되며 하루 기준 센서 하나에서 발생되는 데이터의 수는 방대하다. 최근 제조업에서 활발히 구축되고 있는 스마트 팩토리에는 수많은 센서가 설치되어 실시간으로 제조 빅데이터가 생성되고 있다. 스마트 팩토리는 모든 설비와 장치가 무선통신으로 연결되어 실시간으로 전 공정을 모니터링하고 분석할 수 있다. 스마트 팩토리는 공장 곳곳에 사물인터넷(IoT) 센서와 카메라를 부착시켜 데이터를 수집하고 플랫폼에 저장하여 분석한다.

둘째, 수집된 빅데이터를 정제하고, 이해하고, 분석하고, 가시화하는 빅데이터 분석이 Industry 4.0의 핵심역량이 된다. 빅데이터 분석기술은 수집된 빅데이터를 기반으로 통계기법 및 인공지능기법을 이용하여 새로운 지식과 가치를 추출하는 기술을 말한다. 이를 위한 분석기법으로 데이터마이닝(data mining)이 대표적으로 많이 활용되고 있다. 데이터마이닝은 방대한 데이터에서 숨어있는 규칙(rule)과 패턴(pattern), 의미를 발견하는 것이다. 최근에는 빅데이터 분석을 위한 빅데이터 플랫폼 구축이 활발히 진행되고 있다. 빅데이터 플랫폼은 빅데이터를 저장, 관리, 분석할 수 있는 하드웨어 및 소프트웨어 기술, 그리고 데이터를 유통 및 활용하는 과정으로 구성된다.

셋째, 스마트 팩토리의 물리적, 지리적 거리를 가상화(virtual)하거나 사이버상에 구현하는 것과 관련이 있다. 현대적인 공급사슬(supply chain)은 범세계적으로 구성되며 종전에는 특정 지역의 산업현장에서 발생하는 데이터의 방대함과 이들 데이터를 저장하는 데 사용하는 저장소(repository)의 위치, 전송 속도, 지역별 데이터 형태의 상이성 등의 문제로 공급사슬 전체에서 발생하는 데이터를 수집 및 분석하기에 어려움이 많았다. 이러한 문제는 Industry 4.0에서 클라우드 서비스 (cloud service)로 해결할 수 있다. 클라우드 서비스 중 IaaS(Infrastructure as a Service)를 통해 저렴한 가격으로 데이터를 발생 지역과 무관하게 클라우드 데이터센터에 저장할 수 있고, PaaS(Platform as a Service)를 통해 각각의 지역에서 서로 다른 형태의 데이터를 플랫폼을 통해 통합·관리할 수 있으며, SaaS(Software as a Service)를 통해 필요한 모니터링, 즉각적인 피드백, 그리고 장기적인 추천 시스템을 운영할 수 있다.

넷째, 4차 산업혁명의 원천기술과 데이터 과학 간에는 의사결정과정과 관련성이 있다. Industry 4.0은 복합현실(실재와 가상현실의 결합) 기술을 사용하여, 증강현실, 가상현실, 물리적 환경에서의 아바타(avatar)를 이용하여 의사결정이 초래할 결과에 대한 시뮬레이션을 수행한다. 빅데이터 환경에서 특정 수치 값만 제시하는 것은 고차원적인 의사결정문제(예측, 추측, 최적화 문제) 해결에 도움이 되지 못한다. 이러한 경우 매우 직관적인 방법을 통해 의사결정의 결과를 제시하는 복합현실이 대안이며, 이것을 구현한 것이 바로 사이버물리시스템(Cyber Physical System, CPS)이다. 사이버물리시스템은 인공지능, 로봇, 사물인터넷, 빅데이터 기술의 혁명을 통해 실재와 가상이 통합되고, 사물을 자동적·지능적으로 제어할 수 있으며 이를 기반으로 제조 및 생산 공정을 디지털화한다. 사이버물리시스템은 내장된 컴퓨터와 네트워크가 물리적 프로세스를 감독 및 통제하고, 물리적 프로세스는 피드백을 통해 상호 연결된 컴퓨터화된 생산과정과 물리적 프로세스의 통합된 시스템을 말한다.

다섯째, Industry 4.0에서 기계학습을 활용한 딥러닝(deep learning, 심층학습) 적용은 빅데이터를 지식화하는 과정이다. 딥러닝 과정의 첫 단계는 인간 전문가의 분석능력을 지식화하는 것이다. 전문가의 분석을 그대로 따라하는 로트(rote) 학습에서 해결할 문제를 다수의 하위 문제로 분할한 뒤 이미 제시된 지시 (instruction)에 따라 하위 문제를 해결한다. 만약 정확히 일치하는 지시가 없을 경우 비슷한 조건을 충족하는 지식을 확률적으로 사용하여 하위 문제를 해결하는 유추(analogy) 학습을 사용한다. 또한 과거의 의사결정자료를 바탕으로 유사한 조건이나 다른 의사결정을 내린 미세 차이(near miss) 사례를 계속 학습하는 예제(example) 학습을 사용한다. 딥러닝의 다음 단계는 더 이상 전문가의 경험이 존재하지 않는 경우 다양한 조합의 해결책이 어떠한 결과를 초래하는지 판단하는 발견(discovery) 학습방법을 이용하여 인공지능 스스로 새로운 해결책을 제시하는 방법이다.

이상의 논의를 바탕으로 4차 산업혁명의 원천기술과 데이터 과학과는 밀접한 관련이 있으며 이들 과정을 수행할 수 있는 빅데이터 분석가, 데이터 과학자 등의 전문인력양성이 필요한 시점이다.

2.6 한국형 4차 산업혁명 프레임워크 3대 역량

4차 산업혁명 시대를 준비하고, 주요 선도국과의 경쟁에서 비교우위를 가지기 위해서는 우리나라에 적합한 4차 산업혁명 프레임워크 및 전략이 필요하다. 본 절에서는 한국형 4차 산업혁명 프레임워크를 위한 역량을 제시하고자 한다. 한국형 4차 산업혁명 프레임워크를 추진하기 위한 역량으로 제조생태계 혁신강화전략, 미래 공통기반 기술역량 강화, 그리고 소프트파워의 확산과 부양을 제시한다.

첫째, 주력산업의 축적된 가치사슬 역량을 확대하고 진화화기 위한 '제조생태계 혁신강화전략'이 필요하다. 우리나라 주력산업의 축적된 강점을 극대화하고 다른 산업에 이전, 활용하는 역량이다. 주력산업인 제조영역에서는 사물인터넷과 빅데이터 분석기술을 적용하고 생산시스템, 작업환경, 제조기술, 에너지관리 및 활용, 물류 및 유통 등의 스마트화를 통해 효율성을 향상시켜 다양한 비즈니스 가치를 창출해야 한다. 제조업 3D 작업현장에 활용되는 산업용 사물인터넷(Industrial Internet of Things, IIoT) 분야를 고도화하는 과정에서 사물인터넷 산업 전체의 경쟁력을 향상시킬 수 있다. 산업용 사물인터넷(IIoT)은 네트워크 기반에서 기계와 제품, 생산과정과 서비스에 지능을 부여하여 자율적으로 통신 및 제어가 가능하고 인간은 생산공정과 공급사슬(supply chain)의 흐름을 시각적으로 확인할 수 있도록 지원한다. 주력산업 내 강점을 전후방 산업과의 협력으로 연계하여 새로운 핵심역량을 높여야 한다. 또한 대기업, 중견-중소-벤처기업 등 기업의 규모와 역할에 관계없이 가치와 혁신을 매개로 자유롭게 협력하고, 거래하는 산업생태계 문화가 필요하다. 창업, 혁신·융합 비즈니스 등 산업 내 새로운 혁신동력이 자생적으로 창출되는 유연하고 역동적인 혁신산업 생태계 조성이 필요하다.

둘째, 산업 간 횡단연결 및 4차 산업혁명의 새로운 성장동력이 되는 미래 공통기반 기술(cross-cutting technology) 역량 강화가 필요하다. 산업 간 경계를 넘어 공통적으로 활용 가능한 핵심원천기술을 확보하고, 다수의 산업에 확대 적용 및 특화 노력이 필요하다. 주력산업 간 공통으로 활용될 수 있는 혁신기술 영역(인공지능 소프트웨어, 지능형 반도체)을 중점적으로 강화하고 우리 산업 내 해결이 힘든 영역은 선도국과 협력하여 기술을 도입하는 등 글로벌 표준 활동 및 해당 기술의 글로벌 가치사슬에 적극적으로 참여해야 한다.

셋째, 산업생태계 혁신의 기저역량이 될 수 있는 소프트파워(soft power)의 확산과 부양이 필요하다. 소프트파워란 문화, 경제적 가치, 외교 등의 비물질적 자원을 통해 상대방을 매료시켜 원하는 바를 얻어내는 능력(매력)을 의미한다. 즉, 소프트파워는 강제나 보상(하드파워)보다는 상대방의 마음을 사로잡아 원하는 것을 얻어내는 능력이다. 소프트파워는 숨겨져있는 산업 내 지식의 이전과 활용 등 지식의 순환을 용이하게 하여 산업 내 잠재적 혁신동력을 극대화한다.

우리나라는 빠른 추종자(fast-follower) 전략으로 창의적 인재 활용 문화가 제대로 정착되지 못했으며 이는 향후 집중적으로 보완해야 할 과제이다. 소프트파워가 강한 국가는 산업 내 창의력 인재 활용 능력과 열린 협력 등 혁신동력을 키우는 데 용이하다. 또한 지식기반 플랫폼 등 산업 내 인적자원 및 축적된 지식의 순환과 활용을 위한 사회 문화와 제도적 마련도 시급하다. 이를 위해 노하우를 많이 보유한 퇴직자나 산업전문가의 지식을 활용하기 위한 공유 플랫폼을 마련할 필요가 있다. 산업 간 칸막이 제거, 대기업 및 중소벤처기업 협력 부양 및 관련 규제 철폐 등을 위한 다양한 정책과 제도 등의 인프라 지원이 필요한 시점이다.

타 제조강국과 차별화된 국내 주력산업의 강점과 사회·산업적 당면과제, 4차 산업혁명의 미래 필요역량을 반영한 한국형 4차 산업혁명 모델이 필요하다. 단기 정책이 아닌 10~20년 단위의 중장기 산업발전 플랜이 필요하며 정책의 지속가능성을 위한 사회적 합의와 추진동력 확보가 필요하다. 제조－서비스－신산업의 융복합 국가과제 영역을 도출하고, 다양한 산업영역에서 핵심성과를 공유할 수 있는 공동성과 활용이 중요하다. 또한 규제완화 및 기업의 거래관계 관행 탈피를 통한 공정한 거래와 경쟁, 협력의 문화를 조성해야 한다. 수직화되어있는 대표기업 중심 또는 단일 산업 지향 중심이 아닌 대기업－중소벤처기업 간 협력 및 산업 간 융복합이 활발히 일어날 수 있는 미래 산업 생태계로 탈바꿈할 필요가 있겠다.

- 사물인터넷(Internet of Things): 인터넷을 기반으로 모든 사물을 연결하여 사람과 사물, 사물과 사물 간의 정보를 상호 소통하는 지능형 기술 및 서비스
- 빅데이터(Big Data): 디지털 환경에서 생성되는 데이터로 그 규모가 방대하고, 생성 주기도 짧으며, 형태도 수치, 문자, 영상데이터를 포함하는 대규모 데이터
- 인공지능(Artificial Intelligence, AI): 인간의 학습능력과 추론능력, 지각능력, 자연어 이해능력 등을 컴퓨터프로그램으로 실현한 기술
- 클라우드 컴퓨팅(Cloud Computing): 인터넷상의 서버를 통해 데이터 저장, 네트워크, 콘텐츠 사용 등 IT 관련 서비스를 한 번에 사용할 수 있는 컴퓨팅 환경
- 데이터 시각화(Data Visualization): 데이터 분석 결과를 쉽게 이해할 수 있도록 시각적으로 표현하고 전달되는 과정을 말함. 데이터 시각화의 목적은 도표(graph)라는 수단을 통해 정보를 명확하고 효과적으로 전달하는 것
- 증강현실(Augmented Reality, AR): 사용자가 눈으로 보는 현실세계에 가상 물체를 겹쳐 보여주는 기술임. 현실세계에 실시간으로 부가정보를 갖는 가상세계를 합쳐 하나의 영상으로 보여주므로 혼합현실(Mixed Reality, MR)이라고도 함
- 가상현실(Virtual Reality, VR): 어떤 특정한 환경이나 상황을 컴퓨터로 만들어서, 그것을 사용하는 사람이 마치 실제 주변 상황·환경과 상호 작용을 하고 있는 것처럼 만들어주는 인간－컴퓨터 사이의 인터페이스를 말함
- 블리츠스케일링(Blitzscaling): 신규시장에서 규모를 빠르게 성장시킴과 동시에 선두주자가 되는 것을 목표로, 글로벌 회사로 발돋움하게 해주는 기법
- 비즈니스 모델: 고객들이 원하는 가치를 찾고 제공하는 프로세스와 이를 통한 수익의 창출 과정을 말함
- 디지털 비즈니스 모델: 콘텐츠, 고객 경험, 플랫폼의 세 가지 요소들이 결합되어 고객 가치를 창출하는 비즈니스 모델
- O2O(Online to Offline): 온라인(online)과 오프라인(offline)이 결합하는 현상으로 정보 유통비용이 저렴한 온라인과 실제 소비가 일어나는 오프라인의 장점을 접목하여 새로운 시장을 창출하는 것

- O2O 서비스: 인터넷에 연결된 스마트폰, 태블릿, PC와 같은 단말기를 이용하여 온라인 고객을 오프라인 매장으로 유치하여 위치기반의 이동성, 정보의 동시성, 즉시 반응성, 개인 맞춤형 등의 서비스를 제공함
- 소셜커머스(Social Commerce): 페이스북(Facebook), 트위터(Twitter) 등의 소셜네트워크 서비스(Social Network Service, SNS)를 활용하여 이루어지는 전자상거래의 일종으로 일정 수 이상의 구매자가 모일 경우 파격적인 할인가로 상품을 제공하는 서비스
- 데이터경제(Data Economy): 능동형 지능을 보유한 데이터가 공유되는 현상을 데이터경제라고 함. 데이터경제는 사물인터넷, 클라우드, 빅데이터 그리고 모바일 기술을 융합한 ICBM 플랫폼이 핵심요소
- 공유경제(Sharing Economy): 2008년 하버드 대학교의 로런스 레식(Lawrence Lessig) 교수가 처음 사용한 용어로, 제품이나 서비스를 소유하는 것이 아니라, 필요에 의해 서로 공유하는 활동
- 플랫폼: 공급자, 수요자 등 복수 집단이 참여하여 각 집단이 얻고자 하는 가치를 공정한 거래를 통해 교환할 수 있도록 구축된 환경으로서 플랫폼 참여자들 간의 상호 작용을 통해 새로운 가치와 혜택을 제공하는 상생의 생태계
- 상업적 공유경제(Commercial Sharing Economy): 2008년 글로벌 금융위기를 기점으로 확대된 협력적 소비와 스마트 디바이스의 보편화로 다양한 분야에서 웹(web)과 앱(app)을 이용한 공유경제 비즈니스 모델을 내세워 이윤을 추구하는 것
- 협력적 공유경제(Collaborative Sharing Economy): 사물인터넷의 발전에 따라 예상되는 공유경제시스템으로 미래에는 T2P(Things to People) 형태의 비즈니스 모델이 창출됨. 협력적 공유경제는 모든 사물이 인터넷과 연결되는 만물인터넷(IoE) 시대에 실현됨
- 한국형 4차 산업혁명 프레임워크 추진 역량: 제조생태계 혁신강화전략, 미래 공통기반 기술역량 강화, 소프트파워의 확산과 부양을 제시함
- 소프트파워(Soft Power): 군사력이나 경제제재 등 물리적으로 표현되는 힘인 하드파워(Hard Power)에 대응하는 개념임. 강제력보다는 매력을 통해, 명령이 아닌 자발적 동의에 의해 얻어지는 능력을 말하는 것으로 정보과학이나 문화·예술 등이 행사하는 영향력을 말함

연습문제

01 다음 설명에서 Ⓐ가 무엇인지 답하시오.

(Ⓐ)은 디지털 기술을 사회 전반에 적용하여 전통적인 사회구조를 혁신시키는 것이다. 일반적으로 기업에서 사물인터넷(IoT), 클라우드 컴퓨팅(Cloud), 인공지능(AI), 빅데이터(Big Data) 등(I.C.B.A.)의 핵심원천기술을 플랫폼으로 구축·활용하여 기존 전통적인 운영 방식과 서비스를 혁신하는 것이다.

Ⓐ – (   )

02 다음 설명에서 Ⓐ와 Ⓑ가 무엇을 말하는지 답하시오.

매사추세츠공과대학교(MIT) 경영대학원의 피터 웨일(Peter Weill)과 스테파니 워너(Stephanie Woerner) 교수는 4차 산업혁명 시대의 디지털 비즈니스 모델 개념을 제시하였다. 디지털 비즈니스 모델은 콘텐츠, (Ⓐ), (Ⓑ)의 세 가지 요소들이 결합되어 고객 가치를 창출하는 비즈니스 모델이다.

Ⓐ – (   )   Ⓑ – (   )

03 다음 설명에서 ⒶO와 ⒷO가 무엇을 말하는지 답하시오.

4차 산업혁명의 주요 원천기술들은 데이터 수집 → (　　Ⓐ　　) → 가치
창출 → (　　Ⓑ　　) 과정을 거친다. 즉, 사물인터넷(IoT)으로부터 수집된
데이터가 클라우드 서버에 저장이 되면서 빅데이터가 생성되고, 이것을 인
공지능 기술을 이용하여 빅데이터를 분석한 후 다양한 의사결정문제를 해
결한다.

Ⓐ – (　　　　　　　　　)　　　　Ⓑ – (　　　　　　　　　)

04 다음 설명에서 공통적으로 ⒶO와 ⒷO가 무엇을 말하는지 답하시오.

4차 산업혁명의 기술적 특징인 초연결로 인해 데이터는 폭발적으로 증가
하고 지능화로 인해 의미 있는 데이터가 생성된다. 경제적 가치를 만들어
내는 데이터를 (　　Ⓐ　　)이라고 하며 (　　Ⓐ　　)을 보유한 데이터가
공유되는 현상을 (　　Ⓑ　　)라고 한다. (　　Ⓑ　　)는 사물인터넷, 클라
우드, 빅데이터 그리고 모바일 기술을 융합한 ICBM 플랫폼이 핵심요소이다.

Ⓐ – (　　　　　　　　　)　　　　Ⓑ – (　　　　　　　　　)

05 다음 설명에서 ⒶO가 무엇인지 답하시오.

데이터경제는 부정적인 측면도 존재한다. 첫째는 데이터 및 정보의 독점으
로 발생하는 (　　Ⓐ　　)의 문제이다. 데이터가 경제적 가치를 지니면서
이윤을 추구하는 기업은 이를 가능한 한 많이 확보할 것이며 이로 인해 개
인정보유출과 프라이버시 침해 문제가 발생한다.

Ⓐ – (　　　　　　　　　)

06 다음 설명에서 공통적으로 Ⓐ가 무엇인지 답하시오.

(　　Ⓐ　　)는 미국의 법학자 로런스 레식(Lawrence Lessig) 교수가 만든 용어로, 한 번 생산된 제품을 여럿이 함께 공유해 쓰는 협업 소비를 기본으로 한 경제를 의미한다. (　　Ⓐ　　)는 대량생산체제의 소유 개념과 대비된다.

Ⓐ – (　　　　　　　　　　　　)

07 다음 설명에서 공통적으로 Ⓐ가 무엇인지 답하시오.

(　　Ⓐ　　)은 소비자와 공급자를 연결하여 이들 간의 효과적인 거래를 용이하게 하는 역할을 담당하며, 소비자와 공급자들은 인터넷으로 연결되는 디지털 통신수단을 이용하여 온라인 시장에 접근할 수 있다. 즉, (　　Ⓐ　　)이란 공급자, 수요자 등 복수 집단이 참여하여 각 집단이 얻고자 하는 가치를 공정한 거래를 통해 교환할 수 있도록 구축된 환경으로 참여자들 간의 상호 작용을 통해 새로운 가치와 혜택을 제공하는 상생의 생태계로 정의된다.

Ⓐ – (　　　　　　　　　　　　)

08 다음 설명에서 Ⓐ가 무엇인지 답하시오.

(　　Ⓐ　　)은 인터넷 기술을 활용하여 정보기술(IT) 자원을 서비스로 제공하는 컴퓨팅으로 IT자원(소프트웨어, 스토리지, 서버, 네트워크)을 필요한 만큼 빌려서 사용하고, 사용한 만큼 비용을 지불하는 컴퓨팅을 의미한다.

Ⓐ – (　　　　　　　　　　　　)

09 다음 설명에서 Ⓐ와 Ⓑ가 무엇을 말하는지 답하시오.

클라우드 서비스는 서비스 제공 매체 및 서비스 사용자의 네트워크 위치에 따라 퍼블릭(Public) 클라우드, 사설(Private) 클라우드, (　　Ⓐ　　) 클라우드 등으로 구분한다. 퍼블릭(공개형) 클라우드는 일반인에게 공개되는 (　　Ⓑ　　)를 말한다.

Ⓐ – (　　　　　　　　　)　　　　Ⓑ – (　　　　　　　　　)

10 다음 설명에서 Ⓐ와 Ⓑ가 무엇을 말하는지 답하시오.

'빅데이터 진흥법(빅데이터의 이용 및 산업진흥에 관한 법률안)'이 2016년 6월에 발의되었다. 또한 빅데이터 산업 활성화를 위한 '데이터경제 3법(데이터 3법)'이 2020년 1월에 국회 본회의를 통과하였다. '데이터 3법'은 (　　Ⓐ　　) · 정보통신망법 · (　　Ⓑ　　) 개정안과 빅데이터 분석활용에 관한 법률이다.

Ⓐ – (　　　　　　　　　)　　　　Ⓑ – (　　　　　　　　　)

참고문헌

고희애(2013), "신기술동향: 클라우드 서비스 형태와 Private 클라우드 서비스", 정보처리
학회지, 제20권, 제5호, pp. 51-56.

공배완(2017), "사물인터넷의 활용과 민간시큐리티의 혁신", 융합보안논문지, 제17권, 제
1호, pp. 101-109.

김민형, 김현주(2015), "사물인터넷과 초연결사회: 개념적 토대 및 기술인문학의 가능성",
영상문화, 제27권, pp. 215-238.

김상윤(2017), "4차 산업혁명 프레임워크와 3대 추진역량", POSRI 이슈 리포트, 포스코
경영연구원, 제2017권, 제5호, pp. 1-13.

김상윤, 이은창, 박성영(2017), "주력산업 고도화를 위한 한국형 4차 산업혁명 프레임워
크", POSRI 이슈 리포트, 포스코경영연구원, pp. 1-20.

김용열, 박영서(2017), "4차 산업혁명과 중소기업 지원정책", 기술혁신학회지, 제20권, 제
2호, pp. 387-405.

김진하(2016), "제4차 산업혁명 시대, 미래사회 변화에 대한 전략적 대응 방안 모색",
R&D lnl, pp. 45-58.

김현수(2016), "4차 산업혁명의 서비스경제화 촉진 연구", 서비스연구, 제6권, 제3호,
pp. 15-27.

박상찬(2017), "제4차 산업혁명과 데이터 과학", 한국콘텐츠학회지, 제15권, 제1호,
pp. 21-28.

박소은, 이성혜, 지대범, 최정일(2017), "O2O서비스의 지속이용의도에 영향을 미치는 요
인에 관한 연구: 영화관 티켓 발권서비스를 중심으로", 한국IT서비스학회지, 제16권,
제4호, pp. 197-212.

박중오, 최도현(2016), "클라우드 서비스 기술동향: 구글 머신러닝을 중심으로", 정보처리
학회지, 제23권, 제2호, pp. 4-12.

박재환(2016), "인공지능을 바라보는 시선: 인지과학적 접근", 예술인문사회융합멀티미디
어논문지, 제6권, 제10호, pp. 539-547.

안수현(2017), "온라인·오프라인 융복합서비스시장(O2O)에서의 소비자이슈와 보호방
안", 외법논집, 제41권, 제2호, pp. 81-116.

양종모(2016), "인공지능을 이용한 법률전문가 시스템의 동향 및 구상", 법학연구, 제19권,

제2호, pp. 213-242.

우지영(2017), "제4차 산업혁명: 데이터경제를 준비하며", 한국콘텐츠학회지, 제15권, 제1호, pp. 14-20.

유성민(2020), "4차 산업혁명과 블록체인: 데이터경제 중심으로", 한국통신학회지(정보와 통신), 제37권, 제2호, pp. 23-30.

윤선희, 이승훈(2017), "4차 산업혁명에 대응한 지적재산권 제도의 활용: 인공지능 창작물 보호제도를 중심으로", 산업재산권, 제52권, pp. 155-197.

윤창근(2012a), "세상속으로 해외동향: 미국 IT 기술의 발전 방향: 사물인터넷(Internet of Things)의 실현", 지역정보화, 제75권, pp. 64-69.

윤창근(2012b), "세상속으로 해외동향: 각국의 클라우드 서비스 현황 미국 공공 기관의 클라우드 컴퓨팅 모입 전략 및 활용", 지역정보화, 제73권, pp. 60-81.

이경민, 배채윤, 정남호(2018), "4차 산업혁명 시대의 공유경제 생태계 정책 제안: 우버(Uber) 사례를 중심으로", 지식경영연구, 제19권, 제1호, pp. 175-202.

이민화, 김애선, 주강진, 김예지, 손문영, 오지영, 윤예지, 최준규(2018), "4차 산업혁명 시대 공유 플랫폼 경제의 로드맵과 경기도 발전방향", 정책연구, pp. 1-180.

장웅성(2017), "주력산업 고도화를 위한 한국형 4차 산업혁명 프레임워크", 산업통상자원 R&D전략기획단 주력산업MD실, 대구경북연구원 세미나 발표자료.

전해영, 장우석(2017), "4차 산업혁명 시대의 국가혁신전략 수립 방향", 현대경제연구원 VIP Report, 제694권, pp. 1-23.

정정원(2016), "인공지능(AI)의 발달에 따른 형법적 논의", 과학기술과 법, 제7권, 제2호, pp. 189-212.

좋은정보사(2017), "4차 산업혁명 시대를 주도하는 산업별 주력분야 분석 및 대응전략", 2017.

창조경제연구회(2016), "4차 산업혁명과 규제 패러다임 혁신", 포럼보고서, 제1권, pp. 1-81.

최유성, 안혁근, 심우현, 박정원(2018), "4차 산업혁명에 대응하는 규제개혁 연구: 공유경제와 디지털헬스케어 분야를 중심으로", KIPA Pocket Summary, pp. 1-36.

최유성, 안혁근(2018), "공유경제 유형에 따른 규제개혁 대응전략", 기본연구과제, 제1권, pp. 2891-3150.

한수범(2017), "국가경쟁력과 국제경쟁력 간 연관분석", e-비즈니스연구, 제18권, 제6호, pp. 229-245.

현대경제연구원(2017), "주요국 정책으로 살펴본 우리나라 제4차산업혁명정책 수립 방향-

차세대 산업·사회구조 구축의 체인저(Changer)로 활용", VIP Report, 제699권, pp. 1-26.

Capgemini Consulting(2017), Industry 4.0-The Capgemini Consulting View, Sharpening the Picture beyond the Hype.

PWC Consulting(2017), Industry 4.0 Framework and Contributing Digital Technologies, PWC Consulting.

PART_ 02

The Fourth Industrial Revolution and Smart Business

4차 산업혁명과 업종별 변화

CHAPTER

03

정보기술업 혁신과 4차 산업혁명

4차 산업혁명은 정보기술(Information Technology, IT)분야에 혁신적인 변화를 만들어 우리 사회를 초연결사회, 지능정보사회로 탈바꿈하고 있다. 4차 산업혁명의 핵심원천기술도 대부분 IT분야에서 파생되었으며, 이들을 선도하는 기업 또한 IT기업이다. 본 장에서는 4차 산업혁명 기술 발달의 주요 산업인 IT산업을 이해하기 위해 IT와 정보시스템(Information System, IS)의 구성요소를 학습하고자 한다. 구체적으로 3차 산업혁명 시대의 정보시스템, 4차 산업혁명 시대의 통합 정보시스템, 4차 산업혁명 시대의 정보시스템 보안, 그리고 통합보안관제시스템 을 학습한다.

3.1 정보시스템(IS)과 정보기술(IT)의 개념

시스템(system)이란 정보처리기능을 수행하기 위하여 조직화되고 규칙적으로 상호 작용하는 기기, 방법, 절차를 말한다. 시스템은 입력, 처리, 출력, 피드백을 구성요소로 가진다. 정보시스템(Information System, IS)은 조직에서 의사결정과 통제를 지원하기 위하여 정보를 수집(추출), 처리, 저장, 분배하는 상호 연관된 요소의 집합을 말한다. 정보시스템의 정의에서 언급된 정보(information)라는 개념을 이해하기 위해서는 데이터, 정보, 지식의 특징에 대해 알아야 한다. 먼저, 데이터(data)는 기록되고, 분류되고, 저장되며, 어떤 특수한 의미를 전달하기 위해서 조직화되지 않은 사물, 사건, 활동, 거래의 묘사를 말한다. 즉, 데이터는 가공되지 않는 일련의 사실(fact)을 말한다. 정보(information)는 이용자에게 의미나 가치를 부여하기 위해서 구성된 가공된 데이터를 의미한다. 정보는 데이터가 사람들에게 의미 있고 유용한 형태로 만들어진 것이다. 지식(knowledge)은 당면한 문제나 활동에 적용될 때, 이해, 경험, 축적된 학습, 전문지식을 전달하기 위해 체계적인 규칙을 가지고 구성되고 처리된 데이터나 정보로 구성된다.

정보시스템은 입력, 처리, 출력, 피드백의 네 가지 활동을 통해 조직의 의사결정을 지원하고, 운영을 통제하며, 문제를 분석하고, 새로운 제품과 서비스를 개발하는 데 필요한 정보를 생산한다. 입력은 조직 또는 외부 환경으로부터 원시 데이터(가공되지 않은 데이터)를 획득하거나 수집하는 행위이다. 처리는 원시 입력 자료를 의미 있는 형태로 변화, 즉 정보로의 변환과정을 말한다. 출력은 처리된 정보를 전달하며, 피드백은 입력 단계를 평가하거나 교정하는 데 도움이 되도록 조직의 해당된 구성원에게 반송하는 행위이다.

인터넷의 확산과 정보기술의 급속한 발전으로 정보홍수 현상이 심화하여 정보과부하(information overload) 문제가 대두되고 있다. 18개월마다 컴퓨터 칩(마이크로칩)의 처리속도가 두 배씩 증가한다는 무어의 법칙(Moore's Law)처럼 정보량도 급속하게 늘어나고 있다. 따라서 폭발적으로 증가하는 데이터로부터 필요한 정보와 지식을 추출하는 것이 매우 중요한 문제이며, 이를 위한 정보시스템의 역할이 중요시되고 있다.

정보기술(Information Technology, IT)은 기업이 비즈니스 목표를 달성하기 위하여 사용해야 하는 모든 하드웨어 및 소프트웨어로 구성된다. 정보시스템은 정보기술을 포함하여 조직과 사람의 차원을 포함하는 개념이다. 즉, 정보시스템은 단순히 기술만이 중요한 것이 아니라 사람과 조직의 역할도 중요하다(표 3-1 참조).

정보시스템은 여러 조직을 통합하는 요소이다. 조직은 여러 수준의 계층과 전문분야로 구성되며 피라미드 구조로 구성된다. 조직(기업)이 정보시스템을 어

차원	정의	특징 또는 구성요소
조직	여러 수준의 계층과 전문분야로 구성됨	조직 내 비즈니스 프로세스를 자동화함
사람	정보시스템을 구축하고 유지하는 사람, 시스템 사용자	정보시스템 관리자, 프로그래머, DB관리자, 시스템 사용자 등
정보기술	정보기술 인프라 구성요소	컴퓨터 하드웨어, 소프트웨어, 데이터관리 기술, 네트워킹 및 통신기술

떻게 활용하고 있는지를 이해하려면 그 기업의 조직구조, 역사, 문화에 대해 알아야 한다. 조직은 구조화된 계층구조와 비즈니스 프로세스(business process)를 통하여 작업을 수행하고 협력한다. 조직 내 비즈니스 프로세스는 신제품의 개발, 주문처리, 신입사원의 채용 등이 있으며 이것이 모두 하나의 표준화된 규칙으로 정해진다. 정보시스템은 이들 수많은 비즈니스 프로세스를 자동화한다. 사람은 정보시스템을 구축하고 유지하는 사람, 그리고 시스템 사용자(end user)를 말한다. 정보시스템을 구축하고 유지하는 숙련된 사람과 비즈니스 목표를 달성하기 위해 시스템의 정보를 어떻게 이용할 것인지 이해하는 사람이 없다면 해당 정보시스템은 무용지물이 된다.

마지막으로 정보기술(IT)은 정보시스템의 3가지 차원인 조직과 사람 차원보다 다양한 특징과 구성요소를 가지고 있으므로 이에 대해 상세히 알아보자(표 3-2 참조). 정보기술은 정보기술 인프라 구성요소를 의미하는 것으로 컴퓨터 하드웨어, 소프트웨어, 데이터관리 기술, 네트워킹 및 통신기술의 4가지 하위요소로 구성된다. 먼저, 컴퓨터 하드웨어는 정보시스템에서 입력, 처리, 출력 활동에 사용하기 위한 물리적 장치이다. 하드웨어는 입력장치, 출력장치, 중앙처리장치, 기억장치로 구분할 수 있다. 입력장치는 외부로부터 문자, 소리, 그림, 영상 등의 데이터를 전달받는 장치이다. 대표적인 입력장치는 키보드, 마우스, 스캐너이고, 이외에도 디지털카메라, 마이크, 생체인식기(지문인식, 홍채인식) 등이 있다. 출력장치는 수행된 결과를 문서나 그림 형태로 사용자에게 전달하는 장치이다. 대표적인 출력장치는 모니터, 프린터, 스피커이다. 중앙처리장치(Central Processing Unit, CPU)는 컴퓨터시스템 전체를 제어하는 장치로 다양한 입력장치로부터 자료를 입력

● 그림 3-1 하드웨어의 종류(중앙처리장치와 기억장치)

받아 처리한 후 그 결과를 출력장치로 보내는 일련의 과정을 제어하고 조정하는
일을 수행한다. 중앙처리장치는 비교, 판단, 연산을 담당하는 논리연산장치와 명
령어의 해석, 실행을 담당하는 제어장치로 구성된다. 다음으로 기억장치는 입출
력 데이터와 연산처리결과를 저장하는 장치로 주기억장치(main memory)와 보조
기억장치(second memory)로 나눌 수 있다. 주기억장치는 컴퓨터시스템에 프로그
램을 적재하는 공간으로 컴퓨터를 부팅하여 프로그램을 수행하면 보조기억장치
에서 데이터를 읽어 주기억장치에 적재한다. 주기억장치에는 RAM(Random
Access Memory)과 ROM(Read Only Memory) 등이 있다. 보조기억장치는 데이터를
영구적으로 저장 및 기억하는 역할을 수행하는 기억매체로 하드디스크, CD-
ROM, 플래시 메모리(flash memory) 등이 있다.

　소프트웨어는 하드웨어 구성요소를 통제하고 조정하는 프로그래밍되어있는
명령어의 집합을 말한다. 소프트웨어는 컴퓨터의 자원들과 행위들을 관리하는
역할을 담당하는 시스템 소프트웨어(운영체제)와 최종 사용자의 특정 목적에 사용
되는 응용 소프트웨어(애플리케이션)로 구성된다. 시스템 소프트웨어는 운영체제
(Operating System, OS), 컴파일러(compiler), 어셈블러(assembler), 각종 유틸리티
(utility) 등과 같이 컴퓨터시스템을 운영하는 데 필요한 프로그램이다. 응용 소프
트웨어는 문서 작성, 그림 편집, 동영상 제작, 인터넷 검색 등 특정 업무를 수행
하기 위한 프로그램을 말한다. 대표적인 예로 MS-Office, 한글, 포토샵 등이
있다.

　데이터관리 기술은 데이터의 구성을 관리하는 소프트웨어인 데이터베이스 관

● 표 3-2 정보기술(IT)의 구성요소

구성요소	구분	정의	대표적인 예
하드웨어	입력장치	외부로부터 문자, 소리, 그림, 영상 등의 데이터를 전달받는 장치	키보드, 마우스, 스캐너, 마이크, 생체인식기
	출력장치	수행된 결과를 문서나 그림 형태로 사용자에게 전달하는 장치	모니터, 프린터, 스피커
	중앙처리장치	컴퓨터시스템 전체를 제어하는 장치로 다양한 입력장치로부터 자료를 입력받아 처리한 후 그 결과를 출력장치로 보내는 과정을 제어하고 조정하는 일을 수행	논리연산장치, 제어장치
	기억장치	입출력 데이터와 연산처리결과를 저장하는 장치	주기억장치(RAM, ROM), 보조기억장치(하드디스크, CD-ROM, 플래시 메모리)
소프트웨어	시스템 소프트웨어	컴퓨터시스템을 운영하는 데 필요한 프로그램	운영체제, 컴파일러, 어셈블러, 유틸리티
	응용 소프트웨어	특정 업무를 수행하기 위한 프로그램	MS-Office, 한글, 포토샵
데이터관리 기술	데이터베이스 관리시스템	데이터베이스를 관리하는 소프트웨어시스템	MS SQL DB, Oracle DB
네트워킹 및 통신기술	정보통신	통신회선을 통해 단말기를 멀리 떨어진 곳의 다른 단말기 또는 컴퓨터에 연결하여 정보를 송수신하는 것	인터넷, 인트라넷, 이동통신
	데이터 통신	송신자와 수신자 컴퓨터 또는 입출력장치를 통신회선으로 연결하여 데이터를 처리하고 전송하는 것	회선교환망, 메시지교환망, 패킷교환망
	웹 사이트 구축 및 운영기술	인터넷 접속서비스 제공과 웹 사이트 구축 및 운영을 담당	ISP, 전자상거래, 인터넷쇼핑몰

리시스템(DataBase Management System, DBMS)을 말한다. 먼저, DBMS를 이해하기 전에 데이터베이스(database, DB)를 이해해야 한다. 데이터베이스는 특정 조직의 여러 사용자가 공유하여 사용할 수 있도록 통합해서 저장한 운영데이터의 집합이다. 복수 업무에 공통으로 나타나는 데이터를 중심으로 모아서 이들을 상호 유기적으로 결합하고, 이들 데이터는 일정한 규칙(rule)에 따라 연결하여 이용할 수 있다. DBMS는 데이터베이스를 관리하며 응용프로그램들이 데이터베이스를 공유하며 사용할 수 있는 환경을 제공하는 소프트웨어이다. DBMS는 DB의 작성, DB데이터의 처리 이용, DB의 제어를 하는 일련의 프로그램 그룹(DB package)이다.

네트워킹 및 통신기술은 물리적 장치 및 소프트웨어로 구성되며 여러 가지의 하드웨어를 연결하여 데이터를 하나의 물리적 위치에서 다른 곳으로 전송한다. 네트워킹 및 통신기술은 정보통신, 데이터 통신, 웹 사이트 구축 및 운영기술 등이 있다. 정보통신(information communication)은 통신회선을 통해 단말기를 멀리 떨어진 곳의 다른 단말기 또는 컴퓨터에 연결하여 정보를 송수신하는 것을 의미한다. 정보통신의 대표적인 예로는 개방형 네트워크인 인터넷(internet), 기업의 내부 네트워크를 운영하기 위한 인트라넷(intranet), 그리고 무선 통신 방식인 이동통신(cellular communication) 등이 있다. 정보통신과 유사한 개념인 데이터 통신(data communication)은 멀리 떨어져있는 송신자 컴퓨터와 수신자 컴퓨터 또는 입출력장치를 통신회선으로 연결하여 데이터를 처리하고 전송하는 것을 말한다. 마지막으로 웹 사이트 구축 및 운영기술은 인터넷 접속서비스를 제공하는 ISP (internet service provider)와 웹 사이트 운영을 위한 전자상거래 기술 등을 예로 들 수 있다.

3.2 3차 산업혁명 시대의 정보시스템

3차 산업혁명 시대의 정보시스템은 대부분 단일(개별) 정보시스템을 의미한다. 대표적인 정보시스템으로 거래처리시스템, 경영정보시스템, 의사결정지원시스템, 중역지원시스템을 예로 들 수 있다(표 3-3 참조).

거래처리시스템(Transaction Processing System, TPS)이란 기업에서 일상적이고 반복적으로 수행되는 거래를 손쉽게 기록하고 처리하는 정보시스템으로 기업 활동의 가장 기본적인 역할을 지원한다. TPS는 자재 구입, 상품 판매, 영수증 발행, 급여 지급, 온라인 입·출금, 신용도 관리, 상품의 주문·발송 등 거래와 관련된 데이터가 발생할 때마다 단말기에서 발신된 데이터를 수신·처리하여 그 결과를 즉시 보내주는 정보시스템으로 하부관리자나 운영관리층이 주로 사용한다. TPS의 주요 목적은 일상적인 질문들에 답하고, 조직 전반의 거래흐름을 관리하는 것이다. 재고는 얼마나 있는가? 또는 홍길동의 급여지급에는 무슨 문제가 있는가? 이와 같은 질문에 답하기 위해서는 정보의 가용성, 최신성, 정확성이 유지되어야 한다. TPS의 예로 급여처리를 위한 TPS가 있다. 급여시스템은 직원에게 지급되는 돈을 관리하며 직원의 이름, 사번, 주간 근무시간 등을 기록하여 직원에게 급여정보를 제공한다. 급여시스템의 데이터는 일상적이고 반복적인 특징을 지니고 있다. 조직에서 TPS는 여러 유형으로 존재하며, 조직의 기본적인 업무거래에 대한 감시, 수집, 저장, 처리, 분배를 지원한다.

경영정보시스템(Management Information System, MIS)은 중간관리층을 지원하는 정보시스템이다. MIS는 중간관리자에게 조직의 현재 성과에 대한 보고서를 제공한다. 이 정보는 경영활동을 관리 감독하고 미래의 성과를 예측하는 데 이용된다. MIS는 TPS에서 제공되는 데이터를 이용해 회사의 기본적인 운영을 요약하고 보고한다. MIS는 복잡한 수학적 모델이나 통계기술보다는 요약과 비교와 같은 단순한 업무에 사용된다. 이처럼 MIS는 운영의 효율성 및 효과성에 관한 정기적인 정보를 제공하는데, 이러한 정보는 기업의 데이터베이스에서 추출되어 사용자의 요구에 따라 처리되고 제공된다.

의사결정지원시스템(Decision Support System, DSS)은 거래처리시스템과 경영정보시스템으로부터 발전된 경영지원시스템이다. DSS는 문제해결에 필요한 절차가 사전에 충분히 정의되지 않은 독특하고 빠르게 변화하는 문제들에 집중한다. DSS는 "만일 12월 판매량을 두 배로 늘린다면 생산계획에는 어떠한 영향이 있을까?", "코로나바이러스로 인해 공장이 문을 닫는다면(shut down) 매출액과 당기순이익에는 어떠한 문제가 있을까?" 등의 질문에 답을 제공한다. DSS는

TPS나 MIS에 있는 내부정보를 주로 이용하지만 주가, 환율, 유가 등의 외부정보도 이용할 수 있다. DSS는 기존 정보시스템에 비해 고차원적인 의사결정문제에 대한 최적의 답을 제공한다. 날씨예측시스템, 부도예측시스템, 환율 및 유가예측시스템, 항해추정시스템 등이 DSS의 대표적인 예이다. 이처럼 DSS는 높은 수준의 문제(예측, 추측, 최적화)를 해결하기 위해 다수의 분석적 모델(수학적 모델)을 보유하고 있다. DSS는 주로 데이터 과학자 등의 중간관리층이 주로 사용한다.

최고경영층은 기업의 목표와 전략 및 계획을 수립하는 등 기업 활동 방향에 결정적인 영향을 미치는 의사결정을 수행한다. 이러한 최고경영층의 의사결정에 필요한 정보를 적시에 제공하고, 필요한 경우 의사결정을 지원하는 시스템이 바로 중역지원시스템(Executive Support System, ESS)이다. 즉, ESS는 최고경영층의 전략적 정보요구를 해결하기 위해서 구축된 경영지원시스템이다. ESS는 어떠한 문제해결에 대한 합의된 절차가 없어 판단, 평가, 그리고 통찰력이 절대적으로 요구되는 비일상적인 의사결정문제를 해결한다. ESS는 고위관리층이 주로 사용하므로 사용하기 쉬운 인터페이스(portal, 포털)를 통해 다양한 데이터를 분석한

● 표 3-3 3차 산업혁명 시대의 정보시스템

종류	정의	주 사용층	특징
거래처리 시스템 (TPS)	일상적이고 반복적으로 수행되는 거래를 손쉽게 기록하고 처리하는 시스템	하부관리자, 운영관리층, 데이터근로자	일상적인 질문들에 답을 제공, 조직 전반의 거래 흐름을 관리
경영정보 시스템 (MIS)	TPS에서 제공되는 데이터를 이용해 회사의 기본적인 운영을 요약하고 보고하는 시스템	중간관리층	요약과 비교업무 수행
의사결정지원 시스템 (DSS)	중간관리층이 예측, 추측, 최적화 문제를 해결하기 위해 사용하는 정보시스템	중간관리층, 데이터과학자, 지식근로자	예측, 추측, 최적화 등의 문제를 해결함, 분석적 모델 보유함
중역지원 시스템 (ESS)	고위경영자들에게 외부정보와 높은 수준의 기업 실적 요약정보를 제공하는 시스템	고위관리층	내부 및 외부정보 통합, 기업실적, 성과지표 제공

그래프나 차트 등의 시각화 지표로 결과를 보여준다. ESS는 내부와 외부정보를 통합하여 높은 수준의 기업 실적과 주요성과 지표를 요약하여 제공한다.

3.3 4차 산업혁명 시대의 통합정보시스템

4차 산업혁명 시대는 3차 산업혁명 시대의 개별 정보시스템이 통합되거나 또는 개별 정보시스템의 데이터 및 정보가 하나의 통합된 데이터베이스로 구축되는 현상이 지속되고 있다. 이로 인해 다양한 통합정보시스템이 구축되었고, 이들 시스템은 4차 산업혁명의 핵심원천기술과 융합되어 고도화되고 있다. 4차 산업혁명 시대의 통합정보시스템은 베스트 프랙티스(Best Practice)를 반영하는 미리 정의된 수많은 비즈니스 프로세스(business process, 업무절차)들을 근간으로 만들어진다. 베스트 프랙티스는 경영목표를 일관되고 효과적으로 달성하기 위한 가장 성공적인 솔루션 또는 문제해결방법이다. 통합정보시스템은 자원과 고객서비스의 효율적인 관리를 위해 비즈니스 프로세스들을 상호 긴밀하게 조정하고 통합하여 기업이 보다 유연하고 생산적인 조직이 될 수 있도록 지원한다. 즉, 판매, 제품혁신 등 특정 경영활동 분야에서 세계 최고의 성과를 창출해낸 운영방식으로 통합정보시스템이 구축되며 이는 차별적 경쟁우위를 위한 기업핵심역량의 기초를 제공한다. 4차 산업혁명 시대의 통합정보시스템은 전사적자원관리(Enterprise Resource Planning, ERP), 공급사슬관리(Supply Chain Management, SCM)시스템, 고객관계관리(Customer Relationship Management, CRM)시스템, 지식관리시스템(Knowledge Management System, KMS), 전문가시스템(Expert System) 등으로 구성된다.

3.3.1 전사적자원관리(Enterprise Resource Planning, ERP)

전사적자원관리(Enterprise Resource Planning, ERP)는 기업 활동을 위해 사용되는 기업 내의 모든 인적·물적 자원을 효율적으로 관리하여 궁극적으로 기업의 경쟁력을 강화하는 통합정보시스템이다. ERP는 생산, 물류, 재무, 회계, 판매,

구매, 마케팅, 인적자원관리 등의 다양한 핵심 비즈니스 프로세스들로부터 데이터를 수집하여, 그 데이터를 하나의 통합데이터베이스에 저장하여 관리하는 통합관리시스템이다. 즉, ERP는 인사·재무·생산부서에서 독립적으로 운영되던 인사정보시스템·재무정보시스템·생산관리시스템 등의 개별 정보시스템을 하나로 통합한 것이다.

ERP는 완전히 새롭게 등장한 것이 아니라 1970년에 등장한 자재소요계획(Material Requirement Planning, MRP)과 뒤이어 1980년대 후반에 개발된 생산자원계획(Manufacturing Resource Planning II, MRPII)보다 개념과 기능이 확장된 통합정보시스템이다. 자재소요계획(MRP)은 제품(조립제품)을 적기에 생산하기 위해 부품(자재)이 투입된 시점과 투입되는 양을 관리하기 위한 생산관리시스템이다. MRP는 제품의 수량 및 생산일정을 토대로 제품 생산에 필요한 원자재, 부분품, 공정품, 조립품 등의 소모량 및 소요시기를 역산해서 자재조달계획을 수립하여 효율적인 재고관리를 모색한다. 생산자원계획(MRPII)은 1980년대 다품종 소량 생산 체제로 접어들면서 생산에 필요한 모든 자원을 효율적으로 관리할 필요성이 대두되었다. 개별적으로 수행한 자재수주, 생산, 판매, 재무관리 기능을 통합(확장)하여 자재뿐만 아니라 생산에 필요한 모든 자원을 효율적으로 관리하는 시스템이다. 1990년대에 정보통신기술이 발전하면서 MRPII의 생산관리 기능에 재무, 회계, 영업, 인사 등 모든 경영활동을 지원하는 개념으로 ERP가 등장하였다. ERP는 [그림 3-2]와 같이 패키지 소프트웨어(ERP 패키지) 형태로 출시되어 대기업과 중소기업에 활발하게 구축되었다. ERP 패키지는 기존의 인사업무, 회계업

● 그림 3-2 ERP 패키지의 구성요소(모듈)

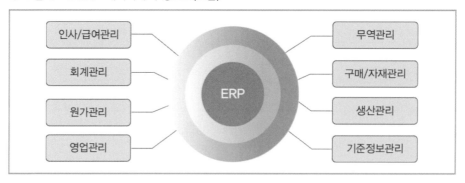

무, 생산업무, 자재업무, 영업업무 등 단위 업무를 지원하기 위한 정보시스템을 하나의 패키지로 통합한 것이다. ERP 패키지는 선진 기업의 최우수 사례(Best Practices) 결과가 내포되어 선진 기업의 프로세스를 도입하는 효과를 얻을 수 있다.

2000년대에 들어서는 기존 ERP에 외부 협력사 및 고객과의 관계를 관리하는 공급사슬관리, 고객관계관리, 전자상거래 등의 기능이 추가한 확장형 ERP(Extended ERP, e-ERP)가 출시되었다. 최근에는 4차 산업혁명의 핵심원천기술인 빅데이터 분석기술과 인공지능기법이 적용된 비즈니스 애널릭틱스(business analytics)가 추가된 스마트 ERP(Smart ERP)가 출시되어 활용되고 있다. 스마트 ERP의 특징은 다음과 같다.

첫째, 스마트 ERP는 4차 산업혁명의 핵심기술인 인공지능(Artificial Intelligence), 빅데이터(Big Data), 사물인터넷(Internet of Things), 블록체인(Block Chain) 등의 신기술과 융합하여 보다 지능화된 기업경영이 가능한 통합시스템으로 발전된다.

둘째, ERP와 제조실행시스템(Manufacturing Execution System, MES), 그리고 제품수명주기 관리시스템(Product Lifecycle Management, PLM)을 통합하여 각 생산과정을 체계화하고 관련 데이터를 한곳으로 모을 수 있어 빅데이터 분석이 가능해진다. 인공지능 기반의 빅데이터 분석을 통해 최적화와 예측분석이 가능하여 과학적이고 합리적인 의사결정지원이 가능하다.

셋째, 스마트 ERP는 인공지능 및 빅데이터 분석기술과의 융합으로 전략경영 등의 분석 도구를 추가하게 되어 상위계층의 의사결정을 지원할 수 있는 스마트(smart)시스템으로 발전하고 있다. 제조업에서는 빅데이터 처리 및 분석기술을 기반으로 생산 자동화를 구현하고 ERP와 연계하여 생산계획의 선제적 예측과 실시간 의사결정이 가능해진다.

넷째, ERP시스템 내의 빅데이터 분석을 위한 비즈니스 애널리틱스(business analytics)가 차세대 ERP시스템의 핵심요소가 되었다. 비즈니스 애널리틱스는 의사결정을 위한 데이터 및 정량분석과 광범위한 데이터 이용을 말한다. 비즈니스 애널리틱스는 질의 및 보고와 같은 기본적인 분석기술과 예측 모델링과 같은 수학적으로 정교한 수준의 분석을 지원한다. 즉, 스마트 ERP는 리포트(report), 쿼리(query), 알림, 대시보드(dashboard)뿐만 아니라 데이터마이닝 등의 예측모델링과 같은 진보된 형태의 분석기능을 제공한다.

● 표 3-4 전사적자원관리(ERP)시스템의 발전과정

구분	핵심기능	시대적 구분
자재소요계획(MRP)	자재조달계획, 재고관리	3차 산업혁명(1970년대)
생산자원계획(MRPⅡ)	MRP 기능＋생산관리	3차 산업혁명(1980년대)
전사적자원관리(ERP)	MRPⅡ 기능＋(인사, 회계, 영업, 판매, 구매, 마케팅 등)	3차 산업혁명(1990년대)
확장형 ERP(e-ERP)	ERP＋SCM＋CRM＋EC	4차 산업혁명
스마트 ERP	ERP＋I.C.B.A.＋분석기술	4차 산업혁명

3.3.2 공급사슬관리(Supply Chain Management, SCM)시스템

공급사슬관리(Supply Chain Management, SCM)시스템은 기업에서 생산·유통 등 모든 공급망 단계를 최적화해 수요자가 원하는 제품을 원하는 시간과 장소에 제공하는 '공급망 관리'를 지원하는 정보시스템이다. 공급망 관리 또는 공급사슬(supply chain)은 원재료의 조달, 원재료의 중간재 및 완제품으로의 변환, 완제품의 유통을 말한다. 기업들은 공급업체와의 관계 관리를 지원하기 위해 SCM을 이용한다. SCM은 공급업체, 구매기업, 유통업체, 물류업체들이 주문, 생산, 재고 수준, 그리고 제품과 서비스의 배송정보를 공유하여 제품과 서비스를 효율적으로 구매, 생산, 배송할 수 있도록 지원한다. 궁극적인 목적은 최소의 비용과 시간으로 공급업체로부터 소비자까지 적정량의 제품을 공급하는 것이다. SCM은 물류비용과 생산비용을 낮추고 관리자가 구매, 생산, 유통의 조직화 및 일정계획에 대한 보다 양질의 의사결정을 지원하여 기업의 수익성을 향상시킨다.

공급망 관리에서 반복적으로 발생되는 문제점은 채찍효과(bullwhip effect)인데 이것은 제품에 대한 수요정보가 공급망에 참여하는 공급업체를 하나씩 거쳐 전달될 때마다 계속 왜곡되는 현상을 말한다. 채찍효과는 공급망의 모든 구성원이 정확한 최신 정보를 보유함으로써 나타나는 수요 및 공급에 관한 불확실성의 감소를 통해 통제할 수 있다. SCM은 채찍효과를 해결하기 위해서 정보의 가시성(visibility)을 핵심요소로 인식한다. 즉, SCM의 역할은 공급사슬상의 구성원들(유통업체, 제조업체, 공급업체, 2차 공급업체, 3차 공급업체)과 실시간으로 최신의 정보를 공유하고 전략적 협조와 보다 나은 의사결정을 하는 데 도움이 되는 정보를 제공하는 것이다. 정확한 정보의 올바른 이동은 재고 수준을 최소화하고 고객에 대한 배송을 촉진한다. SCM은 기업과 공급사슬 파트너들 간의 정보흐름을 자동화하고 보다 나은 의사결정 지원을 위해 정보를 제공한다.

SCM은 [표 3-5]와 같이 공급사슬을 계획하는 데 도움을 주는 공습사슬계획 모듈(module)과 공급사슬 단계들을 수행하는 데 도움을 주는 공급사슬실행 모듈로 구성된다.

공급사슬계획 모듈은 주문이행계획, 수요계획, 생산계획, 유통계획, 수송계획으로 구성된다. 주문이행계획은 공급자들이 고객들에게 운송일정을 산출하여 알려주는 것이다. 수요계획은 조직 내의 여러 사업단위의 수요예측을 생성하고 결합하며, 이를 위해 통계기법 및 인공지능기법을 활용한다. 생산계획은 개별고객 주문에 대하여 모든 제조 및 공급노력의 자세한 조정(통제관리)을 수행하고, 이를

● 표 3-5 공급사슬관리시스템의 구성요소

구성요소(모듈)	활동요소	설명
공급사슬계획 모듈	주문이행계획	공급자들이 고객들에게 운송일정을 산출하여 알려줌
	수요계획	조직 내의 여러 사업단위의 수요예측을 생성하고 결합함
	생산계획	제조 및 공급노력의 조정, 생산일정계획 수립
	유통계획	주문이행을 위한 운영계획 작성
	수송계획	적시에 적절한 장소로 원재료와 완성품이 전달될 수 있도록 자원을 배분하고 실행
공급사슬실행 모듈	주문처리계획	수송 및 제조 관련 제약조건하에서 소비자의 기대를 만족하게 할 방안 선택
	생산	생산일정계획에 따라 필요한 자재수량을 결정하고 조달하여 제품을 조립하고 포장하는 것
	보충	공급사슬에 참여하는 기업들의 재고를 최소화하고 당사자 간에 상품을 이전하는 과정을 조정하는 것
	유통관리	상품을 제조업자로부터 유통센터로 그리고 최종소비자까지 전달하는 과정
	역유통	구매한 상품에 대한 고객의 불만족으로 인해 상품을 기업으로 돌려보내는 과정

바탕으로 생산일정계획을 수립한다. 유통계획은 수요와 생산계획이 통합되어 주문이행을 위한 운영계획을 작성한다. 수송계획은 계획된 일정에 따라서 최저비용으로 적시에 적절한 장소로 원재료와 완성품이 전달될 수 있도록 자원을 배분하고 실행한다.

공급사슬실행 모듈은 제품과 서비스에 대한 고객의 욕구를 적시에 효율적으로, 그리고 비용－효과적인 방식으로 충족시키는 과정이다. 여기에는 주문처리계획, 생산, 보충, 유통관리, 그리고 역유통이 있다. 주문처리계획은 수송, 제조와 관련된 제약조건(트럭의 용량, 수송수단)하에서 소비자의 기대를 만족하게 할 방안을 선택한다. 생산은 생산일정계획에 따라 각 제품을 만드는 데 필요한 자재의 수량을 결정하고 조달하여 제품을 조립하고 포장하는 것이다. 보충(replenishment)은 공급사슬에 참여하는 기업들의 재고를 최소화하고 당사자 간에 상품을 이전하는 과정을 조정하는 것이다. 유통관리는 상품을 제조업자로부터 유통센터로 그리고 최종소비자까지 전달하는 과정을 관리하는 것이다. 역유통(reverse distribution)은 구매한 상품에 대한 고객의 불만족으로 인해 상품을 기업으로 돌려보내는 과정이다.

최근의 SCM은 4차 산업혁명의 핵심원천기술을 결합하여 SCM 2.0, 클라우드 SCM, 그리고 지능형 SCM으로 진화하고 있다. 과거의 SCM이 주로 재고관리, 공급사슬관리, 비용절감에 초점이 맞춰져있었다면 현재의 SCM은 기업 활동 전반으로 확장되고 있다. 지능형 SCM은 공급을 수요에 일치시키고, 재고 수준을 낮추며, 배송서비스를 향상시키고, 제품 출시속도를 가속화시키며, 자산을 보다 효과적으로 활용한다. 이를 통해 고객에 대한 대응능력을 높이고 새로운 서비스를 제공하여 고객 만족도를 높이고 있다.

3.3.3 고객관계관리(Customer Relationship Management, CRM) 시스템

고객관계관리(Customer Relationship Management, CRM)시스템은 조직 전체에 산재되어있는 고객 데이터들을 포착하고 통합하는 동시에 이러한 데이터들을 분석하여 고객전략을 세우기 위한 정보시스템이다. 고객관계관리시스템(이하 CRM)은 고객에 대한 정확한 이해를 바탕으로 고객이 원하는 제품과 서비스를 지속적으로 제공함으로써 고객을 유지시키고, 고객의 평생가치를 극대화하여 수익을 확대하는 등 통합된 고객관계관리 프로세스를 시스템으로 구현한 것이다. 즉, CRM은 고객 선별, 고객 획득, 고객 개발, 고객 유지 등의 고객관계관리 프로세스를 정보시스템으로 전산·자동화한 것이다.

CRM 활동의 유형에는 운영CRM, 분석CRM, 협업CRM이 있다. 운영CRM(operational CRM)은 고객서비스, 주문관리, 송장처리와 대금청구, 판매 및 마케팅 자동화를 포함하는 전형적인 비즈니스 기능과 관련된다. 여러 채널(이메일, 전화, 모바일 기기 등)을 통해 편리하게 고객과 상호 작용할 수 있다. 운영CRM은 기업이 더욱 쉽게 비즈니스를 수행하도록 지원한다. 분석CRM(analytical CRM)은 고객 데이터를 획득, 저장, 추출, 처리, 해석, 그리고 보고하는 활동을 수행한다. 데이터베이스(DB) 및 데이터웨어하우스(data warehouse, 분석용DB)로부터 고객 히스토리(history, 이력데이터), 고객선호도, 수익성 정보를 추출한다. 또한 분석CRM은 고객가치와 행동을 분석하고 예측할 수 있도록 수요예측과정을 지원한다. 마지막으로 협업CRM(collaborative CRM)은 고객, 공급자, 그리고 파트너와 협력하기에 용이한 CRM 활동이다. 고객과의 의사소통, 조정, 협업을 지원하고 공급사슬의 효율성과 통합을 향상시킨다. 기업의 협력업체로부터 상품과 서비스를 조달하여 고객의 욕구에 대한 반응성을 높인다.

CRM의 경우에도 패키지 소프트웨어 형태로 제공되며 앞서 설명한 CRM 활동유형 이외에도 확장된 모듈을 제공한다. 여기에는 파트너관계관리(Partner Relationship Management, PRM), 직원관계관리(Employee Relationship Management, ERM), 영업자동화시스템(Sale Force Automation, SFA) 등의 모듈로 구성된다. 파트너관계관리(PRM)는 CRM과 동일한 다수의 데이터, 도구들, 그리고 시스템을 이용하여 기업과 판매 파트너 간의 공동 작업을 향상시킨다. PRM의 주 관리대상은 대리점이나 총판 등 파트너 부문에 초점을 맞추고 있다. PRM은 기업 및 판매 파트너들에게 정보를 교환하고 고객에 관한 전망과 데이터를 분배하는 기능을 제공하여, 신규고객창출, 가격책정, 판매촉진, 주문처리 방식설정, 가용성을 통합시킨다. 또한 PRM은 파트너들의 성과를 평가할 수 있는 도구들을 제공한다. 직원관계관리(ERM)는 직원관계를 통제하기 위한 방법과 관행을 채택하는 프로세스이다. ERM의 주요 목표는 회사 내 직원의 생산적인 관계를 설정하고 유지하는 것이다. ERM은 목표설정, 직원성과관리, 성과기반 보상, 직원교육 등 CRM과 중요하게 관련된 직원문제를 다룬다. 다음으로 영업자동화(SFA)는 판매 및 서비스에 있어 좋은 기회를 제공하는 가장 수익성이 높은 고객들에게 판매노력을 집중시킴으로써 영업사원들의 생산성을 증가시키는 데 도움을 주는 정보시스템이다. SFA는 판매전망 및 접촉정보, 제품정보, 제품구성기능, 판매량 산출기능을 제공한다. 최근 지능화된 SFA는 고객의 과거 구매이력 정보들을 분석하여 판매사원(영업사원)들이 개인화된 추천서비스를 제공할 수 있도록 지원하고 있다.

4차 산업혁명 시대의 CRM(e-CRM, electronic-CRM)은 고객 빅데이터를 기반으로 인공지능기법(신경망, 연관성규칙분석)을 활용하여 고객생애가치(Customer Lifetime Value, CLV)와 고객유지비율(retention rate)을 산출한다. 고객생애가치는 소비자가 평생에 걸쳐 구매할 것으로 예상되는 이익흐름에 대한 현재가치를 말하며, 장기적인 관점에서 판매자가 수익성을 극대화하기 위해 사용하는 개념이다. 고객유지비율은 특정한 고객이 다음 해에도 고객으로 유지될 확률을 의미한다. 고객생애가치는 기업의 지속적인 수익창출을 위해 고객유치비용(고객획득비용)을 줄이고, 고객유지비율을 높게 유지하도록 마케팅전략을 수립하는 것이 중요하다는 점을 시사한다. e-CRM은 분석적 고객관계관리(analytical CRM) 기능을 고도화하기 위해 비즈니스 애널리틱스(Business Analytics, BA) 기능을 추가하여 CRM의 비즈니스 가치를 높이고 있다.

Q.A

Q. 비즈니스 애널리틱스(Business Analytics)란 무엇인가?

A. 비즈니스 애널리틱스(Business Analytics)는 의사결정을 위한 데이터 및 정량분석과 광범위한 데이터 이용을 말한다. 기업 경영활동의 효율성 제고를 위한 비즈니스 도구로 데이터 분석 위주의 비즈니스 인텔리전스(Business Intelligence)에 통계기반의 예측기능을 부가한 소프트웨어이다. 비즈니스 애널리틱스는 비즈니스 인텔리전스, 데이터웨어하우스(data warehouse), 분석 관련 소프트웨어로 구성된다.

비즈니스 애널리틱스는 질의 및 보고와 같은 기본적인 분석기술과 예측 모델링과 같은 수학적으로 정교한 수준의 분석을 지원한다. 비즈니스 애널리틱스는 과거 데이터 분석분 아니라 이를 통한 새로운 통찰력 제안과 미래 사업을 위한 시나리오를 제공한다. 또한 비즈니스 애널리틱스는 정형데이터(structured data)와 비정형데이터(unstructured data)를 동시에 이용할 수 있다. 정형데이터는 파일이나 레코드 내에 저장된 데이터로 스프레드시트와 관계형 데이터베이스(RDBMS)를 말한다. 비정형데이터는 전자메일, 문서, 소셜미디어 포스트, 오디오 파일, 비디오 영상, 센서데이터 등을 말한다. 비즈니스 애널리틱스는 미래 예측을 지원해주는 데이터 패턴분석과 예측모델을 위한 데이터마이닝(data mining)을 통해 고차원 분석기능을 포함하고 있다.

3.3.4 지식관리시스템(Knowledge Management System, KMS)

어떤 기업은 제품이나 서비스의 개발, 생산, 배송에 관한 탁월한 지식(knowledge)을 보유하고 있어 다른 기업에 비해 더 좋은 성과를 낸다. 이러한 지식은 모방하기 어렵고 독특하며 장기적으로 전략적 이점을 제공할 수 있다. 최근 국내외적으로 기업 경쟁력 요인을 지식으로 정의하고, 선진기업과의 지식격차를 줄이기 위해 지식관리가 필요하다는 인식이 확산되고 있다. 글로벌 기업들은 기업혁신, 생산성 향상, 인력감축 문제를 해결하기 위해 지식관리(Knowledge Management)를 전개하고 있다.

지식관리는 지식을 창출, 저장, 전이, 적용하려고 조직에서 개발한 일련의 비즈니스 프로세스를 말한다. 지식관리는 환경에서 학습하고 지식을 비즈니스 프로세스에 통합하는 조직의 능력을 향상시킨다. 즉, 지식관리는 전체 조직 관련 데이터를 정보로 전환하고, 정보에서 지식을 창출하며, 새로운 지식을 획득하거나 공유함으로써 기업의 부가가치를 창출한다. 이들 지식관리 프로세스를 체계화하여 전산화·자동화한 것이 지식관리시스템(Knowledge Management System, KMS)이다. KMS는 조직 내의 인적자원들이 축적하고 있는 개별적인 지식을 체계화하여 공유함으로써 기업 경쟁력을 향상시키는 통합정보시스템이다. KMS는 조직이 지식과 전문 기술의 획득 및 적용을 위한 프로세스들을 보다 잘 관리하도록 지원한다. KMS는 기업에 있는 유용한 지식과 경험을 수집하여 비즈니스 프로세스와 경영의사결정의 개선을 위해 언제 어디서나 활용할 수 있도록 지원한다.

KMS는 인프라서비스, 지식서비스, 화면제공서비스 모듈로 구성된 솔루션 형태(패키지 소프트웨어)로 제공된다. 인프라서비스 모듈은 지식경영 구현을 위해 필요한 기본적인 기술 플랫폼인 지식저장소(knowledge repository)를 말한다. 지식저장소는 지식이 저장되는 물리적인 공간으로 지식베이스(knowledge base)를 말한다. 지식베이스는 특정한 문제를 해결하기 위해 전문지식이나 노하우를 정리하여 모아놓은 것으로 지식을 조건문(IF~THEN) 형태의 규칙으로 저장한다. 다음으로 지식서비스 모듈은 지식경영의 목표를 달성하는 데 직접 도움을 주는 정보기술이다. 주요 역할은 새로운 지식생성을 위한 프로세스를 강화하고, 조직구성원 사이에 지식의 흐름을 장려한다. 또한 지식저장소(지식베이스)의 접근을 용이하게 하는 것이다. 마지막으로 화면제공서비스 모듈은 사용자와 정보·지식 원천 사이의 인터페이스를 강화하는 것이다. 화면제공서비스의 주요 역할은 개인화와 시각화이다. 개인화는 사용자의 정보수집과 구체적인 욕구를 충족시키는 적절한 콘텐츠(실제로 저장되는 지식)와 서비스의 전달을 말한다. 시각화는 사용자가 쉽게 지식을 검색하고 활용 가능한 정보와 지식을 잘 이해하도록 도와주는 것으로 그래픽 인터페이스 및 3차원 기법을 활용한다.

KMS는 기업이 지식자원의 가치를 극대화하기 위해 조직학습 및 비즈니스 노하우를 체계적으로 관리할 수 있는 정보시스템이다. 최근 KMS은 인공지능 기술을 적용하여 직원들이 필요로 하는 비즈니스 지식을 도출 및 공유할 수 있고, 지식기반 경영능력을 확충하여 지속적인 경쟁우위를 달성할 수 있도록 지원하고 있다.

3.3.5 의사결정지원을 위한 지능형시스템: 전문가시스템

지식관리시스템(KMS) 이외에도 인텔리전스(intelligence) 기술과 지능형 기술에 의해 고차원적인 의사결정지원이 가능하게 되었다. 인텔리전스 기술은 개별적인 혹인 집합적인 지식을 취하고, 빅데이터에서 패턴과 행위를 발견하며 인간 스스로 해결하기 힘든 문제에 해결책을 제시한다. 인텔리전스 기술은 전문가시스템(Expert System), 사례기반추론(Case Based Reasoning, CBR), 유전자 알고리즘 (Genetic Algorithm, GA), 신경망(Neural Networks, NN)으로 구성된다. 지능형 기술은 인공지능(Artificial Intelligence) 기술에 토대를 두고 있으며, 인간행동과 사고 유형의 모방을 시도하는 컴퓨터 기반 시스템에 기반을 두고 있다.

가장 대표적인 지능형시스템인 전문가시스템(Expert System)은 전문가의 지식이나 노하우 등을 컴퓨터에 입력하여 전문가의 판단이나 추론을 컴퓨터가 행하게 지원하는 정보시스템을 말한다. 전문가시스템의 일반적인 구조는 전문지식을 컴퓨터가 이해할 수 있는 형태로 표현하고 저장하는 지식베이스, 저장된 지식에 근거하여 추론을 수행하는 추론엔진, 추론과정을 설명하는 지식공학 도구, 사용자와 시스템 간의 인터페이스를 가능하게 하는 사용자 인터페이스로 구성된다 (표 3-6 참조).

지식베이스(knowledge base)는 특정한 문제를 해결하기 위해 전문지식이나 노하우를 정리하여 모아놓은 것으로, 지식을 조건문(IF~THEN) 형태의 규칙으로 저장한다. 이러한 역할은 지식엔지니어(knowledge engineer)가 수행한다. 지식엔지니어는 전문가의 지식을 추출하여 지식베이스를 구축하며, 이들은 질문과 분석의 반복 과정을 거쳐 전문가의 지식을 논리정연하게 추출한다. 즉, 지식엔지니어는 현장 전문가의 모호한 경험적 지식을 명확한 개념과 일관성 있는 논리로 추출하고, 이를 개발하고자 하는 시스템의 컴퓨터 언어로 표현한다.

● 표 3-6 전문가시스템의 구조

구성요소	설명	특징
지식베이스	특정한 문제를 해결하기 위해 전문지식이나 노하우를 정리하여 모아놓은 것	지식엔지니어가 수행함
추론엔진	주어진 문제를 해결하기 위해 저장된 지식과 데이터를 이용하여 얻고자 하는 결과를 추론하는 기관	탐색과 추론, 해찾기 기능
지식공학 도구	결론의 원인과 추론과정을 설명하는 사용자 인터페이스	결과-원인, 역으로 설명함
사용자 인터페이스	사용자와 시스템 간의 의사소통을 매개하는 프로그램	유용성, 이용 용이성 중요함

추론엔진(inference engine)은 주어진 문제를 해결하기 위해 저장된 지식과 데이터를 이용하여 얻고자 하는 결과를 추론하는 기관이다. 전문가시스템은 의사결정문제에 관한 적합한 규칙을 찾고 결론을 공식화하는 데 추론엔진을 사용한다. 추론엔진은 사용자가 모으고 입력한 사실에 의해 유발된 규칙을 찾고 수행함으로써 작동한다. 즉, 추론엔진은 규칙베이스와 지식베이스에 저장된 지식을 새로운 문제해결에 이용하는 기능을 담당한다. 지식기반을 통해 추론행위를 함으로써 주어진 규칙과 사실을 이용하여 새로운 사실을 탐색하는 전문적인 프로그램이다.

지식공학 도구(knowledge engineering tool)는 결론의 원인과 추론과정을 설명하는 사용자 인터페이스이다. 전문가시스템의 설명기능은 주어진 데이터와 지식베이스에 있는 사실을 이용하여 결과를 도출하는 과정에서 적용한 규칙을 역으로 추정하는 과정을 말한다.

사용자 인터페이스(user interface)는 사용자와 시스템 간의 의사소통을 매개하는 프로그램으로 사용자가 데이터를 입력하거나 추론결과를 제공받고 전문가시스템을 용이하게 개발 및 이용할 수 있도록 한다.

최근의 전문가시스템은 빅데이터 분석기술과 인공지능기법이 적용되어 추론엔진이 고도화되고 있다. 과거의 전문가시스템은 주로 분류문제를 해결하였으나 현재의 전문가시스템은 고도화된 추론엔진을 기반으로 복잡한 의사결정문제(예측, 추측, 최적화)에 관한 해답을 지원하고 있다.

3.4 4차 산업혁명 시대의 정보시스템 보안

최근 다양한 네트워크를 통한 정보의 공유와 개방화가 가속화되면서 정보시스템은 다양한 보안위협에 노출되어있으며 각종 보안사고가 사회적 문제로 대두되고 있다. 4차 산업혁명 시대에 우리 삶의 영역이 사이버공간이라는 가상세계로 확장됨에 따라 사이버위협은 우리의 일상생활뿐 아니라 안전까지 위협하는 사이버위험사회로의 진입을 가속화시키고 있다. 사물인터넷(Internet of Things)과 클라우드 컴퓨팅(Cloud Computing)의 등장으로 초연결사회(hyper-connected society)로 진입하면서 개인정보유출, 사이버테러 및 사이버범죄에 상시적으로 노출되고 있다. 이로 인해 기업은 잠재적인 보안위협을 관리하고 시스템 공격을 대비하기 위해 다양한 보안도구들을 도입·운영하고 있다. 점차 정교화되고 고도화된 사이버위협들을 사전에 예방하고 선제적으로 대응하기 위해 4차 산업혁명의 핵심원천기술들이 보안분야에 적용되고 있다. 보안 빅데이터 분석과 인공지능 기반 통합보안관제시스템이 대표적인 예이다. 본 절에서는 4차 산업혁명 시대의 정보시스템 보안과 통합보안관제시스템에 대해 학습한다.

3.4.1 정보시스템 보안과 통제

대량의 데이터를 전자적 형식으로 저장하는 경우 종이서류 형식보다 더 많은 종류의 위험에 노출되기 마련이다. 통신 네트워크를 통해 여러 다른 지점의 정보시스템들은 서로 연결되어있다. 비인가 접근(unauthorized access), 오남용(abuse), 사기(fraud) 행위 등이 한 곳이 아닌 네트워크상의 어느 접근점(access point)에서도 발생할 수 있다. 침입자는 웹사이트의 운영을 마비시킬 수 있는 서비스거부공격(denial of service attack)이나 악성 소프트웨어를 실행할 수 있다. 기업시스템에 침입할 수 있는 해커(hacker)는 데이터베이스나 파일에 저장한 기업데이터를 파괴하거나 변조할 수 있다. 따라서 현재 기업을 운영하고 있다면 보안과 통제에 최고 우선순위를 두어야 한다.

정보시스템 보안(information system security)이란 정보시스템에 인증되지 않은 접속, 변조, 절도 및 물리적 침해를 방지하기 위한 정책, 절차 및 기술적 기준을 말한다. 정보시스템 통제(information system control)는 정보시스템 활동에 있어서 정확성(accuracy), 유효성(effectiveness), 그리고 타당성(validity)을 보장하기 위해 이루어지는 다양한 방법론과 제반기술을 의미한다. 정보시스템 통제의 목적은 정보시스템의 입력, 처리, 출력 및 저장 등의 모든 과정에서 품질과 보안을 유지하기 위해 적절히 감시하는 것이다. 즉, 정보시스템 보안 및 통제는 정보시스템의 기밀성(confidentiality), 무결성(integrity), 가용성(availability)을 유지하는 데 있다. 기밀성은 인가된 사용자만 정보자산(정보시스템 포함)에 접근할 수 있는 것을 의미한다. 방화벽, 암호, 비밀번호가 기밀성의 대표적인 예이다. 무결성은 적절한 권한을 가진 사용자가 인가된 방법으로만 정보를 변경할 수 있다는 것이다. 즉, 데이터가 의도적·비의도적으로 위조 또는 변조되지 않도록 하는 것이다. 가용성은 인가받은 사용자가 정보자산에 대해 적절한 시간에 접근할 수 있도록 하는 것이다.

정보시스템이 사회 전반과 기업 활동, 그리고 나아가 국가의 운영에까지 그 활용도가 급속히 증가하면서 정보시스템 보안에 관한 관심이 높아지고 있다. 정보시스템에 대한 내·외부의 위협이 증가하여 이를 감소시키기 위해 보안인력 증대 및 정보보안 예산을 집행하고 있으나 보안위협과 사고는 지속적으로 발생하고 있다. 최근 국내에서 발생한 카드회사 개인정보 유출사고는 내부직원의 보안통제 실패로 인하여 대량의 개인정보가 유출되었다. 정보시스템 보안은 하드웨어보다 소프트웨어가 상당부분을 차지하며, 소프트웨어의 보안 취약성으로 인해 정보시스템의 안전성에 큰 위협이 되고 있다.

3.4.2 정보시스템의 보안위협: 사이버위협

정보시스템 보안위협의 대표적인 형태는 사이버위협(사이버공격)이다. 초창기 사이버위협은 불특정 다수를 대상으로 해킹 능력을 과시하기 위한 목적으로 진행되었고 공통된 단일 취약점을 이용해 해킹할 수 있었다. 그러나 최근의 사이버위협은 금전, 개인정보, 시설 파괴 등 명확한 목적을 가지고 특정 공격 대상을 공략한다는 점에서 차이가 있다. 공격 대상도 개인 대상 해킹에서 기업과 국가 대상으로 규모가 확대되고 있으며 사이버공격 수준도 크게 지능화·고도화되고 있다.

사이버위협의 종류에는 초창기에 유행한 악성프로그램(malicious program)과 최근 고도화된 사이버위협인 랜섬웨어(Ransomware), 분산서비스 거부(Distributed Denial of Service)공격, 지능형 지속공격(Advanced Persistent Threat) 등이 있다.

악성프로그램(malicious program)은 컴퓨터 바이러스, 웜(worm) 바이러스, 트로이 목마(Trojan Horse) 등과 같은 다양한 위협요소들을 포함한다. 컴퓨터 바이러스는 보통 사용자의 인지나 허락 없이 실행되도록 자신을 다른 소프트웨어 프로그램이나 데이터 파일에 첨부시키는 악성 소프트웨어 프로그램을 말한다. 웜

바이러스는 자기 자신을 복제할 수 있는 독립적 컴퓨터프로그램으로 컴퓨터시스템을 파괴하거나 작업을 지연 및 방해하는 프로그램이다. 웜 바이러스는 번식을 위해서 다른 사람에게 보내는 이메일(E-mail)에 자신을 스스로 첨부하여 전송한다. 트로이 목마는 정상적인 프로그램으로 위장하여 시작부터 끝까지 램(Ram)에 상주하며, 시스템 내부정보를 공격자의 컴퓨터로 빼돌리는 프로그램이다. 트로이 목마는 웜 바이러스와 달리 직접 전파 능력이 없고, 대부분 웹하드(web hard), P2P(peer to peer), 이메일 등의 간접적 전파경로로 사용자에게 전달된다. 트로이 목마는 불법 파일이나 출처가 불분명한 프리웨어(freeware) 프로그램을 다운로드한 경우 전파된다.

랜섬웨어(Ransomware)는 '몸값(Ransom)'과 '소프트웨어(Software)'의 합성어로 시스템을 잠그거나 데이터를 암호화해 사용할 수 없도록 만든 뒤 이를 인질로 금전을 요구하는 악성프로그램이다. 랜섬웨어는 주로 이메일 첨부파일이나 웹페이지 접속을 통해 들어오거나 또는 확인되지 않은 프로그램이나 파일을 다운로드하는 과정에서 감염된다. 랜섬웨어를 예방하기 위해서는 확인되지 않은 주소의 이메일이나 스팸 메일(spam mail)은 열어보지 않는 것이 좋으며, 파일 다운로드는 도메인이 정확히 확인된 공식 사이트에서만 내려받는 것이 안전하다. 또한 운영체제의 업데이트를 주기적으로 실시하는 것도 랜섬웨어를 예방할 수 있다.

서비스 거부(Denial of Service, Dos)공격이란 해커가 네트워크를 붕괴시키기 위해 수천 건의 잘못된 통신이나 서비스 요청을 네트워크 서버나 웹 서버에 쏟아 붓는 것을 말한다. 이때 네트워크는 동시에 감당할 수 없는 많은 질의를 받게 되며 결과적으로 실제 처리해야 할 요청에 대한 서비스를 수행할 수 없다. 분산서비스 거부(Distributed Denial of Service, DDos)공격은 여러 공격 지점으로부터 네트워크를 범람시키고 전복시키기 위해 수많은 컴퓨터를 사용하는 것을 말한다. 서비스 거부공격이 정보를 파괴하거나 기업 정보시스템의 제한된 영역에 접근하는 것은 아니지만 웹 사이트를 정지시킴으로써 실제 방문해야 할 사용자가 사이트에 접근하는 것을 불가능하게 한다.

사이버위협 고도화로 최근에 가장 문제가 되는 것은 지능형 지속공격(Advanced Persistent Threat, APT)이다. APT는 오랜 시간 동안 특정 공격 대상에 대해 취약점을 찾아내 지능적으로 사이버위협을 가하는 공격기법이다. 특정 조직 내부 직원의 개인용 컴퓨터(PC)를 장악하고, 해당 PC를 통해 내부 서버나 데이터베이스에 접근한 뒤 기밀정보를 빼오거나 파괴하는 것이 APT의 공격 수법이다. APT는 공격 대상을 직접 공격하지 않고 사용자의 취약점을 공략해 우회적으로 목적을 달성하기 때문에 성공확률이 높다.

점차 지능화, 고도화되고 있는 사이버위협을 효과적으로 예방할 수 있는 수단으로 보안관제(security management)의 중요성이 대두되고 있다. 최근에는 국가적 차원에서 보안 빅데이터 구축과 사이버위협정보 분석시스템(표 3-7 참조) 구축에 많은 투자를 하고 있다. 사이버위협정보 분석시스템은 고도화된 사이버위협에 능동적으로 대응하기 위해서 민간 분야와 공동 침해사고 대응체계를 강화하고 위협정보를 공유하는 것이다. 사이버위협정보 분석시스템의 주요 기능은 위협정보 수집, 위협정보 저장, 위협탐지알림, 연관분석, 유관기관과 정보공유의 다섯 단계로 구성된다. 먼저, 위협정보 수집 및 저장은 침해사고 전후 발생한 위협 및 사고정보를 수집하고 저장하는 행위이다. 위협탐지알림은 위협요소를 탐지하고 이상징후 발견 시 위협을 알리는 행위이다. 연관분석은 개별 정보 간 연관 및 위협분석을 통해 사이버공격에 대응하는 행위이다. 연관분석에서는 다양한 인공지능기법(연관성규칙분석, 사례기반추론)이 활용된다. 마지막 정보공유는 위협정보를 유관기관에 신속히 전달하여 사고확산을 방지하는 것이다. 조직적인 방법으로 진화하고 있는 사이버위협과 사이버테러는 개인과 사회를 넘어 국가적인 문제이며 세계 각국들은 산업기밀이나 국민의 개인정보를 사이버위협으로부터 보호하기 위해 전담기구 신설 등 조직 정비와 법 제도적인 개선작업을 진행하고 있다.

● 표 3-7 사이버위협정보 분석시스템

구분	위협정보 수집		위협정보 분석		정보공유
단계	수집	저장(프로파일링)	위협탐지	연관분석	정보공유
주요기능	개별정보 수집	통합/프로파일링	위협탐지알림	연관분석	유관기관 공유
정의(역할)	침해사고 전후 발생한 위협 및 사고정보 수집	수집 정보를 유형별로 분류하여 체계적으로 저장	위협요소를 탐지하고 이상징후 발견 시 위협 알림	개별 정보 간 연관/위협분석을 통해 사이버공격 대응	위협정보를 유관기관에 신속히 전달하여 사고 확산 방지

3.4.3 보안관제와 통합보안관제시스템(ESMS)

스마트폰과 태블릿 등 스마트 디바이스 및 네트워크 기술 발달로 인해 사이버테러를 포함한 사이버위협이 지속적으로 증가함에 따라 보안관제의 중요성이 대두되고 있다. 보안관제(security management)란 기업의 각종 보안시스템에서 탐지한 이상징후를 한곳으로 수집해 공격 여부를 가려내고 조치하는 것을 뜻한다. 보안관제는 네트워크나 시스템에 설치된 에이전트, 정보수집 서버, 관제용시스템으로 구성된다. 가장 핵심이 되는 관제용시스템은 관제센터에서 운영하는 시스템으로 보안관제시스템(Security Management System)으로 불린다. 보안관제시스템은 자산별 위험도 관리 및 취약점을 분석하고 실시간 위협정보를 수집하는 종합분석시스템, 홈페이지의 위변조를 탐지하고 웹사이트의 구조를 분석하는 홈페이지위변조시스템, 유해트래픽분석 및 트래픽 정보를 수집하는 유해트래픽분석시스템, 실시간 보안위협을 분석하고 이벤트를 수집하는 보안관리시스템 등으로 구성된다. 보안관제시스템은 각 기관이나 계열사별로 구축되어 실제로 개별 정보시스템으로 운영되었기에 시스템 간 연계와 프로세스 표준화 작업에 제약이 있다는 단점이 있다.

이를 극복하기 위해 최근에는 통합보안관제시스템(Enterprise Security Management System, ESMS)에 대한 인식이 높아지고 있다. ESMS는 침입차단시스템(Intrusion Prevention Systems, IPS), 침입방지시스템(Intrusion Detection and Prevention Systems, IDPS), 바이러스차단시스템, 취약점진단시스템으로 구성되어 종합적인 침해 대응이 가능한 시스템이다. IPS와 IDPS는 외부 네트워크에서 내부 네트워크로 침입하는 네트워크 패킷(packet)을 찾아 제어하는 기능을 가진 소프트웨어 또는 하드웨어이다. 일반적으로 내부 네트워크로 들어오는 모든 패킷이 지나가는 경로에 설치되며 사용자 인증에 기반을 두고 외부 침입을 차단한다. 즉, 허용되지 않는 사용자나 서비스에 대해 사용을 거부하여 내부 자원을 보호하는 것이다. 초창기 통합보안관제는 IPS에 국한되었지만 현재는 안티바이러스, 침입탐지 및 방화벽과 같은 다양한 정보보안 솔루션들이 도입되고 있어 이들 이기종의 정보보안 제품들의 효율적인 관리를 위해 ESMS 운영 및 구축이 필요한 시점이다. ESMS의 목적은 개별 보안시스템들을 효과적으로 관리하고 보안관리에 필요한 가치 있는 정보의 획득에 있다. 또한 정보 획득을 위해서 정보의 원천이 될 수 있는 로그데이터(log data)의 수집과 개별 보안시스템에 대한 현황분석이 필요하다. 지능화된 ESMS는 정보의 획득부분에서 클라우드와 빅데이터 분석을 활용하여 보안관련 정책을 수립한다. ESMS는 발생 가능한 각종 위험요소들, 즉 시스템, 네트워크 침입, 오작동 등 노출된 위험을 지속적으로 제거하고 예방할 수 있는 효과가 있다.

QA

Q. 로그데이터(log data)와 로그파일(log file)

A. 로그데이터(log data)는 컴퓨터시스템 내에서 발생하는 장애에 대처하기 위해 데이터 장애 발생 직전의 상태로 복원(recovery)하기 위한 필요한 정보가 들어있다. 로그파일(log file)은 장애로부터 복원에 필요한 정보(log data)를 수집하여 기록하는 파일이다. 이들은 보안관리와 보안 빅데이터 분석에 필요한 원천데이터이다.

3.4.4 4차 산업혁명 시대의 통합보안관제시스템(ESMS)

국내외 보안시장은 4차 산업혁명의 핵심원천기술(인공지능, 사물인터넷, 딥러닝, 빅데이터 등)이 물리보안 및 사이버보안과 결합되어 새로운 융합보안시장을 창출하고 있다. 4차 산업혁명 시대에는 물리·정보·융합보안을 포괄하는 통합보안관제의 중요성이 날로 강조되고 있다. 최근 글로벌 보안기업들은 인공지능 역량과 사이버위협 인텔리전스(cyber threat intelligence)가 집약된 융복합 관제 인프라를 구축해나가고 있다. 인공지능과 빅데이터 기술을 적용한 통합보안관제시스템(ESMS) 구축에 필요한 기술적, 제도적인 요소는 다음과 같다.

첫째, 글로벌 사이버위협정보를 실시간 수집·공유하여 보안 빅데이터를 구축하고, 위협탐지 및 신속한 대응을 위한 통합플랫폼 구축이 필요하다. 사이버위협이 지능화되면서 유사시 체계적이고 신속한 대응조치를 위해 사이버위협정보에 대한 기관 간 공유가 매우 중요하다. 글로벌 위협정보 공개사이트와 연계하여 기술적 취약점 및 사회·공학적 위협에 대한 최신 정보를 실시간으로 수집할 필요성이 있다. 국내 보안산업에서 가장 시급한 문제는 보안 데이터 통합 문제와 빅데이터 기반 과학적 분석 체계를 마련하는 것이다. 보안 빅데이터센터 구축을 통해 공공분야 및 민간분야와의 통합된 공유체계가 필요하다. 사이버위협정보 관련 빅데이터 공유센터를 구축하여 위협정보를 수집, 종합, 분석, 배포하는 역할을 수행해야 한다.

둘째, 머신러닝(machine learning, 기계학습) 기반의 인공지능 기술 적용과 빅데이터 분석 고도화가 필요하다. 보안관제에서 분석되는 보안로그는 잘 정의된 템플릿(template)에 따라 규칙적으로 생산되기에 인공지능 적용이 가능하다. 인공지능은 로그분석을 시작으로 취약점 점검, 악성코드 분석, 장애예측, 탐지규칙 최적화, 내부자 감시, 컴플라이언스(compliance, 준법감시) 등 다양한 영역에 응용되어 확장될 수 있다. 또한 머신러닝 기반 통합보안관제 솔루션은 기존 빅데이터 기반 솔루션 대비 탐지하지 못할 확률을 최소화하고 위협 탐지 정확도와 속도를 높일 수 있다. 머신러닝 기반 로그분석과 인공지능 기반 위협인텔리전스 연계가 가능하여 관제서비스 수준이 높아지는 등 차별화된 보안관제 서비스 제공이 가능하다. 다른 한편으로는 ESMS의 빅데이터 분석 고도화가 필요하다. 현재 ESMS은 상용 OLAP(Online Analytical Processing)이나 데이터마이닝(data mining) 도구 수준을 지원하고 있으나 사용자가 다양한 차원에서 자유롭게 분석할 수 있는 고급 분석 도구(deep learning, support vector machine, genetic algorithm) 및 플랫폼이 지원되어야 한다.

셋째, 클라우드(cloud)와 블록체인(block chain) 기술을 융합한 통합보안관제센터(Cloud Security Command Center, CSCC) 구축이 필요하다. 클라우드 컴퓨팅은 인터넷 기술을 활용하여 IT자원을 서비스로 제공하는 컴퓨팅으로 IT자원(소프트웨어, 스토리지, 서버, 네트워크)을 필요한 만큼 빌려서 사용하고, 사용한 만큼 비용을 지불하는 컴퓨팅을 의미한다. 기업의 클라우드 도입률이 괄목할 성장을 보이며 개방형 보안 요구가 늘어나고 있으나 현재 국내의 경우 24시간 가동하는 클라우드 관제센터는 부족한 실정이다. IT기업의 의사결정자들은 클라우드 공급자(vendor 또는 데이터센터 운영자) 선정의 최우선 고려사항으로 보안성을 중요시 여긴다. 클라우드 보안에서 중요한 것은 바로 데이터 보호인데 클라우드상에 저장되는 다양한 종류의 주요 데이터를 블록체인 기술을 활용하여 암호화해야 한다. CSCC는 클라우드 서비스의 취약점인 디도스(DDoS) 공격에 대한 안정성 확보를 토대로 고객들의 안정적인 클라우드 서비스 이용을 보장한다. 여러 장소에서 각기 운영되고 있는 데이터센터와 해외 및 국내 네트워크상에서의 보안관제 업무를 CSCC로 통합하여 시스템 운영자가 대시보드(dashboard)에서 모든 현황을 파악할 수 있다. 이를 통해 서버, 네트워크, 보안장비의 운영도 통합되어 장애 발생 시 발생 위치와 규모를 파악해 신속한 대응이 가능하다.

3.4.5 보안정책과 정보시스템 감사

시스템에 대한 주요 위험요소를 파악했다면 기업은 이제 기업 자산의 보호를 위한 보안정책 개발이 필요할 것이다. 보안정책(security policy)은 컴퓨터 하드웨어나 소프트웨어의 고장, 사용자에 의한 부정행위 또는 기밀 누설 등을 방지하기 위해 시스템 자체와 그 사용자 및 관련 분야 전반에 걸쳐 사전에 대비해두는 것을 말한다. 즉, 보안정책은 시스템을 위협하는 주요 위험요소로부터 기업의 자산을 보호하기 위한 정책이다. 보안정책은 기업정보자원의 이용목적과 누가 이 정보자산에 대한 접근권한을 가지는지 규정해야 한다. 보안정책은 신원관리(identity management)에 대한 조항도 포함한다. 신원관리는 시스템의 정당한 사용자의 신원확인과 시스템 자원에 대한 사용자의 접근통제를 위한 비즈니스 프로세스 및 소프트웨어 도구로 구성된다. 신원관리는 시스템 사용자의 분류 체계를 확인하고 허가하며 각 사용자에게 어떤 시스템에 접근 가능한지 명시하기 위한 정책과 사용자의 신원보호를 위한 프로세스와 기술을 포함한다.

정보시스템은 내부감사인 또는 전문회계법인의 외부감사인에 의해 정기적으로 감사를 받아야 한다. 정보시스템 보안과 통제가 효과적인지 확인하기 위해서 조직은 포괄적이고 시스템적인 감사를 수행해야 한다. 정보시스템 감사(information system audit)란 컴퓨터시스템의 효율성, 신뢰성, 안전성을 확보하기 위해 컴퓨터시스템에서 독립한 감사(인)들이 일정한 기준에 근거하여 컴퓨터시스템을 종합적으로 점검, 평가하고, 운용 관계자에게 조언 및 권고하는 것이다.

정보시스템 감사의 유형에는 컴퓨터 주변감사와 컴퓨터 관련감사가 있다. 컴퓨터 주변감사(auditing around the computer)는 입력된 데이터와 출력의 정확성을 검증하는 것으로 입력을 처리하는 과정에 대한 평가는 포함하지 않는다. 즉, 입력에 대한 출력이 정확하다면 중간의 프로세싱(processing, 처리과정)을 점검할 필요가 없다는 것이다. 컴퓨터 주변감사는 신속하고 적은 비용이 소요되는 반면, 중간의 처리과정을 평가하지 않으므로 완전한 정확성을 보장할 수 없다. 컴퓨터 관련감사(auditing through the computer)는 입력, 출력, 그리고 처리과정까지 점검하는 것이다. 최근의 정보시스템 감사는 컴퓨터 관련감사가 주를 이루고 있다. 이처럼 정보시스템 감사는 개별 정보시스템을 관리하는 통제요소는 물론 기업의 전반적인 보안환경을 검토한다.

정보시스템 감사보다 광의의 개념인 보안감사(security audit)는 보안 관련 시스템 이외에도 보안 시설, 장비, 기술, 절차, 문서화, 훈련, 인력 등의 보안관리 상태에 대한 적정여부를 조사하는 것이다. 즉, 보안감사는 조직의 정보자산에 대한 적절한 보호 대책을 확인하기 위한 통제의 독립적인 평가 행위이다. 보안감사는 외부의 공격이나 재해에 대한 기술, 정보시스템 요원, 직원 등의 대응을 점검하는 모의실험(simulation)을 수행한다. 감사 업무는 모든 통제 취약점을 목록화하고 순위를 매기며 그 발생가능성을 추정한다. 다음으로 각 위협요소의 재정적·조직적 영향을 평가한 다음 주요 취약점에 대응하기 위한 계획과 실천과제를 수립한다.

이상의 논의를 바탕으로 4차 산업혁명 시대의 보안은 소프트웨어 측면에서 통합보안관제시스템(FSMS)의 구축과 제도적인 측면에서 정보시스템 감사 및 보안감사가 동시에 수행되어야 정보시스템의 안정성과 무결성이 유지될 수 있다.

- 정보시스템(Information System, IS): 조직에서 의사결정과 통제를 지원하기 위하여 정보를 수집(추출), 처리, 저장, 분배하는 상호 연관된 요소의 집합을 말함
- 정보기술(Information Technology, IT): 정보기술 인프라 구성요소를 의미하는 것으로 컴퓨터 하드웨어, 소프트웨어, 데이터관리 기술, 네트워킹 및 통신기술의 4가지 하위요소로 구성됨
- 거래처리시스템(Transaction Processing System, TPS): 기업에서 일상적이고 반복적으로 수행되는 거래를 손쉽게 기록하고 처리하는 정보시스템으로 기업 활동의 가장 기본적인 역할을 지원함. TPS는 자재 구입, 상품 판매, 영수증 발행, 급여 지급, 온라인 입·출금, 신용도 관리, 상품의 주문·발송 등 거래데이터가 발생할 때마다 단말기에서 발신된 데이터를 수신·처리하여 그 결과를 즉시 보내주는 정보시스템으로 하부관리자나 운영관리층이 주로 사용함
- 경영정보시스템(Management Information System, MIS): 중간관리층을 지원하는 정보시스템이며 중간관리자에게 조직의 현재 성과에 대한 보고서를 제공함. MIS는 TPS에서 제공되는 데이터를 이용해 회사의 기본적인 운영을 요약하고 보고함
- 의사결정지원시스템(Decision Support System, DSS): TPS나 MIS에 있는 내부정보를 주로 이용하지만 주가, 환율, 유가 등의 외부정보도 이용 가능함. DSS는 기존 정보시스템에 비해 고차원적인 의사결정문제에 대한 최적의 답을 제공함. 날씨예측시스템, 부도예측시스템, 환율 및 유가예측시스템, 항해추정시스템 등이 DSS의 대표적인 예
- 중역지원시스템(Executive Support System, ESS): 어떠한 문제해결에 대한 합의된 절차가 없어 판단, 평가, 그리고 통찰력이 절대적으로 요구되는 비일상적인 의사결정문제를 해결함. ESS는 고위관리층이 주로 사용하므로 사용하기 쉬운 인터페이스(portal, 포털)를 통해 데이터를 분석한 그래프나 차트 등의 시각화 지표로 결과를 보여줌
- 베스트 프랙티스(Best Practice): 경영목표를 일관되고 효과적으로 달성하기 위한 가장 성공적인 솔루션 또는 문제해결방법임. 4차 산업혁명 시대의 통합정보시스템은 베스트 프랙티스를 반영하는 미리 정의된 수많은 비즈니스 프로세스(business process)들을 근간으로 만들어짐

- 전사적자원관리(Enterprise Resource Planning, ERP): 제조 및 생산, 재무 및 회계, 판매 및 마케팅, 인적자원관리 등에 있는 다양한 핵심 비즈니스 프로세스들로부터 데이터를 수집하여, 그 데이터를 하나의 통합데이터베이스에 저장하여 관리하는 통합관리시스템
- 자재소요계획(Material Requirement Planning, MRP): 제품(조립제품)을 적기에 생산하기 위해 부품(자재)이 투입된 시점과 투입되는 양을 관리하기 위한 생산관리시스템
- 생산자원계획(Manufacturing Resource Planning II, MRPII): 개별적으로 수행한 자재수주, 생산, 판매, 재무관리 기능을 통합(확장)하여 자재뿐만 아니라 생산에 필요한 모든 자원을 효율적으로 관리하는 시스템
- 확장형 ERP(Extended ERP, e-ERP): 2000년대에 들어서 기존 ERP에 외부 협력사 및 고객과의 관계를 관리하는 SCM, CRM, EC 등의 기능이 추가됨(확장됨)
- 스마트 ERP: 4차 산업혁명의 핵심원천기술인 빅데이터 분석기술과 인공지능기법이 적용된 비즈니스 애널릭틱스(business analytics)가 추가된 ERP를 말함
- 비즈니스 애널리틱스(Business Analytics): 의사결정을 위한 데이터 및 정량분석과 광범위한 데이터 이용을 말함. 비즈니스 애널리틱스는 질의 및 보고와 같은 기본적인 분석기술과 예측 모델링과 같은 수학적으로 정교한 수준의 분석을 지원함
- 공급사슬관리(Supply Chain Management, SCM)시스템: 기업에서 생산·유통 등 모든 공급망 단계를 최적화해 수요자가 원하는 제품을 원하는 시간과 장소에 제공하는 '공급망 관리'를 지원하는 정보시스템
- 채찍효과(Bullwhip Effect): 공급망 관리에서 반복적으로 발생되는 문제점, 채찍효과는 제품에 대한 수요정보가 공급망에 참여하는 공급업체를 하나씩 거쳐 전달될 때마다 계속 왜곡되는 현상을 말함
- 고객관계관리(Customer Relationship Management, CRM)시스템: 조직 전체에 산재되어 있는 고객 데이터들을 포착하고 통합하는 동시에 이러한 데이터들을 분석하여 고객전략을 세우기 위한 정보시스템
- 파트너관계관리(Partner Relationship Management, PRM): CRM과 동일한 다수의 데이터들, 도구들, 그리고 시스템을 이용하여 기업과 판매 파트너 간의 공동 작업을 향상시킴
- 직원관계관리(Employee Relationship Management, ERM): 직원관계를 통제하기 위한 방법과 관행을 채택하는 프로세스, ERM은 목표설정, 직원성과관리, 성과기반 보상, 직원교육과 같은 CRM과 중요하게 관련된 직원문제를 다룸
- 영업자동화(Sales Force Automation, SFA): 판매 및 서비스에 있어 좋은 기회를 제공하는 가장 수익성이 높은 고객에게 판매노력을 집중시킴으로써 영업사원들의 생산성을 증가시키는 데 도움을 주는 정보시스템
- 고객생애가치(Customer Lifetime Value, CLV): 소비자가 평생에 걸쳐 구매할 것으로 예

상되는 이익흐름에 대한 현재가치를 말하며, 장기적인 관점에서 판매자가 수익성을 극대화하기 위해 사용하는 개념

- 지식관리시스템(Knowledge Management System, KMS): 지식관리 프로세스를 체계화하여 전산화·자동화한 정보시스템. KMS는 조직 내의 인적자원들이 축적하고 있는 개별적인 지식을 체계화하여 공유함으로써 기업 경쟁력을 향상시키기 위한 정보시스템
- 전문가시스템(Expert System): 전문가가 지니고 있는 지식이나 노하우 등을 컴퓨터에 입력하여 전문가의 판단이나 추론을 컴퓨터가 행하게 지원하는 정보시스템. 전문가시스템은 총괄적으로 지식 기반이라 불리는 일련의 규칙들로 인간 지식을 모델화함
- 추론엔진(Inference Engine): 전문가시스템은 의사결정문제에 관한 적합한 규칙을 찾고 결론을 공식화하는 데 추론엔진을 사용함. 추론엔진은 사용자가 모으고 입력한 사실에 의해 유발된 규칙을 찾고 수행함으로써 작동함. 추론엔진은 규칙베이스와 지식베이스에 저장된 지식을 새로운 문제해결에 이용하는 기능을 담당함
- 정보시스템 보안(Information System Security): 정보시스템에 인증되지 않은 접속, 변조, 절도 및 물리적 침해를 방지하기 위한 정책, 절차 및 기술적 기준을 말함
- 정보시스템 통제(Information System Control): 정보시스템 활동에 있어서 정확성(accuracy), 유효성(effectiveness), 그리고 타당성(validity)을 보장하기 위해 이루어지는 다양한 방법론과 제반기술을 의미함
- 분산서비스 거부(Distributed Denial of Service, DDos)공격: 여러 공격 지점으로부터 네트워크를 범람시키고 전복시키기 위해 수많은 컴퓨터를 사용하는 것을 말함
- 지능형 지속공격(Advanced Persistent Threat, APT): 오랜 시간 동안 특정 공격 대상에 대해 취약점을 찾아내 지능적으로 사이버위협을 가하는 공격기법, 특정 조직 내부 직원의 개인용 컴퓨터(PC)를 장악하고, 해당 PC를 통해 내부 서버나 데이터베이스에 접근한 뒤 기밀정보 등을 빼오거나 파괴함
- 사이버위협정보 분석시스템: 고도화된 사이버위협에 능동적으로 대응하기 위해서 민간분야와 공동 침해사고 대응체계를 강화하고 위협정보를 공유하는 것. 주요 기능은 위협정보 수집, 위협정보 저장, 위협탐지알림, 연관분석, 유관기관과 정보공유의 다섯 단계로 구성됨
- 보안관제(Security Management): 기업의 각종 보안시스템에서 탐지한 이상징후를 한 곳으로 수집해 공격 여부를 가려내고 조치하는 것
- 통합보안관제시스템(Enterprise Security Management System, ESMS): 침입차단시스템 (Intrusion Prevention Systems, IPS), 침입방지시스템(Intrusion Detection and Prevention Systems, IDPS), 바이러스차단시스템, 취약점진단시스템으로 구성되어 종합적인 침해 대응이 가능한 시스템
- 보안정책(Security Policy): 컴퓨터 하드웨어나 소프트웨어의 고장, 사용자에 의한 부정행

위 또는 기밀 누설 등을 방지하기 위해 시스템 자체와 그 사용자 및 관련 분야 전반에 걸쳐 사전에 대비해두는 것을 말함. 즉, 보안정책은 시스템을 위협하는 주요 위험요소로부터 기업의 자산을 보호하기 위한 정책임

- 정보시스템 감사(Information System Audit): 컴퓨터시스템의 효율성, 신뢰성, 안전성을 확보하기 위해 컴퓨터시스템에서 독립한 감사(인)들이 일정한 기준에 근거하여 컴퓨터시스템을 종합적으로 점검, 평가하고, 운용 관계자에게 조언 및 권고하는 것

01 다음 설명에서 Ⓐ와 Ⓑ가 무엇을 말하는지 답하시오.

(Ⓐ)이란 기업에서 일상적이고 반복적으로 수행되는 거래를 손쉽게 기록하고 처리하는 정보시스템으로 기업 활동의 가장 기본적인 역할을 지원한다. (Ⓐ)는 자재 구입, 상품 판매, 영수증 발행, 급여 지급, 온라인 입·출금, 신용도 관리, 상품의 주문·발송 등의 거래데이터가 발생할 때마다 단말기에서 발신된 데이터를 수신·처리하여 그 결과를 즉시 보내주는 정보시스템으로 하부관리자나 (Ⓑ)이 주로 사용한다.

Ⓐ – (   )　Ⓑ – (   )

02 다음 설명에서 Ⓐ와 Ⓑ가 무엇을 말하는지 답하시오.

(Ⓐ)은 중간관리층을 지원하는 정보시스템이다. (Ⓐ)는 중간관리자에게 조직의 현재 성과에 대한 보고서를 제공한다. 이 정보는 경영활동을 관리 감독하고 미래의 성과를 예측하는 데 이용된다. MIS는 (Ⓑ)에서 제공되는 데이터를 이용해 회사의 기본적인 운영을 요약하고 보고한다.

Ⓐ – (   )　Ⓑ – (   )

03 다음 설명에서 공통적으로 Ⓐ가 무엇인지 답하시오.

4차 산업혁명 시대의 통합정보시스템은 (Ⓐ)를 반영하는 미리 정의된 수많은 비즈니스 프로세스(business process, 업무절차)들을 근간으로 만들어진다. (Ⓐ)는 경영목표를 일관되고 효과적으로 달성하기 위한 가장 성공적인 솔루션 또는 문제해결방법이다.

Ⓐ – ( )

04 다음 설명에서 Ⓐ가 무엇인지 답하시오.

(Ⓐ)는 제조 및 생산, 재무 및 회계, 판매 및 마케팅, 인적자원관리 등에 있는 다양한 핵심 비즈니스 프로세스들로부터 데이터를 수집하여, 그 데이터를 하나의 통합데이터베이스에 저장하여 관리하는 통합관리시스템을 말한다.

Ⓐ – ( )

05 다음 설명에서 공통적으로 Ⓐ가 무엇인지 답하시오.

ERP시스템 내의 빅데이터 분석을 위한 (Ⓐ)가 차세대 ERP시스템의 핵심요소가 되었다. (Ⓐ)는 의사결정을 위한 데이터 및 정량분석과 광범위한 데이터 이용을 말한다. (Ⓐ)는 질의 및 보고와 같은 기본적인 분석기술과 예측 모델링과 같은 수학적으로 정교한 수준의 분석을 지원한다.

Ⓐ – ( )

06 다음 설명에서 공통적으로 Ⓐ가 무엇인지 답하시오.

공급망 관리에서 반복적으로 발생되는 문제점은 (Ⓐ)인데 이것은 제품에 대한 수요정보가 공급망에 참여하는 공급업체를 하나씩 거쳐 전달될 때마다 계속 왜곡되는 현상을 말한다. (Ⓐ)는 공급망의 모든 구성원이 정확한 최신 정보를 보유함으로써 나타나는 수요 및 공급에 관한 불확실성의 감소를 통해 통제할 수 있다.

Ⓐ – (   )

07 다음 설명에서 Ⓐ와 Ⓑ가 무엇을 말하는지 답하시오.

(Ⓐ)는 소비자가 평생에 걸쳐 구매할 것으로 예상되는 이익흐름에 대한 현재가치를 말하며, 장기적인 관점에서 판매자가 수익성을 극대화하기 위해 사용하는 개념이다. (Ⓑ)은 특정한 고객이 다음 해에도 고객으로 유지될 확률을 의미한다.

Ⓐ – (   )   Ⓑ – (   )

08 다음 설명에서 Ⓐ와 Ⓑ가 무엇을 말하는지 답하시오.

(Ⓐ)는 전체 조직의 관련 데이터를 정보로 전환하고, 정보에서 지식을 창출하며, 새로운 지식을 획득하거나 공유함으로써 기업의 부가가치를 창출한다. 이들 지식관리 프로세스를 체계화하여 전산화·자동화한 것이 (Ⓑ)이다.

Ⓐ – (   )   Ⓑ – (   )

09 다음 설명에서 공통적으로 Ⓐ와 Ⓑ가 무엇을 말하는지 답하시오.

(　　Ⓐ　　)은 전문가가 지니고 있는 지식이나 노하우 등을 컴퓨터에 입력하여 전문가의 판단이나 추론을 컴퓨터가 행하게 지원하는 정보시스템을 말한다. 인간의 지식은 컴퓨터가 처리할 수 있는 방식으로 모델화되거나 표현되어야 한다. (　　Ⓐ　　)은 총괄적으로 지식 기반이라 불리는 일련의 (　Ⓑ　)들로 인간 지식을 모델화한다. 전문가시스템은 의사결정문제의 복잡성에 따라 수만 개의 (　Ⓑ　)을 가질 수 있다.

Ⓐ – (　　　　　　　　　　　　)　　Ⓑ – (　　　　　　　　　　　　)

10 다음 설명에서 Ⓐ와 Ⓑ가 무엇을 말하는지 답하시오.

(　Ⓐ　)이란 정보시스템에 인증되지 않은 접속, 변조, 절도 및 물리적 침해를 방지하기 위한 정책, 절차 및 기술적 기준을 말한다. (　Ⓑ　)는 정보시스템 활동에 있어서 정확성(accuracy), 유효성(effectiveness), 그리고 타당성(validity)을 보장하기 위해 이루어지는 다양한 방법론과 제반기술을 의미한다.

Ⓐ – (　　　　　　　　　　　　)　　Ⓑ – (　　　　　　　　　　　　)

11 다음 설명에서 공통적으로 Ⓐ와 Ⓑ가 무엇을 말하는지 답하시오.

(　Ⓐ　)은 고도화된 사이버위협에 능동적으로 대응하기 위해서 민간 분야와 공동 침해사고 대응체계를 강화하고 위협정보를 공유하는 것이다. (　Ⓐ　)의 주요 기능은 위협정보 수집, 위협정보 저장, 위협탐지알림, (　Ⓑ　), 유관기관과 정보공유의 다섯 단계로 구성된다.

Ⓐ – (　　　　　　　　　　　　)　　Ⓑ – (　　　　　　　　　　　　)

12 다음 설명에서 공통적으로 ⒜와 ⒝가 무엇을 말하는지 답하시오.

최근에는 (　ⒶⒶ　)에 대한 인식이 높아지고 있다. (　Ⓐ　)는 침입
차단시스템(Intrusion Prevention Systems, IPS), 침입방지시스템
(Intrusion Detection and Prevention Systems, IDPS), 바이러스차단시스
템, (　Ⓑ　)으로 구성되어 종합적인 침해 대응이 가능한 시스템이다.

Ⓐ - (　　　　　　　　　　　　　)　　Ⓑ - (　　　　　　　　　　　　　)

참고문헌

구미숙, 이영진(2015), "악성코드의 유입경로 및 지능형 지속 공격에 대한 대응 방안", 융합정보논문지(구 중소기업융합학회논문지), 제5권, 제4호, pp. 37 – 42.

김기영, 김종현(2012), "빅데이터 환경에서 통합 보안관제를 위한 이종 보안정보 이벤트 수집 및 공유기술 동향", 한국정보기술학회지, 제10권, 제3호, pp. 23 – 30.

김민주, 이석원(2019), "사례 분석을 통한 지능형 지속 위협의 요소 분석 및 모델 설계", 정보과학회논문지, 제46권, 제12호, pp. 1328 – 1338.

김병익, 김낙현, 이슬기, 조혜선, 박준형(2018), "기계학습 기반의 잠재적 사이버 위협 자동 분석 시스템", 대한전자공학회 학술대회, 1, pp. 368 – 371.

박상서(2009), "조직 정보 시스템 보안을 위한 총괄 전략 프레임워크", 융합보안논문지, 제9권, 제2호, pp. 7 – 22.

백동현, 김우주, 남수현, 진찬용, 천세학(2012), 경영정보시스템의 이해, 제12판, 피어슨 에듀케이션코리아, 한티미디어.

변연상, 곽진(2013), "클라우드 환경에서의 통합 보안관제 모델 연구", 디지털융복합연구, 제11권, 제12호, pp. 407 – 415.

서영호, 박주석, 김재경, 이경전, 박재홍, 양성병(2017), 4차 산업혁명시대의 경영정보시스템, 제4판, 한경사.

소우영(2002), "통합 보안 관리 시스템 표준화에 대한 연구", 융합보안논문지, 제2권, 제2호, pp. 109 – 121.

송동훈, 임현종, 김상우, 류진호, 신익현(2018), "사이버보안 위협평가를 통한 원자력시설 등 중요시설 대상 최신 사이버 위협 사례 분석 연구", 정보보호학회지, 제28권, 제2호, pp. 51 – 60.

오영택, 조인준(2019), "인공지능 기술기반의 통합보안관제 서비스모델 개발방안", 한국콘텐츠학회논문지, 제19권, 제1호, pp. 108 – 116.

오일석, 김소정(2014), "사이버 공격에 대한 전쟁법 적용의 한계와 효율적 대응방안", 법학연구, 제17권, 제2호, pp. 119 – 161.

윤오준(2015), "사이버공격 대응 분석을 통한 사이버안보 강화 방안 연구", 한국융합보안학회 논문지, 제15권, 제4호, pp. 65 – 72.

이기주(2012), "스마트 사회의 보안위협과 정보보호 정책추진에 관한 제언", 한국통신학회지(정보와통신), 제30권, 제1호, pp. 24 – 32.

이동훈(2017), 4차 산업혁명 시대의 경영정보시스템, 제1판, 한빛아카데미.

이선재, 이일구, 안예린, 박소영, 윤지희, 정유진, 최유림, 윤선우, 장다은(2019), "사이버 보안 위협 분석 및 개선 방안에 대한 연구", 한국산업보안연구, 제9권, 제1호, pp. 69－91.

이은영, 백승현, 박인성, 윤주범, 오형근, 이도훈(2006), "사이버위협 관리를 위한 인터넷 위협 및 취약점 정보 수집기 설계 및 구현", 융합보안논문지, 제6권, 제3호, pp. 21－28.

전덕조, 박동규(2014), "빅데이터 기술을 활용한 사이버 위협 예측 분석 모델", 한국정보기술학회논문지, 제12권, 제5호, pp. 81－100.

천면중, 이민화, 허명숙(2016), 경영정보시스템, 제2판, 비앤엠북스.

한국인터넷진흥원(2017), "2017년 사이버 위협 동향 보고서", [On－line] https://www.krcert.or.kr/data/reportList.do(2016. 12. 16.).

CHAPTER

04

제조업, 물류업 혁신과 4차 산업혁명

4차 산업혁명은 제조업의 스마트화에서 시작되었다. 독일 정부는 4차 산업혁명을 인더스트리 4.0(Industry 4.0)으로 정의하면서 제조업에 IT시스템을 결합하여 생산시설들을 네트워크화하고 지능형 생산시스템을 갖춘 스마트 팩토리(Smart Factory, 지능형 공장)로의 전환을 추진하였다. 독일의 인더스트리 4.0은 단지 기술의 개발에만 집중하는 것이 아니라 기술의 진보가 경제성장으로 연결될 수 있도록 사회, 경제시스템의 정비에 초점을 두고 있다. 본 절에서는 제조업과 물류업에서의 4차 산업혁명의 변화과정을 살펴보고 스마트 팩토리의 개념과 특징에 대해 학습한다.

4.1 독일의 인더스트리 4.0과 스마트 팩토리

4차 산업혁명 논의가 대두되기 이전에 이미 각국은 제조업 분야의 혁신정책을 추진하고 있었다. 독일의 '인더스트리 4.0(Industry 4.0)'이 대표적인 것으로 선진국은 물론이고 개도국에서도 제조업 혁신전략을 지속적으로 추진하고 있다.

제조업 혁신의 내용은 4차 산업혁명의 취지와 유사하거나 겹치는 부분이 많다. 4차 산업혁명이 기존 제조업 혁신을 포괄하는 개념인지, 아니면 별도의 흐름으로 보아야 할 것인지 이견이 있지만 양자가 밀접한 연관이 있다는 점은 분명하다. 다만 제조업 혁신은 첨단기술을 활용하여 생산성을 획기적으로 향상시키는 것이 주요 목표인 데 반해 4차 산업혁명은 미래의 신규 유망분야 및 융복합분야에 주목하고 있다는 점에서 차이가 있다.

인더스트리 4.0은 2011년 독일 앙겔라 메르켈(Angela Merkel) 총리가 주도한 산업정책으로 제조업에 IT시스템을 결합하여 생산시설들을 네트워크화하고 지능형 생산시스템을 갖춘 스마트 팩토리(smart factory)의 구현에 초점이 맞추어져 있다. 독일의 스마트 팩토리 프로젝트는 연방정부 중심으로 4차 산업혁명을 단순히 기술적인 차원이 아닌 기술의 개발과 더불어 자신들의 사회·경제적 시스템을 함께 혁신하고자 노력하고 있다. 사회·경제시스템의 혁신 없이는 기술적 진보가 경제와 결합했을 때 누릴 수 있는 효과가 크지 않다고 판단하고 있다. 인더스트리 4.0은 사이버물리시스템(CPS), 사물인터넷(IoT)의 융합으로 생겨나는 변화를 제조업에 적용하는 것이 핵심이다. 결국 물리적 세계와 가상세계를 연결하는 사물인터넷을 통해 제조업 공장의 기계설비들의 연결 그리고 다른 기업들과의 연결을 통해 제품의 생산, 유통, 소비 전체로 가치 창출의 범위 확대에서 인더스트리 4.0의 의미를 찾는 것이다. 즉, 독일의 4차 산업혁명인 인더스트리 4.0은 사이버물리시스템을 제조업에 적용하여 다양한 비즈니스 모델과 가치를 창출하는 것이다.

인더스트리 4.0의 탄생 배경은 시장수요의 급변, 근로자의 고령화 그리고 저비용 대량생산시스템을 기반으로 한 중국과 인도와의 경쟁에서 제조업 경쟁력을 유지하기 위한 방안으로 독일은 자신들의 강점인 기계설비 부문에 사물인터넷을 접목시키는 방안을 강구하였다. 인더스트리 4.0의 핵심내용 중 하나인 스마트 팩토리가 바로 이러한 방안의 구체적 사례이다. 로봇과 근로자의 협업을 기반으로 한 스마트 팩토리를 통해 낮은 임금을 기반으로 대량의 저가 제품을 제공하는 중국, 인도와 달리 시장에서 높은 품질 그리고 진입장벽이 높은 분야에서 부가가치를 창출하는 것이 목표이다.

이외에도 미국의 산업인터넷 컨소시엄, 일본의 로봇혁명, 중국의 제조 2025

등 모두 디지털 기술을 기반으로 다른 영역의 과학기술들과 융합을 통한 생산성 향상을 추구하기 위한 국가차원의 구체적인 사례들이다. 이들의 공통된 특징은 4차 산업혁명의 핵심기술인 사물인터넷, 클라우드, 인공지능, 로봇공학, 3D프린팅 등을 제조업과 연계시킨다는 점이다. 선진국들은 디지털 기술 기반의 스마트 제조(smart manufacturing)를 통해 제조업의 경쟁력을 강화시키고 기업들을 다시 본국으로 회귀시켜(reshoring, 리쇼어링) 양질의 일자리를 창출하고 있다.

우리나라는 독일의 인더스트리 4.0을 기반으로 2014년에 '제조업 혁신 3.0전략'을 수립·발표한 바 있다. 제조업의 스마트 혁신 추진을 위해 스마트 팩토리 1만 개 구축 및 확산, 융합신산업 조기 창출, 지역제조업의 스마트 혁신, 사업재편 촉진 및 혁신기반 조성의 4대 추진방향을 설정하고, 8대 스마트 제조기술(스마트 센서, CPS, 3D프린팅, 에너지절감, 사물인터넷, 클라우드, 빅데이터, 홀로그램)에 대한 중장기 로드맵을 수립하였다. 미래창조과학부(현재 과학기술정보통신부)의 과학기술전략회의에서는 자율주행차, 스마트 시티(smart city), 가상증강현실, 인공지능, 빅데이터 분석 등 9대 국가전략 프로젝트를 제시하여 실천과제를 수립한 바 있다. 최근에는 대통령 직속의 4차 산업혁명위원회를 설치하여 국제적 흐름에 적극 대응하고 있다.

4.2 4차 산업혁명 시대 제조업의 변화: 사이버물리시스템

스마트 제조(smart manufacturing)는 인간, 기술, 정보의 융합을 통해 제조업의 전략적 혁신을 도모하는 패러다임이며, 새로운 ICT와 전통 제조기술을 융합한 기술이다. 사이버물리시스템(Cyber Physical System, CPS)에 기반을 둔 4차 산업혁명은 전 세계의 산업구조 및 시장경제모델에 커다란 영향을 미칠 것으로 전망하고 있다. 사이버물리시스템은 통신기능과 연결성이 증대된 메카트로닉스(mechatronics) 장비에서 진화하여 컴퓨터 기반의 알고리즘에 의해 서로 소통하고 자동적·지능적으로 제어되고 관리되는 다양한 물리적 개체(센서, 제조장비 등)들로 구성된 시스템을 말한다. 사이버물리시스템은 제품, 공정, 생산 설비와 공장에 대한 물리세계와 가상세계의 통합시스템이며 제조 빅데이터를 기반으로 사이버모델을 구축하고 이를 활용하여 최적의 설계 및 운영을 수행한다.

사이버물리시스템은 [그림 4-1]과 같이 공장, 설계/운영 CPS, 표준플랫폼과의 통합 및 연계 요소로 스마트 팩토리를 구현한다. 첫째, 공장 차원은 제품, 공정, 설비들과 전사적자원관리(Enterprise Resource Planning, ERP)와 제조실행시스템(Manufacturing Execution System, MES) 등 운영정보시스템이 산업사물인터넷(Industrial Internet of Things, IIoT) 기술을 통해 상호 연결된다. 즉, 생산의 전 과정에서 제품, 공정, 설비, 공장 등 모든 개체가 연결된다. 둘째, 설계/운영 CPS 차원은 클라우드 기반 제조 빅데이터를 분석하고 실시간 동기화를 통해 현장 상황과 일치하는 사이버모델을 수립하고 과정을 시각화한다. 이를 바탕으로 제조 최적화와 지식관리를 수행한다. 셋째, 표준플랫폼과의 통합 및 연계과정은 서비스 지향 및 개방형 네트워크 기반 표준플랫폼과 제품수명주기관리(Product Lifecycle Management, PLM) 시스템을 바탕으로 사물인터넷 기반 개방형 네트워크와 구성 요소들의 통합 및 상호 연계하는 과정을 말한다.

사이버물리시스템의 구축과 실현을 위해서는 계층별로 다양한 기술들이 융합되어야 한다. 클라우드 기술, 산업사물인터넷 기반 센서데이터 수집 및 처리, 제조 빅데이터 분석, 최적화를 위한 머신러닝(machine learning, 기계학습) 기술 등이

● 그림 4-1 사이버물리시스템(CPS) 기반의 스마트 팩토리

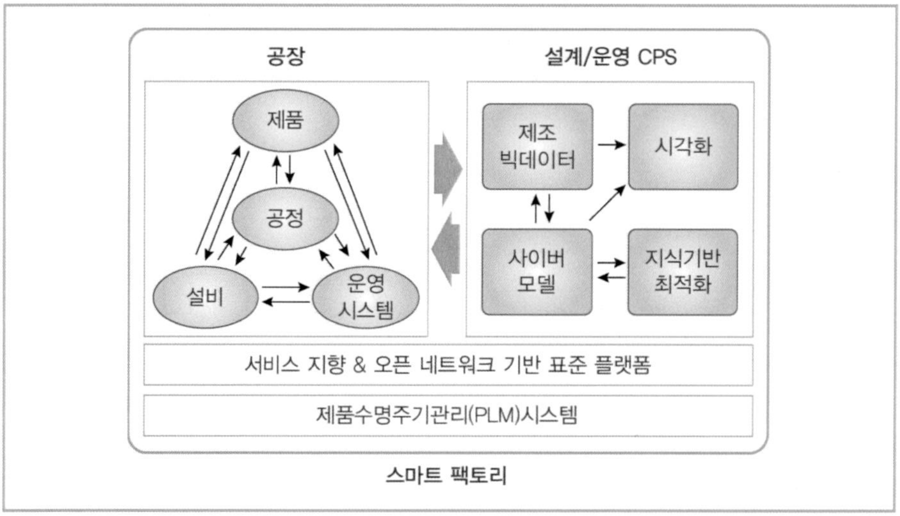

핵심적인 요소이다. 최근 사이버물리시스템은 스마트 그리드(smart grid), 자율주행자동차, 스마트 시티(smart city) 등 다양한 분야에 적용되고 있다.

4.3 제품서비스통합시스템(PSS)과 서비스로의 제조(MaaS)

4차 산업혁명은 제조업의 모양과 형태를 변화시켜 차세대 제조혁명(Next Production Revolution)으로 불린다. 차세대 제조혁명은 ICT기술뿐만 아니라 바이오기술, 나노기술, 3D프린팅, 재료기술 등에서 발생하는 제조부문의 광범위한 영향을 통칭하는 개념이다. 최근 제조업분야는 제조업의 서비스화와 비즈니스 모델 혁신을 중요하게 인식하고 있다. 과거 제조기업들은 제품의 생산 및 판매에서 주된 가치 창출을 실현하였으나 점차 연구개발 및 마케팅, 디자인, 사후서비스 등의 기능을 통해 가치를 창출하는 제조업의 서비스화가 발생하고 있다. 즉, 제조기업들은 비즈니스 모델을 제품의 제공보다 서비스 제공을 통해 수익을 창출하는 방향으로 변하고 있다. 향후 제조업은 사물인터넷 및 인공지능 기술을 활용하여 생산방식과 제품·서비스의 제공방식에서 지속적인 혁신이 일어날 것이다.

4차 산업혁명 시대의 제조업은 제품서비스통합시스템(Product Service System, PSS)으로 변하고 있다. 제품서비스통합시스템은 제조업의 전략적 혁신을 위해 인간, 기술, 정보를 융합하고 4차 산업혁명의 핵심원천기술을 제조업에 적용한다. 특히 소비자 요구의 다양화, 고급화에 따른 개인맞춤형 생산(personalized manufacturing)을 구현하고, 인간과 협업하며 스스로 학습하는 디지털 제조방식을 채택한다. 제품서비스통합시스템은 소비자의 니즈(needs)를 중심으로 제품과 서비스의 통합적인 솔루션 제공을 통해 고객의 니즈를 충족시키고 불평을 해결한다. 또한 제품서비스통합시스템은 제품과 서비스가 하나로 통합되어 고객 중심적인 관점에서 혁신적이고 지속 가능한 가치를 창출하는 통합시스템이다. 즉, 제품과 서비스를 통합하고 여기에 추가적인 혜택과 가치를 창출하여 고객에게 제공하며 기업과 고객의 커뮤니케이션(상호 작용)을 통해 고객관계개선 및 고객가치를 제고한다.

　4차 산업혁명 시대 제조기업의 서비스화 단계는 3가지 유형으로 구분된다. 첫 번째 유형은 제품 중심 서비스(Product-oriented service)로서, 제품에 초점을 맞추고 제품을 판매하기 위한 다양한 부가서비스를 제공한다. 여기에 서비스 영역을 확장하여 설치기반의 서비스(Installed base service)를 제공한다. 두 번째 유형은 제품 판매가 주요 목적이 되는 단방향(one-way)의 거래기반 서비스에서 고객과의 상호 작용에 초점을 맞춘 관계기반 서비스(Relationship-based service)로 변화 및 발전하는 것이다. 세 번째 유형은 성과지향 서비스(Result-oriented service)를 말하며, 고객에게 전달되어 사용한 만큼의 서비스 요금을 부과하거나, 제품을 사용함으로써 창출하고자 하는 결과를 보장하는 방식을 말한다. 제품 중심 서비스로 갈수록 가치가 제품에 있고, 성과지향 서비스로 갈수록 가치가 서비스에 있다.

　제조업의 서비스화란 제조업의 가치사슬(value chain)에서 서비스의 역할이 확대되거나 혹은 제조업이 서비스분야로 사업영역이 확대되는 현상이다. 최근 소비자들은 자동차, 핸드백, 신발 등을 구입할 때 개인화되고 맞춤화된 제품에 관심을 가지고 있다. 최근 스마트 팩토리는 고객 맞춤화를 위한 MaaS(Manufacturing as a Service, 서비스로서의 제조)라는 개념을 기반으로 비즈니스 모델을 개발하고 있다. MaaS는 공장 및 기계로부터 정보를 수집하는 사물인터넷, 대량의 정보를 통합하는 클라우드 컴퓨팅, 그리고 취합한 정보를 효과적으로 분석하여 의사결정에 반영하는 빅데이터 분석 등을 기반으로 한 '서비스로서의 제조개념'을 말한다. MaaS는 다품종 대량생산체계를 통한 개인화된 제품생산을 실현하는 것이 과제이다. 또한 MaaS는 생산된 제품을 보다 빠르게 시장에 출시할 수 있는 유연한 통합생산시스템 구축과 물류 최적화가 반드시 확보되어야 한다. 최근 글로벌 제조기업들은 MaaS 구현을 위해 사이버물리시스템(CPS), 산업데이터애널리틱스(industrial data analytics), 산업사물인터넷(IIoT), 산업서비스인터넷(industrial internet of services), 스마트 센서(smart sensor), 지능형 로봇, 인공지능 기반의 제조 지능(manufacturing intelligence) 등의 핵심요소를 개발하는 연구가 진행되고 있다.

4.4 스마트 팩토리(Smart Factory)

4.4.1 스마트 팩토리 정의 및 구축목적

스마트 팩토리(smart factory)란 설계·개발, 제조 및 유통·물류 등 생산과정에 디지털 자동화 솔루션이 결합된 정보통신기술(ICT)을 적용하여 생산성, 품질, 고객만족도를 향상시키는 지능형 생산공장을 말한다. 스마트 팩토리는 전통적인 제조산업에 사물인터넷(IoT)을 결합하여 개별 공장의 설비(장비) 및 공정이 센서(sensor)를 통한 네트워크로 연결되고, 생산과 관련된 모든 데이터 및 정보가 실

● 표 4-1 기관별 스마트 팩토리 정의

기관	정의	핵심키워드
스마트제조혁신 추진단	설계·개발, 제조, 유통·물류 등 생산 전체 과정에 디지털 자동화 솔루션이 결합된 ICT를 적용하여 생산성, 품질, 고객만족도를 향상시키는 지능형 유연생산공장	디지털 자동화 솔루션, 유연성
산업통상자원부	제품의 기획·설계, 생산, 유통·판매 등 전 과정을 IT기술로 통합, 최소비용·시간으로 고객맞춤형 제품을 생산하는 공장	통합, 고객맞춤형
과학기술 정보통신부	외부환경변화(고객주문, 설비고장 등)에 공장 내 기기들이 즉각 반응하여 자율적으로 최적솔루션을 제안하는 사이버물리시스템(CPS) 기반 지능형 생산공장	CPS, 자율성, 최적화
딜로이트 안진 회계법인	제조공장의 리소스(resource)를 최적화해 사람에 의한 변동요소를 최소화하고, 데이터에 기반한 의사결정이 실시간으로 이행되는 제조 운영 환경의 공장	최적화, 데이터
LG CNS	산업/고객 특성에 맞는 최적화된 공장 운영 설계와 이에 따른 생산운영시스템 및 지능형 설비 공급을 통해 글로벌 최고 수준의 제조 경쟁력을 갖춘 공장	최적화, 지능화, 제조 경쟁력
시스코 코리아	자산 활용, 공급망 및 물류 혁신을 위해 만물인터넷(IoE)으로 지능적인 생산설비 설계, 생산환경 및 설비에 대한 제어력이 향상되는 공장	IoE, 지능화, 제어
포스코 ICT	사물인터넷(Internet of Things) 기술을 기반으로, 공장 안의 모든 요소가 유기적으로 연결되어 지능적으로 운영되는 공장	IoT, 지능화

시간으로 공유되어 생산 및 운영이 최적화된 공장을 말한다. 스마트 팩토리는 제조업 관점에서 자원의 효율성과 적응성 향상, 가치사슬 측면에서 고객 또는 공급자의 통합을 특징으로 한 지능적(intelligent)이고 스마트(smart)한 공장이다. 독일 인더스트리 4.0의 주요 목적은 제조업이 당면한 위기 상황을 타개하기 위해 공장시스템을 구성하는 모든 개체(entity), 즉 사람과 사물(장비, 센서, 제품), 그리고 IT가상시스템 연계 및 통합을 통해 생산활동 전반이 자동화, 지능화, 자율화되는 스마트 팩토리를 구현하는 것이다.

과거의 공장자동화는 제품의 설계, 제조, 출하에 이르는 공장의 모든 공정(process)을 자동화하고, 최종적으로는 공장의 무인화를 통한 생산성 및 품질향상과 에너지절감을 목표로 한다. 과거의 공장자동화는 컴퓨터지원제조(Computer-Aided Manufacturing, CAM), 자재소요량계획(Material Requirement Planning, MRP), 유연생산시스템(Flexible Manufacturing System, FMS) 등을 유기적으로 조합시킨 것이다. 그러나 스마트 팩토리는 공장 내 제조 가치사슬(value chain)의 모든 구성요소들이 실시간으로 수직적 또는 수평적 통합, 그리고 협업을 이루는 하나의 지능형 공장시스템이다. 즉, 스마트 팩토리는 공장의 생산설비(시스템)를 기반으로 수직적 통합과 고객의 요구사항을 반영한 제품개발 가치사슬 기반의 수평적 통합이 구현되는 공장이다.

수직적(생산시스템) 통합은 생산의 효율화를 목표로 제품이 생산되는 다양한 설비에서 센서 및 디바이스를 통해 신호를 획득하고, 설비의 제어를 수행한다. 또한 생산프로세스 관리를 위한 제조실행시스템(Manufacturing Execution System, MES)과 창고관리를 위한 창고관리시스템(Warehouse Management System, WMS)을 거쳐 상단의 전사적자원관리(Enterprise Resource Planning, ERP)까지 유기적으로 통합·관리하는 것이다. 수평적(가치사슬) 통합은 고객(B2B, B2C)의 요구사항을 도출하기 위한 시장조사 및 제품기획 단계에서 고객의 요구사항을 충족시키기 위한 제품개발 R&D(개념설계-상세설계) 단계 및 공정설계 후 제품을 생산하여 고객에게 제품을 전달하는 과정을 통합하는 것을 말한다. 수직적, 수평적 통합을 기반으로 시스템 개체로부터 수집된 제조 빅데이터를 분석하여 가치사슬 전체의 생산성과 효율성을 높이고, 궁극적으로 스마트 팩토리 시스템의 지능화를 추구한다. 이를 통해 스마트 팩토리는 유연생산에 대한 능동성과 민첩성, 생산에 대

● 표 4-2 스마트 팩토리의 구축목적

요인	변수	설명
주요 구축목적	생산성 향상	• 스마트 팩토리 도입 및 활용을 통해 공정 및 원자재 낭비제거, 비용 절감, 품질향상, 에너지 절감, 납기향상 등의 다양한 효과가 기대되는 요인
	유연성 향상	• 스마트 팩토리 도입 및 활용을 통해 빠른 공정변화를 위한 조직 및 공정의 경량화, 다품종 소량생산체제 확립, 고객맞춤형 생산체제 능력 함양, 원재료 및 공정의 공용화 설계 등을 포함하는 요인
구축목적 (기타)	생산성 증가, 품질향상, 맞춤형 제품생산, 통합된 협업생산시스템, 제품 및 서비스 생산통합	• 생산성 증가(시간당 생산량 증가율, 제조리드타임 단축률) • 품질향상(공정불량 감소율, 완제품불량 감소율) • 기타 목적은 독일 인더스트리 4.0에서 언급함
	원가감소, 납기준수, 최적화된 동적생산시스템, 새로운 비즈니스 창출, 제조의 신뢰성 확보	• 원가감소(재공재고절감률, 제품원가절감률) • 납기준수(납기리드타임 감소율) • 기타 목적은 스마트제조혁신추진단에서 언급함

한 신뢰성, 그리고 지능성의 특징을 보유한다. 이것은 사물인터넷, 빅데이터 분석, 인공지능 기술과 로봇 등의 원천기술 접목을 통해 가능한 것이다.

독일의 인더스트리 4.0과 우리나라의 스마트제조혁신추진단(www.smart-factory.kr)이 제시한 스마트 팩토리의 주요 구축목적은 생산성 향상과 유연성 향상이다(표 4-2 참조). 이외에도 고객서비스 향상, 비용절감, 납기향상, 품질향상, 인력효율화, 맞춤형 제품생산, 통합된 협업생산시스템, 최적화된 동적생산시스템, 새로운 비즈니스 창출, 제품 및 서비스의 생산통합, 제조의 신뢰성 확보 등이다.

스마트 팩토리는 '낮은 단계의 스마트 팩토리'와 '높은 단계의 스마트 팩토리'로 분류할 수 있다. 낮은 단계의 스마트 팩토리는 RFID(radio frequency identification, 무선인식) 또는 바코드(barcode)의 수집을 통한 자동 생산실적 관리와 공급사슬 정보 및 엔지니어링 정보를 실시간으로 공유한다. 또한 낮은 단계의 스마트 팩토리는 주요 구축목적 중에서 생산성 향상에 초점을 두고 있다. 높은 단계의 스마트 팩토리는 사이버물리시스템(CPS)과 사물인터넷(IoT) 기술을 이용하여 개인 맞춤형 다품종 대량생산이 가능하도록 유연한 생산시스템을 구현하고, 자동 수주 및 발주, 생산설비 간 센서를 통한 실시간 정보교환, 자동품질 검사 및 에너지 절감이 이루어진다. 높은 단계의 스마트 팩토리는 다양한 고객요구를 충족시키는 유연성을 실현하는 데 초점을 두고 있다.

우리 정부는 스마트 팩토리의 구축목적, 구축내용, 구축효과에 대해 지속적으로 연구를 추진 중이다. 민관합동 스마트제조혁신추진단은 스마트 팩토리 구축 단계를 4단계(기초, 중간1, 중간2, 고도화)로 구분하여 국내 제조기업들이 스마트 팩토리를 단계별로 구축할 수 있도록 지원하고 있다. 현재 국내 스마트 팩토리는 일부 대기업을 제외하고 대부분 기초 수준 단계 혹은 중간 수준의 1단계에 머물러 있는 실정이다.

4.4.2 스마트 팩토리의 수준별 구축단계와 특성

2018년 산업통상자원부와 스마트제조혁신추진단은 스마트 팩토리 구축에 관한 성숙도 단계(수준별 단계, 4단계 레벨)를 제시하였다(표 4-3 참조).

첫째, 기초 수준 단계(Level 1)는 생산실적 이력 및 불량관리, 그리고 바코드 (bar code)와 무선인식(RFID)을 활용하여 데이터를 수집하는 단계이다. 주요 구축 내용은 중요 업무의 부분자동화와 중요 생산라인의 점진적 개선을 위한 제조 빅 데이터 기술을 부분적으로 적용하는 것이다.

둘째, 중간 수준 단계(Level 2)는 실시간 생산정보 수집 및 분석을 통한 생산 및 품질관리와 센서를 활용한 설비데이터를 자동 집계하는 단계이다. 주요 구축 내용은 중요 업무의 자동화, 중요 설비의 부분자동화, 그리고 중요 생산라인의 점진적 개선을 위한 제조 빅데이터 기술을 적용하는 것이다.

셋째, 고급 수준 단계(Level 3)는 실시간 공장 자동제어와 PLC(제어기)를 통한 시스템-설비를 실시간으로 연동하는 단계이다. 주요 구축내용은 공장 내 대부분의 업무를 자동화하고, 대부분의 설비를 자동화하며, 대부분의 생산라인 재구축을 위한 제조 빅데이터 기술을 적용하고, 생산부서와 기타 부서 간의 내부 가치사슬을 통합(구매, 생산, 판매 통합)하는 것이다.

넷째, 최적화(지능화) 단계(Level 4)는 시스템-설비 스스로의 판단에 의한 자율생산과 다기능 지능화 로봇, 그리고 시스템 간 유무선 통신이 가능한 단계이다. 주요 구축내용은 모든 업무 및 설비 자동화, 모든 생산라인의 지속적 개선 및 재구축을 동시에 실현하기 위한 제조 빅데이터 기술 적용, 그리고 내부뿐 아니라 공급자 및 유통업자 등 외부 가치사슬까지 확대하여 통합하는 것이다.

다음으로 스마트 팩토리는 가상화, 지능화, 연결성의 세 가지 특성을 가지고 있다.

첫째, 가상화는 사이버물리시스템에 관한 기술로서, 생산현장에서 수집된 빅데이터를 가상공간에서 분석하고 생산설비, 제품이동을 통제하는 스마트 팩토리의 중요한 특성이다. [표 4-3]의 스마트 팩토리 주요 구축내용 중 제조 빅데이터 기술을 활용하여 생산프로세스를 획기적으로 혹은 점진적으로 개선하는 것은 가상화에 해당한다.

● 표 4 - 3 스마트 팩토리 단계별(수준별) 구축내용

수준(Level)	정의	주요 구축내용
기초 수준 (Level 1)	생산실적 이력 및 불량 관리, 바코드/RFID 활용한 데이터 수집 단계	• 중요 업무의 부분자동화 • 중요 생산라인의 제조 빅데이터 기술을 부분적으로 적용
중간 수준 (Level 2)	실시간 생산정보 수집 및 분석을 통한 생산/품질관리, 센서를 활용한 설비데이터 자동 집계 단계	• 중요 업무의 자동화 • 중요 설비의 부분자동화 • 중요 생산라인의 제조 빅데이터 기술을 적용함
고급 수준 (Level 3)	실시간 공장 자동제어, PLC(제어기)를 통한 시스템-설비 실시간 연동 단계	• 공장 내 대부분의 업무자동화 • 대부분의 설비자동화 • 대부분의 생산라인 재구축을 위한 제조 빅데이터 기술 적용 • 생산부서와 기타 부서 간의 내부 가치사슬을 통합
최적화 수준 (Level 4)	설비/시스템 스스로의 판단에 의한 자율생산, 다기능 지능화 로봇과 시스템 간 유무선 통신 단계	• 모든 업무 및 설비 자동화 • 모든 생산라인의 지속적 개선 및 재구축 실현을 위한 제조 빅데이터 기술 적용 • 내부뿐 아니라 공급자/유통업자 등 외부 가치사슬 통합

둘째, 지능화는 설비 및 기계장비가 자율적으로 제품을 가공하고, 작업방법과 생산업무가 지능적으로 변경·조정되는 특성을 말한다. 스마트 팩토리의 주요 구축내용 중 설비자동화와 업무자동화가 지능화에 해당한다.

셋째, 연결성은 사물인터넷 기술을 활용하여 현장에서 부품-제품-작업자-설비들이 연결되고, 생성된 데이터들이 인터넷 기술을 활용하여 기업내부의 가치사슬뿐 아니라 외부 공급망과 실시간으로 통합되는 스마트 팩토리 특성을 의미한다. 스마트 팩토리의 주요 구축내용 중 내부 및 외부 가치사슬 통합에 해당한다.

요약하면, 스마트 팩토리의 주요 구축내용은 (1) 자동화 영역(설비 및 업무자동화), (2) 제조 빅데이터 기술 활용영역(생산 프로세스의 재구축(개선)을 위한 제조 빅데이터 활용), 그리고 (3) 가치사슬 통합 영역(내부 및 외부 가치사슬 통합)으로 구성된다.

4.4.3 스마트 팩토리의 주요 구성요소

스마트 팩토리는 설비기술, 서비스인터넷, 빅데이터 통합플랫폼의 3가지 요소로 구성된다. 첫째, 설비기술은 사물인터넷과 산업용 사물인터넷(Industrial Internet of Things, IIoT)하의 설비기술을 의미한다. 사물인터넷은 유·무선 네트워크를 기반으로 모든 사물을 연결하여 사람과 사물, 사물과 사물 간에 정보를 상호 소통하는 지능형 정보기술 및 서비스를 말한다. 산업용 사물인터넷은 네트워크 기반에서 기계와 제품, 생산과정과 서비스에 지능을 부여하여 자율적으로 통신 및 제어가 가능하고 인간은 생산공정과 공급체인의 흐름을 시각적으로 확인할 수 있도록 지원하는 것이다. 설비기술에서 중요한 것은 설비유연성이며 이와 관련된 대표적인 정보시스템이 유연생산시스템(Flexible Manufacturing System, FMS)이다. 유연생산시스템은 공장자동화의 기반이 되는 시스템으로 CAD(Computer Aided Design, 컴퓨터지원설계) 및 CAM(Computer Aided Manufacturing, 컴퓨터지원제조) 등의 자동화 기기와 로봇을 이용하여 생산성과 유연성을 높일 수 있도록 생산공정의 시스템화를 지원한다.

둘째, 서비스인터넷(Internet of Services, IoS)은 전 비즈니스에서 발생하는 업무들에 대해 영역(domain), 전문분야(discipline), 시스템(system), 벤더(vendor), 장

소(location), 협력사(partner), 서비스(service) 분야의 운영시스템을 상호 연결한 것이다. 스마트 팩토리는 사물인터넷 기술을 통해 전 생산공정에 대한 제어가 가능하고 업무 및 설비자동화를 통해 가치사슬 전체를 하나의 공장처럼 연동·통합하는 생산방식을 취하게 된다.

셋째, 사물인터넷과 빅데이터 통합플랫폼(IoT & Big Data Platform)은 각 공정별 여러 설비와 기존 정보시스템(ERP, MES, PLM 등) 간 유기적 연계 및 분석(analyze)을 통한 전체 최적화(globally optimize)를 달성하고, 제반 운용 데이터들을 연계, 자동화, 지능화하여 '지능형 공정 운용체계'를 구현하는 것을 목표로 한다. ERP, MES, PLM 등 기존 시스템으로부터 기준정보, 실적정보, 설비상태, 검사정보 등의 실시간 운영데이터와 현장 센서/설비 데이터 등 비정형데이터를 통합(제조 빅데이터)하여 이를 기반으로 제조 빅데이터 분석을 수행하는 것이다.

글로벌 컨설팅 기업 보스턴컨설팅그룹(BCG)은 인더스트리 4.0 기반의 스마트 팩토리를 성공적으로 구축하기 위해서는 9개의 구성요소가 필요하다고 주장하였다. 제조 빅데이터 분석, 자율로봇, 시뮬레이션, 수평·수직 통합형시스템, 사물인터넷, 사이버보안, 클라우드, 3D프린팅, 가상현실 등이다. 이 중에서 대표적인 기술로 빅데이터 분석, 자율로봇, 시뮬레이션을 선정하였다. 제조 빅데이터 분석은 스마트 팩토리에서 생성되는 정형 및 비정형데이터를 인공지능기법(신경망 등)을 이용하여 예측, 추측, 최적화 문제를 해결하는 것이다. 자율로봇(autonomous robot)은 지적 사고능력이 향상된 로봇으로 인간의 지시나 조작 없이 스스로 판단하여 동작하는 로봇이다. 시뮬레이션은 빅데이터, 클라우드 등을 활용하여 제조 프로세스에 대한 시뮬레이션을 설계하는 것이다. 독일 정부도 스마트 팩토리의 핵심기술로 산업용 제어시스템(Industrial Control System, ICS), 제조실행시스템(Manufacturing Execution System, MES), 전사적자원관리(Enterprise Resource Planning, ERP), 제품수명주기관리(Product Lifecycle Management, PLM)시스템, RFID시스템, 그리고 자율로봇 등을 선정한 바 있다.

이상의 논의를 바탕으로 한국형 스마트 팩토리의 참조모형(Reference Model)은 기존 정보시스템과 4차 산업혁명의 핵심원천기술, 그리고 환경보호를 위한 에너지 절약 관련 그린 IT(green IT)가 적용될 필요성이 있다. 한국형 스마트 팩토리는 4.4.6에서 설명하고자 한다.

Q. 제품수명주기관리(Product Lifecycle Management, PLM) 시스템

A. 1990년대부터 도입된 전사적자원관리(Enterprise Resource Planning, ERP)시스템은 기업 내의 한정된 자원들을 효율적으로 관리하여 궁극적으로 기업의 경쟁력을 강화시키는 통합정보시스템이다. ERP시스템은 구매, 생산, 판매, 회계, 재무 등 주요 핵심기능들과 기업 내 자원을 프로세스 차원에서 통합하고 관리함으로써 조직성과를 향상시켜 경쟁력을 높이고 있다.

ERP시스템이 경영관리 측면에서 제품 경쟁력을 높이는 데 기여하였으나 시스템 내 주요 기능을 재무적 관점에서 해석하여 제품개발에 대한 정보관리의 한계와 제품의 생산 단계 별 효율화 측면에서 한계를 보이고 있다. 즉, ERP시스템은 비즈니스 프로세스를 부문이나 조직을 연결하는 횡적인 것으로 파악하기 때문에 엔지니어링 관점에서 설계 및 개발, 생산, 판매 및 기술지원 그리고 폐기 및 재활용 등 전 영역에 이르는 종적인 업무흐름을 지원하지 못한다는 것이다. 따라서 ERP시스템에서 관리하지 못하는 종적인 영역을 보완함과 동시에 제품에 대한 전반적인 수명주기(life–cycle)를 관리하고, 나아가 제품에 대한 설계, 조달, 제조, 생산 프로세스의 효율화 및 원가절감을 위해 제품수명주기관리(Product Lifecycle Management, PLM)시스템을 도입하고 있다. 제조사의 입장에서 제품에 대한 혁신과 창조는 제품개발 차원에서 이루어지기 때문에 PLM시스템의 중요성은 점차 대두되고 있다.

PLM 연구학자 Grieves(2006)는 PLM이란 제품수명주기의 모든 단계(제품의 설계에서부터 생산, 출시, 유지보수를 거쳐 서비스 종료와 최종 폐기에 이르기까지)에서 사람, 기술, 프로세스 및 모범사례(Best Practice)로 구성되는 통합된 정보지향적 접근이며, PLM 소프트웨어는 분산된 환경에서 발생하는 제품정보를 조회, 수정, 처리하고 판단할 수 있도록 지원하는 제품수명주기를 관리하기 위한 비즈니스 시스템의 통합으로 정의하고 있다. PLM 관리 컨설팅 및 연구기관인 CIMdata(2002)는 확장된 개념의 엔터프라이즈(엔지니어링, 제조, 구매, 마케팅, 영업, 고객지원, 설계업무 및 협력사)를 지원하며 제품의 폐기 또는 공장 폐기에 이르는 전 영역을 대상으로 사람과 공정, 비즈니스 시스템 그리고 정보를 통합하여 협업적인 창조적 업무관리를 지원하는 전략적인 비즈니스 접근법이라고 정의한 바 있다.

PLM시스템은 1980년대 엔지니어링 데이터관리(Engineering Data Management, EDM) 시스템으로 시작하여 1990년대 중반 제품 데이터관리(Product Data Management, PDM)시스템으로 발전하였다. 그 이후 협업적 제품상거래(Collaborative Product Commerce, CPC)시스템으로 확장된 후 2000년대부터 제품수명주기 활동을 계획하고 관리하는 PLM시스템으로 발전하였다.

4.4.4 해외 스마트 팩토리 구축사례

세계 최고 수준의 제조강국인 독일은 인더스트리 4.0의 실행방식으로 스마트 팩토리를 선도적으로 구축하고 있으며, 독일 전역에 존재하는 300여 개의 산학연 클러스터(기업, 연구기관, 지역대학이 협력관계를 형성)에서 스마트 팩토리 기술개발에 참여하고 있다.

독일 제조업의 대표기업인 지멘스(Siemens)는 인더스트리 4.0의 기반이 되는 자동화, 제어, 디지털영역에 핵심역량을 집중하기 위해서 스마트 팩토리 구현에 적극적으로 참여하고 있다. 지멘스는 독일 남부 바이에른(Bayern)주의 소도시 암베르크(Amberg) 지역에 스마트 팩토리를 구축·운영하고 있다. 지멘스의 스마트 팩토리는 산업자동화 시스템 구축에 필요한 부품을 주로 생산하고 있다. 지멘스 스마트 팩토리의 공장 자동화율은 약 75% 수준이고, 지멘스의 산업자동화 소프트웨어가 다수 적용되어 최대 생산속도와 최대의 유연성을 보장한다. 또한 개발과 생산이 긴밀하고 체계적이며 공장을 가상 설계함으로써 생산과정이 제조와 제품에 완벽하게 최적화된다. 지멘스 스마트 팩토리의 모든 부품은 일련번호가 부여되어 이상 발생 시 어느 지점에서 어떤 부품이 잘못됐는지 즉시 확인할 수 있다. 기계 이상과 불량품 생산을 감지하는 1,000개의 센서와 스캐너가 설치되어 제조공정 각 단계마다 제품의 이상 유무를 점검한다. 현재 지멘스 스마트 팩토리의 품질 수준은 99.9985%로 제품 10만 개당 결함이 1.5개에 불과하다. 생산성 측면에서 근무일(230일) 기준으로 연간 생산제품 수는 약 1,200만 개이다. 초당 제품 1개라는 생산속도에서 뛰어난 품질을 유지하고 있으며, 납품에 걸리는 시간은 24시간에 불과하다. 품질을 향상시키면서 동시에 제품 출시기간을 최대 50% 단축시킨 것이다. 지멘스는 암베르크 지역을 기반으로 제품설계와 개발부터 생산, 물류 및 서비스까지 전체적인 가치사슬을 최적화하고 있다. 지멘스 암베르크 공장이 스마트 팩토리의 대표적인 사례로 선정된 이유는 바로 가상세계와 현실세계의 통합을 실현했기 때문이다. 엔지니어링에서 생성된 데이터가 끊임없이 생산라인으로 전송되고, 생산라인에서 생성된 정보는 다시 엔지니어링으로 전해져 제품개발이나 생산공정 최적화에 사용된다. 스마트 팩토리를 통해 지멘스는 자동화 시장의 글로벌 리더에서 제조 전체의 가치사슬을 최적화할 수

● 그림 4 - 2 암베르크(Amberg) 지역의 지멘스(Siemens) 스마트 팩토리

있는 통합하드웨어 및 소프트웨어 시스템 공급업체의 최상위 리더로 성장하고 있다.

　독일 고급 자동차 제조업체 아우디(Audi)는 소비자 취향에 맞는 폭넓은 맞춤형 모델을 생산할 수 있는 스마트 팩토리를 2017년부터 운영하고 있다. 아우디의 스마트 팩토리는 기존 컨베이어 벨트(conveyor belt)를 제거하고 대신 무인운반차가 차체를 싣고 무선식별(RFID) 내 작업명세서가 기록되면 다음 작업자를 찾아 스스로 움직이는 방식을 채택하였다. 아우디의 스마트 팩토리는 구매자가 자신의 차량에만 적용할 특별한 색상을 원하거나 또는 독특한 크기의 경합금 바퀴를 원할 경우 주문형·맞춤형 생산이 가능하다. 생산공정 전체의 디지털화로 기존의 조립공정을 단축하는 한편, 인체공학을 적용하여 고객 취향에 맞는 맞춤형 제품을 생산하고 있다. 아우디의 스마트 팩토리는 모든 생산정보를 공유하기 때문에 직접 공장에 가지 않아도 스마트폰으로 생산현장을 확인하고 제어할 수 있다. 아우디 스마트 팩토리에서 가장 심혈을 기울이는 영역은 사람과 로봇 간의 긴밀한 협력시스템이다. 인지기능을 추가한 로봇공정을 개발하고 있으며, 소비자들의 다양한 취향에 맞도록 맞춤생산을 지원하는 3D프린팅 공정도 개발하고 있다. 최근에 글로벌 자동차 업계는 스마트 팩토리 구축 프로젝트를 지속적으로 수행하고 있다. 스마트 팩토리를 도입하면 원가를 크게 줄일 수 있고, 기존 공장보다 운영인력을 적게 둘 수 있어 강성노조에 시달리는 문제까지 해결할

● 그림 4 - 3 아우디(Audi) 스마트 팩토리

출처: www.audi.co.kr

수 있다.

　제조업 기반이 강한 중국은 '중국 제조 2025' 정책을 추진하면서 스마트 팩토리를 도입해 경쟁력을 높이고 있다. 중국 최대의 가전업체 하이얼(Haier)은 랴오닝(Liaoning)성 선양(Shenyang)에 가전업체로는 세계 최초로 냉장고를 생산하는 스마트 팩토리를 구축·운영 중이다. 하이얼 스마트 팩토리는 100미터 길이의 기존 생산라인을 18미터 길이의 4개 생산라인으로 교체하여 수백 개가 넘는 부품이 미리 입력된 데이터에 따라 자동으로 분류되어 다양한 제품을 신속히 생산한다. 이로 인해 고객의 요구를 실시간으로 반영할 수 있는 다품종 대량생산이 가능해졌다. 하이얼은 스마트 팩토리를 운영하여 노동인력을 57% 줄였고 생산라인의 설비능력을 80% 높였으며, 주문생산 및 배송시간은 47% 단축시키는 성과를 거두었다. 스마트 팩토리 선진국(미국, 독일)에 비해 경험이나 기술적으로 부족한 중국은 단계적으로 스마트 팩토리를 추진하고 있다. 중국 정부는 선택과 집중을 통해 산업별 선두기업을 중심으로 스마트 팩토리 추진을 중점적으로 지원(세제, 융자혜택 등)하고 있다.

　이처럼 글로벌 제조업체는 제품을 생산하는 과정에 사물인터넷, 인공지능, 빅데이터 등의 핵심원천기술을 접목해서 생산성을 극대화하고, 에너지효율과 불량률을 낮추며, 나아가 미래를 예측하고 효율적인 의사결정을 지원하는 스마트 팩토리 구축에 심혈을 기울이고 있다.

● 그림 4 - 4 하이얼(Haier) 스마트 팩토리

출처: Haier.com

4.4.5 국내 스마트 팩토리 구축사례

우리나라는 제조 패러다임의 변화에 대응하기 위해 2014년 정부차원의 "제조업 혁신 3.0전략"을 발표하였다. 제조업 혁신 3.0전략의 추진목적은 IT-SW 융합으로 융합 신산업을 창출하여 새로운 부가가치를 만들고, 선진국 추격형 전략에서 선도형 전략으로 전환하여 우리 제조업의 경쟁우위를 확보하기 위함이다. 개인맞춤형 유연생산을 위한 스마트 팩토리 고도화와 융합 신제품 생산에 필요한 8대 스마트 제조기술 개발을 추진하고 있다. 또한 정부는 제조업 혁신을 주도할 수 있도록 스마트 팩토리 수요가 높은 업종 중심으로 가상-실제 공장이 연계된 다양한 형태의 모델 공장을 구축하고 스마트 팩토리 구축을 위한 정책적 지원을 추진하고 있다.

2020년 4월 기준 우리나라의 스마트 팩토리 수는 17,800개로 중소벤처기업부는 2022년까지 30,000개의 스마트 팩토리 구축을 목표로 한 '한국형 인더스트리 4.0' 모델을 제시하였다. 또한 과학기술정보통신부는 중소·중견 기업에 맞는 보급형 스마트 팩토리 구축사업을 수행하고 있다. 최근 수출 부진으로 어려움을 겪는 우리 기업들은 글로벌 제조 경쟁에서 생존할 수 있는 해법으로 산업용 사물인터넷(IIoT), 빅데이터, 인공지능 기반의 스마트 팩토리 구축에 사활을 걸고 있다. 미래 먹거리 창출을 위해서는 우리 기업의 제조업 패러다임도 변화해야 한다.

세계적인 철강회사 포스코(POSCO)는 국내 대기업 중에서 스마트 팩토리 구축에 가장 적극적인 활동을 수행하고 있다. 포스코는 일반 생산제조기업과 달리 고온 쇳물이 24시간 쏟아져 나오고 거대한 연속적인 설비공정으로 연결되어 IT 기술을 쉽게 적용하기 어려운 특성이 있다. 포스코는 사람, 디바이스, 설비가 상호 유기적으로 연결되어 설비고장, 품질불량, 안전재해, 그리고 잉여재고가 없는 스마트 팩토리 구축이 필요한 상황이다. 또한 연속공정상에서 조업 및 품질 그리고 설비데이터를 수집 및 분석하여 품질불량 발생여부와 원인을 실시간으로 추적할 수 있는 시스템 구축도 필요한 상황이다.

　포스코는 2015년 5월 광양제철소 공장을 스마트 팩토리 시범공장(스마트 제철소)으로 선정하였다. 포스코 스마트 팩토리는 과거의 라인생산방식이 아닌 생산데이터를 기반으로 한 셀(cell) 생산방식을 제철공정에 적용하여 스마트한 제조현장을 구현한 것이다. 통합관제센터에서 사물인터넷을 통해 원료의 이동과 제선, 제강, 연주, 압연, 그리고 운송과정에서 발생된 데이터를 취합하고 통제한다. 즉, 사물인터넷을 이용하여 설비와 기계들이 스스로 정보를 주고받으며 전체 설비의 동작 상태를 실시간으로 파악한다. 또한 가상팩토리(가상공장)에 3D기술로 설비를 세우는 등 신제품 개발 시뮬레이션이 가능하며 드론을 활용하여 원자재 측정 작업도 실시하고 있다. 스마트 팩토리 구축 이전과 이후를 비교한 결과, 제품품질 향상, 생산성 증대, 에너지효율 향상, 운전인력 감소 등의 효과가 나타났다. 즉, 기존 공정에 비해 생산효율과 설비효율이 개선되었고, 노동인력도 감소되었다. 포스코는 이러한 가시적인 성과를 바탕으로 광양제철소 공장에만 적용하던 스마트 팩토리를 포항 본사에 확대 적용하고 있다.

　글로벌 기업 오티스(Otis)는 에스컬레이터, 무빙워크 및 관련 장비를 생산하는 업체로 세계 최고의 기술력과 시스템을 갖춘 승강기 전문기업이다. 오티스의 국내 생산공장은 2016년부터 자동화설비도입을 목표로 스마트 팩토리 구축사업을 추진 중이며, 2020년에는 빅데이터와 클라우드 기반의 스마트 팩토리가 완성된다. 오티스의 스마트 팩토리는 사물인터넷 센서를 부착하여 작업량과 시간, 품질, 사고율 등의 빅데이터를 실시간으로 수집하고 분석한다. 오티스는 스마트 팩토리 구축 전에 스마트 팩토리에 대한 전반적인 이해도를 높이고자 수준진단을 수행하였다. 대부분의 국내 기업은 스마트 팩토리 구축을 자동화 관점

● 그림 4 - 5 포스코 스마트 팩토리(스마트 제철소)

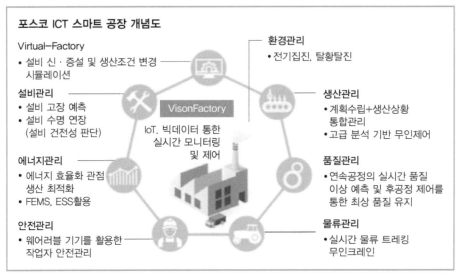

포스코 ICT 스마트 공장 개념도

Virtual-Factory
• 설비 신 · 증설 및 생산조건 변경
  시뮬레이션

설비관리
• 설비 고장 예측
• 설비 수명 연장
  (설비 건전성 판단)

에너지관리
• 에너지 효율화 관점
  생산 최적화
• FEMS, ESS활용

안전관리
• 웨어러블 기기를 활용한
  작업자 안전관리

VisonFactory
IoT. 빅데이터 통한
실시간 모니터링
및 제어

환경관리
• 전기집진, 탈황탈진

생산관리
• 계획수립+생산상황
  통합관리
• 고급 분석 기반 무인제어

품질관리
• 연속공정의 실시간 품질
  이상 예측 및 후공정 제어를
  통한 최상 품질 유지

물류관리
• 실시간 물류 트레킹
  무인크레인

출처: steemit.com

에서 인식하고 있으나 오티스는 기존 공장의 현 수준을 정확히 파악하고, 스마트 팩토리 구축을 위한 도입과제 및 추진체계 수립을 우선시하였다. 즉, 공장운영, 자동화, 기술구현 측면의 수준진단과 분석을 통해 스마트 팩토리 구축방향과 목표를 수립하고, 도입과제 및 추진과제를 도출하여 자사의 공장 수준에 최적화된 스마트 팩토리를 구축한 것이다. 오티스는 각 공정 간 스마트 팩토리 수준진단을 통해 최적화, 자동화, 디지털화, 연결화, 지능화의 5단계 과정을 순차적으로 추진하였다. 그 결과 엘리베이터 생산량은 대폭적으로 늘어났으나 고용규모는 5년 전과 비슷한 수준을 유지하고 있다.

2019년 4월, 세계 최초로 5G 상용화에 성공한 SK텔레콤은 5G기반 스마트 팩토리 구축 프로젝트를 수행하고 있다. SK텔레콤은 SK하이닉스 반도체 생산공장에 5G 네트워크를 구축하여 인공지능, 증강현실 등 최신 ICT기술을 접목한 지능형 스마트 팩토리를 구축·운영하고 있다. SK하이닉스의 스마트 팩토리 주요 특징은 선 없는 공장을 목표로 한 5G기반 지능형 공장이다. 비즈니스 파트너의 기존 시스템과 상호 운용이 가능하며 특정 벤더(vendor)에 의존하지 않고 다양한 장비와 솔루션들을 통합할 수 있다. 또한 고객이 직접 시뮬레이션하고 플랫폼 기반의 분석 및 예측기법을 적용하여 스마트 제어가 가능하다. 즉, 사물인터넷, 빅데이터, 클라우드 플랫폼을 기반으로 생산설비 및 장비 등을 효율적으로 연계 및 분석하여 직접 제어 및 통제가 가능하도록 설계되었다. 빅데이터 분석을 통해 제품기획, 설계 등 R&D 제조 및 생산 프로세스상의 정보를 통합 분석하여 품질 목표를 달성하고 제품 품질을 제고하고 있다.

이처럼 스마트 팩토리는 기업 라이프 사이클에서 속도(speed), 유연성(flexibility), 제품의 질(quality), 효율성(efficiency)의 4가지 경쟁력을 확보할 수 있다. 제조업에 최적화된 소프트웨어를 접목함으로써 제품 출시기간을 단축하고, 한정된 생산자원 내에서 다품종 소량생산이 가능하며 좋은 품질을 계속 유지하는 등 효율적인 생산라인을 갖게 된다.

4.4.6 스마트 팩토리 구축방안 및 향후 과제

스마트 팩토리는 생산과정에 필요한 전체 사물들을 산업사물인터넷 기술을 통해 연결하여 통신체계를 구축하고 사이버물리시스템, 빅데이터, 클라우드 그리고 인공지능 등 다양한 ICT기술들이 제조업에 활용될 수 있도록 생산의 자동화 및 최적화를 추구한다. 이로 인해 기존 노동력 중심의 생산공정들이 디지털화되고 자동화되어 운영됨으로써 불량률 감소, 생산성 개선 그리고 원가 감축 등의 혁신을 이루고 있으며 다양한 비즈니스 간의 연계를 통해 새로운 부가가치를 창출하고 있다.

미국, 독일, 일본 등 제조업 선진국은 2008년 글로벌 금융위기 이후 자국의 강점을 기반으로 미래 제조업 및 서비스 산업의 생태계를 연계하는 4차 산업혁명을 주도하고 있으며, 사람, 기계설비, 공장 등 모든 사물을 네트워크로 연결하는 초연결 통신기반의 글로벌 표준을 선점하고 있다. 사이버물리시스템, 사물인터넷, 빅데이터, 인공지능, 산업용 로봇 등을 연계한 시너지 효과 및 자국의 강점을 기반으로 글로벌 표준화를 전략적으로 구축한 것이다.

다음으로 한국형 스마트 팩토리 구축방안과 향후 과제를 살펴보자. 첫째, 스마트 팩토리는 산업별, 회사별, 규모별, 자동화 수준별 특성을 고려한 생산혁신이 우선 선행되고, 이를 통해 제조 경쟁력을 높일 수 있는 최적의 방안으로 설계되어야 한다. 자동화와 시스템 운영의 개념설계와 방향이 결정되면 반드시 시뮬레이션을 통한 사전 검증이 필요하며, 시뮬레이션 결과로 보여주는 미래의 공장 모습은 투자자들에게 대규모의 투자유인을 가져다줄 수 있다. 또한 스마트 팩토리의 성공적인 구축을 위해서 4차 산업혁명 시대의 핵심원천기술을 하나로 통합(융합)할 수 있는 기술과 현장의 장비 및 솔루션과의 통합도 매우 중요하다.

둘째, 스마트 팩토리는 각 기업의 실정에 맞게 구축되어야 한다. 대기업의 경우 전사적 차원으로 구축을 추진하기보다는 포스코의 사례처럼 우선 태스크포스(task force) 팀을 구성하여 시범공장을 지정하여 구축하는 것이 효과적이다. 전사적 차원의 구축은 막대한 비용과 함께 프로젝트 리스크(project risk)가 매우 높은 편이다. 따라서 대기업의 경우 일부공장에서 전체공장으로 확대되는 전략을 고려해야 한다. 낮은 수준(low level)에서 높은 수준(high level)의 스마트 팩토리 구축 단계가 바람직하다. 즉, 성공적인 스마트 팩토리 구축을 위해 처음부터 전사적 차원으로 접근하기보다 점진적 접근(incremental process)방법으로 시도할 필요가 있다.

셋째, 중소기업의 경우 스마트 팩토리 도입 시 막대한 초기 투자비용이 발생하고, 경쟁사에 자사 제조공정 데이터 유출가능성도 존재한다. 국내의 경우 사물인터넷 및 데이터 보안문제 미해결 등으로 실용화가 멀어졌다는 문제점도 제기되고 있다. 2019년 5월에 설립된 스마트제조혁신추진단은 국내 현실에 적합한 다양한 형태의 스마트 팩토리 도입 및 고도화 지원을 통한 중소·중견 기업의 제조혁신을 지원하고 있다. 2020년 기준 최대 6개월 동안 3,300개의 스마트 팩토리 구축(신규구축, 2,683개, 고도화 617개)을 지원하고 있다. 이들 지원 사업에 참여하여 스마트 팩토리 기술역량(정보, 자동화, 운영효율화)을 강화할 수 있다. 또한 스마트 팩토리 관련 국제표준화 활동도 중요한 과제이다. 독일, 미국 등 스마트 제조 선도국이 국제표준을 선점할 경우 무역장벽으로 활용될 수 있어 기술표준 개발 및 국제표준화 활동에 적극 참여할 필요성이 있다. 국내외 스마트 팩토리 표준화 주요 이슈에 대응하고, 스마트 제조의 핵심이슈별 대응 전문가를 발굴하여 국제표준기반의 국내 스마트 팩토리 보급 및 확산에 기여해야 한다.

넷째, 산업제어시스템 공격의 지능화, 고도화로 인해 스마트 팩토리의 보안에 대한 우려가 높아지고 있다. 스마트 팩토리는 네트워크 환경이 폐쇄적인 기존 공장과는 달리 내부와 외부의 사물들이 서로 연결되고 다양한 ICT기술이 활용되기 때문에 보안 취약점이 발생할 가능성이 높다. 또한 스마트 팩토리는 보안사고 발생 시 경제적인 피해가 매우 크기 때문에 특정 대상에게 금전적 피해를 야기하고자 수행되는 사이버공격의 대상이 되기 쉽다. 스마트 팩토리의 보안 연구 및 적용이 반드시 필요한 상황이지만 구체적인 스마트 팩토리 시스템 아키텍처가 부족한 실정이다. 한국형 스마트 팩토리 보안시스템 아키텍처와 이에 기반한 스마트 팩토리 보안요구사항의 정립이 필요한 시점이다.

다섯째, 성공적인 스마트 팩토리 구축을 위해 산학연 클러스터(기업, 연구기관, 지역대학이 협력관계를 형성)의 역할이 필요하다. 다양한 융복합 기술의 결합과 시스템 통합이 주요 특징인 스마트 팩토리 구현 과정은 개별 기업 혼자만의 노력으로는 힘들다. 주요 선진국의 스마트 팩토리 연구개발은 민관 협력이 강조되며, 이에 한국형 스마트 팩토리 정책도 산학연의 긴밀한 협력이 필요하다. 즉, 스마트 팩토리 투자사, 금융기관, 스타트업 기업, 지역대학, 연구소 등이 공동으로 네트워크를 구축하는 산학협력 스마트 팩토리 클러스터를 조성해야 한다. 또한 스마트 팩토리 관련 산업의 체계적인 육성과 이를 위한 스마트 팩토리 테스트베드(test bed, 시험공간) 구축을 통해 경쟁력 기반을 마련하고 실제 제조현장의 지속적인 요구사항을 정책에 반영하여 현장에서 사용될 수 있는 스마트 팩토리 구축이 필요하다. 이를 위해 한국형 첨단제조 혹은 스마트 제조개념의 확립, 스마트 팩토리 체계적인 로드맵 수립, 스마트 팩토리 연구컨트롤타워 설립, 산업체 적용 및 활용분야 확대, 스마트 팩토리 실무형 전문가 양성, 그리고 세제 지원이 필요한 시점이다.

마지막으로 우리 정부는 스마트 팩토리 구축정책에서 양(量)보다는 질(質)에 초점을 맞추어 추진해야 한다. 현재 우리 정부는 제조업 혁신전략 3.0에 따라 2020년까지 1만 개의 스마트 팩토리 구축을 목표로 하고 있다. 그러나 2019년 중소기업중앙회의 스마트 팩토리 구축 설문조사에 따르면 응답 기업의 62% 이상은 정부의 스마트 팩토리 정책에 대해 인지하지 못하고 있으며, 79%는 스마트 팩토리 구축의도가 없는 것으로 나타났다. 또한 국내 기업들은 4차 산업혁명과 스마트 팩토리의 정확한 업무 정의, 업무 범위, 구현 방안에 대해 어려움을 겪고 있다. 따라서 정부는 양적인 구축에만 초점을 둘 것이 아니라, 성공사례 공유와 같은 인식의 변화를 통해 점진적으로 접근해야 한다. 스마트 팩토리 성공사례의 공유뿐만 아니라 실패사례까지 과감하게 공유하는 효과적인 지원정책도 사용해야 한다.

Q. 중국 정부의 '인터넷 플러스'와 '중국제조 2025' 정책

A. 4차 산업혁명 변화기에 중국은 제조업 경쟁력을 높이기 위해 정부 차원에서 인더스트리 4.0 관련 정책을 지속적으로 추진하고 있다. 중국 제조업은 2010년에 세계 최대로 부상했으나 최근 몇 년간 인건비 상승, 공급과잉 등으로 제조업 성장률이 크게 둔화되어 대응방안을 고심한 중국 정부는 미국·독일 등 선진국에서 추진 중인 인더스트리 4.0에 주목하게 되었다. 2011년부터 중국 정부는 사물인터넷, 클라우드, 빅데이터, 인공지능 등 4차 산업혁명 시대의 핵심원천기술에 주목하고 관련 정책을 지속적으로 발표하였다. 2015년 중국정부는 '인터넷 플러스' 정책과 '중국제조 2025' 정책을 발표하였다.

'인터넷 플러스' 정책은 인터넷과 제조업을 결합하여 빅데이터, 사물인터넷, 전자상거래 등을 활성화하자는 행동계획이다. 인터넷과 제조업 융합뿐 아니라 금융, 정부 공공부문 등도 인터넷과 연결하고, 인터넷 기업의 해외 진출까지 추진하여 세계 최대의 인터넷 및 모바일 인구를 갖고 있는 장점을 적극 활용하겠다는 목적을 가지고 있다.

'중국제조 2025' 정책은 제조업과 인터넷의 융합을 통한 핵심 경쟁력과 노동 생산성 제고를 목표로 혁신추진, 품질우선, 녹색성장, 산업구조 고도화, 인재양성 등을 세부 추진사항으로 제시하였다. 또한 국가 제조업 혁신센터 건설, 스마트 제조, 친환경 제조 등도 핵심 추진사항으로 제시하였다. '중국제조 2025' 정책의 첫 번째 단계(2015~2025년)는 2020년까지는 제조업의 IT경쟁력을 개선하고 핵심 경쟁력을 보유할 계획이며, 2025년까지 노동생산성을 제고시키고 제조업과 IT융합의 새로운 도약을 도모한다. 중국의 제조업 수준을 일본, 독일 단계로 높여 세계 제조업 강국 대열로 진입하는 것이다. 2단계(2025~2035년)는 중국 제조업 수준을 글로벌 제조 강국의 중간 수준까지 끌어올리고, 우위에 있는 산업은 글로벌 시장을 견인할 수 있는 경쟁력을 확보한다. 마지막 3단계(2035~2049년)는 주요 산업에서 국제 경쟁력을 갖추어 글로벌 시장을 선도하는 세계 제조업 최강국의 반열로 올라서는 단계이다. '중국제조 2025'는 현재 주요 기관별 테스크포스(task force) 팀을 편성하여 2025년까지 세계 제조강국 달성, 2035년 제조 선진국을 뛰어넘고자 항공/우주/해양, 철도 및 에너지 설비 등 국가 인프라 관련 제조업에 우선적으로 집중하고 있다.

4차 산업혁명과 스마트 물류

20세기 후반 시작된 3차 산업혁명(디지털 혁명)은 글로벌 물류관리와 공급사슬 관리(SCM) 영역에 혁신적인 변화를 가져왔다. 정보통신기술(ICT)의 활용은 정보의 신속한 처리와 원거리에 있는 고객뿐만 아니라 물류관련 당사자 간 원활한 소통과 거래비용을 절감할 수 있다. 또한 공급사슬(supply chain)에서 화물의 위치추적, 창고관리, 항만관리, 선적통지 등을 통해 물류의 이동을 통제 및 관리할 수 있다. 최근에는 4차 산업혁명의 핵심원천기술이 물류산업에 커다란 변화를 만들고 있다. 물류업에서 4차 산업혁명은 물류 4.0(Logistics 4.0, 로지스틱스 4.0)이란 이름으로 물류산업에서 활발하게 논의되고 있다. 로지스틱스 4.0이란 4차 산업혁명의 핵심기술인 빅데이터(Big Data), 인공지능(AI), 사물인터넷(IoT), 산업용 로봇(industrial robot), 드론(drone) 등의 기술을 기반으로 물류분야 전반에 걸쳐 새로운 혁신이 일어나는 것을 의미한다. 4차 산업혁명의 실현과정에서 제조와 물류의 통합이 본격적으로 시작되어 소비자 개인별 맞춤형 주문, 맞춤형 물류시스템, 그리고 고도화된 신속배송이 실현되고 있다. 향후 물류 비즈니스(스마트 물류)는 특정 프로세스의 물류 자동화에서 벗어나 전체 공급사슬의 통합화 및 고도화의 방향으로 진화할 전망이다.

미국의 드론 스타트업 기업 플러티(Flirtey)는 글로벌 편의점 세븐일레븐(7-Eleven)과 전략적 제휴를 맺고 미국 네바다주(State of Neveda)에 사는 개인 주문자에게 첫 번째 상업용 배달 서비스를 제공하였다(그림 4-6 참조). 플러티의 자율주행드론은 세븐일레븐으로부터 1마일(약 1.6km) 떨어진 곳에 위치한 가정집에 샌드위치, 도넛, 커피, 캔디 등이 담긴 상자를 무사히 배달하였다. 자율주행드론의 배달은 GPS시스템을 기반으로 매장에서 배달장소까지 스스로 찾아가는 방식이다. 또한 소비자는 언제 어디서나 스마트폰 앱을 통해 주문 및 배송상황을 실시간으로 확인할 수 있다. 최근에는 사물인터넷, 클라우드, 인공지능, 증강현실, 로보틱스 등 최신 기술을 도입한 플랫폼을 통해 주문된 피자를 드론이 주문자의 현관 앞까지 배달하고, 온라인에서 구매한 물품을 최신의 스마트 물류센터와 연계된 자율주행로봇이 무인배송에 나서는 시험이 진행되고 있다.

● 그림 4-6 자율주행드론을 활용한 스마트 배달

　4차 산업혁명 시대의 핵심원천기술은 물류관리가 지향하는 목적인 재화, 서비스, 관련 정보의 효율적이고 효과적인 흐름과 보관활동을 획기적으로 개선시켜나가고 있다. 특히 물류 및 공급사슬 전 과정에서 발생하는 엄청난 데이터의 수집(IoT)과 분석 및 처리(Big Data) 그리고 합리적 판단(AI)이 이루어지고 이를 물류 당사자에게 전달 및 지시(Cloud)하고, 오류 및 에러 없이 실행(Robot)함으로써 인간의 개입이 필요 없는 무인 물류 프로세스, 즉 스마트 물류가 확산되고 있다.

　스마트 물류는 운송, 창고 및 재고관리, 포장, 정보관리 등에서 효율성과 효과성 개선을 위해 자동화, 기계화, 무인화 기술과 유비쿼터스 기술을 물류 프로세스에 적용하는 것이다. 물류서비스의 효율성 제고는 물류비용 및 시간 절감과 관련되며, 여기에 적용될 수 있는 기술로 인공지능, 로봇, 드론을 예로 들 수 있다. 인공지능은 최적화된 배송경로산정을 통해 시간과 비용을 절감하고 로봇은 창고관리에서 생산성을 제고할 수 있다. 사물인터넷은 수송, 보관 및 하역에서 센서를 통해 화물의 이동 및 운송의 신속성과 정확성을 증진시킬 수 있다. 드론은 다른 운송수단 접근이 어려운 곳의 배송과 오지(remote area)배송을 통해 고객 서비스 제고에 긍정적인 영향을 미칠 것이다. 또한 스마트 물류는 ICT플랫폼 기반의 글로벌 공급사슬 구축과 제품 및 공정혁신을 촉진시켜 운송과 커뮤니케이션 비용 감소, 물류와 글로벌 공급체인의 효율성 제고 등으로 생산성을 증가시키고 있다.

다음으로 4차 산업혁명 시대의 핵심원천기술들이 운송활동, 보관활동, 정보활동 등 물류활동에 어떠한 영향을 미치고 있는지 알아보자. 첫째, 운송활동은 효율화 및 서비스 개선이 중요시되며, 이들을 실현하기 위해 사물인터넷, 클라우드, 빅데이터, 인공지능, 드론 등의 기술이 필요하다. 이들은 운송경로의 최적화, 가시성 확보, 실시간 위치추적 및 도착예정 시간알림 등 다양한 부문에서 활용될 수 있다. 이를 통해 물류업체는 운송의 효율성 제고뿐 아니라 신속한 물류서비스를 제공할 수 있다. 운송에서 더욱 확장된 공급사슬관리 전체의 통합과 효율화를 위해 클라우드 기술은 공급망 전체에서 발생하는 정보의 수집에 이어 이를 저장, 교환, 공유할 수 있도록 함으로써 재고의 감축과 리드타임(lead time)의 단축에 기여한다.

둘째, 보관활동에 활용될 수 있는 기술은 사물인터넷, 인공지능, 빅데이터, 자율주행차, 지능형 로봇, 클라우드 등을 들 수 있다. 이들 기술은 창고관리에 활용되어 보관의 효율성을 높일 뿐만 아니라 재고를 최소화하는 데 중요한 역할을 담당한다. 예를 들어 창고에서 화물보관의 효율성을 높이기 위해 데이터 수집과 빅데이터 활용을 통한 창고운영의 효율화를 기할 수 있다. 빅데이터 분석을 통해 조달 및 판매시장의 수급상황을 파악하고, 인공지능 기반 의사결정지원시스템(DSS)을 활용하여 적정 수준의 재고량을 산출하는 등 재고비용을 절감할 수 있다. 또한 물류센터 중심으로 인바운드(In-bound, 원자재의 흐름)와 아웃바운드(Out-bound, 완제품의 흐름)의 화물흐름을 최적화함으로써 원부자재의 정확한 투입, 즉 적시물류체제(Just In Time, JIT)의 구현이 가능하다. 창고를 적시물류체제로 운영함으로써 적정재고의 유지를 통한 공급사슬 전체의 효율성을 제고할 수 있다. 다음으로 하역과 포장영역에서 활용되는 기술은 로봇과 자율주행차이다. 로봇은 기존 인력 또는 단순한 기계식의 하역활동에서 지능형 로봇을 투입함으로써 창고 및 물류센터에서의 생산성 증대를 가져올 수 있다. 또한 지능형 로봇은 창고 또는 물류센터 내에서 RFID가 부착된 화물의 정확한 위치정보를 파악하여 무인주행차량을 통해 입출고를 자동적으로 수행한다. 이와 같이 인간의 개입 없이 물류센터에의 하역 및 포장활동을 자동화하는 것이 로지스틱스 4.0의 주요 목표이다.

마지막으로, 정보활동은 물류관리의 직접적인 영향보다는 간접적으로 지원하는 영역이다. 사물인터넷을 통해 다양한 데이터가 수집되어 물류 빅데이터가 형성되고, 물류 빅데이터를 분석하는 기술과 의사결정활용(최적화, 예측, 추측 등)을 위한 인공지능, 그리고 클라우드를 통해 정보를 공유 및 교환하는 등 이들이 정보활동에서 대표적으로 적용되는 기술이다. 공급사슬 구성원들 간 정보의 흐름을 통합하여 디지털 공급사슬을 구현함으로써 공급사슬의 통합화, 자동화, 재배치, 애널리틱스(analytics, 빅데이터 분석기술)를 통해 공급사슬의 효율성을 증진시킬 수 있다.

이처럼 4차 산업혁명 시대의 핵심원천기술은 물류의 제반기능인 운송, 보관 및 재고관리, 하역 및 포장, 정보 등에 활용되어 물류산업 전체에 효율성을 제고시키고 있다. 우리나라가 보유한 핵심원천기술의 강점과 물류산업의 현 상황을 고려할 때 국가와 기업이 4차 산업혁명에 어떻게 접근하느냐에 따라 세계에서 우리 물류산업의 향후 위상이 크게 달라질 수 있다. 따라서 4차 산업혁명 기술의 실태와 효과에 대한 실체적 접근과 기술개발에서 선도적이고 적극적인 대응이 필요한 시점이다.

- 스마트 팩토리(Smart Factory): 설계·개발, 제조 및 유통·물류 등 생산과정에 디지털 자동화 솔루션이 결합된 정보통신기술(ICT)을 적용하여 생산성, 품질, 고객만족도를 향상시키는 지능형 생산공장
- 인더스트리 4.0(Industry 4.0): 제조업의 경쟁력 강화를 위해 독일 정부가 추진하고 있는 제조업 성장전략, 사물인터넷을 통해 생산기기와 생산품 간의 정보교환이 가능한 제조업의 완전한 자동 생산체계를 구축하고 전체 생산과정을 최적화하는 산업정책
- 제조업 혁신 3.0전략: 2014년에 한국 정부가 발표한 제조업 혁신전략, 사물인터넷과 사이버물리시스템을 제품 생산 및 유통에 결합해 제조업 패러다임을 전환하는 스마트 팩토리에 초점을 맞추고 있음
- 스마트 제조(Smart Manufacturing): 인간, 기술, 정보의 융합을 통해 제조업의 전략적 혁신을 도모하는 패러다임이며, 새로운 ICT와 전통 제조기술을 융합한 기술
- 사이버물리시스템(Cyber Physical System, CPS): 제품, 공정, 생산설비와 공장에 대한 실제세계와 가상세계의 통합시스템이며 제조 빅데이터를 기반으로 사이버모델을 구축하고 이를 활용하여 최적의 설계 및 운영을 수행하는 것
- 3D프린팅(Three Dimensional Printing): 프린터로 평면으로 된 문자나 그림을 인쇄하는 것이 아니라 입체도형을 찍어내는 것을 말함, 종이를 인쇄하듯 3차원 공간 안에 실제 사물을 인쇄하는 3D기술은 의료, 생활용품, 자동차 부품 등 다양한 물건을 만들어낼 수 있음
- 차세대 제조혁명: ICT기술뿐 아니라 바이오기술, 나노기술, 3D프린팅, 재료기술 등에서 발생하는 제조부문의 광범위한 영향을 통칭하는 개념
- 제품서비스통합시스템(Product Service System, PSS): 제품과 서비스가 하나로 통합되어 고객 중심적인 관점에서 혁신적이고 지속 가능한 가치를 창출하는 통합시스템
- MaaS(Manufacturing as a Service): 공장 및 기계로부터 정보를 수집하는 사물인터넷, 대량의 정보를 통합하는 클라우드 컴퓨팅, 그리고 취합한 정보를 효과적으로 분석하여 의사결정에 반영하는 빅데이터 분석 등을 기반으로 한 '서비스로서의 제조개념'을 말함
- 전사적자원관리(Enterprise Resource Planning): 기업 내 생산, 물류, 재무, 회계, 영업, 구매, 재고 등 경영 활동 프로세스들을 통합적으로 연계해 관리해주며, 기업에서 발생하

는 정보들을 서로 공유하고 새로운 정보의 생성과 빠른 의사결정을 도와주는 전사적통합 시스템

- 제품수명주기관리(Product Lifecycle Management, PLM)시스템: 제품수명주기의 모든 단계(제품의 설계에서부터 생산, 출시, 유지보수를 거쳐 서비스 종료와 최종 폐기에 이르기까지)에서 사람, 기술, 프로세스 및 모범사례(Best Practice)로 구성되는 통합된 정보지향적 접근이며, PLM 소프트웨어는 분산된 환경에서 발생하는 제품정보를 조회, 수정, 처리하고 판단할 수 있도록 지원하는 제품수명주기를 관리하기 위한 비즈니스 시스템

- 컴퓨터지원제조(Computer Aided Manufacturing, CAM): 컴퓨터지원설계(CAD)로 얻어지는 설계 정보에 기초하여 모든 제조공정에 컴퓨터의 처리 능력과 해석 능력을 이용한 정보처리시스템

- 유연생산시스템(Flexible Manufacturing System, FMS): 공장자동화의 기반이 되는 시스템으로 CAD/CAM 등의 자동화 기기와 로봇 등을 이용하여 생산성과 유연성을 높이는 생산공정의 시스템화를 의미함

- 제조실행시스템(Manufacturing Execution System, MES): 작업현장에서 작업일정, 작업지시, 품질관리, 실적집계 등 제반 활동을 지원하기 위한 관리시스템, 생산계획과 실행의 차이를 줄이기 위한 시스템으로 현장 상태의 실시간 정보제공을 통하여 관리자와 작업자의 의사결정을 지원하는 기능을 수행함

- RFID(Radio Frequency Identification, 무선인식): 반도체 칩이 내장된 태그(Tag), 라벨(Label), 카드(Card) 등의 저장된 데이터를 무선주파수를 이용하여 비접촉으로 읽어내는 인식시스템

- 적시생산시스템(Just In Time, JIT): 재고를 쌓아두지 않고서도 필요한 때 적기에 제품을 공급하는 생산방식임, 다품종 소량생산 체제의 요구로 적은 비용으로 품질을 유지하여 적시에 제품을 인도하기 위한 생산방식

- 스마트 팩토리의 주요 구축내용: (1) 자동화 영역(설비 및 업무자동화), (2) 제조 빅데이터 기술 활용영역, (3) 가치사슬 통합영역(내부 및 외부 가치사슬 통합)

- 산업용 사물인터넷(Industrial Internet of Things, IIoT): 네트워크 기반에서 기계와 제품, 생산과정과 서비스에 지능을 부여하여 자율적으로 통신 및 제어가 가능하고 인간은 생산공정과 공급체인의 흐름을 시각적으로 확인할 수 있도록 지원하는 것

- 서비스인터넷(Internet of Services, IoS): 전 비즈니스에서 발생하는 업무들에 대해 영역(domain), 전문분야(discipline), 시스템(system), 벤더(vendor), 장소(location), 협력사(partner), 서비스(service) 분야의 운영시스템을 상호 연결한 것

- 중국제조 2025 정책: 제조업과 인터넷의 융합을 통한 핵심 경쟁력과 노동 생산성 제고를 목표로 혁신추진, 품질우선, 녹색성장, 산업구조 고도화, 인재양성 등을 세부 추진사항으

로 제시함

- 로지스틱스 4.0: 4차 산업혁명의 핵심기술인 빅데이터(Big Data), 인공지능(AI), 사물인터넷(IoT), 산업용 로봇(industrial robot), 드론(drone) 등의 기술을 기반으로 물류분야 전반에 걸쳐 새로운 혁신이 일어나는 것
- 스마트 물류: 운송, 창고 및 재고관리, 포장, 정보관리 등에서 효율성과 효과성 개선을 위해 자동화, 기계화, 무인화 기술과 유비쿼터스 기술을 물류 프로세스에 적용하는 것

연습문제

01 다음 설명에서 Ⓐ와 Ⓑ가 무엇을 말하는지 답하시오.

사이버물리시스템은 제품, 공정, 생산 설비와 공장에 대한 실제세계와 가상세계의 통합시스템이며 제조 빅데이터를 기반으로 사이버모델을 구축하고 이를 활용하여 최적의 설계 및 운영을 수행하는 것이다. 사이버물리시스템은 공장, (Ⓐ), (Ⓑ)의 요소로 스마트 팩토리를 구현한다.

Ⓐ − (   )   Ⓑ − (   )

02 다음 설명에서 공통적으로 Ⓐ가 무엇인지 답하시오.

4차 산업혁명 시대의 제조업은 (Ⓐ)으로 변하고 있다. (Ⓐ)은 제조업의 전략적 혁신을 위해 인간, 기술, 정보를 융합하고 4차 산업혁명의 핵심원천기술을 제조업에 적용한다. 특히 소비자 요구의 다양화, 고급화에 따른 개인맞춤형 생산(personalized manufacturing)을 구현하고, 인간과 협업하며 스스로 학습하는 디지털 제조방식을 채택한다.

Ⓐ − (   )

03 다음 설명에서 공통적으로 Ⓐ가 무엇인지 답하시오.

최근 스마트 팩토리는 고객 맞춤화를 위한 (　　Ⓐ　　)라는 개념을 기반으로 비즈니스 모델을 개발하고 있다. (　　Ⓐ　　)는 공장 및 기계로부터 정보를 수집하는 사물인터넷과 대량의 정보를 통합하는 클라우드 컴퓨팅, 그리고 취합한 정보를 효과적으로 분석하여 의사결정에 반영하는 빅데이터 분석 등을 기반으로 한다.

Ⓐ – (　　　　　　　　　　　　　　)

04 다음 설명에서 Ⓐ와 Ⓑ가 무엇을 말하는지 답하시오.

스마트 팩토리의 수준별 구축 단계 중 (　　Ⓐ　　)는 실시간 공장 자동 제어와 PLC(제어기)를 통한 시스템 – 설비를 실시간으로 연동하는 단계이다. 주요 구축내용은 공장 내 대부분의 업무를 자동화하고, 대부분의 설비를 자동화하며, 대부분의 생산라인 재구축을 위한 (　　Ⓑ　　) 기술을 적용하고, 생산부서와 기타 부서 간의 내부 가치사슬을 통합(구매, 생산, 판매 통합)하는 것이다.

Ⓐ – (　　　　　　　　　)　　　　Ⓑ – (　　　　　　　　　)

05 다음 설명에서 공통적으로 Ⓐ가 무엇인지 답하시오.

스마트 팩토리는 설비기술, (　　Ⓐ　　), 빅데이터 통합플랫폼의 3가지 요소로 구성된다. (　　Ⓐ　　)은 전 비즈니스에서 발생하는 업무들에 대해 영역(domain), 전문분야(discipline), 시스템(system), 벤더(vendor), 장소(location), 협력사(partner), 서비스(service) 분야의 운영시스템을 상호 연결한 것이다.

Ⓐ – (　　　　　　　　　　　　　　)

06 다음 설명에서 Ⓐ가 무엇인지 답하시오.

ERP시스템은 비즈니스 프로세스를 부문이나 조직을 연결하는 횡적인 것으로 파악하기 때문에 엔지니어링 관점에서 설계 및 개발, 생산, 판매 및 기술지원 그리고 폐기 및 재활용 등 전 영역에 이르는 종적인 업무흐름을 지원하지 못한다. 따라서 ERP시스템에서 관리하지 못하는 종적인 영역을 보완함과 동시에 제품에 대한 전반적인 수명주기(life-cycle)를 관리하고 나아가 제품에 대한 설계, 조달, 제조, 생산 프로세스의 효율화 및 원가절감을 위해 (Ⓐ   ) 시스템을 도입하고 있다.

Ⓐ - (   )

07 다음 설명에서 Ⓐ가 무엇인지 답하시오.

(Ⓐ   )이란 4차 산업혁명의 핵심기술인 빅데이터(Big Data), 인공지능(AI), 사물인터넷(IoT), 산업용 로봇(industrial robot), 드론(drone) 등의 기술을 기반으로 물류분야 전반에 걸쳐 새로운 혁신이 일어나는 것을 의미한다.

Ⓐ - (   )

08 다음 설명에서 Ⓐ가 무엇인지 답하시오.

(Ⓐ   )는 운송, 창고 및 재고관리, 포장, 정보관리 등에서 효율성과 효과성 개선을 위해 자동화, 기계화, 무인화 기술과 유비쿼터스 기술을 물류 프로세스에 적용하는 것이다.

Ⓐ - (   )

참고문헌

강영문(2017), "제4차 산업혁명과 물류교육에 관한 연구", 물류학회지, 제27권, 제2호, pp. 1 – 8.

강지연(2015), "중국제조 2025 전략: 2049년 제조업 세계 최강을 겨냥한 그랜드플랜", KIET산업경제, pp. 63 – 72.

김경래(2018), "독일의 인더스트리 4.0 추진체계에 관한 연구", 유럽연구, 제36권, 제2호, pp. 129 – 153.

김근혜(2017), "제4차 산업혁명기술 도입을 위한 규제 방식 전환에 대한 탐색적 연구", 한국지역정보화학회지, 제20권, 제3호, pp. 59 – 88.

김성현, 장석호, 이상원(2017), "정형 비정형 빅데이터의 융합분석을 위한 소비트랜드 플랫폼 개발", 디지털융복합연구, 제15권, 제6호, pp. 133 – 143.

김수영, 송민강(2014), "MI – NPS 디지털팩토리 방법론을 활용한 생산능력의 향상 및 최적 레이아웃 구축에 관한 연구: 자동차 부품 Shaft 제조라인 적용 사례", 생산성논집, 제28권, 제1호, pp. 47 – 73.

김용열, 박영서(2017), "4차 산업혁명과 중소기업 지원정책", 기술혁신학회지, 제20권, 제2호, pp. 387 – 405.

김윤경(2017), "제4차 산업혁명 시대의 국내환경 점검과 정책 방향", KERI Brief, 한국경제연구원, pp. 16 – 33.

김주찬(2016), "4차 산업혁명 시대의 규제개혁 과제", KIPA 칼럼, 한국행정연구원.

김진하(2016), "제4차 산업혁명 시대, 미래사회 변화에 대한 전략적 대응 방안 모색", KISTEP InI, 한국과학기술평가원.

김창도(2017), "중국의 인더스트리 4.0과 스마트 팩토리 추진 전략", POSRI 이슈리포트, 제4권, pp. 1 – 13.

김현진, 김성진, 김예솔, 김신규, 손태식(2019), "신뢰성 있는 스마트 팩토리를 위한 사이버보안 아키텍처", 정보보호학회논문지, 제29권, 제3호, pp. 629 – 643.

노규성, 박상휘(2014), "제조실행시스템에의 빅데이터 적용방안에 대한 탐색적 연구", 디지털융복합연구, 제12권, 제1호, pp. 305 – 311.

노상도(2016), "스마트공장 사이버물리시스템(CPS) 기술 동향 및 이슈", 전자공학회지, 제43권, 제6호, pp. 47 – 50.

대한무역투자진흥공사(2016), "4차 산업혁명 시대를 준비하는 중국의 ICT 융합 전략과 시사점", 2016.

박윤석(2016), "혁신 아이콘 GE, 산업인터넷 활용 제조업 변화", Electric Power, 제5권, pp. 26-29.

박종만(2015), "중소제조업 스마트공장 기술동향과 이슈", 한국통신학회 논문지, 제40권, 제12호, pp. 2491-2502.

박종식, 강경식(2017), "스마트 팩토리 구축전략과 중소, 중견 제조기업의 적용방안", 대한안전경영과학회지, 제19권, 제1호, pp. 227-236.

박종필(2017), "인더스트리 4.0시대의 스마트 팩토리 성공 사례 분석: 국내 대·중·소기업을 대상으로", 디지털융복합연구, 제15권, 제5호, pp. 107-115.

박형욱(2016), "스마트 팩토리와 연관된 생산제조기술 동향", 정보와 통신, 제33권, 제1호, 2016.

변대호(2016), "스마트공장 동향과 모델공장 사례", e-비즈니스연구, 제17권, 제4호, pp. 211-228.

서창성, 정신진, 김석찬(2018), "기업의 생산성 향상을 위한 스마트 팩토리 구축", 한국통신학회지(정보와통신), 제35권, 제6호, pp. 43-49.

소병업, 신성식(2017), "센서와 가상 공정 설계를 활용한 스마트 팩토리 구축", 한국전자통신학회, 제12권, 제6호, pp. 1071-1080.

오주환, 김지대(2019), "스마트 팩토리의 전략적 활용 연구: 구축 목적 및 내용이 지속적 활용에 미치는 영향", 중소기업연구, 제41권, 제4호, pp. 1-36.

원동규, 이상필(2016), "인공지능과 제4차 산업혁명의 함의", ie 매거진, 제23권, 제2호, pp. 13-22.

이충배, 노진호, 김정환(2017), "제4차 산업혁명의 기술이 물류성과에 미치는 영향에 대한 인식 연구", 물류학회지, 제27권, 제5호, pp. 1-12.

임명성(2016), "제조업과 정보통신기술의 융합: 스마트 팩토리 4.0에 기반한 한국제조업 3.0 성공 전략", Journal of Digital Convergence, 제14권, 제3호, pp. 219-226.

임정우, 조동혁, 이승엽, 박희준, 박종우(2017), "스마트 팩토리 기반 제조공정 혁신에 관한 연구: 전자제품 조립 제조라인 적용사례", 대한경영학회지, 제30권, 제9호, pp. 1609-1630.

임형백(2017), "제4차 산업혁명 시대의 정부의 역할과 실패 비즈니스", 한국정책연구, 제17권, 제3호, pp. 1-22.

정민, 오준범(2017), "4차 산업혁명에 대한 기업 인식과 시사점", 현대경제연구원 VIP

Report, 제691권, pp. 1-15.

정태석(2016), "스마트 팩토리 사례를 통한 성공적 공장 융합 자동화 방안 도출", 한국융합학회논문지, 제7권, 제1호, pp. 101-121.

조용주(2017), "4차 산업혁명 시대에 국내 스마트 팩토리 추진전략", 정보과학회지, 제35권, 제6호, pp. 40-48.

최영환, 최상현(2017), "스마트공장 시스템 구축이 중소기업 경쟁력에 미치는 요인에 관한 연구", 한국경영정보학회, 제19권, 제2호, pp. 95-113.

최은미(2019), "제조기업의 디자인 전략으로서 통합적 관점의 제조업의 서비스화 연구", 한국디자인문화학회지, 제25권, 제4호, pp. 563-577.

함형준(2017), "ICT기반의 스마트 팩토리 구현을 위한 정책연구", e-비즈니스연구, 제18권, 제6호, pp. 363-380.

한국수출입은행(2016), "4차 산업혁명 시기의 한·중 산업 정책 및 경쟁력 비교 연구", 한국수출입은행보고서.

한국은행(2016), "제4차 산업혁명: 주요국의 대응현황을 중심으로", 국제경제리뷰.

현대경제연구원(2016), "4차 산업혁명의 등장과 시사점", 경제주평.

Boston Consulting Group(2015), Man and Machine in Industry 4.0.

Cimini, C., R. Pinto, and S. Cavalieri(2017), "The business transformation towards smart manufacturing: A literature overview about reference models and research agenda," IFAC Papers On Line, Vol. 50, No. 1, pp. 14952-14957.

He, Q. P. and J. Wang(2018), "Statistical process monitoring as a big data analytics tool for smart manufacturing," Journal of Process Control, Vol. 67, No. 1, pp. 35-43.

Kumar, A.(2018), "Methods and Materials for Smart Manufacturing: Additive Manufacturing, Internet of Things, Flexible Sensors and Soft Robotics," Manufacturing Letters, Vol. 15, No. 1, pp. 122-125.

Lasi, H., Fettke, P., Feld, T., & M. Hoffmann(2015), "Industry 4.0," Business and Information Systems Engineering, 4, pp. 239-142.

Ramakrishna, S., T. C. Khong, and T. K. Leong(2017), "Smart Manufacturing," Procedia Manufacturing, Vol. 12, No. 1, pp. 128-131.

Shariatzadeh, N., T. Lundholm, L. Lindberg, and G. Sivard(2016), "Integration of digital factory with smart factory based on Internet of Things," Procedia CIRP,

Vol. 50, No. 1, pp. 512−517.

Szejka, A. L. and O. C. Junior(2017), "The application of reference ontologies for semantic interoperability in an integrated product development process in smart factories," Procedia Manufacturing, Vol. 11, No. 1, pp. 1375−1384.

Wang, J., Y. Ma, L. Zhang, R. X. Gao, and D. Wu(2018), "Deep learning for smart manufacturing: Methods and applications," Journal of Manufacturing Systems, Vol. 48, No. 1, pp. 144−156.

Wiktorsson, M., S. D. Noh, M. Bellgran, and L. Hanson(2018), "Smart Factories: South Korean and Swedish examples on manufacturing settings," Procedia Manufacturing, Vol. 25, No. 1, pp. 471−478.

Yang, M.(2018), "Smart metal forming with digital process and IoT," International Journal of Lightweight Materials and Manufacture, Vol. 1, No. 4, pp. 207−214.

Zhang(2016), "Implementing Smart Factory of Industrie 4.0: An Outlook," International Journal of Distributed Sensor Networks, Vol. 4, No. 1, pp. 1−10.

05

금융업 혁신과 4차 산업혁명

4차 산업혁명의 핵심원천기술은 금융업에도 혁신의 변화를 만들고 있다. 인공지능(AI), 빅데이터(Big Data), 블록체인(Block Chain) 등 새로운 기술들이 적극적으로 활용되어 전통적인 금융업과는 다른 비즈니스가 전개되고 있다. 전 세계적으로 정보기술(IT)과 금융의 융복합 트렌드가 확산되고 있으며, 그 중심에는 바로 핀테크(FinTech)가 있다. 핀테크란 금융업과 ICT의 융합으로 기존 금융업에 ICT기술이 적용되어 지능화되고 편리한 금융서비스를 제공하는 것이다. 오늘날 금융소비자들은 금융기업보다 구글(Google), 아마존(Amazon) 등의 IT기업이 제공할 새로운 금융서비스에 큰 기대를 가지고 있다. 글로벌 금융기업 씨티그룹(Citi Group)이 2018년에 발표한 '디지털 전환(Digital Transformation)' 보고서에서 전 세계 핀테크 스타트업 기업은 매년 20%씩 늘어나고 있으며, 이들은 기존 은행의 업무방식을 완전히 바꾸고 있다고 주장하였다. 금융 산업의 디지털 전환은 사물인터넷, 클라우드, 인공지능, 빅데이터 솔루션 등 ICT를 플랫폼으로 구축·활용하여 전통적인 금융업의 운영 방식과 서비스를 혁신하는 것이다. 이처럼 4차 산업혁명의 영향으로 새로운 비즈니스 모델과 금융서비스가 지속적으로 출시되고 있다. 글로벌 금융기관들은 특히 빅데이터(금융 빅데이터 분석)와 인공지능 분야에 투자를 늘리면서 핀테크 변화에 대응하고 있다.

본 절에서는 금융업의 4차 산업혁명을 이끌고 있는 금융 빅데이터 분석, 핀 테크 서비스를 학습하고, 은행·증권·보험 등 세부분야별 비즈니스 모델과 혁신 서비스를 살펴보고자 한다. 구체적으로 인터넷전문은행(은행업), 로보어드바이저 (증권업), 블록체인(투자업), 인슈어테크(보험업) 등을 학습하고, 4차 산업혁명시대 금융업의 발전방향과 혁신의 패러다임은 무엇인지 알아보자.

5.1 금융 산업의 빅데이터 활용: 금융 빅데이터 분석

타 산업에 비해 금융 산업은 데이터의 보유량이 많고 빅데이터의 잠재적 활 용가치가 높아 은행, 보험, 카드사를 중심으로 빅데이터 활용사례가 급증하고 있다. 따라서 향후 '금융 빅데이터'는 미래의 경쟁우위를 가늠하는 핵심역량이 될 것이다. 시장조사기관 가트너(Gartner)는 '2016년 산업별 빅데이터 수요현황 조사' 에서 빅데이터 수요가 가장 많은 분야는 금융 산업이며, 빅데이터의 활용 잠재가 치도 가장 높다고 언급한 바 있다. 국내외 금융기관들은 주로 고객과의 거래이력 에 따라 시의 적절하게 판촉활동을 전개하는 고객관계관리(customer relationship management, CRM)와 이벤트기반 마케팅(event-based marketing, EBM)에 금융 빅 데이터를 활용하고 있다. 외국의 선도적 금융기관들은 마케팅, 투자관리 및 트 레이딩, 리스크 관리, 고객서비스 등 경영활동의 다양한 분야에서 빅데이터를 활용하고 있으며, 나아가 사내에 축적된 빅데이터 분석결과를 외부에 제공하여 수익창출 기회로 활용하고 있다.

미국의 민간 상업은행 웰스파고(Wells Fargo & Company)는 고객의 ATM (automatic teller's machine) 조작이력을 토대로 화면에 표시되는 버튼을 고객별로 최적화(personalize)하고 있다. 정기적인 일정금액 인출과 예금계좌 입금 빈도가 높 은 고객이면 화면상단에 이 두 가지 버튼만 표시된다. 이후 정기적으로 ATM 조작 이력을 반영하여 가장 빈번히 사용되는 서비스 버튼이 상단에 자동적으로 교체 또 는 배치된다. 타행 계좌의 카드 이용자에 대해서도 자행의 ATM을 이용하면 조작 이력이 기록되기 때문에 동일하게 거래 화면의 최적화가 이루어지고 있다. 웰스파고 은행은 속도(speed), 개인최적화(personalize), 이해용이성(understandability) 등의 경영목표를 달성하기 위해 금융 빅데이터를 적극 활용하고 있다. 또한 미국의 체이스뱅크(Chase Bank)는 금융 빅데이터를 활용하여 계좌해약 조짐 패턴의 고객을 예측하여 특별 관리를 실시한다. 계약해지 고객의 인터넷거래와 콜센터, 메일응답내용, 영업점 설문조사 등으로 수집한 빅데이터를 토대로 계좌해약 패턴을 추출하여 계좌해지율(churn rate)을 낮추고 있다.

비자(VISA Inc.) 신용카드사는 고객의 결제위치 및 시점, 구매품목과 구매이력을 실시간으로 파악하여 주유소에서 결제를 마치면 인근 카페의 쿠폰을 발송하는 등 타깃 마케팅(target marketing)을 실시하고 있다. 일본의 은행들도 신용카드 이용이력에 근거하여 빈번히 이용되는 점포의 쿠폰을 발송하는 거래이력에 기초한 쿠폰발급서비스를 실시하고 있다. 또한 콜센터와 웹사이트를 통한 고객의 문의 등 텍스트데이터(비정형데이터)를 분석하여 수수료, 주택대출금리, 연회비 등에 대해 부정적인 고객이 증가하고 있는지를 판단하는 빅데이터 기반 감성분석을 실시하고 있다. 이처럼 글로벌 금융기관들은 빅데이터 분석시스템을 활용하여 수익성 및 업무효율 제고와 의사결정 프로세스를 개선하고 있다. 빅데이터 분석정보를 고객관계관리(CRM)에 활용하고 자금세탁 추적과 신용리스크 관리에도 활용하고 있다.

2019년 6월 4일, 금융위원회와 한국신용정보원은 '금융 빅데이터 개방시스템(Financial Big Data Open System, CreDB)'을 공개하기로 결정하였다(그림 5-1 참조). 약 200만 명의 금융데이터 정보(대출·연체·카드개설 데이터)를 외부에 개방하면서 금융업권, 핀테크 스타트업, 연구소 등 각계의 연구자들이 직접 금융 빅데이터를 분석하고 활용할 수 있도록 지원하는 여건이 만들어지고 있다. 금융 빅데이터 개방시스템은 금융업권에서 필요한 통계작성 및 빅데이터 분석을 지원하고 사회, 경제, 복지, 산업 등 다양한 분야의 정책 및 학술연구를 지원하기 위한 금융권 혁신서비스이다. 한국신용정보원은 금융 빅데이터 개방시스템인 CreDB를 통해 이용자가 안전하고 편리하게 금융 데이터를 분석할 수 있도록 정보보호 조치가 적용된 가상의 분석환경과 분석 소프트웨어를 제공하고 있다.

2020년 금융위원회와 금융감독원은 금융 빅데이터 분석 활성화를 위해 본인신용정보관리업(마이데이터 사업)을 추진하고 있다. 마이데이터(MyData)는 은행, 보

● 그림 5-1 금융 빅데이터 개방시스템 홈페이지(https://credb.kcredit.or.kr)

험, 카드사 등이 보유한 개인신용정보를 손쉽게 관리할 수 있는 서비스이다. 기존에는 금융기업별로 각종 개인신용정보(금융정보)가 흩어져있어 이용자가 한눈에 신용정보를 파악하기 어려웠다. 마이데이터 대상 금융상품은 은행·저축은행·보험사 등의 예금계좌 입출금내역, 신용카드 거래내역, 대출금 계좌정보, 보험계약정보, 증권사 계좌 입출금내역 및 금융투자상품 총액 정보, 전기통신사업자의 통신료 납부내역 등의 신용정보를 포함한다. 마이데이터는 은행, 보험회사, 카드회사 등 개별 금융회사에 분산된 개인신용정보를 제3자가 통합 및 관리하여 활용할 수 있다.

마이데이터를 통해 한곳에서 각종 신용정보를 확인하고 투자·소비·지출 등을 분석해 맞춤형 금융상품을 추천받을 수 있다. 즉, 마이데이터 사업으로 초개인화 마케팅 시대가 열리게 된 것이다. 초개인화는 개인의 나이, 성별, 소득, 소비패턴 등의 특성데이터뿐 아니라 개별 금융고객이 처한 상황과 맥락까지 분석해 특정 고객이 그 순간에 원하는 구체적인 혜택을 예측하여 금융서비스를 제공하는 기술이다. 최근에 네이버, 카카오, 토스 등이 마이데이터 사업 진출을 준비하고 있다.

향후 금융기관들은 금융 빅데이터 분석 및 활용에 있어서 목적의 명확화, 데이터의 수집범위 결정, 업무부문과의 결합도, 기획·실행·평가의 시행착오 등

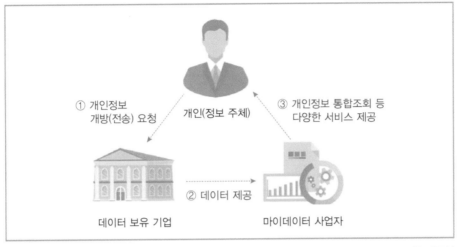

◉ 그림 5-2 마이데이터 개요

① 개인정보
개방(전송) 요청

개인(정보 주체)

③ 개인정보 통합조회 등
다양한 서비스 제공

② 데이터 제공

데이터 보유 기업

마이데이터 사업자

출처: 금융위원회(2018), "금융분야 마이데이터 산업 도입방안", 삼정KPMG 경제연구원, 재구성

네 가지 요소에 대해 고려해야 한다. 첫째, 목적의 명확화는 빅데이터 분석결과를 어디에 활용할 것인지 목적을 분명히 설정해야 한다. 둘째, 데이터의 수집범위 결정은 분석에 필요한 데이터의 범위를 어느 정도로 설정할 것인지 검토한다. 셋째, 업무부문과의 결합도는 고객과 직접 접촉하고 있는 영업현장과 분석대상 데이터 및 출력 이미지 등을 세밀히 조율해야 빅데이터 분석결과가 현장에 제대로 적용될 수 있다(적용가능성, 시연성). 마지막 구성요소인 기획·실행·평가의 시행착오는 빅데이터 활용에는 기획, 실행, 평가의 시행착오 과정이 어느 정도 필요한 만큼 반드시 단기간에 성과를 거두려는 접근방식은 바람직하지 않다.

기업사례 BC카드사의 금융 빅데이터 분석

경제활동인구 1인당 보유 신용카드 수가 늘어나면서 카드 사용빈도에 따른 빅데이터가 새로운 비즈니스 모델로 주목받고 있다. 카드사에는 언제, 어디서, 얼마를 사용했는지 알 수 있는 소비·결제데이터가 실시간으로 축적되고 있다. BC카드 빅데이터센터가 발간한 '빅데이터, 사람을 읽다'에 따르면 매일 3,900만 건의 신용카드 결제와 2,300만 건의 체크카드 결제가 이뤄진다. BC카드의 경우 월 결제 건수는 4억 건에 달하며 초 단위로 환산하면 1초당 150건의 결제데이터가 실시간으로 축적된다. 이에 BC카드는 지역·업종별 카드 거래 내역을 기반으로 대중교통 이용빈도와 가맹점 매출을 분석하여 지역별 상권분석과 업종 폐업률을 분석하고 있다. 또한 고객들의 소비패턴을 분석하여 맞춤형 금융상품과 다양한 소비쿠폰을 제시하고 있다. 최근 BC카드는 금융 빅데이터 플랫폼과 빅데이터 센터 구축 프로젝트를 수행하고 있다.

5.2 핀테크 서비스와 4차 산업혁명

5.2.1 핀테크 서비스 개요

금융 산업은 2008년 글로벌 금융위기(global financial crisis) 이후 지속된 저금리 기조 및 투자심리 위축으로 수익성 악화와 강력한 금융규제로 어려움을 겪는 시점에서 정보기술(IT) 분야와의 융합을 통해 새로운 수익모델 개발과 혁신서비스 제공으로 위기를 극복하고 있다. 핀테크 서비스는 금융(finance)과 기술(technology)이 융합된 것으로 지급결제와 간편결제의 금융거래 및 결제서비스 혁신을 만들어가면서 다양한 수익모델을 제공하고 있다. 1세대 핀테크(핀테크 1.0)는 간편결제, 송금, 펀드, 자산관리 등 기존 금융서비스를 IT와 결합하여 기존 금융서비스의 해체 및 재해석에 중점을 두고 있다. 진화된 핀테크 2.0은 혁신융합기술을 통해 기존 금융기관과 핀테크 기업과의 다양한 협업으로 온라인·모바일 환경에서 소비자 중심의 새로운 비즈니스 모델 창출 및 금융서비스 제공을 목표로 하고 있다. 핀테크 2.0의 대표적인 예는 인터넷전문은행, 크라우드 펀딩(crowd funding), P2P 대출, 로보어드바이저 등이다.

리서치 전문기관 스태티스타(Statista)는 전 세계 핀테크 시장규모가 2016년부터 4년간 평균 20.9%로 성장하여 2020년에는 5조 330억 달러(약 5,647조 원)까지 증가할 것이고, 소상공인 및 개인금융 이용자 수도 지속적으로 증가할 것으로 전망하였다. 또한 글로벌 시장조사기관 리서치앤마켓(Research & Markets)의 '글로벌 핀테크 산업전망 보고서'에서는 전 세계 핀테크 투자시장이 2016년부터 2020년까지 연평균 54.8%의 성장을 기록할 것이라고 예측하는 등 핀테크 분야가 벤처캐피털(venture capital) 분야에서 가장 빠르게 성장하고 있다.

글로벌 핀테크 시장의 선도국가인 미국은 지급결제서비스 시장에서 매년 40%의 거래성장률을 나타내고 있다. 현재는 지급결제뿐 아니라 IT를 이용한 대출, 자산관리, 보험 등 전통 금융업의 고유영역까지 서비스를 확대하고 있다. 미국과 함께 핀테크 산업을 주도하고 있는 영국은 유럽 최대의 핀테크 클러스터인 '테크 시티(Tech City)'를 기반으로 핀테크 사업을 추진하고 있으며, 2019년 기준 약 250억 파운드(약 37조 원)의 시장규모를 갖추고 있다. 미국과 유럽 이외에 아시아·태평양 지역에서도 핀테크 산업의 성장률과 시장규모는 늘어나고 있으며 시장경쟁도 치열해지고 있다. 미국의 시장조사기관 프로스트앤설리반(Frost & Sullivan)의 '2017년 핀테크 시장 전망보고서'에 의하면 아시아·태평양 지역의 핀테크 산업은 2016년부터 2020년까지 연간 성장률 72.5%를 기록하여 2020년에는 719억 달러(약 81조 원)까지 핀테크 시장규모가 커질 것으로 전망하였다. 4차 산업혁명 시대의 주요 선진국들은 핀테크 서비스에 투자를 지속적으로 늘리고 있으며, 핀테크 기술개발을 위한 규제완화와 전폭적인 정부지원을 통해 경쟁력 있는 핀테크 스타트업(start-up)을 배출하고 있다.

그러나 한국의 핀테크 산업은 각종 법적 규제와 해킹 위협으로 주요 선진국에 비해 경쟁력이 떨어지는 것이 현실이며 세계적인 핀테크 기업과 핀테크 전문인력 또한 부족한 실정이다. 경직된 금융규제 법안과 강력한 보안심의제도로 인해 핀테크 관련 지원 및 투자가 활발하지 못하였다. 국내 핀테크 시장은 간편결제 부분에서 경쟁력을 갖추고 있으나 지능형 핀테크 영역인 인공지능과 빅데이터 관련 원천기술은 주요 선진국에 비해 경쟁력이 취약하여 핀테크 산업 자체의 지속적인 성장과 발전에 저해가 되고 있다. 핀테크 산업 활성화를 위해 핀테크 창업기업 육성정책을 적극적으로 시행해야 할 시점이다.

최근의 핀테크 시장은 다양한 모바일 디바이스 확산으로 인한 모바일 금융거래 증가, 인공지능기법을 활용한 금융 빅데이터 분석, 결제소프트웨어의 지능화 등 지능형 핀테크 서비스(Intelligent FinTech)로 진화하고 있다. 인공지능(AI), 블록체인(Block Chain), 빅데이터(Big Data), 핀테크 보안(FinTech Security), 로보어드바이저(Robo-advisor) 등의 영역에도 적극적인 투자가 필요한 시점이다.

5.2.2 핀테크 서비스 유형과 시장동향

핀테크 서비스가 출시되기 이전에는 모바일 기기를 활용하여 제품이나 서비스 결제를 지원하는 서비스가 소비자들에게 제공되었다. 모바일 결제서비스는 지급결제뿐 아니라 IT를 활용한 금융 데이터 분석, 개인자산관리, 크라우드 펀딩 (crowd funding) 등을 제공하는 핀테크 서비스로 진화하고 있다.

핀테크 서비스는 기능적인 측면과 비즈니스 모델 측면으로 분류할 수 있다. 핀테크 서비스의 기능에 따른 분류는 결제 및 송금, 대출 및 자금조달, 자산관리, 금융플랫폼으로 구성된다. 비즈니스 모델에 따른 분류는 지급결제(payments), 금융 데이터 분석(financial data analytics), 금융소프트웨어 시장(financial software market), 대출과 투자중개의 플랫폼(platforms)의 네 가지 요소로 구성된다. 다시 말해, 좁은 의미로의 핀테크는 간편결제를 포함한 지급결제서비스를 말하고, 넓은 의미로는 지급결제를 포함한 금융 소프트웨어나 솔루션, 플랫폼을 개발하기 위한 기술과 의사결정, 위험관리, 포트폴리오 재구성, 성과관리, 시스템 통합 등 금융시스템 혁신을 위한 개선을 포함한다.

대표적인 글로벌 핀테크 서비스로는 이베이(eBay)의 페이팔(Paypal), 구글 (Google)의 안드로이드페이(Android Pay), 애플(Apple)의 애플페이(Apple Pay), 알리바바(Alibaba) 그룹의 알리페이(Alipay) 등이 있다(표 5-1 참조).

글로벌 핀테크 대표 기업인 페이팔(Paypal)은 2019년 기준 미국 모바일 결제 시장에서 약 52%의 점유율과 200개국에서 2억 1천만 명의 고객을 보유하고 있다. 2020년 기준 페이팔의 총자산은 130억 달러(16조 원), 매출액은 407억 달러 (50조 원)로 매년 두 자릿수 성장을 나타내고 있다. 페이팔은 결제 시 비밀번호만 입력하면 결제가 완료되는 간편결제서비스에 핵심역량을 지니고 있다. 페이팔은 다수의 보안업체와 모바일 결제기업을 인수·합병하는 전략을 통해 보안기술력을 강화시키는 등 개인정보보호와 결제시스템의 고도화에 주력하고 있다. 최근 페이팔은 페이팔미(PayPal.Me)라는 개인 간 금융거래서비스(peer to peer, P2P)와 해외 송금서비스를 시행하고 있다.

구글이 개발한 모바일 결제시스템 안드로이드페이(Android Pay)는 2011년 8월부터 구글월렛(Google Wallet)이라는 이름으로 핀테크 서비스를 시작하였으며, 페

● 표 5-1 글로벌 핀테크 업체의 서비스 시행현황

업체명	페이팔(Paypal)	안드로이드페이 (Android Pay)	애플페이 (Apple Pay)	알리페이(Alipay)
서비스 시작일	2001년 5월	2011년 8월 (구글월렛)	2014년 10월	2004년 3월
이용자 수 (2019년 3월)	2억 1,000만 명	3,030만 명	1억 3,500만 명	9억 5,000만 명
시장점유율 (2019년 12월)	52%(미국 모바일 결제시장)	8%(미국 모바일 결제시장)	47%(미국 내 매장 수 기준)	54%(중국 모바일 결제시장)
특징	① 지급결제서비스 핵심역량 ② 이베이(eBay) 고객·가맹점 확보 ③ 보안기술력 강화 ④ P2P와 해외 송금 서비스 시행	① 오프라인 결제 시장에 중점 ② NFC 기술 이용 ③ 다수의 신용카드 가맹점 이용가능 ④ 지메일 첨부파일 을 통한 이용자 간 송금서비스 가능	① 미국 상인 대상 모바일결제 역량 집중 ② 이용 가맹점 수 시장점유율 1위 ③ 지문인식과 NFC 기술 이용 ④ 하드웨어 수준의 보안기술 활용	① 제3자 지급결제 자국시장 선점 ② 알리바바 그룹의 이용고객 확보 ③ 중국정부의 전폭 적인 지원과 규 제 완화 ④ 핀테크 인터넷 전문은행 설립

이팔이 장악하고 있는 온라인 시장보다 오프라인 결제시장에 중점을 두고 있다. 오프라인 결제는 근거리무선통신(near field communication, NFC) 기능이 내장된 모바일 기기를 통해 직불카드, 신용카드, 멤버십카드 등의 기능을 대체하고 있으며, 약 30만 개 이상의 마스터카드(MasterCard) 가맹점 및 비자(Visa Inc.) 가맹점에서 사용이 가능하다. 2013년에 구글은 구글월렛과 지메일(Gmail)을 통합하여 지메일 첨부파일을 통한 이용자 간 송금서비스를 시행하였다. 2015년 9월에 구글은 구글월렛에 NFC 기능을 제거하고 새로운 핀테크 서비스인 안드로이드페이를 발표하여 간편결제 중심의 핀테크 서비스를 시행하고 있다. 구글은 안드로이드 운영체제 기반의 스마트 기기에 안드로이드페이를 기본 탑재하여 시장점유율을 점차 늘리고 있다.

2014년 10월에 애플이 출시한 애플페이(Apple Pay)는 애플 운영체제(iOS) 기반 모바일 기기를 통해 비접촉식 단말기나 iOS 앱(app)에서 결제가 가능한 지급결제 및 전자지갑 서비스이다. 후발주자임에도 이용 가능한 매장 수 기준(2019년)으로 미국 내 모바일 결제서비스 시장점유율 1위를 기록하고 있으며, 미국 내 소매점의 47%에서 애플페이 이용이 가능하다. 애플페이는 지문인식(TouchID) 기술과 비접촉 통신방식(NFC) 기술의 결제서비스로 카드정보를 등록한 후 가맹점에서 NFC 단말기에 아이폰(iPhone) 기기를 접촉하면 지문인증 과정만으로 결제가 가능하다. 애플페이는 결제편의를 제공하기 위해 지문인식 기술과 더불어 보안 수준을 높이기 위해 하드웨어 수준의 보안기술을 활용하는 등 모바일 간편결제에 핵심역량을 지니고 있다.

글로벌 핀테크 신흥강국 중국의 대표적인 핀테크 기업은 알리바바(Alibaba) 그룹의 자회사인 알리페이(Alipay)이다. 2004년에 설립된 알리페이는 2019년 기준 약 9억 명의 고객을 보유하고 있으며, 중국 모바일결제(제3자 지급결제) 시장에서 약 54%의 점유율(2위 텐페이 38%)을 기록하고 있다. 알리바바 그룹과 같은 전자상거래 관련 비(非)금융회사가 지급결제시스템을 선도적으로 구축하여 중국 온라인 및 모바일 지급결제시스템 발전에 기여하고 있다. 소비자들이 알리페이에 가입하고 은행계좌 또는 신용카드를 연동시키면 인터넷·스마트폰으로 송금과 결제뿐 아니라 대출, 펀드가입 등의 금융서비스를 제공받을 수 있다. 알리바바 그룹은 2015년 6월 '마이뱅크(MYBank)'라는 인터넷전문은행을 설립하여 알리페이와 연계된 소액대출플랫폼을 출시하는 등 핀테크 관련 비즈니스 모델을 지속적으로 개발하고 있다.

이상 언급된 글로벌 핀테크 기업들은 4차 산업혁명 관련 원천기술(특히 인공지능과 빅데이터 분석)을 보유한 기업과의 전략적 제휴와 공격적인 투자를 통해 핀테크 시장을 확대하고 있으며, 이들 시장에 차별화된 비즈니스 모델과 맞춤형 금융서비스 제공을 위해 노력하고 있다.

5.2.3 핀테크 서비스 활성화 방안에 대한 연구: 전문가 인터뷰

핀테크 시장의 활성화 방안을 강구하기 위해 전문가 인터뷰를 실시하였다. 금융기관 핀테크 담당자, 핀테크 스타트업 실무자, 핀테크 비즈니스 모델 전문가, 핀테크 보안 전문가, 그리고 핀테크 관련 연구자 등을 대상으로 심층면접조사를 수행하여 아래의 연구문제에 관한 공통된 해답을 찾고자 하였다. 주요 심층면접 질의내용은 국내외 핀테크 시장의 현황 진단, 핀테크 법적과제, 핀테크 관련 정책적, 제도적, 기술적 요소 등이다.

국내 핀테크 시장의 활성화 저해요인에는 무엇이 있는가? 그리고 핀테크 시장 활성화에 필요한 정책적, 제도적, 기술적인 요소에는 무엇이 있는가?

● 표 5-2 전문가 심층면접조사 대상자

구분	소속	경력	주요 업무
A	금융기관	6년	핀테크 비즈니스 모델 수립
B	금융기관	8년	핀테크 스타트업 지원과 제휴협약 추진
C	금융기관	11년	핀테크 기업 발굴과 육성
D	정책기관	15년	핀테크 규제정책 수립
E	정책기관	6년	핀테크 인력양성 방안
F	연구기관	7년	핀테크 보안위협 연구
G	연구기관	7년	핀테크 관련 정책이슈 분석
H	핀테크 스타트업	5년	간편결제, P2P 서비스 제공
I	핀테크 스타트업	3년	송금, 결제, 금융 데이터 분석서비스
J	민간기업	7년	핀테크 빅데이터 분석

첫째, 핀테크 전문가들은 핀테크 관련 법적규제 완화와 핀테크 산업 생태계에 적합한 법 제정의 필요성을 주장하였다. 전문가들은 공통적으로 현행 사전예방중심 규제가 핀테크 산업발전을 저해한다고 지적하였다. 전문가들은 정부 및 정책기관에서 열거한 업무만 제한적으로 할 수 있는 '포지티브(positive) 방식' 규제에서 벗어나 금융당국이 금지하는 특정 업무만 제외하면 나머지는 자유롭게 할 수 있도록 허용하는 '네거티브(negative) 방식'의 규제 전환이 필요하다고 주장하였다. 핀테크 선도 국가들은 핀테크 산업 활성화를 위해 '선 허용 후 보완' 정책을 내세우고 있다. 또한 금융관련 법 제도가 기술 혁신속도를 따라잡지 못

해 핀테크 경쟁력이 떨어진다고 주장하면서 기존 법률의 정비와 법적규제 완화를 대안으로 제시하였다. 핀테크 산업 활성화를 위한 '소프트웨어산업진흥법'을 제정하여 핀테크 관련 세제·금융지원 및 투자 활성화를 유도해야 한다고 주장하였다.

둘째, 핀테크 전문가들은 국내 핀테크 환경에 적합한 내부통제(internal control) 및 보안 거버넌스(security governance)의 필요성을 주장하였다. 핀테크 사업구조는 ICT기업, 금융기관, PG(Payment Gateway)사 등 다양한 기관 간의 제휴 및 연계로 구성되어 금융기관에만 집중되었던 과거보다 개인정보 및 금융정보의 유출 가능성이 높은 것이 현실이다. 관리대상의 증가에 따라 기관 간 보안책임 영역이 모호해지거나 보안관리체계의 수준이 상이한 경우 한 곳에서 보안사고가 발생하면 제휴 및 연계된 금융시스템 전체로 보안사고가 확산될 가능성이 높다. 따라서 핀테크 기업들은 기업·기관 간 협의체를 설립하여 금융보안 정책수립에 필요한 국내외 법규와 제도를 분석하고 이를 바탕으로 공통된(표준화된) 정보보호 및 보안정책을 수립할 수 있는 핀테크 보안 거버넌스(FinTech Security Governance) 구축이 필요하다. 핀테크 보안 거버넌스의 주요 내용은 기관 간 협의된 표준화된 핀테크 보안정책 수립, 정보보호에 관한 최고경영층의 의사결정권한과 책임수립, 비즈니스와의 전략적 연계, 컴플라이언스(compliance) 보장을 위해 지켜야 할 원칙 등이 있다. 핀테크 보안 거버넌스를 통해 연계된 기관과 공동으로 보안위협을 사전에 파악하고 대응할 수 있는 보안관리체계가 수립될 수 있다.

셋째, 핀테크 전문가들은 핀테크 이용자 인증방법 중 생체인증(biometric)과 데이터보호방식 중 하나인 블록체인(block chain)의 기술력 향상이 중요하며, 이들 핵심기술의 국제표준화를 위한 노력이 필요하다고 주장하였다. 현재 주로 사용되는 이용자 인증기술은 IC카드 사용방법(접촉식, 비접촉식)과 생체인증방식이며 이 중에서 전문가들은 생체인증방식의 기술력 향상과 중요성을 강조하였다. 생체인증은 얼굴형태, 홍채, 지문, 정맥구조 등 개인의 고유한 생물학적 특성을 자동화된 장치를 통해 개인을 식별하거나 인증하는 기술이다. 생체정보는 변경 및 복제가 어렵기 때문에 정보유출가능성이 매우 적은 것이 특징이다. 생체인증은 공인인증서를 대체하는 인증기술로 사물인터넷을 포함한 다양한 산업에 연계가 가능하여 미래 핀테크 산업 및 금융 산업의 성장동력으로 주목받고 있다. 또한 전문가들은 데이터보호방식의 중요성을 언급하면서 블록체인 기술력이 매우 중요하다고 언급하였다. 블록체인은 거래정보(블록)가 중앙서버(mainframe)에 집중되지 않고 네트워크의 여러 컴퓨터에 분산 저장되는 것으로 분산성, 보안성, 무결성의 특징을 지니고 있다. 기존 메인프레임 방식의 금융시스템은 금융공동망 해킹으로 정보유출이 가능하나 블록체인은 여러 서버에 거래정보를 나누어 저장하기 때문에 정보유출가능성이 희박하다. 전문가들은 4차 산업혁명을 이끌 핵심 기술인 블록체인을 활용한 핀테크 비즈니스 모델 개발과 기술 활성화가 필요하다고 주장하였다. 전문가들은 생체인증과 블록체인 기술 관련 스타트업 기업을 육성하고 이들 핵심기술의 세계 시장 선점을 위해 국제표준화 노력을 기울여야 한다고 주장하였다.

넷째, 전문가들은 핀테크 스타트업(start-up) 생태계 조성의 중요성을 주장하였다. 국내는 핀테크 지원센터를 설립하여 우수 스타트업을 금융기업과 연계시키고 다양한 지원서비스를 제공하고 있으나, 이것이 일회성에 그치거나 단기적 컨설팅 지원 등 보여주기식 정책으로 일관하고 있다. 회계컨설팅기업 프라이스워터하우스쿠퍼스(PwC)는 전 세계 71개국 1,308개 금융기관 및 핀테크 기업을 대상으로 실태조사를 실시하여 '글로벌 핀테크 조사 2017 보고서'를 발표하였다. 보고서에는 한국 금융기관이 핀테크 기업과 협력(partnership)을 맺는 비율이 14%로 세계 평균(45%)의 3분의 1수준에 불과하다고 언급하였다. 전문가들은 정부 및 정책기관뿐 아니라 국내 금융기관들도 로보어드바이저, P2P금융, 금융 빅데이터 분석 등 핀테크 영역에 진입하려는 스타트업 기업을 위한 체계적이고 지속적인 사업화 지원, 혁신적 창업자 양성, 신사업 발굴지원 등을 통해 이들 기업과 상생할 수 있는 생태계 구축이 필요하다고 주장하였다. 금융기관은 핀테크 스타트업 기업 간 협력관계를 통해 다양한 핀테크 비즈니스 모델을 창출할 수 있고, 스타트업 기업은 금융기관의 고객을 대상으로 핀테크 서비스 지원이 가능하다. 금융기관은 스타트업 기업에게 입주 공간 제공, 투자유치, 전문가 컨설팅 지원 등 맞춤형 인프라를 통해 향후 해외 핀테크 시장에 진출할 수 있는 교두보를 마련하는 등 금융권과 스타트업 기업이 상생모델을 만들어 시너지를 창출할 수 있다.

마지막으로, 전문가들은 생체인증 및 블록체인 전문가, 핀테크 빅데이터 분석가, 핀테크 보안 전문가, 로보어드바이저 개발자 등의 핀테크 전문인력양성이 필요하다고 주장하였다. 핀테크 산업의 선도국가 실현을 위해서는 전문적이고 창의적인 인력 풀(pool)이 필요하나 2019년 기준 국내 금융종사자 가운데 핀테크 인력은 약 1.2%(IT인력 3~5%)이며, 핀테크 특화인력도 매우 부족한 실정이다. 금융감독원은 2017년 7월 소액 해외 송금업을 허용하는 외국환거래법 개정안을 발표하면서 소액 해외 송금업을 영위하는 핀테크 기업은 IT전문가를 포함한 핀테크 인력을 5명 이상 보유해야 한다고 규정하였다. 이처럼 핀테크 분야의 새로운 시장수요에 대비하기 위해서 핀테크 전문인력을 지속적으로 양성해야 한다. 전문가들은 핀테크 투자사, 금융기관, 스타트업, 지역대학, 연구소 등이 공동으로 네트워크를 구축하는 '산학협력 핀테크 산업클러스터'를 조성하여 실무형 전문가를 양성해야 한다고 주장하였다. 대학 내 핀테크 인재양성 센터를 설립하여 핀테크 특화인력을 양성하고 클러스터 참여기업을 대상으로 취업 알선 및 연계 프로그램을 추진할 필요성이 있다. 또한 핀테크 산업 기반 확충을 위해 지역 내에서도 핀테크 핵심인력에 대한 전문교육을 실시해야 한다. 핀테크 인력양성을 위한 교육내용에는 핀테크 비즈니스 모델 개발, 핀테크 사업수립 및 창업실무, 그리고 생체인식 및 블록체인 등 핵심기술과 서비스 모델 개발 등이 포함되어야 한다.

5.3 4차 산업혁명 시대의 은행업: 인터넷전문은행

5.3.1 인터넷전문은행 개요

핀테크는 인공지능(AI), 빅데이터(Big Data), 사물인터넷(IoT) 등 4차 산업혁명의 핵심원천기술과 금융서비스가 결합하여 기존 금융거래방식과는 차별화된 금융혁신을 말한다. 핀테크 서비스의 대표적인 비즈니스 모델이 인터넷전문은행(Internet Primary Bank)이며, 2017년 국내 정보통신기술(ICT)과 금융분야의 가장 큰 이슈가 인터넷전문은행의 공식 출범 및 운영이다.

인터넷전문은행은 인터넷과 모바일, 현금자동입출금기(ATM), 콜센터 등 비대면 인증방식으로 금융서비스를 제공하는 무점포은행이다. 인터넷전문은행은 지점방문이 필요 없는 비대면계좌개설 및 자금이체서비스, 시중은행 대비 높은 예금금리와 낮은 대출금리, 저렴한 수수료 등을 내세워 시중은행과 차별화된 전략을 내세우고 있다. 인터넷전문은행은 4차 산업혁명의 디지털 전환에 따른 금융업의 새로운 형태로 고객은 편의성, 접근성, 그리고 수익성을 제고할 수 있으며, 정부는 새로운 경쟁도입으로 금융혁신을 제고할 수 있다. 인터넷전문은행은 편의성과 접근성 니즈(needs)를 반영한 비대면 채널로의 영업채널 확장 트렌드를 반영한 것이며, 전통 금융산업의 예대마진(loan-deposit margin) 위주의 수익구조에 대한 개혁의지가 반영된 것이다.

미국과 유럽은 1990년대부터, 일본은 2000년대부터 금융 산업의 경쟁력 강화와 소비자 편익증대를 위해 인터넷전문은행을 도입·운영하고 있다. 초창기에는 낮은 브랜드 인지도와 기술력, 예대마진 위주의 비즈니스 모델 등으로 일부 인터넷전문은행이 부도(bankruptcy)가 발생하였으나, 2000년대 중반부터는 인터넷·모바일뱅킹 이용률 증가와 차별화전략으로 규모와 수익성이 모두 향상되어 선도적인 인터넷전문은행들이 등장하기 시작하였다. 미국은 증권사, 보험사, 자동차제조사 등의 주도로 인터넷전문은행을 설립하였고, 일본은 증권사, 통신사, 인터넷회사, 유통업체들이 인터넷전문은행을 설립하였다. 이처럼 대부분 비은행 금융기관과 비금융기업이 인터넷전문은행 시장을 주도하고 있다.

우리나라는 2017년에 국내 최초의 인터넷전문은행인 케이뱅크(제1호)와 카카오뱅크(제2호)가 출범하여 금융 빅데이터 기반의 신용등급평가와 이를 반영한 중금리 대출 등 ICT기반의 차별화된 금융서비스를 제공하고 있다. 설립 초기 국내 인터넷전문은행은 '은산분리(銀産分離) 규제'로 인해 혁신적인 서비스 제공이 현실적으로 어려운 상황에 직면하였다. 은행법상 '은산분리'는 비금융주력자(산업자본)의 의결권이 있는 은행 주식 보유한도를 4%로 제한하고, 의결권 없는 주식 6%를 추가로 보유할 수 있어 최대 10%까지 제한하는 규제를 말한다. 국내 금융시장은 우수한 금융-ICT인프라와 높은 인터넷·모바일뱅킹 사용률, 핀테크 기술력 등 ICT강국으로서 핀테크 산업발전의 여건은 조성되었으나, 산업자본의 은행 지분 보유규제로 인해 인터넷전문은행 운영에 어려움을 가지고 있었다. 그러나

2018년 9월, 인터넷전문은행 설립 및 운영에 관한 특례법(이하 인터넷전문은행특례법)이 국회 본회의(本會議)에 통과되면서 ICT대기업에 한해 의결권 지분을 최대 34%(기존 4%, 의결권 기준)까지 늘릴 수 있는 여건이 마련되어 새로운 경쟁기업의 출현 유도와 정체된 금융 산업의 혁신성장이 기대되고 있다.

5.3.2 국내외 인터넷전문은행 산업동향

1995년 10월, 세계 최초의 인터넷전문은행 SFNB(Security First Network Bank)가 미국에서 설립되었다. 설립초기에 시중은행보다 높은 예금금리 등 공격적인 가격정책을 내세워 단기간에 금융소비자를 확보하였다. 하지만 초기 금융시스템 구축에 따른 고정비용과 안정적 고객확보를 위한 막대한 마케팅 비용이 투입되면서 재무상태가 악화되어 결국 부실화되었다. 그러나 2000년대 중반 이후 미국의 인터넷전문은행은 ICT도입과 빅데이터 분석 기반의 의사결정제도를 마련하는 등 시중은행과의 차별화전략을 수행하여 순영업이익이 지속적으로 증가하고 있다. 미국의 인터넷전문은행 설립은 주로 비은행금융기관과 비금융기업(산업자본)이 주도하고 있다. 미국의 최대 인터넷전문은행 찰스슈왑뱅크(Charles Schwab Bank)와 이트레이드뱅크(E-Trade Bank)는 온라인증권사를 기반으로 설립되었는데, 이들은 고객 자산을 직접 운용하여 수익률을 확보하는 방식에서 최근에는 금융 빅데이터와 인공지능 알고리즘을 융합한 로보어드바이저(robo-advisor) 시스템을 통해 경쟁력을 확보하고 있다. 또한 디스커버뱅크(Discover Bank)와 아메리칸익스프레스뱅크(American Express Bank)는 신용카드사가 주도하여 인터넷전문은행을 설립한 경우로 고객의 신용카드 결제·이체 등에서 발생하는 각종 수수료 수익을 얻고 있다. 이것은 미국 인터넷전문은행의 가장 안정적인 수익모델이다. 미국의 인터넷전문은행은 고객이 원하는 특화된 금융서비스를 제공하여 각종 수수료 수익을 확보하는 등 다양한 수익모델을 갖추고 있다.

유럽 최초의 인터넷전문은행은 보험사 푸르덴셜(Prudential)이 1995년 영국에 설립한 에그뱅킹(Egg Banking)이다. 유럽연합(EU) 출범 이후 국가별 영업기반을 가지고 있는 유럽 금융기관들이 지역적 한계를 극복하고자 인터넷전문은행을 설립하였고, 2018년 기준, 75여 개의 인터넷전문은행이 운영되고 있다. 유럽은 대형보험사가 주도하여 인터넷전문은행을 설립·운영하고 있다. 네덜란드의 ING그룹, 스웨덴의 스칸디아(SKandia) 등은 인터넷전문은행 운영에서 계약자 만기보험금의 내부유보금을 적극 활용하고 있다. 이는 인터넷전문은행 설립을 통해 보험계약의 만기 혹은 연금지급액을 인터넷전문은행이 관리하고, 이들 자금을 금융상품 판매로 유도하여 지속적인 수익구조를 창출하는 것이다. 최근 유럽의 대형일반은행들은 젊은 고객층을 확보하기 위해 인터넷전문은행을 운영하고 있다. 포르투갈 최대 은행 밀레니엄BCP는 IT기기에 익숙한 젊은 고객층을 확보하는 데 주력하고 있고, BNP파리바는 헬로뱅크(Hello Bank)라는 인터넷전문은행을 설립하여 소셜네트워크서비스(SNS)를 이용하는 젊은 고객층에게 다양한 금융상품을 SNS상에서 홍보하고 있다. 유럽의 인터넷전문은행은 미국과는 달리 대형금융기관들이 주도하여 설립하였고, 새롭게 금융소비자들을 유치하여 자금을 확보하기보다 모 금융기관의 자금을 관리하고 재유치하는 형태로 발전하고 있다.

중국의 인터넷전문은행은 민간 주도가 아닌 정부가 금융개혁을 목적으로 민간금융기관 설립 및 규제완화 정책을 시행하고 있다. 중국 3대 IT기업인 알리바바(Alibaba), 바이두(Baidu), 텐센트(Tencent)가 핀테크 혁신을 주도하면서 인터넷전문은행을 설립하였다. 텐센트(Tencent)는 2014년 7월 중국 최초의 인터넷전문은행 위뱅크(WeBank)를 설립하여 기존 금융기관에서 대출을 받지 못한 개인과 기업에게 금융서비스를 제공하고 있다. 알리바바(Alibaba)는 자회사인 안트파이낸셜서비스그룹(Ant Financial Service Group)을 통해 인터넷전문은행 마이뱅크(My Bank)를 설립하였다. 마이뱅크는 소셜 앱(social app)과 플랫폼을 활용해 빅데이터 기반으로 차별화된 신용대출을 실행하고 있다. 중국 인터넷전문은행의 경쟁력은 모기업의 인터넷 플랫폼에 내장된 고객정보에 있다. 중국의 인터넷전문은행은 출범 초창기 적은 비용으로 짧은 기간 내에 모기업 인터넷 플랫폼에서 확보한 수억 명의 고객정보를 이용하여 맞춤형 금융상품 및 서비스를 제공하고 있다. 또한 금융보안기술 측면에서 홍채인식 및 안면인식을 도입하여 비대면 채널에 발생할 수 있는 보안문제도 개선해나가고 있다.

국내는 2015년 6월, 인터넷전문은행 도입이 발표되었고, 2016년 12월에 케이뱅크(제1호)와 카카오뱅크(제2호)가 인터넷전문은행 영업인가를 승인받았다. 케이뱅크(K Bank)는 2017년 4월, KT가 주도하여 설립한 대한민국의 제1호 인터넷

전문은행이다. 3,500억 원의 자본금(3차 증자 후 5,000억 원)으로 21개 사가 출자했으며, 주요 주주는 우리은행(10.0%), NH투자증권(10.0%), GS리테일(10.0%), 다날(10.0%), 한화생명보험(10.0%), KT(8.0%) 등으로 구성되었다. 케이뱅크는 설립 초기 산업자본(비금융사업자)의 은행지분 소유한도(최대 10%, 의결권 4%)로 인해 우리은행(지분율 10%)이 최대주주이다. 케이뱅크는 2017년에 대규모 유상증자에 실패하는 등 '은산분리 규제'로 인해 공격적인 대출영업이 어려운 상황에서 자본적정성 규제를 고려한 자본확충을 추진하고 있다. 한국카카오은행(Kakao Bank of Korea, 이하 카카오뱅크)은 2017년 7월에 설립된 두 번째 인터넷전문은행(자본금

● 그림 5 - 3 케이뱅크와 카카오뱅크

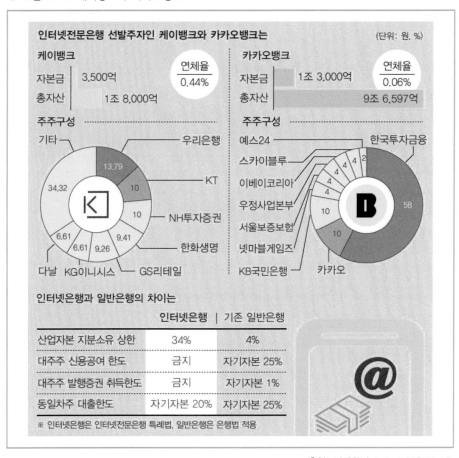

출처: 이데일리 뉴스, 2018.10.10.

3,000억 원)으로 주요 주주는 한국투자금융지주(58%), 카카오(기존10%, 유상증자 18%), 국민은행(10%), SGI서울보증 등 9개 주주사가 출자하였다. 카카오뱅크는 2017년 9월에 5,000억 원의 유상증자를 시작으로 자본금을 지속적으로 확충하였고, 2019년 말 기준 납입자본금(자기자본)이 1조 8천억 원으로 증가하였다. 카카오뱅크는 2019년 기준 수신 금액이 20조 원, 여신 금액이 14조 원 규모로 단기간에 급성장하고 있다. 2019년 4분기 기준 카카오뱅크의 총자산은 케이뱅크에 비해 7배가 큰 22조 7,000억 원을 나타내고 있다. 최근 카카오뱅크는 카카오(Kakao)가 인터넷전문은행특례법상 최대보유한도인 지분 34%를 보유하여 최대주주가 되었다. 최대주주 카카오는 카카오 계열사 플랫폼 서비스와 협력을 강화하는 등 기술협력과 투자를 확대한다는 계획을 발표한 바 있다.

인터넷전문은행은 점포 운영비와 인건비 등이 최소화되므로 시중은행보다 예금금리를 높이거나 대출금리를 낮출 수 있는 여력이 있다. 현재 대출시장은 금리 한 자릿수의 시중은행 대출과 연 20%대 후반의 제2금융권으로 대표되어 제1금융권 이용이 어려운 저신용자들이 고금리 대출로 유입되고 있다. 이러한 상황에서 국내외 인터넷전문은행이 핵심서비스로 중금리 대출을 내세우고 있어 중금리 신용대출 활성화가 기대되고 있다.

5.3.3 국내 인터넷전문은행 산업 활성화 및 발전방향

국내 인터넷전문은행 산업 활성화를 위해서는 다음과 같은 제도적, 기술적 요인이 필요하다.

첫째, 인터넷전문은행의 자본건전성 확보방안과 리스크관리시스템 구축이 필요하다. 바젤III(Basel III)는 국제결제은행(BIS)이 2010년에 확정한 강화된 재무건전성기준으로 대표적인 바젤III 규제비율에는 자본적정성, 자산건전성, 유동성 등이 있다. 인터넷전문은행은 바젤III 규제비율(자기자본비율 규제비율: 8% 이상)을 준수해야 한다. 국내 인터넷전문은행은 설립 이후 모바일 뱅킹 이용비중이 늘어나면서 급성장하고 있으나 한편으로는 재무건전성 부분에서 취약한 부분이 나타나고 있다(표 5-3 참조).

현재 국내 인터넷전문은행의 문제점은 연체율의 지속적인 상승과 당기순손실

● 표 5 - 3 인터넷전문은행과 시중은행의 주요 경영지표(2018년 12월 말 기준, 단위: 억 원, %)

	케이뱅크	카카오뱅크	국민은행	신한은행	우리은행
총자산	21,847	122,000	3,982,835	3,828,374	3,538,827
당기순이익 (순손실)	−796	−201	13,318	11,190	12,048
BIS총자본비율	10.91	16.85	15.92	16.18	15.26
고정이하여신비율	0.22	0.08	0.2	0.28	0.24
연체율	0.44	0.06	0.17	0.25	0.31
순이자마진	2	2.03	1.71	1.62	1.51

출처: 각 은행 정기 경영공시, 전국은행연합회(www.kfb.or.kr)

발생이다. 중금리 대출의 만기가 도래하기 시작하면서 연체율(1개월 이상 원리금 연체기준)과 고정이하여신비율이 계속 급증하고 있다. 케이뱅크는 2018년 기준, 796억 원의 당기순손실을 기록하였다. 케이뱅크는 대출자산 성장의 부진과 순이자마진 하락, 영업활동 부진, 그리고 대출만기 도래 고객의 늘어나는 연체로 당기순손실이 발생되었다. 특히 케이뱅크는 총자산 대비 판매비·관리비 비율(5.6%)이 카카오뱅크(1.3%)보다 4배 이상 높아 향후 실적 상승에도 악영향을 끼칠 것으로 분석되었다. 카카오뱅크는 2018년 기준, 201억 원의 당기순손실이 발생되었다. 카카오뱅크는 자동입출금기(ATM) 및 포인트 수수료 비용, 판매비·관리비, 이자비용 등으로 인해 당기순손실이 발생되었다. 인터넷전문은행은 지속적인 신상품 개발과 기존 상품에 대한 공격적 마케팅을 통해 수익을 창출하고 관리비를 줄여 적자폭을 줄여야 한다. 또한 국내 인터넷전문은행은 시중은행에 비해 자본적정성과 자산건전성이 떨어지는 것으로 나타나 바젤 규제비율을 높이는 노력도 필요하다.

둘째, 인터넷전문은행의 차별화된 수익구조 및 비즈니스 모델 개발이 필요하다. 인터넷전문은행의 핵심서비스는 지급결제부문, 여신부문, 수신부문, 고객서비스의 네 가지 영역으로 구성된다. 인터넷전문은행은 기존 시중은행과의 지속적인 경쟁우위를 위해 핵심서비스에서 차별화전략을 세워야 생존할 수 있다. 시중은행보다 대출조건을 완화한 금융상품을 주력으로 홍보하고, 중신용자를 위한 중금리 대출에 주력해야 한다. 또한 잠재적 금융소비자의 의견이 반영된 금융상품개발과 신용대출 이외의 담보대출, 소상공인대출 등의 다양한 금융서비스를 제공해야 한다.

셋째, 금융 빅데이터를 적극 활용한 인공지능 기반 신용평가시스템(credit scoring system) 구축이 필요하다. 시중은행과 차별화된 신용등급 기준을 마련하여 고신용자보다 중신용자 대출비중을 늘려야 한다. 또한 통계기법(판별분석, 로지스틱회귀분석)이 아닌 인공지능기법을 이용한 신용평가시스템은 신용등급의 예측정확도를 향상시킬 수 있다. 국외의 인터넷전문은행은 인공지능 알고리즘을 기반으로 금융소비자에게 금융상품을 추천하는 로보어드바이저(robo-advisor) 서비스를 시행하고 있다. 이처럼 빅데이터 분석기술을 활용한 금융상품개발, 금융이자를 현금 이외에 디지털 콘텐츠 및 가상화폐로 전환 제공, 로보어드바이저를 활용한 금융상품추천 등을 통해 시중은행과의 차별화된 비교우위를 유지해야 하겠다.

우리보다 앞서 인터넷전문은행을 운영한 미국, 일본, 중국의 경영전략과 비즈니스 모델을 학습할 필요가 있다. 이들 국가의 인터넷전문은행은 시중은행과 차별화전략을 내세워 수익성을 높였으며 빅데이터를 활용한 중금리 신용대출상품을 지속적으로 개발하고 있다. 중국의 인터넷전문은행은 금융 빅데이터를 활용하여 은행 계좌조차 없는 농어민과 영세상인 약 2억 명에게 중금리 대출을 제공하고 있으며 동시에 연체율 관리를 위해 리스크관리시스템 구축을 체계화하여 수익성과 자산건전성을 유지하고 있다. 국내 인터넷전문은행은 ICT기업이 대주주로서 주도권을 가지고 인공지능 기반 핀테크 서비스 제공과 금융 빅데이터를 이용한 중금리 대출상품을 지속적으로 개발할 필요성이 있다.

5.4 4차 산업혁명 시대의 증권업: 로보어드바이저

5.4.1 로보어드바이저 개요

최근 빅데이터와 인공지능 기술이 발달함에 따라 투자금융업에서는 위험을 분산하고 투자안정성을 높이면서 정기예금 이상의 수익률을 올릴 수 있는 방안으로 로보어드바이저(Robo-Advisor) 서비스를 개발 및 운영하고 있다. 로보어드바이저는 빅데이터와 인공지능 알고리즘 기반으로 고객에게 온라인으로 자산배분(asset allocation) 포트폴리오를 관리해주는 금융자문서비스를 말한다. 즉, 로보어드바이저는 인간의 주관적 판단이나 개입 없이 수학적 규칙이나 알고리즘을 이용하여 투자자들에게 온라인상으로 자산배분 포트폴리오를 제시하는 일종의 자산관리로봇(Robot)이다. 개인별 위험성향을 고려한 자산배분전략에 따라 포트폴리오를 구성하여 맞춤형 투자자문 및 자산관리서비스를 제공하고 있다.

미국 증권거래위원회(Securities and Exchange Commission, SEC)는 기술적인 관점에서 로보어드바이저를 정의한 바 있다. 로보어드바이저는 금융 빅데이터(financial Big Data), 머신러닝(machine learning, 기계학습), 그리고 딥러닝(deep learning, 심층학습) 기반의 알고리즘으로 구현되는 인공지능 기술로 사전에 온라인으로 작성된 투자자(금융소비자)의 정보를 활용하여 투자 및 위험성향을 분석해 포트폴리오(portfolio)를 구성하고, 이를 바탕으로 맞춤형 투자자문과 자산운용을 수행한다. 로보어드바이저는 고소득층을 상대로 고가의 수수료를 받고 자산관리서비스를 수행하던 오프라인 PB(Private Banking) 영역이 저렴한 수수료를 바탕으로 소액투자자에게 서비스를 제공하는 PB의 대중화 상품으로 발전하고 있다.

2008년 미국 월가(Wall Street)에서 처음으로 등장한 로보어드바이저 서비스는 2015년 기준 시장규모가 600억 달러로 확대되었으며, 2020년까지는 2조 달러(약 2,396조 원)로 커질 것으로 예상되면서 연평균 100% 이상의 고속 성장세를 이어갈 것으로 전망하고 있다. 국내외 경제성장 둔화와 미·중무역분쟁, 코로나바이러스감염증 등으로 금융시장이 혼조를 거듭하면서 불안정한 시세를 형성하고 있으나 로보어드바이저를 활용한 새로운 투자기법의 등장은 금융투자에 관한 안정적인 성과를 창출하는 수단으로 홍보되면서 국내외 증권시장에서 큰 이목을 받고 있다.

로보어드바이저 선도국가인 미국은 2008년 글로벌 금융위기 이후 로보어드바이저 서비스를 시작하여 일반 대중에게 저렴한 수수료와 높은 수익률을 기반으로 개별 투자성향에 적합한 자산관리 서비스를 제공하고 있다. 금융위기 이후 소비자들은 시장 상황에 따라 적극적인 대응을 원하는 투자행태의 변화가 일어났고, 로보어드바이저의 고객맞춤형 리밸런싱(rebalancing, 운용자산의 편입비중 재조정)

서비스가 그 대안으로 급부상하였다. 2019년 기준, 미국의 로보어드바이저 시장은 순수 로보어드바이저 258개, 하이브리드 112개, 플랫폼 개발 32개가 운영되고 있다. 월가(Wall Street)에서는 향후 금융소비자들 사이에 로보어드바이저 서비스가 주류가 될 것이며, 서비스 분야가 확대되고 다양한 출처의 투자자산이 유입될 것으로 예상하였다. 또한 '금융자산 5만 달러(6,000만 원) 이상의 대중부유층(mass affluent) 대상 자산운용서비스 시장조사'에 따르면 로보어드바이저를 주요 자산운용으로 이용하는 투자자는 2016년 기준 15%에서 향후 5년간 40%까지 확대될 것으로 전망하고 있다. 현재 미국의 대형 투자은행들은 인공지능 및 빅데이터 기업을 적극적으로 인수함과 동시에 조직의 혁신 작업을 수행하고 있으며, 전통적인 시스템 트레이딩의 한계점을 극복하고자 머신러닝(machine learning, 기계학습) 및 딥러닝(deep learning, 심층학습)을 결합한 로보어드바이저 서비스를 개발하고 있다. 로보어드바이저 신생기업들은 차별화전략으로 고객층을 확대하여 절세, 연금, 은퇴계획 등으로 투자자문 영역을 넓히고 있다.

로보어드바이저가 성장하게 된 배경은 다음과 같다. 첫째, 정기예금의 이자율이 너무 낮아 적극적인 투자에 대한 필요성이 증가하였다. 둘째, 인공지능과 빅데이터를 이용한 핀테크 기술의 발달은 전문적인 투자상담서비스를 대체할 수 있다. 셋째, 투자자들은 자산관리서비스의 높은 수수료율을 낮추면 수익률이 높아진다는 것을 인지하게 되었다. 기존 자산관리서비스는 연간 1%가 넘는 운용수수료를 지불하지만 로보어드바이저의 경우는 이보다 훨씬 낮은 0.15~0.35%의 수수료율만 부과되어 소액 투자자들의 수요가 확대되고 있다.

5.4.2 국내 로보어드바이저 시장

로보어드바이저는 금융 빅데이터를 기반으로 자동화된 인공지능 알고리즘을 통해 고객에게 온라인으로 포트폴리오를 관리하고 있다. 투자자가 정형화된 설문을 통해 본인의 투자성향과 위험성향을 비롯한 각종 데이터를 입력하면 로보어드바이저는 프로파일(profile)을 형성하여 적정 투자 포트폴리오를 제시하는 동시에 운용 및 리밸런싱(rebalancing, 운용자산의 편입비중 재조정) 서비스까지 제공한다.

전 세계적으로 로보어드바이저 시장이 빠르게 성장하는 가운데 국내에서는

2015년 일부 신생기업(start-up)에 의해 로보어드바이저가 도입되었다. 금융위원회의 관리감독을 받는 증권유관기관 코스콤(KOSCOM)에 허가를 받으면 로보어드바이저가 자산운용사의 펀드·일임재산 운용업무를 위탁받을 수 있다. 코스콤은 증권 및 파생상품시장과 증권회사를 비롯한 금융업계의 각종 전산 인프라를 효율적으로 구축·운용하는 전산전문회사이다. 코스콤이 실시하는 테스트베드(Test bed, Regulatory Sandbox)를 통해 대형은행, 증권사 등의 로보어드바이저 알고리즘(총 128개, 2019년 기준)에 대한 투자전략의 합리성, 투자자 맞춤성, 시스템 보안성 및 안정성을 검증하고 있으며 테스트베드 참가 업체를 중심으로 로보어드바이저 서비스를 출시하고 있다.

미국 로보어드바이저 서비스는 공적규제기관인 증권거래위원회(SEC)에서 직접적으로 감독하고, 자율규제기관인 금융산업규제청(Financial Industry Regulatory Authority, FINRA)에서 로보어드바이저 실행의 한계점을 지적하고, 로보어드바이저의 건전한 지배구조 확보와 감독방안 및 투자자 보호방안을 제안하고 있다. FINRA는 로보어드바이저의 투자분석이 투자자문회사나 금융회사가 준수하는 적합성의 원칙과 투자자문의 수탁자 기준을 제대로 준수할 수 없으므로 금융전문가의 개입이 필연적임을 강조한다. 또한 이익충돌의 문제를 완전히 제거하지 못하기 때문에 투자자는 스스로 투자목적 및 위험 허용범위가 투자조언에 반영되었는지 인식하고 서비스를 통해 부과되는 각종 비용과 서비스의 수행방법을 이해해야 한다고 조언한다.

국내 로보어드바이저 공급은 꾸준히 증가하고 있는 반면 시장의 수요와 성장세는 주요 선진국에 비해 부족한 실정이다. 로보어드바이저 선도국인 미국, 영국, 호주와 달리 비대면 일임계약의 금지로 핵심서비스인 자동화된 투자자문 및 투자일임이 현행 법체계에 허용되지 않기 때문이다. 기존의 '자본시장과 금융투자업에 관한 법률(이하 자본시장법) 제98조 제1항 제3호'에 따르면 투자권유자문인력 또는 투자운용인력이 아닌 자에게 투자자문업 또는 투자일임업을 수행하게 하는 행위는 금지된다. 2016년 6월, 금융위원회는 '자본시장법 시행령 및 금융투자업규정 개정안'을 발표(법률 제99조 제1항 제1호의 2 신설)하면서 투자자보호조건을 충족하는 로보어드바이저를 이용한 투자자문서비스가 허용되었다. 그러나 계약의 체결에 관한 자본시장법 제97조 제1항에 의해 투자자와 서비스제공자의 비대면 일임계약은 불가능한 상황이다. 로보어드바이저를 이용한 투자자문 및 일임서비스는 가능하지만 일임서비스 계약은 오프라인 창구를 통해 이루어져야 한다. 이러한 비대면 일임계약의 비허용이 로보어드바이저 산업 성장과 활성화에 상당한 제한을 가하고 있어 최근 금융위원회는 테스트베드(Test bed)를 통과한 로보어드바이저 업체가 일정 조건을 충족시키면 화상으로 금융상품을 설명하고 계약할 수 있도록 부분적으로 비대면 일임계약을 허용하고 있다. 이와 같은 법적규제 완화로 로보어드바이저 업체가 직접 알고리즘을 통한 자산운용에 나설 수 있어 향후 국내 로보어드바이저 운용자산은 2023년 25조 원, 2025년에는 30조 원을 돌파할 것으로 전망하고 있다.

현재 국내 로보어드바이저 시장은 위험 성향에 따른 자산배분과 자산운용에 활용하는 자산관리서비스가 주를 이루고 있으며, 향후 시장은 로보어드바이저의 기능이 확대되어 세무, 투자, 회계 등 개인 자산관리 전반에 걸친 광의의 서비스 영역으로 진화할 것이다. 이러한 추세에 맞추어 금융당국은 기술의 발전과 법제 사이의 괴리로 인해 발생할 수 있는 문제를 해결하고, 금융소비자에게 다양한 선택의 기회를 제공할 수 있도록 자본시장법 시행령 개정과 금융투자업 규정을 신설하여 로보어드바이저 활용의 법적 근거를 마련하고 있다. 또한 로보어드바이저의 안전성 기준과 책임을 규명하는 사안이 명확하지 않다는 점도 문제점으로 지적되고 있다. 로보어드바이저 서비스는 인공지능 알고리즘의 오류 및 오작동 가능성, 전산상의 해킹(hacking) 가능성 그리고 시스템 리스크를 중심으로 기술적인 안정성과 보안성 측면에서 해결해야 할 과제가 많은 것이 현실이다.

5.4.3 로보어드바이저의 특성과 포트폴리오 배분 프로세스 단계

이 절에서는 로보어드바이저의 특성과 로보어드바이저의 구체적인 포트폴리오 배분 프로세스 단계를 설명하고자 한다. 로보어드바이저는 [표 5-4]와 같이 네 가지 특성으로 구분할 수 있다.

첫째, 자산관리서비스 분야 중 투자에 특화된 서비스이다. 기존 펀드투자의 경우 수익을 얻기 위해 펀드매니저의 경험과 능력을 기대하는 데 반해, 로보어드바이저는 전적으로 시스템에 의존하여 투자한다. 금융 빅데이터 기반으로 고객의 위험성향과 목적을 구분하여 투자를 운용하며, 인공지능을 통해 투자경험을 반복적으로 학습시켜 고객 맞춤형 개별종목 및 최적의 투자비중을 산출한다.

둘째, 투자금액의 제약과 저렴한 수수료가 장점이다. 로보어드바이저 수수료는 기존의 투자서비스인 랩어카운트(wrap account) 수수료에 비해 낮다. 랩어카운트는 고객이 예탁한 자산에 대해 증권회사의 금융자산관리사가 고객의 자산규모와 투자성향 및 위험수용도를 파악하여 적절한 운용 배분과 투자종목 추천 등의 서비스를 제공하고 그 대가로 일정률의 수수료(wrap fee)를 받는 것을 말한다.

셋째, 상장지수펀드(Exchange Traded Funds, ETF)를 활용한 분산투자를 특성으로 한다. ETF의 특징은 주식과 동일한 결제기간으로 펀드보다 환금성이 높고 개별주식에 비해 위험과 가격변동성이 상대적으로 작다. 1주를 매입하더라도 추종지수 전체 종목에 분산투자 효과가 있고, 펀드보다 낮은 수수료율과 보수율에 따른 비용을 지급한다. 또한 납입자산의 구성내역 공시제도를 통해 펀드의 포트폴리오를 매일 확인할 수 있고, 인덱스 펀드(index fund)와 달리 차익거래가 가능하다.

넷째, 로보어드바이저는 분산투자를 통해 중위험·중수익의 투자를 추구한다. ETF를 통한 분산투자로는 고위험·고수익을 목표로 할 수 없다. 중위험·중수익의 고객군에게 적합하고, 소비자들은 본인의 위험성향과 포트폴리오에 따라서 로보어드바이저를 선택·이용해야 한다. 또한 로보어드바이저는 인공지능 알고리즘에 기반을 둔 자산배분과 리밸런싱(rebalancing)까지 빠르고 정확하게 수행할 수 있고, 사람의 감정이 개입되지 않기 때문에 자산배분의 일관성을 유지할 수 있다.

종합하면 로보어드바이저는 투자자 측면에서 위험분산, 투자안정성의 향상, 금융상품 및 서비스 선택의 폭 증가, 은행비용 감소 등의 장점을 가지고 있다. 로보어드바이저의 단점은 분산투자가 주목적이기 때문에 상승장 혹은 하락장에서 다른 공격적인 투자방법보다 수익률이 낮을 수 있다. 로보어드바이저는 과거의 빅데이터(역사적 데이터)와 알고리즘을 활용하기 때문에 예측 가능한 박스권(box pattern) 장세에서는 유용하지만 금융위기나 특정 이벤트 기간(코로나19 팬데믹 등)의 주가흐름에 제대로 대응하기 어렵다는 것도 극복해야 할 과제이다.

로보어드바이저의 구체적인 포트폴리오 배분 프로세스 단계는 아래와 같다.

구분	전통적 자산관리서비스	로보어드바이저
주요 고객	고액자산가	IT에 친숙한 대중투자자
서비스 방법	영업망을 통한 대면서비스 (면담 통한 고객성향조사)	온라인 중심의 질의응답 (설문으로 고객성향조사)
서비스 범위	투자 포트폴리오, 재무설계, 세금 이슈 등	투자 포트폴리오 중심
투자 수단	패시브펀드, 액티브펀드	ETF, 인덱스펀드 등 패시브 상품 중심
자문수수료	연간 $0.75\% \sim 1.5\% + \alpha$ (투자형태별로 다양함)	연간 $0.15\% \sim 0.35\%$
경쟁력	전담인력에 의한 맞춤형 자산관리	낮은 진입장벽, 저비용

로보어드바이저는 투자자의 성향을 분석하고 인공지능 알고리즘을 기반으로 포트폴리오를 산출하여 체계적으로 자문서비스를 제공하는바, 일반적으로 5단계 과정을 통해 투자자의 자산을 관리한다. 첫째, 개별 질문을 통해 투자자의 투자성향과 위험성향을 파악하고 투자목적을 분석하여(customer profiling) 투자자금의 성격을 파악한다. 둘째, 투자자의 성향 및 목적에 따른 자산군별 투자비중을 결정한다(asset allocation, 자산배분). 셋째, 금융 빅데이터 기반으로 인공지능 알고리즘을 이용하여 최적의 맞춤 포트폴리오를 추천하고 선택하여 자산군별 최적의 금융상품을 추천한다(portfolio selection, 그림 5 - 4 참조). 넷째, 로보어드바이저가 추천한 투자를 집행한다(trade execution). 다섯째, 투자가 실행되는 시장과 투자자산을 모니터링(monitoring)하면서 포트폴리오를 자동적으로 재조정(portfolio rebalancing)한다.

로보어드바이저 포트폴리오 배분 프로세스 단계

customer profiling → asset allocation → portfolio selection → trade execution → portfolio rebalancing

---

● 그림 5 - 4 로보어드바이저의 포트폴리오 추천

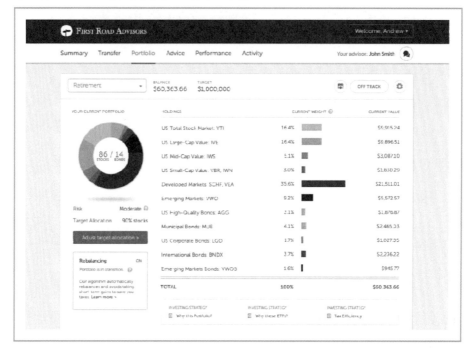

출처: www.betterment.com

Q. 상장지수펀드(Exchange Trade Fund, ETF)

A. 특정 주가지수(예 KOSPI200)와 연동되는 수익률을 얻을 수 있도록 설계된 '지수연동형 펀드(index fund)'로, 거래소에서 주식처럼 거래된다. 주가지수 등락률과 같거나 비슷하게 수익률이 결정되도록 주식을 적절히 편입(바스켓, 10개 이상의 주식조합)하여 만든 펀드를 인덱스 펀드(index fund)라 하는데, 이 펀드를 기초로 발행하는 수익증권이나 뮤추얼펀드(mutual fund) 주식을 바로 ETF 증권이라 한다.

Q. 로보어드바이저 사업 형태의 종류

A. 로보어드바이저의 사업 형태는 금융투자상품의 매매를 조언(advice)하는 자문형, 금융투자상품의 자동매매를 담당하는 투자일임형, 로보어드바이저의 조언과 투자회사 직원의 상담·운용을 결합한 하이브리드형(인간자문 결합)이 존재한다. 자문형은 일반투자자가 인터넷상의 질문항목에 응답하면 응답자에게 적합한 포트폴리오가 제시되고, 제안된 상장지수펀드(ETF) 등의 금융투자상품을 개인투자자 자신이 운용한다. 이후 정기적으로 투자자에게 운용상황이 보고되고, 본래의 포트폴리오와 차이가 생긴 경우에는 재조정을 통해 해당 투자상품을 개인투자자가 매도·매입한다. 투자일임형은 금융투자상품의 매입 등에 대한 판단을 로보어드바이저가 자동적으로 수행한다. 즉, 자문형은 로보어드바이저의 조언을 바탕으로 투자자가 직접 금융투자상품을 매매하지만 투자일임형은 로보어드바이저가 직접 금융투자상품을 매매한다는 점에서 차이가 있다. 하이브리드 로보어드바이저는 로봇과 전문 자문인력이 결합된 서비스이다. 고액 투자자들은 자문인력을 통한 서비스를 선호하는 현상이 강해 하이브리드 로보어드바이저를 선호한다.

국내에서는 현재 은행, 증권사, 자산운용사, 투자자문사가 로보어드바이저를 활용하여 투자자문 또는 자산관리서비스를 제공하고 있다. 2019년 6월 기준, 총 23개의 국내 로보어드바이저 상품 중 투자일임형은 14개, 자문형은 5개, 하이브리드는 4개인 것으로 나타났다.

5.5 금융투자산업의 미래: 블록체인(Block Chain)

5.5.1 블록체인(Block Chain)의 개요

2016년 세계경제포럼(WEF)에서 금융서비스에 혁신적 변화를 가져올 것으로 예상되는 기술로 블록체인(Block Chain)을 선정한 바 있다. UN미래보고서의 '미래를 바꿀 신기술 10선'에도 블록체인이 포함되었으며, 블록체인이 상용화될 경우 산업 및 사회 전반에 혁신적 변화를 가져올 것으로 전망하였다. 전 세계가 초연결(hyper-connectivity) 사회로 진입하면서 블록체인 기술은 날로 부각되고 있다. 제3의 신용보증기관을 배제하고 네트워크 구성원 간 참여 및 협업을 통해 거래를 성사시키는 블록체인 플랫폼의 특징은 초연결 사회의 현상과 일맥상통한다.

블록체인(Block Chain)이란 분산형 데이터베이스(distributed database)와 유사한 형태로 데이터를 저장하는 연결구조체이며, 모든 구성원이 네트워크를 통해 데이터를 검증 및 저장하여 특정인의 임의적인 조작이 어렵도록 설계된 저장플랫폼이다. 블록(Block)은 거래 건별 정보가 기록되는 단위이며 이것이 시간의 순서에 따라 체인(Chain) 형태로 연결된 데이터베이스를 블록체인이라고 한다. 즉, 블록체인은 블록의 정보와 거래내용(거래정보)을 기록하고 이를 네트워크 참여자에게 분산 및 공유하는 분산원장(distributed ledger) 또는 공공거래장부이다. 암호화폐 비트코인(Bitcoin) 개발자 사토시 나카모토(가명)는 블록체인은 비트코인의 거래내역을 기록하는 장부로 P2P(peer to peer) 네트워크 기반의 분산장부시스템(public ledger)이라고 정의하였다. 블록체인은 은행이나 환전소 같은 중앙서버의 개입 없이 P2P를 통해 네크워크상에서 사용자와 제공자의 컴퓨터에만 거래내역이나 정보를 저장하는 것이 아니라 모든 참여자의 컴퓨터에 정보를 저장한다. 블록체인은 위변조(forgery)에 대한 보안성이 뛰어나 이를 선호하는 네트워크 거래 참여자들 간 금융거래에 적극 활용되고 있다. 한국은행은 블록체인을 '거래를 기록한 원장을 특정 기관의 중앙서버가 아닌 P2P 네트워크에 분산하여 공동 기록 및 관리하는 기술'로 정의한 바 있다.

블록체인 플랫폼(시스템)이 기존 중앙집중형 네트워크(mainframe, 메인프레임)의 전통시스템과 구별되는 가장 큰 차이는 '제3의 기관(Trusted Third Party)'이 없다는 점이다. 전통시스템은 거래 정보를 중앙집중형으로 관리하고 신뢰할 수 있는 제3의 기관을 설립한다. 정보와 권한이 특정 기관에 집중되기 때문에 조작이나 오류 등의 문제로 시스템 신뢰가 훼손되는 것을 방지하기 위해 관리감독을 강화하고, IT인프라 및 보안 등에 대규모 인력과 설비투자가 이루어지는 등 높은 사회적 비용이 소요된다. 블록체인 기반 시스템은 거래정보를 특정 기관의 중앙서버가 아닌 P2P 네트워크로 분산시켜 참여구성원들이 공동으로 기록·관리하기 때문에 제3의 기관을 설립 및 운영하기 위한 인력 및 자원투입이 불필요하다. 또한 모든 거래기록이 구성원들에게 암호화되어 공개되기 때문에 거래의 투명성을 제고시킬 수 있다.

이처럼 블록체인 기술의 장점은 탈중개성(P2P-based), 보안성(secure), 신속성

(instantaneous), 확장성(scalable), 투명성(transparent) 등을 들 수 있다. 탈중개성은 공인된 제3자의 공증 없이 개인 간 거래가 가능하며 불필요한 수수료를 절감할 수 있다. 보안성은 정보를 다수가 공동으로 소유하므로 해킹이 불가능하여 보안비용을 절감할 수 있다. 또한 거래의 승인·기록은 다수의 참여에 의해 자동 실행되므로 신속성이 극대화된다. 확장성은 공개된 소스에 의해 쉽게 구축, 연결, 확장이 가능하므로 IT구축비용을 절감할 수 있다. 마지막으로 투명성은 모든 거래기록에 공개적 접근이 가능하여 거래 양성화 및 규제비용을 절감할 수 있다.

5.5.2 블록체인의 구성요소 및 유형

블록체인과 암호화폐 기술에서 중요한 구성요소는 해시함수(hash function)이다. 해시(hash)는 어떤 데이터를 고정된 길이의 데이터로 변환하는 것을 의미한다. 해시함수는 원본데이터를 알아볼 수 없도록 특수한 문자열로 변환한다. 블록체인을 구성하는 각 블록(block)은 헤더(header)와 바디(body)로 구성되며 블록체인 참여자들은 해쉬(hash)값을 통해 해당 데이터의 정합성을 검증하고, 일정시간이 지나면 신규 블록이 형성되어 기존 블록에 체인 형태로 계속 연결된다. 헤더에는 현재 블록을 이전 블록과 다음 블록으로 연결하는 해쉬값과 암호화된 시스템에서 사용되는 임의의 수인 논스(nonce)가 포함되며 바디에는 거래별 트랜잭션(transaction)이 기록된다.

블록체인 플랫폼의 거래프로세스는 거래 당사자 간 거래가 발생할 경우 해당 거래정보가 네트워크를 통해 블록체인상의 모든 참여자에게 전송되며, 거래정보를 전송받은 블록체인 구성원들은 상호 검증을 통해 암호화된 거래정보가 타당한 거래인지 확인한다. 구성원 간의 유효성 검증을 통해 타당성이 입증된 거래정보는 신규 블록에 저장된 후 기존 블록에 연결되어 하나의 블록체인을 구성하면서 이것으로 당사자 간의 거래가 성공적으로 완료된다.

블록체인은 네트워크 참여자의 성격과 시스템 접근 범위에 따라 퍼블릭(Public) 블록체인, 프라이빗(Private) 블록체인, 그리고 컨소시엄(Consortium) 블록체인으로 구분한다. 비트코인으로 대표되는 퍼블릭 블록체인은 블록체인이 최초로 활용된 형태로, 인터넷을 통해 모든 구성원들에게 거래정보가 공개되는 방식이다. 퍼블릭 블록체인은 암호화폐를 포함한 가장 광범위하게 채택된 방식이지만 네트워크 확장이 어렵고 거래 처리속도가 느리다는 단점이 있다. 최근에는 퍼블릭 블록체인의 부담에서 벗어나고자 네트워크 참여자와 권한을 제한하여 거래 처리속도를 개선하고 확장성을 높이는 프라이빗 블록체인 기술이 널리 적용되고 있다. 프라이빗 블록체인은 개인형 블록체인으로 지정된 중앙기관에서 통제 권한을 보유하여 거래를 증명하고 사용자를 통제하는 형태이다. 허가받은 사용자만 이용이 가능하고 중앙기관에서 일괄 통제가 가능하므로 효율성과 처리속도는 높으나 사이버공격에 대한 보안성이 떨어지는 단점이 존재한다. 최근 미국 나스닥(NASDAQ)에서 블록체인 기반 시스템 '나스닥 링크(Nasdaq Linq)'를 도입하여 비상장주식을 발행·기록하고 있다. 이것은 프라이빗 블록체인의 대표적인 예이다. 컨소시엄 블록체인은 반중앙형 블록체인으로 미리 선정된 소수의 주체들만 참여 가능하고 주체들 간 합의된 규칙을 통해 공증에 참여한다. 네트워크 확장이 용이하고 거래 속도가 빠르다는 특징이 있다. 프라이빗 블록체인과 컨소시엄 블록체인은 퍼블릭 블록체인의 단점을 극복하고 특정 주체가 자신의 목적 및 특성에 맞게 개발·설계한 블록체인으로 해당 기관의 결정에 따라 퍼블릭 블록체인이 가지는 공개성 및 분산성을 모두 다 구현하지 않을 수 있다. 동일한 분산형 구조를 유지하지만 제한된 참여를 통해 통제권을 강화할 수 있으며, 블록체인의 한계로 지적되는 느린 거래 속도 또한 획기적으로 개선할 수 있다.

구분	퍼블릭 블록체인	프라이빗 블록체인	컨소시엄 블록체인
관리주체 (관리자)	모든 거래 참여자	한 중앙기관이 모든 권한 보유	컨소시엄에 소속된 참여자
거버넌스	정해진 법칙 변경 어려움	중앙기관이 용이하게 법칙 변경 가능	참여자들의 합의로 법칙 변경 가능
네트워크 확장	어려움	매우 쉬움	쉬움
거래 속도	느림	빠름	비교적 빠름
데이터 접근	모든 사용자 가능	허가받은 사용자	허가받은 사용자
식별성	익명성	식별가능	식별가능
거래증명	사후에 검증 알고리즘에 따라 결정됨	중앙기관에 의해 거래 증명	거래인증을 거쳐 사전에 합의된 규칙에 따라 거래 검증
활용사례	암호화폐(비트코인 등)	나스닥 비상장 주식거래소 플랫폼(링크, Linq)	글로벌 금융 블록체인 컨소시엄(R3CEV)

5.5.3 블록체인과 금융혁명

블록체인 기술이 가장 활발하게 적용되는 부문은 금융 산업으로 신생 핀테크 (Fintech) 기업들은 블록체인 기술을 활용하여 금융소비자와 공급자를 직접 연결 하고, 기존 금융기관과 블록체인 플랫폼에 기반을 둔 금융서비스 개발을 위해 적극적으로 협력하고 있다. 블록체인은 전통 금융 분야의 뱅킹(banking)서비스와 지급결제(payments)를 시작으로 부동산(lending), 보험(insurance), 크라우드펀딩 (crowd funding) 등의 다양한 영역으로 적용되고 있다.

지급결제시스템에서 블록체인은 결제의 완결성과 리스크 관리에서 중요하게 사용된다. 결제의 완결성이란 은행 등 지급기관에 의해 승인된 결제는 어떠한 경우에도 취소될 수 없고, 이중 지불(동일한 금액이 두 번 지불되는 상황)을 방지하는 것이다. 블록체인은 결제의 완결성을 보장한다. 즉, 사용자는 은행이나 신용기관 이 결제의 완결을 보장할 때 해킹의 위험에서 벗어날 수 있다. 분산원장을 사용 하여 모든 거래내역은 이전의 거래내역과 연결되고 다음 거래에 포함되어 다수의 컴퓨터에 저장하기 때문에 결제가 취소될 확률은 매우 적다. 블록체인은 한 조직의 전산시스템으로 지급, 결제, 송금이 이루어지는 것이 아니라 P2P시스템을 기반으로 작동하기 때문에 참여기관의 시스템 문제로 인한 리스크를 줄일 수 있다. 최근 해외 증권거래소들이 후선관리(back-office) 등 운영비용 절감과 거래기록의 신뢰향상을 위해 증권거래시스템에 블록체인 기술을 적용하고 있다. 미국 나스닥(NASDAQ)은 2015년 12월 사적시장(private market)에 블록체인 기반 시스템인 '나스닥 링크(Nasdaq Linq)'를 도입하여 디지털 방식으로 증권을 발행·기록하고, 청산·예탁·결제에 걸리는 시간을 10분 이내로 간소화하였다. 영국 런던증권거래소와 캐나다 토론토 증권거래소도 증권거래 청산·결제 및 주주투표에 블록체인 기술을 적용하고 있다.

블록체인은 기부영역에서도 적극 활용되고 있다. 글로벌 자선단체 및 사회복지공동모금기관은 블록체인 기반 기부플랫폼을 운영하고 있다. 블록체인 기술을 이용하여 기부금이 어떻게, 어디에, 얼마나 사용되는지 투명하게 확인할 수 있다. 중국 알리바바 그룹의 알리페이(alipay)는 기부분야에 블록체인 기술을 활용하였다. 알리페이 플랫폼의 기부섹션에 블록체인 기술을 추가하여 자선단체 및 기부자가 기부금 이력과 사용현황을 추적하는 서비스를 제공한다. 2019년 중국 우한에서 발생한 코로나바이러스감염증-19(COVID-19)로 인해 기부금이 다양한 기관으로부터 조성되었다. COVID-19 기부금 사용처 추적에도 블록체인을 활용 중이다. 중국 블록체인 스타트업(하이퍼체인)은 COVID-19 기부금의 사용내역(의료장비 및 마스크 구입 등)을 투명하게 추적하는 서비스를 제공하고 있다.

스마트 계약(smart contract)은 블록체인 기술을 활용하여 계약, 협상의 실행 및 시행을 할 수 있는 프로그램 코드를 말한다. 즉, 스마트 계약은 분산원장기술 기반의 환경에서 일정 조건을 충족시키면 당사자 간에 거래가 자동으로 체결되는 소프트웨어 프로그램을 이용한 계약이다. 과거의 계약은 청약과 승낙 그리고 의사의 합치가 필수적이나 스마트 계약은 계약 조건을 블록체인에 기록하고 조건이 충족되면 자동으로 계약이 실행된다. 따라서 스마트 계약은 자동으로 계약이 체결되기 때문에 계약 체결과 이행에 따르는 위험이 제거되고, 향후 재판이나 강제집행, 그리고 중개인이 필요하지 않아 비용 효율성이 장점이다. 또한 조건에 의해 거래가 자동적으로 성립되므로 중간관리자에 의한 사기 피해를 막을 수 있으며, 거래정보기록이 보존되어 계약서 위조, 사고기록 조작 등의 신용리스크와 계약 상대방 리스크를 감소시킬 수 있다. 스마트 계약은 블록체인을 활용해 기존 중앙방식 보안에서 탈중앙방식 보안으로 나아갈 수 있는 매개체로서, 비대면 거래에서 가장 중요한 부분인 금융거래 정보의 암호화 인증문제를 해결할 수 있다.

이처럼 금융업에 블록체인 플랫폼을 활용하면 금융거래의 운영절차가 간소화되고, 거래의 인증 및 검증과정에서 중개기관의 역할이 축소되면서 청산 및 결제 소요시간이 단축된다. 최초 거래부터 모든 거래내역이 기록·공유되기 때문에 거래상대방에 대한 부정거래와 위험(counterparty risk, 거래상대방위험)이 감소되며, 실시간으로 거래과정이 통제될 수 있어 규제 및 감독의 효율성을 높일 수 있다. 최근 블록체인 기반의 금융서비스는 실시간으로 국제 송금 및 환전이 가능한 인공지능 기반의 결제시스템이 구축되고 있다. 빅데이터 분석활용도가 높아지면서 맞춤형 상품 및 서비스 제공, 스마트 계약을 통한 자동화된 업무처리시스템의 구축 등 향후 금융 분야에서 블록체인의 활용 가능성은 점차 높아질 것이다.

블록체인은 금융업 및 제조·유통업, 민간부문 및 공공부분에 대한 제한이 없어 사회 전 영역에 걸쳐 많은 영향을 미치고 있다. 블록체인이 혁신기술로 등장한 이후 블록체인 기술을 개발하고 활용하려는 정부, 금융기관, 기업, 연구기관 등 다양한 관련 주체들의 관심이 높아지고 있다. 우리 정부는 글로벌 대형은행, 연구기관 및 기업들과 공동으로 금융권에 활용 가능한 원천기술 개발 및 공공기관에 활용 가능한 블록체인 플랫폼 개발에 집중하고 있다. 또한 국내외 선진기업과 연구기관들은 블록체인 기반 표준 비즈니스 플랫폼을 개발하고 있으며 이를 기업 비즈니스 관점에서 활용하고자 노력하고 있다. 최근 가상화폐로 인해 블록체인에 대한 관심은 확대되었으나 블록체인에 대한 올바른 이해 없이 장점만 강조하는 무분별한 접근에 대한 우려도 있다. 최근 국내외 가상화폐거래소 해킹 사례와 같이 블록체인 기반 플랫폼 운영과정의 정보보안 문제는 언제든지 발생할 수 있으며 만약 기업에서 대외비 정보가 외부로 유출 시 실적 감소뿐 아니라 경쟁력 상실이 초래될 수 있다는 점도 명심해야 하겠다.

5.6 보험산업의 미래: 인슈어테크(InsurTech)

5.6.1 인슈어테크(InsurTech)의 개요

4차 산업혁명 시대의 보험산업은 거대한 변화에 직면하고 있으며 4차 산업혁명과 금융업과의 융합 중 그 효과가 가장 기대되는 산업이다. 보험산업의 4차 산업혁명은 바로 인슈어테크(InsurTech)이다. 인슈어테크란 보험(Insurance)과 기술(Technology)의 합성어로 기존의 보험서비스에 4차 산업혁명 기술(빅데이터 분석, 인공지능)을 융합한 보험서비스의 혁신을 의미한다. 금융감독원(Financial Supervisory Service)에서는 인슈어테크를 보험산업에 사물인터넷, 빅데이터, 인공지능, 블록체인 기술 등을 접목하여 상품개발, 계약체결, 고객관리 등 보험업무 전반에 혁신서비스를 제공하는 것이라고 정의하였다. 보험개발원(Korea Insurance Development Institute)은 인슈어테크란 빅데이터 분석, 인공지능, 블록체인 등의 기술을 활용해 보험금 청구 간소화서비스와 고객 맞춤형 보험 등 기존과 다른 보험서비스를 제공하는 보험핀테크라고 정의한 바 있다.

인슈어테크가 도입되면 기존의 운영방식이나 상품개발 및 고객관리 등이 전면적으로 재설계되어 보다 고차원적인 관리 및 서비스가 제공된다. 예를 들면 전체 가입자에게 동일하게 적용하던 보험료율을 빅데이터 분석을 통해 다르게 적용할 수 있다. 또한 사고 후 보상 개념인 기존 보험과 달리 사고 전 위험관리 차원으로 접근하는 서비스가 가능하다. 보험상담 업무도 로봇이 대행할 수 있고, 보험 빅데이터 관리를 통한 보다 효과적인 영업과 블록체인을 이용한 안전한 결제시스템을 구축할 수 있다. 인슈어테크의 출현으로 보험산업의 비즈니스 모델이 근본적으로 변화하면서 인슈어테크 기업에 대한 투자가 전략적 대안으로 활용되고 있다. 이러한 변화에 따라 새로운 보험사업 모형이 등장하고 보험리스크의 속성 또한 지금과는 다르게 변하고 있다.

보험회사 측면에서는 인슈어테크로 인해 보험산업의 기존 가치사슬(value chain)이 무너지고, 새로운 형태의 가치사슬이 재정립되고 있다. [표 5-6]은 인슈어테크와 융합한 보험산업의 가치사슬 변화를 보여주고 있다. 국내 회계법인 삼정KPMG는 보험산업의 가치사슬 분야로 상품개발, 유통 및 판매, 보험가입심사, 보험금 지급관리, 마케팅 및 고객관리를 제시하였다. 또한 이들 가치사슬 분야에서 활용 가능한 4차 산업혁명의 핵심기술을 제안하였다. 첫째, 상품개발 단계는 위험요율 산출기법이 다양화되고 보험 빅데이터를 활용한 고객맞춤형 상품개발이 가능하다. 보험 빅데이터 기반으로 인공지능기법(기계학습, 심층학습)을 활용하여 리스크 예측과 보험요율 책정기법을 고도화할 수 있으며, 이를 기반으로 맞춤형 보험상품개발이 가능하다. 둘째, 유통 및 판매 단계는 디지털 플랫폼(웹사이트, 애플리케이션 등)을 통한 신규고객 확보가 용이하다. 보험설계사의 중개 없이 고객 스스로 보험상품을 웹사이트(가격비교사이트)와 사회관계망(SNS)에서 비교하고 가입하는 형태가 증가할 것이다. 셋째, 보험가입심사 단계는 보험계약 인수여부를 결정하는 심사 단계(underwriting, 언더라이팅)로 자동화된다. 자동화된 언더라이팅 시스템을 통해 심사소요시간 단축 및 정확도 향상, 비용 효율성이 높아진다. 또한 보험 빅데이터 분석을 통한 리스크 예측 및 사기청구 예측이 가능해지면서 정확도와 효율성이 제고될 것이다. 넷째, 보험금 지급관리로 보험금의 청구과정 또한 전통적 보험사의 지급절차에 비해 간소화된다. 보험 빅데이터 분석과 인공지능 기술을 활용한 자동화된 심사로 보험금 청구 절차가 간소화 또는 자동화된다. 마지막으로 마케팅 및 고객관리 단계는 온라인, 모바일에 최적화된 사이트

● 표 5 - 6 인슈어테크와 융합한 보험산업의 가치사슬 변화

업무구분 (가치사슬 단계)	세부 내용
상품개발	위험요율 산출기법이 다양화되고 보험 빅데이터를 활용한 고객맞춤형 상품개발 가능
유통/판매	온라인, 모바일 등 다양한 유통채널을 통한 신규고객 확보 용이
보험가입심사	자동화된 언더라이팅 시스템을 통해 처리시간 단축 및 정확도 향상, 비용 효율성 높아짐
보험금 지급관리	보험금 청구절차를 간소화하고, 보험사기를 사전에 방지할 가능성 높아짐
마케팅 및 고객관리	온라인, 모바일에 최적화된 사이트를 통해 고객을 확보하고, 자동화시스템을 통해 개별 고객과의 커뮤니케이션 활성화 가능

출처: 삼정KPMG(2016), "금융산업의 10대 Big Issues"

를 통해 고객을 확보하고, 자동화시스템을 통해 개별 고객과의 커뮤니케이션 활성화가 가능하다. 소셜미디어(social media)와 웹사이트에서 수집한 텍스트데이터(댓글, 후기데이터)를 분석하여 소비자의 행동 패턴을 파악하고, 이를 통해 보험가입(재가입)을 유도할 수 있다. 이러한 디지털 플랫폼을 활용한 고객분석, 홍보, 가입유도 등은 혁신적 효율성 제고와 비용 절감을 견인할 것이며 소비자는 보험설계사의 중개 없이 스스로 상품을 구매할 수 있다.

5.6.2 인슈어테크 활용사례와 주요 이슈

미국은 전 세계 인슈어테크 지분투자의 75%를 구성하고 있는 가장 큰 인슈어테크 시장이다. 2019년 기준 160여 개의 인슈어테크 기업이 혁신 보험서비스를 제공하고 있다. 미국의 인슈어테크 산업 발전의 원동력은 규제 불확실성 최소화, 금융지원, 그리고 보험 산업 활성화 정책 등을 들 수 있다. 이 중 가장 많이 언급되는 요소는 규제 불확실성 문제를 줄이기 위한 제도적 장치가 효율적으로 작동한다는 것이다.

미국 보험시장은 소비자들이 보험을 온라인으로 구매하는 비율이 늘고 있으며 특히 자동차보험에서 30~40세 연령대 소비자들이 에그리게이터(aggregator, 온라인 보험슈퍼마켓)를 통한 보험가입비율이 급증하고 있다. 보험 에그리게이터는 다양한 보험회사의 상품이나 서비스에 대한 정보를 모아 보험상품의 비교와 원스톱(one-stop) 쇼핑이 가능한 웹사이트를 말한다. 보험서비스의 공급자와 소비자를 연결하는 플랫폼 역할을 수행하는 등 새로운 보험 판매채널로 부상하고 있다. 보험사들은 에그리게이터에 상품제공(소개)에 따른 수수료를 지불하고, 고객은 플랫폼 내에서 다양한 보험사들의 상품비교를 통해 가격과 서비스 정보를 얻는다. 또한 보험 에그리게이터는 단순 상품이나 가격비교만 수행하지 않고 상품설계와 중개인 역할까지 담당하는 등 완전한 디지털보험사의 역할을 수행한다. 디지털보험은 비용효율성을 급격히 개선하여 비용에 민감할 수 있는 소액 위험을 포괄할 수 있도록 보험가능성(insurability)의 확장을 가져오게 되었다.

미국 보험사 가이코(GEICO)는 자동차에 정보기술을 적용하여 고객의 운전 습관을 파악한 후 빅데이터 분석 기반의 보험료를 산정하는 운전습관연계보험

(Usage-based insurance, UBI)을 출시하였다. 가이코는 자동차 운행기록자기진단장치, 차량진단시스템, 내비게이션 애플리케이션 등을 통해 속도, 제동, 운전시간대 등 차량 운행 정보를 파악하여 운전자의 안전 운전 수준을 평가하고 점수에 따라 보험료를 차등 산정한다. 잘못된 운전 습관을 가진 운전자에게는 안전 운전 방식을 조언하여 보험료를 낮추는 방법을 제시한다. 일부 국내 보험사도 통신사와 협약을 맺고 운전자의 행태를 기반으로 보험료를 산정하는 UBI보험을 출시하고 있다.

독일의 보험금융회사 알리안츠(Allianz)는 건강관리 앱(app)을 통해 측정한 기록을 바탕으로 일정 금액의 보험료를 환급해주는 서비스를 제공하고 있다. 가입자가 해당 앱에서 건강 마일리지를 달성하면 현금으로 환급하는 방식이다. 국내 보험사 신한생명은 보험가입자의 건강관리 노력 및 성과에 따라 보험료 할인 혜택을 제공하는 건강증진형 보험을 출시하였다. 스마트 기기와 연동하여 일정 기준 이상 운동하거나 건강관리 프로그램의 건강지표를 달성하면 보험료가 할인된다. 건강증진형 보험은 보험과 스마트 헬스케어 서비스 등이 결합된 상품이다. 또한 동부화재는 카카오톡 메신저 서비스를 이용하여 보험업무 상담을 제공하는 인공지능 상담서비스 챗봇(Chatbot)을 도입하였다. 챗봇은 방대한 소비자들의 질문 데이터를 분석하여 보험금 청구방법, 필요서류, 계약대출 이용방법, 서비스망 찾기 등 고객의 문의에 365일, 24시간 신속하게 응대하고 있다.

IBM은 인공지능 기반의 보험사 사정 업무를 담당할 수 있는 인공지능 솔루션 '왓슨 익스플로러(Watson Explorer)'를 개발하였다. 최근 국내외 보험사들은 '왓슨 익스플로러'를 도입하여 보험 사정 업무를 대체하고 있다. 일본의 보험회사 후코쿠생명(Fukoku Mutual Life Insurance)은 2017년부터 보험금 사정 업무를 왓슨 익스플로러에게 맡기고 있다. 왓슨 익스플로러는 자동차 사고보고서, 병원 기록, 사고 영상 자료 등의 보험 빅데이터를 분석하여 보험금 지급 여부 및 금액을 결정하고 있다. 이 시스템의 구축에 약 20억 원이 소요됐으며, 매년 1억 6,000만 원의 유지비용이 발생한다. 그러나 보험금 청구 직원 34명의 인건비를 줄일 수 있어 2년만 운용해도 인공지능 투자비용 회수가 가능하다. 이처럼 다수의 보험사들이 AI왓슨을 통해 보험사정 업무를 대체하고 있으며, 수십 년 경력을 갖춘 보험사정사들의 실제 업무 사례를 보험 빅데이터로 분석하여 이를 바탕으로 과학적이고 합리적인 의사결정을 지원하고 있다.

글로벌 보험사들은 블록체인의 잠재력을 높이 평가하여 보험계약에 블록체인을 적극적으로 도입하고 있다. 글로벌 재보험사와 일반 보험사가 참여하는 블록체인 보험산업 이니셔티브(Block Chain Insurance Industry Initiative) 컨소시엄에서 보험상품에 블록체인 기반 스마트 계약을 적용하였다. 블록체인 기술은 내적으로는 비용효율성 제고효과가 있고, 외적으로는 재보험사와 보험사 간 또는 보험사와 고객 간 금융거래의 신뢰성 제고효과가 있다. 독일 보험사 알리안츠(Allianz)는 블록체인에 기반을 둔 재난보험계약을 체결했으며 국내는 교보생명이 최초로 보험금 지급체계에 블록체인 기술을 활용하고 있다.

최근에는 P2P보험사라는 새로운 형태의 디지털보험사들이 생겨나고 있다. 미국의 P2P보험사 다이내믹스(Dynamis)는 이더리움(Etherium)에 기반을 둔 P2P보험을 출시하였다. 지인들을 중심으로 P2P 네트워크를 형성하고 손해가 양호할 경우 계약 시 납부했던 보험료의 일부를 돌려준다. 특히 P2P보험에 블록체인의 스마트 계약을 적용할 경우 상호 신뢰가 증가한다. P2P보험사는 변동성 관리 측면에서 기존의 보험사보다 취약할 수 있으나, 지인 네트워크를 통한 위험공유 그룹의 형성은 정보 비대칭성 문제를 줄일 수 있고, 소규모 그룹을 위한 보험상품 계약이 가능해져 보험계약의 맞춤형 다품종 소량생산이 가능하다.

국내 금융정책을 총괄하는 금융위원회(Financial Services Commission)는 사물인터넷, 빅데이터 분석, 인공지능, 블록체인 등을 활용한 인슈어테크의 확산으로 소비자 맞춤형 보험상품이 활성화되고, 인터넷전용보험사와 P2P보험사의 급성장, 보험상품을 제공하는 소셜보험(social insurance) 브로커 출현 등 보험산업의 경쟁이 심화될 것으로 예상하고 있다. 인슈어테크의 출현으로 보험산업과 IT산업 간 경계가 허물어지고 경쟁이 심화될 가능성에 대비하여 보험사들은 4차 산업혁명의 핵심원천기술을 적극적으로 도입해야 한다. 정책기관은 보험사가 소비자들의 편익을 증대시키고, 빅데이터 분석 기반의 맞춤형 상품개발 및 서비스 제공이 이루어질 수 있도록 금융 및 보험업법 제도 개정과 규제완화에 노력을 기울여야 한다. 소비자들의 이익이 우선시되고 시장 질서를 해치지 않는 범위에서 보험업법이나 의료법 등 관련 규제가 완화된다면, 소비자들이 원하는 종합 리스크관리 서비스를 보험사가 제공할 수 있는 여건이 조성된다. 국내 보험사의 종합 리스크관리 서비스 제공이 해외에 비해 활성화되지 못하고 있어 보험산업의 경쟁력 강화를 위해서도 보험사들은 인슈어테크를 이용한 서비스 확대 노력이 필요하다.

- 핀테크(FinTech): 금융(Financial)과 기술(Technology)의 합성어로 정보기술(IT)로 진화된 금융서비스 기술을 의미하며 송금, 모바일 결제, 개인자산관리, 크라우드펀딩 등이 속함
- 디지털 전환(Digital Transformation): 사물인터넷, 클라우드, 인공지능, 빅데이터 등을 플랫폼으로 구축·활용하여 기존 전통적인 금융업의 운영 방식과 서비스를 혁신하는 것
- 금융 빅데이터 개방시스템: 금융업에서 필요로 하는 통계작성 및 빅데이터 분석을 지원하고 사회, 경제, 복지, 산업 등 다양한 분야의 정책 및 학술연구를 지원하기 위한 금융권 혁신 서비스
- 1세대 핀테크(핀테크 1.0): 간편결제, 송금, 펀드, 자산관리 등 기존 금융서비스를 IT와 결합하여 기존 금융서비스의 해체 및 재해석에 중점
- 핀테크 2.0: 혁신융합기술을 통해 기존 금융기관과 핀테크 기업과의 다양한 협업으로 온라인·모바일 환경에서 소비자 중심의 새로운 비즈니스 모델 창출 및 금융서비스 제공함. 인터넷전문은행, 크라우드 펀딩, P2P 대출 등
- 테크 시티(Tech City): 런던 북동부 지역 올드스트리트에 위치한 글로벌 ICT 및 스타트업 기업(신생 벤처기업)의 허브로 부상하고 있는 지역
- 스타트업(Start-up): 설립한 지 오래되지 않은 신생 벤처기업을 뜻하며 미국 실리콘밸리에서 생겨난 용어
- 핀테크 보안 거버넌스의 주요 내용: 기관 간 협의된 표준화된 핀테크 보안정책 수립, 정보보호에 관한 최고경영층의 의사결정권한과 책임수립, 비즈니스와의 전략적 연계, 컴플라이언스(compliance) 보장을 위해 지켜야 할 원칙 등
- 생체인증: 얼굴형태, 홍채, 지문, 정맥구조 등 개인의 고유한 생물학적 특성을 자동화된 장치를 통해 개인을 식별하거나 인증하는 기술
- 인터넷전문은행: 물리적인 점포 없이 온라인 또는 모바일 기반의 비대면 방식으로 은행업무를 수행하는 금융기관을 말함
- 크라우드 펀딩(Crowd Funding): 자금을 필요로 하는 수요자가 온라인 플랫폼 등을 통해 불특정 다수 대중에게 자금을 모으는 방식
- P2P 대출(Peer-to-Peer lending): 금융기관을 거치지 않고 온라인 플랫폼에서 개인 간

에 필요 자금을 지원하고 대출하는 서비스

- 은산분리: 비금융주력자(산업자본)이 금융시장을 잠식하는 것을 막기 위해, 산업자본은 의결권 있는 은행 지분(주식보유한도)을 4%까지만 보유할 수 있도록 규정함
- 인터넷전문은행 설립 및 운영에 관한 특례법(이하 인터넷전문은행법): 은산분리 규제가 인터넷전문은행 활성화를 막는다는 지적에 따라 2019년 1월 17일부터 인터넷전문은행 설립 및 운영에 관한 특례법이 시행돼 ICT기업에 한해 은행 지분한도(주식보유한도)를 34%까지 완화함
- 바젤III: 국제결제은행(Bank for International Settlements, BIS)이 2010년 9월에 확정한 은행자본 규제에 관한 새로운 국제협약. 바젤III는 자본적정성(capital adequacy), 스트레스 검정(stress testing), 시장유동성 위험(market liquidity risk) 등을 표준화하는 은행자본의 건전화방안
- 로보어드바이저(Robo-Advisor): 로봇(Robot)과 투자전문가(Advisor)의 합성어, 빅데이터와 인공지능 알고리즘 기반으로 고객에게 온라인으로 자산배분(asset allocation) 포트폴리오를 관리해주는 금융자문서비스
- 리밸런싱 서비스(Rebalancing Services): 운용하는 자산의 편입비중을 재조정하는 행위, 투자자 스스로 포트폴리오가 본래의 목표 비중에 맞게 운용되고 있는지 살펴보고, 이를 분석하여 자산 간에 비중을 조절하는 것
- 미국 증권거래위원회(Securities and Exchange Commission, SEC): 1934년 증권거래법에 의해 설립된 독립 감독관청으로 미국 증권 업무를 감독하는 최고 기구이며, 투자자보호 및 증권거래의 공정성확보를 주목적으로 함
- 내부통제(Internal Control): 영업의 효율성, 재무보고의 신뢰성, 법규 및 규정 준수 등 조직 목표를 달성하기 위해 조직 자체적으로 제정하여 이사회 및 임직원 등 조직의 모든 구성원들이 이행해야 하는 절차
- 로보어드바이저 포트폴리오 배분 프로세스 단계: customer profiling → asset allocation → portfolio selection → trade execution → portfolio rebalancing
- 인덱스 펀드(Index Fund): 증권시장의 장기적 성장 추세를 전제로 주가지표의 움직임에 연동되게 포트폴리오를 구성하여 운용함으로써 시장의 평균 수익을 실현하는 것을 목표로 하는 포트폴리오 운용기법
- 상장지수펀드(Exchange Trade Fund, ETF): 특정 주가지수(예 KOSPI200)와 연동되는 수익률을 얻을 수 있도록 설계된 '지수연동형 펀드(index fund)'로, 거래소에서 주식처럼 거래됨
- 랩어카운트(Wrap Account): 고객이 예탁한 자산에 대해 증권사의 금융자산관리사가 고객의 자산규모와 투자성향 및 위험수용도를 파악하여 적절한 운용배분과 투자종목 추천 등

의 서비스를 제공하고 그 대가로 일정률의 수수료(Wrap fee)를 받는 서비스

- 테스트베드(Test Bed): 새로운 기술·제품·서비스의 성능 및 효과를 시험할 수 있는 환경 혹은 시스템, 설비를 말함
- 금융규제 테스트베드(Regulatory Sandbox): 금융회사들이 현행 규제에 구애받지 않은 가상공간에서 금융 및 IT 등이 융합된 신개념 금융상품 및 서비스 등을 미리 검증할 수 있는 새로운 금융모델 시험
- 자본시장과 금융투자업에 관한 법률(자본시장법): 자본시장의 금융혁신과 공정한 경쟁을 촉진하고 투자자를 보호하며 금융투자업을 건전하게 육성함으로써 자본시장의 공정성·신뢰성을 높여 국민경제 발전에 이바지하기 위하여 제정한 법률
- 블록체인(Block Chain): 블록의 정보와 거래내용(거래정보)을 기록하고 이를 네트워크 참여자들에게 분산 및 공유하는 분산원장(distributed ledger) 또는 공공거래장부
- 퍼블릭 블록체인: 블록체인이 최초로 활용된 형태로 인터넷을 통해 모든 구성원들에게 거래정보가 공개되는 방식
- 비트코인(Bitcoin): 지폐나 동전과 달리 물리적인 형태가 없는 온라인 가상화폐(디지털 통화), 정부나 중앙은행, 금융회사 등 중앙집중적 권력의 개입 없이 작동하는 새로운 화폐
- 프라이빗 블록체인: 개인형 블록체인으로 지정된 중앙기관에서 통제권한을 보유하여 거래를 증명하고 사용자를 통제하는 형태. 허가받은 사용자만 이용이 가능하고 중앙기관에서 일괄 통제가 가능하므로 효율성과 처리 속도는 높으나 사이버공격에 대한 보안성이 떨어지는 단점이 존재함
- 컨소시엄 블록체인: 반중앙형 블록체인으로 미리 선정된 소수의 주체들만 참여 가능하고 주체들 간 합의된 규칙을 통해 공증에 참여함. 네트워크 확장이 용이하고 거래속도가 빠르다는 특징
- 스마트 계약(Smart Contract): 블록체인 기술을 활용하여 계약, 협상의 실행 및 시행을 할 수 있는 프로그램 코드를 말함. 스마트 계약은 분산원장기술 기반의 환경에서 일정 조건을 충족시키면 당사자 간에 거래가 자동으로 체결되는 소프트웨어 프로그램을 이용한 계약
- 인슈어테크(InsurTech): 보험(Insurance)과 기술(Technology)의 합성어로 기존의 보험서비스에 4차 산업혁명 기술(빅데이터 분석, 인공지능)을 융합한 보험서비스의 혁신
- 보험산업의 가치사슬 분야: 상품개발, 유통 및 판매, 보험가입심사, 보험금 지급관리, 마케팅 및 고객관리 등
- 보험 에그리게이터(Insurance Aggregator): 다양한 보험회사의 상품이나 서비스에 대한 정보를 모아 보험상품의 비교와 원스톱 쇼핑이 가능한 웹사이트를 말함

연습문제

01 다음 설명에서 Ⓐ가 무엇인지 답하시오.

진화된 핀테크 2.0은 혁신융합기술을 통해 기존 금융기관과 핀테크 기업과의 다양한 협업으로 온라인·모바일 환경에서 소비자 중심의 새로운 비즈니스 모델 창출 및 금융서비스 제공을 목표로 하고 있다. 핀테크 2.0은 인터넷전문은행, (Ⓐ   ), P2P 대출, 자산관리 등 금융전반에 걸쳐 다양한 서비스가 제공되고 있다.

Ⓐ – (   )

02 다음 설명에서 Ⓐ가 무엇인지 답하시오.

핀테크 서비스는 기능적인 측면과 비즈니스 모델 측면으로 분류할 수 있다. 핀테크 서비스의 기능에 따른 분류는 결제 및 송금, 대출 및 자금조달, 자산관리, 금융플랫폼으로 구성된다. 비즈니스 모델에 따른 분류는 지급결제(payments), 금융 데이터 분석(financial data analytics), 금융소프트웨어 시장(financial software market), (Ⓐ   )의 네 가지 요소로 구성된다.

Ⓐ – (   )

03 다음 설명에서 공통적으로 Ⓐ가 무엇인지 답하시오.

핀테크 기업들은 기업·기관 간 협의체를 설립하여 금융보안 정책수립에 필요한 국내외 법규와 제도를 분석하고 이를 바탕으로 공통된(표준화된) 정보보호 및 보안정책을 수립할 수 있는 (　　Ⓐ　　) 구축이 필요하다. (　　Ⓐ　　)의 주요 내용은 기관 간 협의된 표준화된 핀테크 보안정책 수립, 정보보호에 관한 최고경영층의 의사결정권한과 책임수립, 비즈니스와의 전략적 연계, 컴플라이언스(compliance) 보장을 위해 지켜야 할 원칙 등이 있다.

Ⓐ – (　　　　　　　　　　　　)

04 다음 설명에서 Ⓐ가 무엇인지 답하시오.

2018년 9월에 (　　Ⓐ　　)이 국회 본회에 통과되면서 ICT 대기업에 한해 의결권 지분을 최대 34%(기존 4%, 의결권 기준)까지 늘릴 수 있는 여건이 마련되어 새로운 경쟁기업의 출현 유도와 정체된 금융산업의 성장 모멘텀 부여로 혁신성장이 기대되고 있다.

Ⓐ – (　　　　　　　　　　　　)

05 다음 설명에서 Ⓐ가 무엇인지 답하시오.

바젤III(Basel III)는 국제결제은행(BIS)이 2010년에 확정한 강화된 재무건전성 기준으로 대표적인 바젤III 규제비율에는 (　　Ⓐ　　), 자산건전성, 유동성 등이 있다.

Ⓐ – (　　　　　　　　　　　　)

06 다음 설명에서 공통적으로 Ⓐ가 무엇인지 답하시오.

로보어드바이저(Robo-Advisor)는 (　　Ⓐ　　)를 활용한 분산투자를 특성으로 한다. (　　Ⓐ　　)의 특징은 주식과 동일한 결제기간으로 펀드보다 환금성이 높고 개별주식에 비해 위험과 가격변동성이 상대적으로 적다. 1주를 매입하더라도 추종 지수 전 종목에 분산투자 효과가 있고, 펀드보다 낮은 수수료율과 보수율에 따른 비용을 지급한다.

Ⓐ − (　　　　　　　　　　)

07 다음 설명에서 공통적으로 Ⓐ가 무엇인지 답하시오.

로보어드바이저는 투자자의 성향을 분석하고 인공지능 알고리즘을 기반으로 포트폴리오를 산출하여 체계적으로 자문서비스를 제공하는바, 일반적으로 5단계 과정을 통해 투자자의 자산을 관리한다. 첫째, 개별 질문을 통해 투자자의 투자성향과 위험성향을 파악하고 투자목적 등을 분석하여(customer profiling) 투자자금의 성격을 파악한다. 둘째, 투자자의 성향 및 목적에 따른 자산군별 투자비중을 결정한다(　　Ⓐ　　). 셋째, 금융 빅데이터 기반으로 인공지능 알고리즘을 이용하여 최적의 맞춤 포트폴리오를 추천하고 선택하여 자산군별 최적의 금융상품을 추천한다(portfolio selection). 넷째, 로보어드바이저가 추천한 투자를 집행한다(trade execution). 다섯째, 투자가 실행되는 시장과 투자자산을 모니터링(monitoring)하면서 포트폴리오를 자동적으로 재조정(portfolio rebalancing)한다.

• 로보어드바이저 포트폴리오 배분 프로세스 단계: customer profiling →
　(　　Ⓐ　　) → portfolio selection → trade execution → portfolio
　rebalancing

Ⓐ − (　　　　　　　　　　)

08 다음 설명에서 Ⓐ와 Ⓑ가 무엇을 말하는지 답하시오.

암호화폐 비트코인(Bitcoin) 개발자 사토시 나카모토(가명)는 블록체인은 비트코인의 거래내역을 기록하는 장부로 (　　Ⓐ　　) 네트워크를 기반으로 한 (　　Ⓑ　　)이라고 정의하였다.

Ⓐ – (　　　　　　　　　　)　　　Ⓑ – (　　　　　　　　　　)

09 다음 설명에서 Ⓐ와 Ⓑ가 무엇을 말하는지 답하시오.

블록체인은 네트워크 참여자의 성격과 시스템 접근 범위에 따라 퍼블릭(Public) 블록체인, (　　Ⓐ　　) 블록체인, 그리고 (　　Ⓑ　　) 블록체인으로 구분한다.

Ⓐ – (　　　　　　　　　　)　　　Ⓑ – (　　　　　　　　　　)

10 다음 설명에서 Ⓐ와 Ⓑ가 무엇을 말하는지 답하시오.

(　　Ⓐ　　)은 블록체인 기술을 활용하여 계약, 협상의 실행 및 시행을 할 수 있는 프로그램 코드를 말한다. 즉, (　　Ⓐ　　)은 (　　Ⓑ　　)기술 기반의 환경에서 일정 조건을 충족시키면 당사자 간에 거래가 자동으로 체결되는 소프트웨어 프로그램을 이용한 계약이다.

Ⓐ – (　　　　　　　　　　)　　　Ⓑ – (　　　　　　　　　　)

11 다음 설명에서 Ⓐ와 Ⓑ가 무엇을 말하는지 답하시오.

보험회사 측면에서는 인슈어테크로 인해 보험산업의 기존 가치사슬(value chain)이 무너지고, 새로운 형태의 가치사슬이 재정립되고 있다. 국내 회계법인 삼정KPMG는 보험산업의 가치사슬 분야로 상품개발, 유통 및 판매, (　　Ⓐ　　), (　　Ⓑ　　), 마케팅 및 고객관리를 제시하였다.

Ⓐ – (　　　　　　　　　　)　　　Ⓑ – (　　　　　　　　　　)

12 다음 설명에서 Ⓐ가 무엇인지 답하시오.

(Ⓐ   )는 다양한 보험회사의 상품이나 서비스에 대한 정보를 모아 보험상품의 비교와 원스톱 쇼핑이 가능한 웹사이트를 말한다. 보험서비스의 공급자와 소비자를 연결하는 플랫폼 역할을 수행하는 등 새로운 보험 판매채널로 부상하고 있다.

Ⓐ – (   )

서술형문제 🔍

13 국내 핀테크 시장 활성화에 필요한 기술적, 제도적 요인을 3가지 이상 서술하시오.

14 국내 인터넷전문은행 산업의 활성화에 필요한 법적, 제도적, 기술적 요인을 2가지 이상 서술하시오.

참고문헌

강재구, 이지연, 유연우(2017), "빅데이터 기술을 활용한 이상금융거래 탐지시스템 구축
    연구", 한국융합학회논문지, 제8권, 제4호, pp. 19-24.

고윤승(2016), "우리나라 로보어드바이저 도입을 위한 활성화 방안 탐색", 한국과학예술
    포럼, 제25권, 제1호, pp. 19-32.

권오경(2016), "인슈어테크 평가와 전망", 보험연구원 Kiri 리포트, 제409권, pp. 31-32.

김범준, 엄윤경(2017), "로보-어드바이저(Robo-Adviser)의 활용과 금융투자자 보호",
    법학연구, 제65권, 제1호, pp. 71-98.

김은석, 김영준(2019), "인슈어테크 디지털 보험플랫폼서비스의 사용자 수용의도에 관한
    연구", 경영학연구, 제48권, 제4호, pp. 997-1043.

김진영(2018), "블록체인기술 활용에 관한 공법적 과제와 개선방안", 과학기술법연구, 제
    24권, 제2호, pp. 43-79.

김헌수, 권혁준(2018), "보험 산업의 블록체인 활용: 점검 및 대응", 연구보고서, 제24권,
    pp. 1-100.

금융동향센터(2016), "미국 핀테크와 자산운용업무 변화", 주간 금융 브리프, 제25권, 제
    36호, 한국금융연구원.

박나영, 정순희(2017), "펀드투자자의 로보어드바이저(Robo-Advisor) 이용의도에 미치
    는 영향 요인 연구", Financial Planning Review, 제10권, 제1호, pp. 147-171.

박상민(2016), "인터넷 전문은행 도입이 금융소비자에게 미치는 영향: 개인정보보호와 관
    련하여", KHU 글로벌 기업법무 리뷰, 제9권, 제1호, pp. 65-101.

박소정, 박지윤(2017), "인슈어테크 혁명: 현황 점검 및 과제 고찰", 보험연구원 연구보고
    서, 제2017권, 제11호, pp. 1-170

삼정KPMG(2016), "금융산업의 10대 Big Issues", Samjong Insight, 제45권, pp. 1-32.

서민교(2013), "국내 금융기관의 빅데이터(Big Data)활용 사례에 관한 연구", 전자무역연
    구, 제11권, 제4호, pp. 115-134.

서보익(2016), "로보-어드바이저가 이끌 자산관리시장의 변화", 2016년 하반기 산업전
    망: 증권.

선화, 김현덕(2019), "블록체인 기술이 물류산업에 미치는 영향에 관한 연구", e-비즈니
    스연구, 제20권, 제3호, pp. 137-148.

손위창(2015), "로보 어드바이저, WM서비스 대중화에 도전장", Quant & Asset Allocation.

안성학(2016), "국내 로보 어드바이저 시장의 현황과 전망", 주간하나금융포커스, 제6권, 제28호, 하나금융연구소, pp. 1−5.

양영균, 천세학(2019), "블록체인 기술의 활용 현황과 발전 방안에 관한 연구: 해외의 암호화폐 정책을 중심으로", 商業敎育硏究, 제33권, 제2호, pp. 47−70.

이경진(2016), "美 로보어드바이저 업계, 신규 사업 확대", 주간하나금융포커스, 제6권, 제23호, 하나금융연구소, pp. 1−10.

이성복(2016), "로보어드바이저가 미국 자산관리시장에 미친 영향", 자본시장리뷰, 자본시장연구원, pp. 1−107.

정종구(2018), "블록체인 활용방안에 대한 규범적 고찰", 정보법학, 제22권, 제1호, pp. 203−232.

조주현(2018), "블록체인의 올바른 이해와 기업 비즈니스 관점의 활용 방향", POSRI 이슈리포트, 제8권, 제1호, pp. 1−9.

최창열(2018), "인슈어테크 사례를 통한 비즈니스모델에 대한 연구", e−비즈니스연구, 제19권, 제4호, pp. 155−168.

한국금융연구원(2014), "국제금융 이슈: 해외 금융기관들의 빅데이터 활용 사례와 유의점", 한국금융연구원 주간 금융 브리프, 제23권, 제36호, pp. 14−15.

Accenture Consulting(2016), The Present Status and Future Prospect of FinTech Market, Trending Now Magazine.

Frost and Sullivan Research(2017), FinTech Industry Outlook and Issues 2016, 360 Research Report.

Gartner(2016), Forecast: FinTech Security, Worldwide, 2016, Gartner Special Report.

Hana Institute of Finance(2016), "US robo advisors industry, expanding new business," weekly hana financial focus, Vol. 6, No. 23, pp. 1−13.

Kang, Y., Y. Lee, H. Kwon, K. Han and H. Jeong(2016), A Study on the Information Security System of Fin−Tech Business, Journal of Convergence for Information Technology, Vol. 6 No. 2, pp. 19−24.

Moon, B. S(2015), Fintech Trend and Legal Challenge: Focusing on the Personal Data Protection Regulations, Korean Journal of Banking and Financial Law, Vol. 8, No. 1, pp. 29−53.

Park, J. Y. and H. J. Shin(2016), "Predicting KOSPI Stock Index using Machine

Learning Algorithms with Technical Indicators," Journal of Information Technology and Architecture, Vol. 13, No. 2, pp. 331−340.

Statista Research Institute(2017), Trends and Long Term Outlook for the FinTech Market, Special Report of Statista.

Yano Research Institute(2017), FinTech & Future Strategy, Strategic Report of Yano Research Institute, pp. 1−449.

You, J. and S. Huh(2015), Fintech Security Issues and Fundamental Strategy, Communications of the Korean Institute of Information Scientists and Engineer, Vol. 33, No. 5, pp. 33−36.

PART_ **03**

The Fourth Industrial Revolution and Smart Business

4차 산업혁명의 핵심원천기술

CHAPTER

06

사물인터넷과 4차 산업혁명

6.1 사물인터넷의 개념 및 구성요소

사물인터넷(Internet of Things, IoT)은 유·무선 네트워크를 기반으로 모든 사물을 연결하여 사람과 사물(human to machine), 사물과 사물(machine to machine) 간에 정보를 상호 소통하는 지능형 정보기술(IT) 및 서비스를 말한다. 사물인터넷은 고도의 편재성(ubiquity)과 상호 연결성을 기반으로 인간의 직접적인 개입 없이도 다양한 사물들(장치, 제품, 센서, 애플리케이션 등)을 연결하고 소통한다. 즉, 사물인터넷은 사물과 사람이 거대 네트워크 속에서 상시 접속하고 상호 작용하는 초연결사회(Hyper Connected Society) 또는 만능지능 인터넷사회로 발전시키고 있다.

사물인터넷은 정보의 생산주체와 소비주체가 기기와 사람인 경우를 모두 포함하는 개념이며, 이 개념은 기존 유비쿼터스센서네트워크(Ubiquitous Sensor Network, USN)에서 사물과 사물 간 연결을 일컫는 사물지능통신(Machine to Machine, M2M)으로 발전한 것이다. 유비쿼터스센서네트워크(USN)는 각종 센서에서 감지한 정보를 무선으로 수집할 수 있도록 모든 사물에 태그(tag)를 부착하여 사물 및 환경 정보까지 감지하는 네트워크 환경을 의미한다. 필요한 제품이나 사물에 전자태그(RFID tag)를 부착하고, 이를 통해 제품(사물)에 대한 정보는 물론 주변의 환경정보까지 탐지하여 이를 실시간으로 네트워크에 연결하여 정보를 통합·관리한다. 사물지능통신(M2M)은 모든 사물에 센서 및 통신 기능을 결합하여 정보를 수집하고 상호 전달하는 네트워크로 기계 중심의 연결(기계 간 통신)을 의미한다. 사물지능통신은 사물인터넷과 아래와 같은 차이점이 있다. 첫째, 사물지능통신은 기계 중심의 연결이고, 사물인터넷은 환경 중심의 연결이다. 사물지능통신은 기계가 사물 간의 연결을 매개하는 데 반해 사물인터넷은 사람과 사물을 둘러싼 환경이 그 연결주체가 됨으로써 확대된다. 둘째, 사물지능통신은 수동적으로 기계가 정보를 수집하고 가공하여 인간에게 전달한다. 사물인터넷은 모든 사물이 스스로 정보를 생성하고 가공하며 이것을 공유하고 사람과 상호 작용하는 지능적인 역할까지 수행한다.

사물인터넷의 미래, 그리고 진화된 모습은 바로 만물인터넷(Internet of Everything, IoE)이다. 만물인터넷(IoE)은 사물과 사람, 데이터, 프로세스 등 세상에서 연결 가능한 모든 것(만물)이 인터넷에 연결되어 서로 소통하며 새로운 가치와 경험을 창출하는 기술이다. 즉, 만물인터넷은 서로 소통하고 새로운 가치와 경험을 창출하는 미래의 네트워크로 존재하는 모든 사람과 프로세스, 데이터, 모바일, 클라우드 등이 상호 지능적으로 연결된다. 사람–프로세스–데이터–사물의 연결로 얻어진 정보는 새로운 기능 및 비즈니스를 위한 경제적 가치로 창출된다. 만물인터넷은 앞서 서술한 유비쿼터스센서네트워크, 사물지능통신, 사물인터넷 등을 유기적으로 연결된 모든 네트워크를 의미하는 초연결 시대를 뜻하는 용어이다. 이상으로 사물인터넷과 관련된 용어는 [표 6-1]과 같다.

국제전기통신연합(International Telecommunication Union, ITU)은 사물인터넷을 상호 정보교환이 가능한 정보와 의사소통기술을 기반으로 물리적 또는 가상적 물체의 상호 연결에 의한 진보된 서비스를 제공할 수 있는 정보사회를 위한 글로벌 기반 기술이라고 정의하였다. 사물인터넷의 주요 기술은 정보의 생성(센서기술)과 통신기술이다. 센서기술은 스마트 기기 및 기타 장치들에 탑재되어 센서 정보를 생성 및 수집, 전송하며 센서로부터 생성된 데이터는 개발자들이 쉽게 접근할 수 있도록 개방형 데이터 플랫폼이 요구된다. 통신기술은 실시간 정보의 제공 및 센서정보들을 최종 단말 장비로 전달하기 위한 기반통신기술이다. 이와

표 6-1 사물인터넷과 관련된 용어

구분	정의	핵심 키워드
유비쿼터스센서 네트워크 (Ubiquitous Sensor Network, USN)	각종 센서에서 감지한 정보를 무선으로 수집할 수 있도록 모든 사물에 태그를 부착, 사물 및 환경 정보까지 감지하는 네트워크 환경	• 센서정보 수집 기술 • 전자태그(RFID tag) 기술 • 정보통합관리 기술
사물지능통신 (Machine to Machine, M2M)	모든 사물에 센서 및 통신 기능을 결합하여 정보를 수집하고 상호 전달하는 네트워크로 기계 중심의 연결(기계 간 통신)을 의미함	• 기계 중심의 연결 • 수동적으로 정보 수집, 전달
사물인터넷 (Internet of Things, IoT)	유·무선 네트워크를 기반으로 모든 사물을 연결하여 사람과 사물, 사물과 사물 간에 정보를 상호 소통하는 지능형 정보기술 및 서비스	• 인간 개입 없이도 다양한 사물들을 연결하고 소통함 • 스스로 정보를 수집, 가공, 공유, 상호 작용 등(지능화)
만물인터넷 (Internet of Everything, IoE)	사람, 프로세스, 데이터, 사물 등 세상 만물이 인터넷에 연결되어 서로 소통하며 새로운 가치와 경험을 창출하는 기술	• 사물인터넷의 확장된 개념 • 사람-프로세스-데이터-사물 등 모든 것을 연결시켜 상호 소통할 수 있음 • 새로운 가치와 경험을 창출함

같이 사물인터넷을 기술적 범주로 분류하면 다음과 같이 2가지로 분류할 수 있다. 첫째, 다양한 양방향 서비스 및 개방형 사물인터넷 서비스 지원을 위한 IoT/M2M 서비스 플랫폼 기술이다. 둘째, 수많은 다양한 사물 및 가상세계의 모든 정보와 개인화 디바이스 간의 능동적인 통신을 보장하는 IoT/IoE 네트워크 기술을 말한다.

사물인터넷 제품의 기획과 개발은 포스트 스마트(post smart) IT시대의 핵심 분야이다. 시장조사기관 가트너(Gartner)가 매년 선정하는 '정보기술 10대 전략 기술(Top 10 Strategic Technology)'에서는 2012년부터 6년 동안 사물인터넷을 상위 순위로 선정한 바 있다. 미국 국가정보위원회(National Intelligence Council)는 2025년까지 미국의 국가 경쟁력에 영향을 미칠 수 있는 혁신적인 파괴적 기술 (disruptive civil technology) 중 하나로 사물인터넷을 선정하였다. 현재 사물인터넷 은 수많은 사물인터넷 기기들이 네트워크에 연결되는 초연결성으로 다양한 산업

분야에 적용될 뿐만 아니라 우리 생활과 밀접한 스마트 가전, 스마트 홈, 스마트 의료(헬스케어), 원격검침, 교통 분야 등에서 본격적인 시장 활성화가 진행 중이다. 이처럼 사물인터넷이 실제 생활영역에 적용되면서 경제적 가치 창출, 효율성 증대, 편의 제공 서비스 등이 현실화되고 있다.

사물인터넷의 핵심기술은 [표 6-2]와 같이 센서기술, 네트워크 인프라 기술, 서비스 인터페이스 기술, 보안기술이다. 센서기술은 온도, 습도, 열, 가스, 위치, 속도 등의 물리량을 다양한 방법을 이용해 측정하는 기술로 사람을 대신하여 필요한 사물이나 장소에서 정보를 수집하여 실시간으로 전달, 공유하는 핵심기술이다. 최근에 기술의 발달로 사람의 오감영역보다 뛰어난 센서들이 개발되어 기술영역을 확장시켜주고 있다. 네트워크 인프라 기술은 사물과 사람이 인터넷에 연결되도록 지원하는 기술로 와이파이(WiFi), 블루투스(Bluetooth), 4G/5G 등 유선과 무선으로 주고받는 모든 매체를 말한다. 서비스 인터페이스 기술은 사물인터넷으로 연결된 정보를 생성, 수집, 공유, 활용하는 역할을 담당한다. 또한 대량의 정보를 수집하고 분석하여 처리하는 빅데이터 분석기술이 여기에 포함된다. 마지막으로 보안기술은 네트워크, 서버 및 디바이스 및 센서 등 사물인터넷 구성요소에 해킹 및 악성코드로 인한 개인정보유출, 서비스거부 등을 방지하기 위한 기술이다.

● 표 6-2 사물인터넷의 핵심기술

핵심기술	설명	요소
센서기술	온도, 습도, 열, 가스, 위치, 속도 등을 측정하고, 이를 수집하여 실시간으로 전달 및 공유하는 기술	센서정보 수집 기술, 전자태그
네트워크 인프라 기술	사물과 사람이 인터넷에 연결되도록 지원하는 기술	와이파이, 블루투스, 4G/5G
서비스 인터페이스 기술	사물인터넷으로 연결된 정보를 생성, 수집, 공유, 활용하는 역할	개방형 데이터플랫폼, 빅데이터 분석기술
보안기술	해킹 및 악성코드로 인한 개인정보유출, 서비스 거부 등을 방지하기 위한 기술	방화벽, 보안도구(애플리케이션), 보안정책

사물인터넷의 주요 응용분야

사물인터넷(Internet of Things, IoT)은 개인, 가정, 산업, 공공 분야에 걸친 광범위한 소비 기반을 보유하고 있다. 즉, 사물인터넷 적용분야는 적용업종의 다양성만큼 최종 수요처도 개인, 가정, 산업, 공공 분야에 걸쳐 광범위하게 존재한다(표 6-3 참조). 사물인터넷 혁명은 에너지 및 의료, 제조업 등 여러 분야에 영향을 주며, 인간과 기계의 상호 작용에 근본적인 변화와 기존의 소품종 대량생산에서 다품종 소량생산의 수직적인 공급 가치사슬체계로 전환될 것으로 전망된다.

사물인터넷의 가장 대표적인 응용분야는 스마트 팩토리(smart factory)이다. 스마트 팩토리란 설계·개발, 제조 및 유통·물류 등 생산 과정에 디지털 자동화 솔루션이 결합된 정보통신기술을 적용하여 생산성, 품질, 고객만족도를 향상시키는 지능형 생산공장을 말한다. 스마트 팩토리는 전통적인 제조산업에 사물인터넷을 결합하여 개별 공장의 설비(장비) 및 공정이 센서(sensor)를 통한 네트워크로 연결되고, 생산 관련 모든 데이터 및 정보가 실시간으로 공유되어 생산 및 운영이 최적화된 공장을 말한다. 스마트 팩토리는 제조업 관점에서 자원의 효율성과 적응성 향상, 그리고 가치사슬 측면에서 고객 또는 공급자의 통합을 특징

● 표 6-3 사물인터넷의 주요 응용분야

구 분	IoT 응용 및 진화	구 분	IoT 응용 및 진화
제소업분야	스마트 제조 (Smart Manufacturing) 스마트 팩토리 (Smart Factory)	건축 및 주거 분야	스마트 홈 (Smart Home)
의료 및 헬스케어 분야	스마트 헬스 (Smart Health)	에너지분야	스마트 에너지 (Smart Energy)
교통 및 운송 분야	스마트 교통 (Smart Transport)	농업분야	스마트 팜 (Smart Farm)
공공분야	스마트 정부 (Smart Government) 스마트 환경 (Smart Environment)	고객 서비스 분야	스마트 고객 경험 (Smart Customer Experience)

으로한 지능적(intelligent)이고 스마트(smart)한 공장이다. 이로써 제조업 분야는 사물인터넷 기반의 스마트 팩토리 구축을 통해 '스마트 제조(Smart Manufacturing)'로 진화하고 있다. 스마트 팩토리 구현에 있어 사물인터넷 기술을 통한 정보수집과 이를 통해 수집된 방대한 정보를 분석하고 신속한 의사결정을 지원하기 위해 빅데이터 분석기술이 필수적으로 요구된다. 이러한 스마트 팩토리 도입으로 생산공정을 최적화하고 공정의 유연성과 성능을 향상시킬 수 있다.

건축 및 주거 분야는 사물인터넷 기술을 활용한 '스마트 홈(Smart Home)'으로 발전하고 있다. 스마트 홈이란 주거환경에 ICT를 융합하여 국민의 편익과 복지 증진, 안전한 생활이 가능한 인간 중심적인 스마트 라이프 환경이다. 스마트 홈은 유무선 통신망과 디지털 기기를 기반으로 편리하게 주거환경을 관리할 수 있도록 유비쿼터스(ubiquitous) 환경과 이들 시스템이 구축된 주거환경이다. 스마트 홈은 스마트폰과 웨어러블 디바이스를 통해 가정 내 모든 스마트 기기들이 네트워크로 상호 연결되고 사용자에게 접근한다. 이러한 스마트 기기는 가전제품, 홈오토메이션 기기, 냉난방 기기, 차량 기기 등으로 구분한다. 미국의 애플(Apple)사는 사용자가 아이폰을 통해 가정 내의 전등, 난방, 스마트 가전제품을 제어할 수 있는 스마트 홈 애플리케이션 홈킷(HomeKit)을 출시하였다. 홈킷은 애플의 디바이스에 애플리케이션(응용프로그램, 앱)을 탑재하여 다양한 스마트 홈 공급업체의 기술을 관리할 수 있는 플랫폼이다. 홈킷은 스마트 홈 공급업체가 제공하는

● 그림 6-1 애플의 홈킷(HomeKit)과 SKT의 스마트 홈 구조

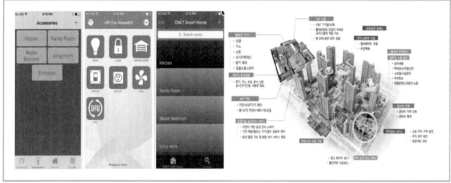

출처: 애플 및 SKT 홈페이지

다양한 기기장치의 제어를 가능하게 하는 홈오토메이션(home automation) 시스템이다. 또한 SK텔레콤(SKT)은 공동주택단지(아파트)를 위한 스마트 홈 앱(apps) 서비스를 제공하고 있다. 스마트 홈 앱에는 공동 현관문 자동출입, 주차위치 확인, 무인택배 도착 알림, 단지 내 투표, 공용시설 예약 등의 입주민 생활 편의기능을 스마트폰을 이용하여 제어할 수 있다.

의료 및 헬스케어 분야는 사물인터넷 기술을 적용한 '스마트 헬스(Smart Health)'로 진화하고 있다. 스마트 헬스란 진보된 응용기기(모바일/스마트 장치, 센서 등)를 통해 환자와 의료진에게 의료서비스에 대한 접근성을 향상시키는 공공 및 개인 의료체계를 구축하는 것이다. 헬스케어 분야는 블루투스(Bluetooth), 와이파이(WiFi), 근거리무선통신(NFC) 등의 네트워크를 활용한 다양한 종류의 센서들이 개발되고 있다. 이들 센서는 환자의 생체정보를 획득하는 센서와 개인의 운동량이나 신체 특징을 측정하는 센서를 포함하며, 응용의 목적에 따라 실시간으로 정보를 저장 및 전달한다. 최근 원격진료서비스 구현을 위해 애플리케이션(앱, apps)을 이용한 헬스서비스가 제공되고 있다. 헬스서비스는 체중, 혈당, 혈압 등 환자의 생체정보를 스마트폰으로 전송하고, 쉽게 기록할 수 있도록 지원한다. 이들 융합서비스를 통해 환자들은 신속한 건강관리서비스를 받을 수 있고 의료진은 보다 정확한 정보를 이용하여 환자진료를 수행할 수 있다.

에너지 분야는 사물인터넷 기술이 적용되어 '스마트 에너지(Smart Energy)'로 진화하고 있다. 에너지 생산을 넘어 효율적인 사용이 중시되면서 4차 산업혁명 시대에는 새로운 전력시스템과 에너지 거래방식의 변화가 일어나고 있다. 전력망 기술과 정보통신망 기술의 융·복합을 통해 다양한 분산 전원을 안정적으로 수용하고, 에너지 이용효율을 극대화하는 스마트 에너지 시스템(서비스)이 주목받고 있다. 스마트 에너지 서비스는 초연결사회에서 에너지 문제 해결을 위한 스마트 에너지 플랫폼 기술을 개발하여 에너지 정보 수집, 에너지 수요의 부하 관리 및 에너지 공유·거래를 통한 에너지 효율을 극대화하는 서비스이다. 스마트 에너지 서비스는 사물인터넷을 활용한 에너지 공급-전달-활용의 에너지 시스템 간 상호 연계·통합을 통해 에너지 효율성 증대, 에너지 공유 및 거래서비스를 제공한다. 또한 신재생 에너지원, 전력망, 전략과 에너지 소비를 지속적으로 측정하여 배전회사와 소비자에게 정보를 제공하는 동시에 적절히 수요와 공급의 균형을 맞추도록 하는 분산 전원의 지능형 통합시스템을 구축하고 있다.

사물인터넷 시장에서 가장 높은 성장이 기대되는 분야는 바로 교통 및 운송 분야이다. 교통 및 운송 분야는 사물인터넷 기술이 적용되어 '스마트 교통(Smart Transport)'으로 진화하고 있다. 사물인터넷의 구현 목표가 인간의 편의성을 추구하는 데서 비롯해 자동화, 신속성, 안전성으로 이어지고 있다. 스마트 교통은 첨단 ICT를 인간, 자동차, 교통인프라에 통합함으로써 교통정보 수집 및 제공, 교통체계의 운영최적화 및 자동화 등을 주목적으로 한 지능형 교통시스템(Intelligent Transport System, ITS)을 말한다. 스마트 교통은 사용자가 안전하고 편리하게 이용할 수 있도록 서로 다른 형태의 운송 및 교통체계를 관리하는 혁신적인 서비스를 제공하는 진보된 응용기술이다. 또한 스마트 교통은 최근 선진국 도시에서 구축하고 있는 스마트 시티(Smart City)의 핵심기술이다. 스마트 시티는 다양한 유형의 전자데이터 수집 센서를 이용하여 자산과 자원을 효율적으로 관리하는 데 필요한 정보를 제공하는 도시를 말한다. 스마트 시티에서 지능형 교통시스템은 반드시 구축되어야 할 기본 인프라이다.

마지막으로 농업분야에서는 사물인터넷 기술을 적용하여 '스마트 팜(Smart Farm)'이라는 비즈니스 모델이 창출되었다(그림 6-2 참조). 스마트 팜은 기존의 농산업에 사물인터넷, 클라우드, 빅데이터, 모바일 및 인공지능 기술 등을 융합하여 생산·유통·소비 등 농산업 전체에 생산성, 효율성, 품질향상 등의 고부가가치를 창출하고 있다. 즉, 스마트 팜은 농림축수산물의 생산, 가공, 유통 단계에서 정보통신기술을 접목한 지능화된 농업시스템이다. 스마트 팜은 4차 산업혁명의 핵심원천기술을 이용하여 농작물, 가축 및 수산물의 생육환경을 적정하게 유지 및 관리하고, PC와 스마트폰으로 원격에서 자동 관리할 수 있어 생산의 효율성뿐 아니라 편리성도 높일 수 있다. 또한 스마트 팜을 통해 환경정보(온도, 습도, 이산화탄소, 토양 등) 및 생육정보에 대한 정확한 데이터를 기반으로 생육 단계별 정밀한 관리와 예측이 가능하여 수확량 및 품질을 향상시킬 수 있다. 스마트 팜은 노동력과 에너지를 효율적으로 관리하여 생산비용을 절감할 수 있다. 국내 이동통신사 SK텔레콤은 비닐하우스 내부의 온도, 습도, 급수, 배수, 사료 공급 등이 원격제어가 가능한 스마트 팜 서비스를 농가들(제주도 서귀포, 경북 성주)에게 제공하고 있다.

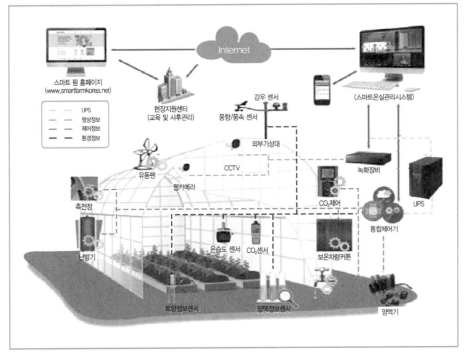

출처: 농수산식품교육문화 정보원

사물인터넷 기술의 적용미래는 공급자 위주의 제품 중심에서 수요자 위주의 서비스 중심으로 시장이 변화될 것이며 이와 함께 소프트웨어(애플리케이션)의 중요성이 증가하고, 고객 수요에 부응하기 위한 다양한 서비스 산업이 성장할 것이다. 미래의 사물인터넷 산업은 사물인터넷 기기로 수집된 방대한 데이터를 통해 지금까지 없었던 다양한 형태의 서비스 제공이 가능해지고, 이를 통해 새로운 비즈니스 모델이 출현할 것이다.

6.3 사물인터넷의 특징과 경제적 부가가치

사물인터넷의 특징은 정보처리의 자동성 및 편재성(ubiquity)이다. 무선인터넷 인프라 확산 및 스마트폰 등의 모바일 기기가 일반화된 상황에서 기존 네트워크 환경에 비해 사물인터넷 환경이 특별히 구분되는 점은 정보가 처리되는 일련의 과정이 인간의 의식적인 개입이 매개되지 않는다는 점과 이러한 정보처리가 상시적이고 매우 폭넓은 범위에서 이루어진다는 점이다.

사물인터넷 환경은 온도, 습도, 움직임, 소리와 같은 물리적 환경 또는 사람의 심리적·육체적 상태, 위치, 행동 등에 관한 일차적 정보를 감지 및 축적하고 이들 정보를 단독으로 처리하거나 다른 곳에서 감지된 정보와 소통함으로써 새로운 정보를 만들고 의미 있는 지식으로 추출한다. 이것이 바로 사물인터넷 데이터를 활용한 빅데이터 분석과정이다. 빅데이터 분석결과를 활용하여 적절한 반응 또는 신속한 의사결정을 지원한다. 이러한 과정은 기본적으로 사람이 데이터를 직접 입력하거나 기기를 조작하는 방식이 아니라 사물에 내장된 컴퓨터 스스로에 의해 자동적으로 이루어진다. 센서와 정보처리, 네트워크 기술을 통해 컴퓨터가 사람 없이도 스스로 상황을 관찰 및 식별하고, 조정과 이해를 통해 반응한다. 사물인터넷 환경은 필요한 장치가 내장될 수 있다면 개인의 일상생활에서부터 모든 산업영역과 공공의 생활영역에 이르기까지 활용되고 거의 모든 사물들에 의해 구성된다. 즉, 지능형 사물의 상시적인 연결 및 정보의 공유와 이에 따른 최적의 반응(기술과 서비스의 융복합)이 가능하여 사물인터넷은 인간을 둘러싼 모든 환경 전반에 걸쳐 언제 어디서나 광범위하게 활용된다. 바로 이러한 측면에서 사물인터넷은 혁명적 변화의 계기로 이해되는 것이다.

다국적 컨설팅전문회사 맥킨지(McKinsey)는 2025년 사물인터넷의 경제적 파급효과가 약 6조 달러(7,300조 원)에 이를 것으로 전망하고 있으며, 스마트 제조, 스마트 헬스케어, 스마트 교통 및 물류 분야에 가장 큰 경제성장 효과를 기대하고 있다. 전 세계 사물인터넷 시장은 지속적으로 급성장하고 있으며 이러한 성장은 사물인터넷의 독자적인 발전만이 아닌 관련 산업 및 기술들의 동반 성장을 의미한다. 국제사물인터넷위원회는 산업분야별 사물인터넷 시장에서 가장 큰 성장이 기대되는 산업분야로 운송(transportation)분야를 선정하였고, 그 이외에 스마트 제조, 스마트 에너지, 스마트 빌딩 관련 비즈니스 모델의 중요성을 강조하였다. 이것은 사물인터넷의 구현 목표가 인간의 편의성을 추구하는 데서 비롯해 자동화, 신속성, 안전성 등으로 이어지고 있다는 것이다. 또한 사물인터넷 기술을 이용하여 단순히 만물의 연결에만 집중하지 말고 사물인터넷 기술로 인해 축적된 빅데이터를 분석하고 이들 빅데이터 분석결과를 활용 및 적용해야만 진정한 사물인터넷의 경제적 부가가치가 창출된다는 점을 명심해야 한다.

사물인터넷의 산업별 부가가치는 제조와 헬스케어 분야가 가장 높고, 통신과 아키텍처 분야가 비교적 낮다. 사물인터넷은 기반 기술 분야보다 응용 및 구축이 용이하고, 시간이 많이 소요되거나 반복되는 분야에 집중되고 있으며 주로 인간의 편의성을 궁극적인 목표로 삼고 있다. 사물인터넷은 대체로 양적인 측면에서 연결성의 급속한 확대에 대한 예측과 경제적·사회적 측면의 긍정적 효과에 대한 전망이 제시되고 있지만 이에 비해 구체적인 성과와 내용은 충분히 가시적으로 드러나지 않고 있는 상황이다. 그러나 사물인터넷이 가져다주는 경제적 효과 및 편의향상 등 생활의 혁신에 기여하는 바가 크다는 것이 전문가들의 공통적인 의견이다. 사물인터넷 발전에 따른 문제점(사물인터넷 보안, 개인정보유출)은 무엇인지 분석하고, 이에 관한 대응방안에 대한 구체적인 논의가 있어야 할 시점이다.

6.4 국외 사물인터넷 산업동향

시장조사기관 가트너(Gartner)는 2020년 이후 5년간 세계 사물인터넷 시장규모가 연간 21.8%씩 성장하여 8조 9,000억 달러(1,831조 원)가 넘을 것으로 예상하였고, 미국의 네트워크 통신회사 시스코(Cisco)는 '2020년 사물인터넷 미래전망보고서'를 통해 2022년까지 600억 이상의 디바이스가 상호 연결되는 환경이 도래한다고 예상하였다. 특히 생활가전(게임, TV), 지능형 빌딩(보안, 건물자동화관리, 인프라), 유틸리티(에너지 절감, 환경), 자동차(네비게이션, 엔터테인먼트), 헬스케어(건강관리,

고령화) 분야의 성장세가 두드러질 것으로 예측하고 있다. 이러한 성장세를 기반으로 사물인터넷 주요국은 서로 경쟁적으로 사물인터넷 활성화 정책을 제시하고 있다.

미국, EU, 일본, 중국 등은 사물인터넷 산업에 심혈을 기울여 막대한 자원을 투입하고 있다. EU는 2005년부터 사물인터넷 시대를 대비하여 국내외 사물인터넷 연구 실시, 사물인터넷의 구체적인 추진계획인 사물인터넷 액션 플랜(IoT-An action plan for Europe)을 발표하는 등 가장 적극적으로 정책을 추진하고 있다. 미국은 2008년 4월 국가정보위원회(NIC)에서 국가 경쟁력에 중요한 영향을 미치는 핵심기술로 사물인터넷을 선정하고, 2020년까지 스마트 에너지, 스마트 헬스케어, 광대역망 보급사업 등 'IT 뉴딜정책(New Deal Policy)'을 수립하였다. 미국은 2013년 국제데이터협회(International Data Corporation)의 사물인터넷 준비지수(Internet of Things Composite Index) 평가에서 G20 국가들 가운데 1위를 차지한 것을 비롯하여 전 세계 사물인터넷 시장을 주도하고 있다. G20 사물인터넷 지수(G20 Internet of Things Index)는 주요 12개 지표를 토대로 G20 국가의 사물인터넷 준비정도를 순위로 산출한 것이다. 12개의 지표는 GDP, 비즈니스 환경, 스타트업 절차, 특허 출원, 에너지 사용, 탄산가스배출, 초고속 인터넷 사용자 수, 인터넷 및 모바일 사용자 수, 보안서버, IT지출 규모 등이다.

민간영역에서도 사물인터넷 관련 연구 및 투자가 적극적으로 수행되고 있다. 2014년 3월, AT&T, 시스코(Cisco), 제너럴 일렉트릭(GE), IBM, 인텔(Intel)이 사물인터넷 표준화를 목표로 산업인터넷컨소시엄(Industrial Internet Consortium, IIC)을 창설하여 사물인터넷 관련 기술, 아키텍처, 보안, 마케팅 영역의 표준화를 위해 공동으로 활동하고 있으며, 학계와 정부의 지원을 받아 다양한 활용영역에서의 성공사례를 축적, 배포하는 데 노력하고 있다. IBM은 사물인터넷 활성화에 따라 수요가 증대할 것으로 예상되는 인공지능 분야에 적극적으로 투자하고 있다. 가상 비서 소프트웨어를 개발하는 코그니(Cognea)와 인공지능 분야 신생기업인 알케미(Alchemy) API를 2014년과 2015년에 각각 인수하는 한편, 슈퍼컴퓨터 왓슨(Watson)을 중심으로 스마트 헬스, 스마트 공공 분야의 사물인터넷 활용영역에서 다양한 비즈니스 모델을 개발하고 있다.

구글(Google)은 사물인터넷 상용화에 큰 기여를 하고 있다. 구글은 2012년에

증강현실을 보여주는 스마트 안경인 구글 글래스(Google glass)를 상용화하였고, 2014년에는 교통상황을 감지하여 스스로 주행하고 차량 간 정보공유가 가능한 무인자동차 구글 카(Google self-driving car)의 시제품을 공개하였다. 구글 카(스마트 카)가 완전 상용화되면 차 안에서 양방향 인터넷과 모바일 서비스를 이용할 수 있으며, 다른 차량 또는 교통 인프라와 각종 정보를 주고받으며 안전성을 크게 높일 수 있다. 또한 구글은 2015년에 스마트 홈 기기를 제어할 수 있는 사물인터넷 운영체제(OS) 브릴로(Brillo)를 출시하면서 스마트 홈 영역까지 사물인터넷 적용 사업을 확장하고 있다. 브릴로는 안드로이드(Android) 운영체제에 기반을 둔 모든 기기를 연결할 수 있는 플랫폼이다. 세계 스마트폰 운영체제 시장의 80% 이상을 차지하고 있는 구글은 스마트 홈 플랫폼, 웨어러블(착용형) 기기 운영체제, 차량용 운영체제 등을 브릴로를 통해 통합하는 플랫폼 서비스를 제공하고 있다.

공공부분에서도 사물인터넷 활용은 적극 확대되고 있다. 뉴욕시는 뉴욕 경찰청과 마이크로소프트(Microsoft)가 공동 개발한 최첨단 범죄감시시스템 DAS (Domain Awareness System)를 2012년부터 적용하고 있다. DAS는 사물인터넷과 빅데이터 기술을 활용하여 공공안전 및 테러활동을 탐지하고 예방할 수 있다. 뉴욕 경찰청은 도시 내 3,000개의 감시카메라, 2,600개의 자동차 번호판 인식기, 911 신고전화, 차량정보 데이터베이스를 실시간으로 수집하여 이를 범죄수사를 위한 빅데이터 분석에 활용하고 있다. DAS를 활용하면 위치정보를 통해 범죄용의자 차량이 현재 어디에 있는지, 과거 어느 지역에 있었는지 추적할 수 있다.

● 그림 6-3 구글 글래스와 구글 무인자동차

출처: www.google.co.kr

또한 DAS는 자동차번호판을 용의자 정보와 비교해서 차량 소유자와 관계된 모든 범죄기록을 실시간으로 제공할 수 있다. 또한 뉴욕시는 하수도에 센서를 설치하여 하수도 수위를 측정하고 데이터를 실시간으로 송신 및 공개하여 시민들이 스스로 물 사용을 자제하도록 하는 캠페인을 전개하고 있다.

중국 정부는 사물인터넷 산업이 공공 및 민간 경제에 많은 이익과 혜택을 줄 수 있다는 믿음을 가지고 사물인터넷 관련 정책을 적극 수립하고 있다. 중국 정부에서 관심을 갖는 사물인터넷 응용분야는 원격시스템, 환경감시시스템, 디지털도시시스템, 지능교통시스템, 위험 범위와 시민들의 안전시스템 등이다. 상하이 푸동 국제공항(Pudong International Airport)은 사물인터넷 기술을 적용한 스마트 보안시스템을 구축하였다. 스마트 보안시스템은 약 3만 개의 침입차단시스템을 도입하여 센서에 대한 감지력, 지면 등과 같은 비교적 민첩성이 저조하였던 부분에 탐사기를 설치하여 위험요소가 많은 밀입국자, 테러범을 사전에 차단하고 있다. 시안(Xi'an, 西安)시는 사물인터넷을 활용한 스마트 교통서비스를 시행하고 있다. 2011년에 고속도로 톨게이트를 통행하는 모든 운송차량과 승용차에 전자요금 수납장치(Electronic Toll Collection)를 설치하였다. 향후 시안 고속도로 톨게이트를 통행하는 모든 차량은 자동으로 톨게이트 비용을 납부한다. 또한 가전제품 기업 하이얼 그룹(Haier Group)은 청도(Qingdao) 동성국제구역에 스마트 홈을 구축하였다. 하이얼 스마트 홈은 화재센서, 가스센서, 방범센서, 온도센서, 검침센서, 지문인식센서를 모바일 기기로 제어할 수 있고, 스스로 최적화할 수 있다.

일본은 4차 산업혁명 기술을 활용하여 2030년까지 저출생·고령화가 야기하는 다양한 문제를 해결하겠다는 신산업구조비전을 발표한 바 있다. 인공지능과 사물인터넷을 활용한 간병로봇으로 2035년까지 860만 명에 달하는 간병인 수요를 해결하는 전략을 수립하고 있다. 초고령화 사회로 진입한 일본은 사물인터넷 기술을 적용하여 스마트 헬스케어와 스마트 팜 분야에 적극 투자하고 있다. 통신 및 전자기기 전문업체 네크(NEC)는 사물인터넷 기술을 적용한 스마트 팜 서비스를 출시하였다. 네크는 농지에 센서를 설치한 다음 온도, 습도, 강우량, 일조량 등의 자료를 수집, 분석하여 이 정보를 모바일 기기로 전송하고 있다. 이를 통해 농업경영의 효율성을 높이고 가뭄, 홍수 등 자연재해 예방에 도움을 주고 있다. 농지에서 수집한 날씨, 토양 환경 등의 자료를 토대로 농가에 최적의 파종

시기와 농약 살포, 수확 시기를 알려주어 효율적인 농업활동을 가능하게 만들고 있다.

이처럼 사물인터넷 주요 국가는 사물인터넷에 대한 전략중점분야 육성과 기반육성과제를 제시하고 있다. 전략중점분야로는 공통적으로 (1) 스마트 팜, (2) 스마트 헬스케어, (3) 사회시스템화된 로봇, (4) 스마트 커뮤니티, (5) 스마트 교통과 자율주행, (6) 콘텐츠 및 창조적 비즈니스 등이 있다. 기반육성과제로는 (1) 정보보호 대책, (2) 융합인재와 교육, (3) 국제협력 관계, (4) 신규 사업자 창출 촉진, (5) 빅데이터에서 가치를 창출하는 기반기술 강화와 활용촉진 등이 있다.

6.5 국내 사물인터넷 산업동향

현재 우리나라 사물인터넷 경쟁력은 해외 주요 국가에 비해 미흡한 편이나 우수한 인력과 ICT 인프라를 갖추고 있어 세계 시장을 이끌어나갈 충분한 잠재력을 갖추고 있다. 이러한 잠재력을 바탕으로 정부는 관계부처 합동으로 사물인터넷 기본계획을 수립한 바 있다. 세부 내용은 2022년까지 사물인터넷 생태계 참여자 간 협업 강화, 오픈이노베이션(open innovation, 개방형 혁신) 추진, 글로벌 시장 목표로 서비스 개발, 그리고 기업·스타트업별 맞춤형 전략 수립을 통해 초연결 디지털 혁명의 선도국가를 실현하는 것이다. 국내 기업들도 이러한 정부 비전에 맞춰 사물인터넷 플랫폼과 서비스를 개발하고 있다.

방송통신위원회는 세계 최고의 사물통신기반을 구축하겠다는 목표를 실현하고자 사물통신 기반구축 기본계획을 발표하였다. 사물인터넷 기반구축, 서비스 활성화, 기술개발, 확산 환경조성이라는 4대 과제를 놓고 이를 해결하고자 사물통신망 구축, 공공서비스 모델 구축, 사물통신 응용서비스 확산 지원, 사물통신 표준모델 개발 및 보급, 산학연관 협력체계 강화 및 전문인력양성 등을 추진하고 있다. 최근에는 스마트 신산업 육성전략으로 스마트 홈, 스마트 팜, 스마트 물류(드론) 분야를 선정한 바 있다.

과학기술정보통신부는 2018년 6월, 사물인터넷 주요 기술을 포함한 '4차 산업혁명 신산업 육성방안'을 발표하였다. 창의적 아이디어 구현이 가능한 사물인터넷 서비스 통합플랫폼 개발을 목표로 사물인터넷을 통해 다양한 융합서비스 출현을 촉진한다는 내용이다. 현재 정부는 4차 산업혁명 신산업 기반 조성, 시장창출, 경쟁력 강화, 해외 진출이라는 정책과제를 해결하고자 관련 법 제도 마련, 신산업 생태계 조성, 기업 지원 인프라 구축, 국내 플랫폼 글로벌 확산 등을 추진하고 있다. 특히 사물인터넷 영역은 원천기술 관련 혁신기업 육성, 신산업 시장 확대 및 혁신산업 육성, 기업의 기술경쟁력 강화 및 해외 진출 지원, 그리고 R&D 기반 조성 등을 위한 정책과제를 추진하고 있다. 정부는 2022년까지 4차 산업혁명 신산업(사물인터넷, 클라우드, 빅데이터, 인공지능) 관련 1,500개의 창조혁신기업 등장, 시장규모 20조 원으로 성장, 일자리 8만 개 창출을 목표로 하고 있다.

우리나라의 사물인터넷은 주로 이동통신업체들이 주도하여 서비스를 제공하고 있다. KT(KT corporation)는 아파트와 공동주택에 적합한 스마트 홈 서비스를 출시하였다. KT의 스마트 홈은 개별세대에 설치된 월패드(wall pad, 비디오 도어 폰)와 스마트폰을 연동하여 외출 중에도 방문자와 영상통화 및 원격 문 열림이 가능한 서비스이다. 특히 장기간 집을 비울 경우 집안이나 복도에 수상한 사람이 없는지를 스마트폰으로 모니터링할 수 있다. 또한 가족의 귀가 상황을 스마트폰으로 알려주고, 출입정보를 실시간 조회할 수 있으며, 출입패턴 분석을 통해 이상 시간대 출입이나 장기간 출입이 없을 경우 스마트폰으로 알림 메시지를 발송하여 각종 사고에 즉각 대응이 가능하다. SK텔레콤(SK telecom)은 사물인터넷을 적용한 실시간 차량관리서비스를 제공하고 있다. 스마트폰 애플리케이션으로 차량에 대한 원격 제어 및 관리가 가능한 서비스이다. 차량에 장착된 별도의 센서와 각 고객의 스마트폰 간 통신을 통해 원격 시동, 셀프 배터리 충전, 주행 기록 관리, 선루프 원격제어 등 실시간 차량상태를 점검 및 제어할 수 있다. LG유플러스(LG U+)는 버스회사, 택시회사, 물류회사의 차량관리 지원을 위해 차량에 센서를 탑재하여 운전자, 승객관리, 배차시간 등을 조절할 수 있는 서비스를 제공하고 있다. LTE 및 5G 기반의 사물인터넷 솔루션을 적용한 차량관제시스템을 운영하여 승무원, 승객관리, 운행상태와 속도, 이동거리 등의 차량 정보를 실시간으로 교통관제센터에 전송하는 서비스를 제공하고 있다.

연세대 세브란스병원은 사물인터넷 기술을 적용한 스마트 헬스케어 서비스를 적극 활용하고 있다. 병원 내 센서를 통해 실시간으로 병원의 업무흐름을 추적하고 환자의 신원확인, 건강상태 등의 정보를 실시간으로 제공하고 있다. 환자 신원확인을 통한 정확한 처방 및 영유아 신원확인을 통한 부정합을 방지하고, 환자안전에 관한 정보전송을 통해 직원들의 사기를 증진시키고 있다. 또한 자동 데이터수집과 전송기술을 통한 자료처리시간 단축, 의약품 재고관리도 실시간으로 가능하여 의료서비스의 품질이 향상되고 있다.

한국은 세계 최고 수준의 ICT인프라를 구현하고 있으나 사물인터넷 분야는 사물통신(machine to machine) 중심의 제한적인 비즈니스 모델, 기술 개발 및 표준화 지연, 관련 법령 미흡, 생태계 활성화 여건 미약 등으로 인해 사물인터넷 시장 활성화가 저해되고 있는 실정이다. 사물인터넷 산업발전을 위해서 표준 보안 가이드라인 마련, 이동통신사와의 협력 증대, 산업별 사물인터넷 R&D 활성화를 위한 대책마련, 사물인터넷 기술을 통한 녹색물류 성장방안 마련 등이 요구된다. 또한 사물인터넷 기술을 탄소배출량 억제 및 통제수단으로 활용한다면 경제활동의 효율화와 이동 및 공간의 효율화를 통해 탄소배출량을 줄일 수 있다. 국내 사물인터넷 산업은 최고 수준의 인프라와 정부차원에서 추진하고 있는 신산업 육성정책을 발판으로 지속적 성장이 기대된다. 사물인터넷 기술과 타 산업분야의 융합을 통한 혁신적인 서비스 발굴에 집중해야 하겠다.

6.6 사물인터넷 시장 활성화를 위한 기술적·제도적 요소

본 절에서는 국내외 사물인터넷 시장 현황을 진단하고, 사물인터넷 시장 활성화에 필요한 기술적, 제도적 요소를 제시하고자 한다. 사물인터넷 관련 전문가들을 대상으로 전문가 심층면접(In-Depth Interviews)을 수행하여 다음과 같은 기술적, 제도적 요인과 관련 정책과제를 제안하였다. 이들은 (1) 사물인터넷 관련 진흥법 제정과 범정부 차원의 사물인터넷 활성화 협의회 필요, (2) 사물인터넷 제품 기획 및 개발자, 사물인터넷 보안 전문가 등 전문인력양성 필요, (3) 사물인터넷 테크 스타트업(tech start-up) 생태계 육성과 사물인터넷 산업클러스터 구축 필요, (4) 사물인터넷 보안 거버넌스 구축 필요 등의 네 가지 요소를 제시하였다(표 6-4 참조).

첫째, 사물인터넷 전문가들은 공통적으로 사물인터넷 활성화를 위해 사물인터넷 관련 진흥법 제정과 범정부 차원의 사물인터넷 활성화 협의회 필요성을 주장하였다. 현재 구글(Google), 애플(Apple), 마이크로소프트(Microsoft), 아마존(Amazon) 등 글로벌 IT기업들은 자유로운 기반에서 사물인터넷 비즈니스 모델을 상용화하여 많은 수익을 창출하고 있다. 이들 기업은 자체 플랫폼을 기반으로 사물인터넷 생태계를 구축하여 글로벌 시장점유율을 확보하고 있다. 유럽위원회(European Commission)는 사물인터넷 산업의 활성화 법안과 사물인터넷 기기의 보안 향상을 위한 법안 마련을 추진하고 있다. 현재 우리나라는 ICT법안의 대부분이 진흥이 아니라 규제 성격이 강해 산업의 성장동력 고갈을 우려하는 목소리가 높다. 국내 사물인터넷 사업은 전기통신사업법, 개인정보보호법, 위치정보법 등과 충돌하고 있어 정부차원에서의 교통정리가 필요한 시점이다. 정부는 사물인터넷 산업 활성화 법안(사물위치정보 규제완화)과 협의회를 통해 사물인터넷 관련 규제의 개선방안, 규제완화, 진흥단지 지정 등을 논의하여 국가차원의 사물인터넷 활성화 정책을 수립해야 한다.

둘째, 전문가들은 사물인터넷 제품기획 및 개발자, 사물인터넷 서비스 분야 전문가, 사물인터넷 보안기술 연구자 및 보안 전문가 등의 전문인력양성이 필요하다고 주장하였다. 사물인터넷 선도국가 실현을 위한 전문적이고 창의적인 인재 배출이 필요하며 이를 위해 체계적인 인력양성시스템 및 장기적인 지원 환경이 필요하다. 특히 국내는 사물인터넷 보안분야에 관심이 날로 증대되고 있으나 사물인터넷 보안 및 정보보호 전문인력은 부족한 실정이다. 전문가들은 사물인터넷 보안인력의 특성으로 산업 밀착형 보안인력, 창의적 마인드 보유한 고급인력, 융합형 보안인재, 그리고 글로벌 보안인재 양성의 필요성을 주장하였다. 사물인터넷 서비스와 보안이 결합된 맞춤형 사물인터넷 보안인재 양성을 통해 향후 지속적인 글로벌 사물인터넷 전문가 인력양성체제를 확립할 수 있고, 보안인력 시장도 선도할 수 있는 역량을 지닐 수 있다.

셋째, 범정부 차원의 사물인터넷 테크 스타트업(tech start-up) 생태계 육성지원과 사물인터넷 산업 클러스터 구축 필요성을 주장하였다. 테크 스타트업이란 사물인터넷, 빅데이터, 인공지능 등 4차 산업혁명 분야의 기술을 기반으로 부가가치를 창출해내는 신생 벤처기업을 말한다. 사물인터넷 테크 스타트업 생태계 육성을 위해 스타트업 펀드조성 및 운영, 글로벌 사물인터넷 기업과의 상호 협력 및 해외 진출 지원, 스타트업을 위한 법률체계 지원 및 홍보 마케팅 지원, 사물인터넷 핵심기술 연구개발 지원 등이 필요하다. 또한 사물인터넷 중소·중견기업의 제품과 서비스가 시장에 빠르게 확산될 수 있도록 지원하고, 사물인터넷 연구개발의 성과물을 과감하게 민간에 개방하여 산업 활성화를 선도해야 한다. 최근에는 사물인터넷 보안서비스 연구가 관심을 받기 시작하면서 보안시장을 선점하기 위해 주요 기관들이 연구개발에 적극 투자하고 있다. 또한 전문가들은 사물인터넷 보안기술과 서비스를 위한 효과적인 산학협력 모델 또는 사물인터넷 산업클러스터 육성이 필요하다고 주장하였다. 사물인터넷 기업, 지역 대학, 연구소 등이 특정 지역에 모여 네트워크를 구축하고 사업전개, 기술개발, 핵심기술 공동연구, 인력 및 정보교류 등을 통해 시너지 효과를 내는 것을 목표로 한다. 대학 내 사물인터넷 보안연구센터를 설립하여 융합형 보안인력을 양성하고 보안연구센터 참여기업 및 사물인터넷 전문기업들을 대상으로 취업 알선 및 연계 프로그램을 추진할 필요성이 있다.

마지막으로 전문가들은 국내 사물인터넷 환경에 적합한 사물인터넷 보안 거버넌스(IOT security governance)의 필요성을 주장하였다. 국제적인 워킹그룹인 온라인 트러스트 얼라이언스(Online Trust Alliance)는 31가지 안전 원칙을 수집하고 정리한 사물인터넷 신뢰 프레임워크(IoT Trust Framework)를 발표하였다. 주요 내용은 사물인터넷 환경에서 비즈니스 파트너와의 데이터 공유와 활용 범위 기준 마련, 보안 취약점과 대책, 접근제어 및 정보보호정책 수립, 데이터 전송 및 저장 암호화 적용, 그리고 보안 대응계획 구체화 등이다. 미국 국가정보위원회(NIC)는 사물인터넷 시장 활성화를 위해 보안 거버넌스의 중요성을 강조한 바 있다. 사물인터넷 보안 거버넌스의 주요 내용은 사물인터넷 보안 주기적인 모니터링 및 감사, 국제표준 기반의 보안관리체계(보안관리시스템) 구축, 사물인터넷 보안위험도 측정 및 관리, 전사적인 사물인터넷 정보보안 아키텍처의 확보 등이며, 이들 사물인터넷 보안 거버넌스를 공개하여 활용할 수 있도록 유도한다면 사물인터넷 혁신연구의 활성화와 함께 사물인터넷 산업 발전에 기여할 수 있다.

구분	기술적·제도적인 요소	분류
1	사물인터넷 진흥법 제정과 사물인터넷 활성화 협의회 필요	제도요소
2	사물인터넷 제품 기획 및 개발자, 사물인터넷 보안 전문가 등의 전문인력양성 필요	제도요소
3	사물인터넷 테크 스타트업 생태계 육성과 사물인터넷 산업 클러스터 구축 필요	제도요소
4	사물인터넷 보안 거버넌스(security governance) 구축 필요	제도요소
기타	사물인터넷 환경에 적합한 보안기술 개발과 보안플랫폼 개발	기술요소
	정보보호 및 프라이버시를 고려한 사물인터넷 제품 설계 필요	기술요소
	정보보호 프라이버시 관리체계와 사물인터넷 제품 보안사고 대응체계 마련	제도요소
	사물인터넷 제품 및 서비스의 취약점 보안패치 및 업데이트 수행	기술요소
	사물인터넷 원천기술/지식재산권 확보전략 수립 및 특허 등록, 출원 관리	제도요소

6.7 사물인터넷 보안위협과 향후 과제

사물인터넷은 유·무선 통신망을 기반으로 플랫폼과 인프라를 연결하고, 사람 - 사물 - 공간의 연결을 통해 만물지능 인터넷사회로 전환시키고 있다. 그러나 사물인터넷 환경은 정보보안관리가 필요한 사물인터넷 기기의 수가 우리 일상생활의 모든 사물로 확대되고, 경량, 저전력, 초연결성의 특성으로 기존 보안기술 적용에 한계점이 지속적으로 제기되고 있다. 만물을 서로 연결하고, 만물 간의 정보를 소통하는 사물인터넷 보안에 문제가 발생한다면 인프라의 중요 기능을 정지시켜 사회 전반적인 시스템을 교란시킬 가능성이 있다. 최근에는 가정 내 스마트 TV, 스마트 냉장고와 같은 사물인터넷 기기를 대상으로 사이버공격이 증가하고 있으며, 이들 기기를 해킹하여 스팸메일(spam mail)을 보낸 사례가 발생하였다. 2016년 한국에서 열린 제11회 국제 해킹 보안 콘퍼런스에서 사물인터넷 기기(자동차, 가전, 의료)에 대한 해킹 시연 및 취약점을 발표하고, 사물인터넷 환경에서 발생할 수 있는 보안문제가 해결되지 않는다면 사물인터넷 이용 확산이 지연될 것이라고 주장하였다. 시장조사기관 가트너(Gartner)는 사물인터넷 보안위험성으로 인해 2019년 기준 전 세계 사물인터넷 보안 지출 규모가 2018년 대비 35% 증가한 5억 달러(약 6,085억 원)에 육박하고 있고, 2022년에는 7억 5,000만 달러(약 9,127억 원)에 달할 것으로 전망하고 있다.

사물인터넷은 각기 다른 기술요소들의 공동체이며 기존의 통신환경에서 발생하는 보안위협들을 그대로 지니고 있다. 사물인터넷 환경에서 정보보안의 3대 요소인 기밀성(confidentiality), 무결성(integrity), 가용성(availability)을 침해하는 보안위협들이 나타나고 있는 것이다. 사물인터넷 구성요소별 보안위협으로는 [표 6-5]와 같이 단말기 분실 및 물리적 파괴, 무선신호 교란, 정보유출, 데이터 위·변조, 서비스거부 등이 있다. 첫째, 단말기 분실 및 물리적 파괴란 사물인터넷 서비스를 위해 설치된 센싱 노드들이 분실되거나 물리적인 접근 또는 파괴된 경우 통신기능의 상실로 인해 사물인터넷 서비스가 중단되는 것이다. 둘째, 무선신호 교란이다. 사물인터넷은 대부분 무선네트워크 통신환경으로 구성되며, 최근 4G/5G와 GPS을 대상으로 한 전파 차단 장치들이 등장하고 있다. 이때 인가받지 않은 불법 무선통신 교란 장비로 인해 정상적인 서비스를 방해할 수 있다. 셋째, 정보유출 문제이다. 사물인터넷 환경에서 스푸핑(spoofing, 신분위장), 백도어(backdoor, 허가받지 않은 사용자의 접근), 스니핑(sniffing, 도청해킹) 등의 비인가 접근을 통해 개인정보유출 및 프라이버시 침해가 발생할 수 있다. 넷째, 데이터 위·변조 위협은 허가받지 않은 단말기 또는 센서를 통해 데이터를 유·무선 네트워크상에서 가로채어 위·변조한 후 정상적인 경로를 통해 송신한다. 마지막으로 서비스 거부 (denial of service)이다. 서비스 거부는 주로 시스템에 과도한 부하를 일으켜 시스템 사용을 방해하는 공격방식이다. 사물인터넷 환경에 설치된 단말 및 센서들은 정상적인 서비스 제공을 위해 단말 및 센서를 관리하는 게이트웨이를 통해 상시 연결요청을 수행한다. 공격자는 이를 악용해 임의로 대량의 패킷(packet)을 전송하여 시스템에 과도한 부하를 일으켜 사물인터넷 서비스 이용을 불가능하게 만든다.

사물인터넷 시장은 이용자가 늘어남에 따라 보안 취약점 신고 건수가 지속적으로 늘고 있다. 현재는 공유기와 가정용 CCTV로 불리는 IP카메라에서 보안 취

● 표 6-5 사물인터넷 구성요소별 보안위협

구분	보안위협
단말기	물리적 파괴, 분실 및 도난
애플리케이션	정보유출, 데이터 위·변조, 서비스거부
네트워크	정보유출, 무선신호 교란, 서비스거부, 데이터 위·변조

약점 신고가 지속적으로 발생하고 있어 보안 관련 피해액도 증가하고 있다. 정보보안관리가 필요한 사물인터넷 기기의 수가 일상생활의 모든 사물로 확대되고, 경량, 저전력, 초연결성 등 그 특성도 다양화되면서 기존 보안기술의 한계점이 지속적으로 제기되고 있다. 사물인터넷 이용자는 다양한 보안위협으로의 불안, 개인정보침해 우려 등으로 사물인터넷 활성화 저해요인이 발생하여 시장 활성화가 지연될 여지가 있다. 즉, 보안위험성으로 인해 사물인터넷 산업 자체의 지속적인 성장과 발전이 저해될 수 있다는 것이다.

사물인터넷 전문가들은 사물인터넷 환경에 적합한 보안기술 개발과 원천기술력 향상, 그리고 보안플랫폼 개발의 필요성을 주장하고 있다. 사물인터넷의 대표적인 보안기술에는 초경량·저전력 암호화 기술 및 인증 서비스가 있다. 사물인터넷 기기는 제한된 자원을 이용하고 연산능력도 상대적으로 떨어지므로 개인용 컴퓨터(PC) 환경의 인증 및 암호화 기술을 적용하는 데 한계가 있다. 따라서 다양한 사물인터넷 기기에 적합한 초경량·저전력 암호화 기술과 사물인터넷 환경에 적합한 간편하고 강력한 인증기술 개발이 필요하다. 또한 사물인터넷 환경에서 이용자 간섭 없이 다양한 기기들이 안전하고 신속하게 통신하기 위한 보안플랫폼 개발이 필요하다. 사물인터넷 기기의 수가 기하급수적으로 증가함에 따라 엄청난 양의 트래픽(traffic)이 발생되며 복잡 다양해지는 사물인터넷 환경에 대응하기 위한 새로운 통합 보안솔루션(보안 프레임워크)이 필요하다는 것이다. 보안 프레임워크의 구성요소는 사물인터넷 데이터관리, 단말 네트워크 공격탐지시스템, 사물인터넷 특화 트래픽 분석, 사물인터넷 공격탐지 및 방지기술, 그리고 악성코드 분석기법 연구 등이다. 이와 더불어 추가적으로 전문가들은 정보보호 및 프라이버시(privacy) 강화를 고려한 사물인터넷 제품 및 서비스 설계의 필요성을 주장하였다. 종류가 매우 다양한 사물인터넷 기기는 보안 취약점에 대한 유지보수가 용이하지 않기 때문에 제품설계 단계부터 보안기능을 고려하고 이들 보안기능이 제대로 구현되었는지 평가인증을 수행해야 한다.

　사물인터넷은 다양한 사물들 간의 통신이 기본 개념이나 현재 개발된 다수의 사물인터넷 서비스는 특정 장치에만 호환되고 있다. 동일한 사물인터넷 서비스라 할지라도 같은 제조사에서 만들어진 디바이스(단말기) 간에만 통신이 원활하다. 따라서 서로 다른 사물인터넷 제조사의 사물들과 다양한 서비스 영역에서 사용되는 사물들 간의 통신을 위해 사물인터넷 국제통신표준화가 필요한 시점이다. 최근 국제표준화기구(ISO)에서 사물인터넷 통신표준화를 추진하고 있고, 이동통신 표준화 기구인 3GPP(3rd Generation Partnership Project)에서도 LTE 및 5G 관련 국제 표준통신의 필요성을 강조한 바 있다. 국내는 사물인터넷 저전력 통신기술의 국제표준화와 보안 프레임워크의 국제표준화를 준비하고 있다. 공공 및 민간이 협력하여 사물인터넷 기술 표준화를 준비하고 이를 통해 우리나라가 사물인터넷 표준화를 선도해야 한다. 무엇보다 사물인터넷의 안전한 환경 구축을 위한 국가적인 지원과 신규 보안기법 개발 및 표준화 연구가 지속적으로 필요한 시점이다.

6.8 사물인터넷과 웨어러블 디바이스

　개인분야의 사물인터넷은 주변 환경의 정보를 제공하거나 건강관리와 헬스케어를 위한 제품으로 등장하고 있는데, 이는 주로 웨어러블(wearable) 형태로 출시되고 있다. 이외에도 엔터테인먼트, 생활편의 분야에서 웨어러블 디바이스가 출시되었고, 가정분야는 안전과 에너지 관리를 위한 스마트 홈 서비스가 출시되면서 홈네트워킹에 대한 관심도가 높아지고 있다. 본 절에서는 사물인터넷과 웨어러블 디바이스와의 관계에 대해 살펴보고자 한다.

6.8.1 웨어러블 디바이스(Wearable Devices)의 개요

　웨어러블 디바이스(Wearable Devices)는 신체에 착용하거나 부착하여 사용할 수 있는 전자기기로 언제 어디서나 사용하기 편리하고 지속적으로 사용자와 소통이 가능하여 스마트 디바이스(smart devices)로 불린다. ICT을 중심으로 사람과 사물, 그리고 공간이 연결되는 사물인터넷 패러다임의 대두로 항시 네트워크에 연결되어있는 웨어러블 디바이스는 향후 성장 가능성이 가장 큰 ICT혁신제품이다. 웨어러블 디바이스는 사물인터넷과 인공지능 기술을 결합하면서 부가가치가 더욱 높아지고 있다. 가트너(Gartner)는 2020년 전 세계 사용자들이 웨어러블 디바이스에 총 520억 달러(63조 원)를 지출할 예정이며 2022년까지 630억 달러(76조 원)의 시장규모로 성장할 것으로 전망하였다. 또한 웨어러블 디바이스 유형 중 스마트 워치(smart watch)와 무선이어폰의 매출액이 급증할 것으로 전망하였다. 일본 시장조사사업체 야노경제연구소(2019)의 '웨어러블 디바이스 세계 시장에 관한 동향분석'보고서에 따르면 2019년 웨어러블 디바이스는 약 4억 5,000만 대 이상의 출하량을 기록할 것으로 예측하였고, 스마트 워치와 스마트 의류가 웨어러블 디바이스 관련 핵심기기로 급성장할 것으로 예측하였다. 특히 스마트 워치는 차세대 무선통신기술(5G)과 근거리무선통신(Near Field Communication, NFC)을 활용한 애플리케이션 출시로 활용분야가 증대될 것이라고 전망하였다.

현재 웨어러블 디바이스가 주목받는 이유는 음성인식, 증강현실(AR) 등의 사용자 인터페이스(UI) 방식, 플렉시블 디스플레이(flexible display), 그리고 센서기술의 발전으로 휴대성과 사용편의성이 향상되었고, 유·무선 네트워크의 확산으로 모든 기기 및 사물이 연결되는 사물인터넷 환경으로 진입했기 때문이다. 웨어러블 디바이스는 언제 어디서나(항시성), 쉽게 사용 가능하고(사용자 인터페이스), 착용하고 다니기 편리하며(착용감), 안전하고 보기 좋은(안전성, 사회성) 기능을 갖추고 있어 사물인터넷 환경에서 가장 중요한 단말기이다.

웨어러블 디바이스는 착용형태와 용도에 따라 구분된다. 착용형태는 시계형, 안경형, 액세서리형, 셔츠형, 신발형 등으로 분류할 수 있고, 용도에 따라서는 증강현실, 일상생활기록(라이프 로그), 스마트폰 대체, 건강체크관리, 스포츠, 업무용 보조도구 등으로 분류할 수 있다. 현재 웨어러블 디바이스는 주로 액세서리형, 의류형, 그리고 신체부착형으로 출시되고 있다. 소비자가 가장 선호하고 수요량이 많은 웨어러블 디바이스 유형은 액세서리형인 스마트 워치와 무선이어폰이다. 소비자들은 주로 인포테인먼트(infortainment)와 피트니스 영역에서 액세서리형 웨어

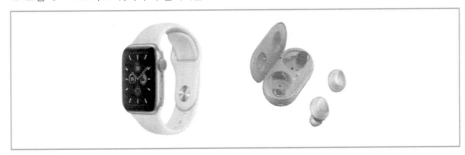

러블 디바이스를 이용하고 있으며, 글로벌 IT기업들은 인포테인먼트와 헬스케어 기능을 통합한 손목형 웨어러블 디바이스를 지속적으로 출시하고 있다.

웨어러블 디바이스는 웨어러블로 수집된 정보가 스마트폰으로 연동되어 다양한 정보들이 스마트폰에 실시간으로 전송된다. 또한 네트워크 접속기술의 발달로 스마트폰 외에도 다른 단말기들과의 접속이 가능해짐에 따라 활용 범위도 점차 확장되고 있다. 현재 웨어러블 디바이스는 피트니스 및 웰빙, 헬스케어 및 의료, 제조업 및 군사, 인포테인먼트 영역으로 빠르게 확산되고 있다.

현재 웨어러블 디바이스는 스마트폰의 대체재가 아닌 보조기기 역할을 수행하고 있으나 가상세계와 융합된 만물인터넷(IoE) 환경에서는 사물과 사용자가 항시 연결되어있는 웨어러블 디바이스의 중요성이 날로 강조될 것이다. 최근 웨어러블 디바이스는 사물인터넷 기술의 향상으로 센서 정확도 향상, 디바이스의 소형화, 개선된 사용자 데이터 보호 등으로 웨어러블 디바이스 이용자가 늘고 있다. 특히 디바이스의 소형화는 스마트 의류 시장에 큰 활력소가 되고 있다. 향후 웨어러블 디바이스 업체들은 더 작고 더 스마트한 센서에 집중할 전망이며 웨어러블 디바이스에 내장된 센서들은 더 정확한 판독 능력을 갖춰 보다 많은 사용 사례를 구현할 것이다. 이와 더불어 데이터 보안과 개인정보보호는 신규 웨어러블 사용자들의 유입에 영향을 미치는 요인이 될 것이다. 웨어러블 디바이스 업체와 단말보안업체들은 사용자 데이터보호 관련 정보보호정책 및 보안정책 수립이 필요하다.

6.8.2 웨어러블 디바이스와 사물인터넷, 클라우드, 빅데이터와의 융합

웨어러블 디바이스와 사물인터넷, 클라우드, 빅데이터와의 융합으로 다양한 기술적, 산업적 핵심가치 창출이 가능하다. 본 절에서는 웨어러블 디바이스와 이들 원천기술과의 융합사례를 제시한다.

첫째, 스마트 홈, O2O(Online to Offline) 커머스, 스마트 카 서비스에 웨어러블 디바이스 적용이 가능하다. 웨어러블 디바이스는 음성과 동작인식 같은 이용자 오감을 활용한 인터페이스뿐 아니라 홍채·지문·심전도의 생체정보로 인증기능은 물론 이용자의 이용패턴을 분석하여 최적의 서비스를 제안할 수 있는 지능화된 도구로 발전하고 있다. 스마트 홈은 효율적 통합관리와 인증수단으로 새로운 서비스 제공이 가능하고, 스마트 카는 웨어러블 디바이스를 차량용 콘텐츠 제어시스템으로 확장할 수 있다. 또한 유통 및 커머스 분야는 매장의 상품정보를 스마트 워치로 전송하고 결제는 지문이나 심전도 등 생체정보를 통해 인증하는 방식으로 서비스 창출이 가능하다. 다양한 웨어러블 디바이스로부터 수집·획득된 데이터는 클라우드 서버에 자동적으로 저장되고, 이들 빅데이터를 분석하여 분석결과를 웨어러블 디바이스 제품출시를 위한 스펙(spec)에 활용할 수 있다.

둘째, 스마트 헬스케어 분야는 클라우드 기반의 빅데이터 분석을 통한 맞춤형 서비스가 가능하다. 다양한 신체부위에서 센서를 통해 수집된 데이터를 빅데이터 분석기법(인공지능기법)을 이용하여 분석한다. 분석결과를 바탕으로 사용자 위치, 스트레스 정도, 체온·체중 변화 등에 적합한 맞춤형 의료 헬스케어 서비스가 가능하다.

셋째, 웨어러블 디바이스 센서 기능을 활용한 빅데이터 수집 및 활용이 가능하다. 빅데이터는 다양한 웨어러블 디바이스 및 사물인터넷 디바이스 보급에 따라 실시간으로 데이터가 폭증하여 이제 빅데이터를 넘어서 '자이너머스(Ginormous)' 데이터가 될 것이다. 웨어러블 디바이스를 신체에 부착하여 센서를 통해 몸 안의 생체데이터를 수집·분석하고, 새로운 서비스를 창출할 수 있다. 벨트, 양말, 팔찌 등 신체 각 부위에 특정 센서를 부착하여 사용자의 운동량과 신체 데이터를 수집할 수 있도록 적용범위를 확장시킬 수 있다. 예를 들어, 땀을 측정하여

출처: Tactio Health 앱화면

스트레스 지수를 파악하고 센서로 척추 자세를 파악하여 자세교정 정보를 수집하며 혈중 산소량을 측정해 피로도 파악이 가능하다. 모바일 헬스 시스템 제조사 Tactio Health Group은 6개의 피트니스용 웨어러블 디바이스 제조사로부터 수집된 데이터를 클라우드(secured health cloud)에 저장하고, 사용자 건강데이터를 분석해 활용할 수 있는 의료 빅데이터 플랫폼을 제공하고 있다. 이외에도 공공서비스 분야에서 웨어러블 기기의 얼굴인식 기능을 이용한 방범 및 치안업무, 웨어러블 기기의 센서기능을 활용한 공해나 환경오염 상태 실시간 측정서비스, 그리고 위치추적기능을 활용한 유아 및 치매노인 실종 예방서비스 등 매우 다양하게 활용되고 있다.

웨어러블 디바이스는 I.C.B.M. 기술을 하나로 묶을 수 있는 최적의 연결고리로서 이를 활용한 융합서비스 활성화가 필요한 시점이다. 향후 웨어러블 디바이스 기업들은 사물인터넷, 빅데이터, 클라우드 기술을 어떻게 유기적으로 연결하면서 새로운 비즈니스 모델을 창출하고 사용자에게 효용을 제공할 것인지 세부전략이 필요하다. 또한 웨어러블 디바이스 확산을 위해서는 개방형 생태계 구축이 필요하다. 시장 활성화를 위해 적용 가능한 콘텐츠 생태계를 구축하고 소프트웨어 개발도구를 공개하여 특정 운영체제에 종속된 것이 아닌 개방형 생태계로의 전환이 필요하다. 마지막으로 관련 법 제도 정비 및 보안문제에 대한 대비책 마련이 필요하다. 특히 헬스케어 분야의 웨어러블 기기와 관련하여 의료법 부분이 고려되어야 한다. 국내 일부 의료용 웨어러블 디바이스는 심박센서를 탑재하고 있는데, 심박수 체크 기능은 국내 의료기기법에 따라 품목허가를 받아야 하는 등 규제 이슈가 존재한다. 웨어러블 디바이스를 통해 획득된 개인 라이프 로그(lifelog) 기록 등 개인정보에 대한 해킹 방지는 물론 불법 촬영과 도청으로 인한 프라이버시 침해 가능성에 대한 정보보호정책 마련도 필요하다. 이처럼 웨어러블 디바이스 제품 및 융합서비스 확산에 필요한 주요 기술 분야별 제약 요인 및 이슈들과 함께 법·제도적인 측면에서 해결해야 할 요건들을 논의해야 한다.

- 사물인터넷(Internet of Things, IoT): 유·무선 네트워크를 기반으로 모든 사물을 연결하여 사람과 사물(human to machine), 사물과 사물(machine to machine) 간에 정보를 상호 소통하는 지능형 정보기술 및 서비스
- 유비쿼터스센서네트워크(Ubiquitous Sensor Network, USN): 각종 센서에서 감지한 정보를 무선으로 수집할 수 있도록 모든 사물에 태그를 부착, 사물 및 환경 정보까지 감지하는 네트워크 환경
- 사물지능통신(Machine to Machine, M2M): 모든 사물에 센서 및 통신 기능을 결합하여 정보를 수집하고 상호 전달하는 네트워크로 기계 중심의 연결(기계 간 통신)을 의미함
- 만물인터넷(Internet of Everything, IoE): 사물과 사람, 데이터, 프로세스 등 세상에서 연결 가능한 모든 것(만물)이 인터넷에 연결되어 서로 소통하며 새로운 가치와 경험을 창출하는 기술
- 스마트 홈(Smart Home): 유무선 통신망과 디지털 기기를 기반으로 편리하게 주거환경을 관리할 수 있도록 유비쿼터스(ubiquitous) 환경과 이들 시스템이 구축된 주거환경
- 스마트 헬스(Smart Health): 진보된 응용기기(모바일/스마트 장치, 센서 등)를 통해 환자와 의료진에게 의료서비스에 대한 접근성을 향상시키는 공공 및 개인 의료체계를 구축하는 것
- 스마트 팜(Smart Farm): 기존의 농산업에 사물인터넷, 클라우드, 빅데이터, 모바일 및 인공지능 기술 등을 융합하여 생산·유통·소비 등 농산업 전체에 생산성, 효율성, 품질향상 등의 고부가가치를 창출함
- 커넥티드 카(Connected Car): ICT와 결합해 양방향 인터넷·모바일 서비스가 가능한 차량, 스마트폰과 태블릿PC와 연결돼 차량용 인포테인먼트를 포함한 각종 서비스를 구현함
- 지능형 교통시스템(Intelligent Transport System, ITS): 도로, 차량, 신호시스템 등 기존 교통체계의 구성요소에 전자, 제어, 통신 등 첨단기술을 접목시켜 교통시설의 효율을 높이고, 안전을 증진하기 위한 차세대 지능형 교통시스템
- 스마트 에너지(Smart Energy): 초연결사회의 에너지 문제 해결을 위한 IoT기반 스마트 에너지 플랫폼 기술을 개발하여 에너지 정보수집, 에너지 수요의 부하 관리 및 에너지 공유/거래를 통한 에너지 효율을 극대화한 서비스

- 스마트 운송(Smart Transport): 사물인터넷 기술을 적용하여 사용자가 더 안전하고 더 편리하게 이용할 수 있도록 서로 다른 형태의 운송 및 교통체계를 관리하는 혁신적인 서비스
- 스마트 정부(Smart Government): '열린 정부(Open Government)', '디지털 정부(Digital Government)', '플랫폼 정부(Platform Government)', '전자정부(Electronic Government)' 등으로 불림. 공공정보를 적극적으로 개방·공유하고, 부처 간 칸막이를 없애고 소통·협력함으로써 투명하고 효율적인 정부를 구현하여 국민 맞춤형 서비스를 제공함
- DAS(Domain Awareness System): 뉴욕 경찰청과 마이크로소프트(Microsoft)가 공동 개발한 최첨단 범죄감시시스템. DAS는 사물인터넷 기술과 빅데이터 기술을 활용하여 공공안전 및 테러활동을 탐지하고 예방함
- 테크 스타트업(Tech start-up): 인공지능(AI), 사물인터넷(IoT) 등 4차 산업혁명 분야의 기술을 기반으로 부가가치를 창출해내는 신생 벤처기업
- 사물인터넷 산업클러스터: 사물인터넷 기업, 지역 대학, 연구소 등이 특정 지역에 모여 네트워크를 구축하고 사업전개, 기술개발, 핵심기술 공동연구, 인력 및 정보교류 등을 통해 시너지 효과를 내는 것을 목표로 함
- 사물인터넷 보안 거버넌스(Security Governance): 사물인터넷 보안 주기적인 모니터링 및 감사, 국제표준 기반의 보안관리체계(보안관리시스템) 구축, 사물인터넷 보안위험도 측정 및 관리, 전사적인 사물인터넷 정보보안 아키텍처의 확보 등
- 정보보안의 3대 요소: 기밀성(confidentiality), 무결성(integrity), 가용성(availability)
- 사물인터넷 구성요소별 보안위협: 단말기 분실 및 물리적 파괴, 무선신호 교란, 정보유출, 데이터 위·변조, 서비스거부
- 서비스 거부(Denial of Service): 주로 시스템에 과도한 부하를 일으켜 시스템의 사용을 방해하는 공격방식
- 3GPP(3rd Generation Partnership Project): IMT-2000 서비스의 하나인 비동기 광대역 부호 분할 다중 접속(W-CDMA)에 대한 문제를 상호 조정하는 국제협력기구
- LTE(Long Term Evolution): 3세대 이동통신보다 속도에서 향상된 4G 이동통신기술, LTE는 3G 이동통신규격 중 WCDMA에서 발전한 이동통신규격, LTE는 정지상태에서 1Gbps(1000Mbps), 60킬로미터 이상 고속 이동시에는 100Mbps 이상의 속도를 제공함
- 5세대(5G) 이동통신 기술(5th Generation Mobile Telecommunication): 최대속도가 20Gbps에 달하는 이동통신기술로 4세대 이동통신인 LTE에 비해 속도가 약 20배 빠르고, 처리용량은 100배 많음. 4차 산업혁명의 핵심기술인 가상현실, 자율주행, 사물인터넷 기술 등을 구현할 수 있음
- 무선인식(Radio Frequency Identification, RFID): 반도체 칩이 내장된 태그(tag), 라벨(label), 카드(card) 등의 저장된 데이터를 무선주파수를 이용하여 비접촉으로 읽어내는

인식시스템

- 근거리무선통신(Near Field Communication, NFC): 13.56MHz 대역의 주파수를 사용하여 약 10cm 이내의 근거리에서 데이터를 교환할 수 있는 비접촉식 무선통신기술, 스마트폰에 내장되어 교통카드, 신용카드, 멤버십카드, 쿠폰, 신분증 등 다양한 분야에서 활용됨
- O2O 커머스(Online to Offline Commerce): 오프라인과 온라인 리테일의 장점을 융합해 통합 판촉효과를 높이는 서비스. 배달의 민족과 카카오택시가 대표적인 O2O 서비스
- 웨어러블 디바이스(Wearable Devices): 신체에 착용하거나 부착하여 사용할 수 있는 정보기술 전자기기로 언제 어디서나 사용하기 편리하고 지속적으로 사용자와 소통이 가능한 스마트 디바이스(smart devices)

연습문제

01 다음 설명에서 Ⓐ와 Ⓑ가 무엇을 말하는지 답하시오.

사물인터넷은 정보의 생산주체와 소비주체가 기기와 사람인 경우를 모두 포함하는 개념이며, 이 개념은 기존 (　　Ⓐ　　)에서 사물과 사물 간 연결을 일컫는 (　　Ⓑ　　)으로 발전한 것이다.

Ⓐ – (　　　　　　　　　　)　　　　Ⓑ – (　　　　　　　　　　)

02 다음 설명에서 공통적으로 Ⓐ가 무엇인지 답하시오.

(　　Ⓐ　　)은 사물과 사람, 데이터, 프로세스 등 세상에서 연결 가능한 모든 것이 인터넷에 연결되어 서로 소통하며 새로운 가치와 경험을 창출하는 기술이다. 즉, (　　Ⓐ　　)은 서로 소통하고 새로운 가치와 경험을 창출하는 미래의 네트워크로 존재하는 모든 사람과 프로세스, 데이터, 모바일, 클라우드 등이 상호 지능적으로 연결된다.

Ⓐ – (　　　　　　　　　　)

03 다음 설명에서 Ⓐ와 Ⓑ가 무엇을 말하는지 답하시오.

사물인터넷의 핵심기술은 센서기술, (　　Ⓐ　　), 서비스 인터페이스 기술, (　　Ⓑ　　)이다.

Ⓐ – (　　　　　　　　　　)　　　　Ⓑ – (　　　　　　　　　　)

04 다음 설명에서 공통적으로 Ⓐ가 무엇인지 답하시오.

건축 및 주거 분야는 사물인터넷 기술을 활용한 (Ⓐ)으로 발전하고 있다. (Ⓐ)은 유무선 통신망과 디지털 기기를 기반으로 편리하게 주거환경을 관리할 수 있도록 유비쿼터스(ubiquitous) 환경과 이들 시스템이 구축된 주거환경이다.

Ⓐ – (   )

05 다음 설명에서 Ⓐ가 무엇인지 답하시오.

스마트 교통은 첨단 ICT기술을 인간, 자동차, 교통인프라에 통합함으로써 교통정보 수집 및 제공, 교통체계 운영최적화 및 자동화 등을 주목적으로 한 (Ⓐ)을 말한다.

Ⓐ – (   )

06 다음 설명에서 공통적으로 Ⓐ가 무엇인지 답하시오.

(Ⓐ)은 농림축수산물의 생산, 가공, 유통 단계에서 정보통신기술을 접목한 지능화된 농업시스템이다. (Ⓐ)은 사물인터넷, 빅데이터, 인공지능 등의 기술을 이용하여 농작물, 가축 및 수산물의 생육 환경을 적정하게 유지 및 관리하고, PC와 스마트폰으로 원격에서 자동 관리할 수 있어, 생산의 효율성뿐만 아니라 편리성도 높일 수 있다.

Ⓐ – (   )

07 다음 설명에서 공통적으로 Ⓐ가 무엇인지 답하시오.

(Ⓐ   )이란 인공지능(AI), 사물인터넷(IoT) 등 4차 산업혁명 분야의 기술을 기반으로 부가가치를 창출해내는 신생 벤처기업을 말한다. 사물인터넷 (Ⓐ   ) 생태계 육성의 주요 내용은 스타트업 펀드조성 및 운영, 글로벌 사물인터넷 기업과의 상호 협력 및 해외 진출 지원, 스타트업을 위한 법률체계 지원 및 홍보 마케팅 지원, 사물인터넷 핵심기술 연구개발 등이다.

Ⓐ – (   )

08 다음 설명에서 Ⓐ와 Ⓑ가 무엇을 말하는지 답하시오.

전문가들은 사물인터넷 보안기술과 사물인터넷 서비스를 위한 효과적인 (Ⓐ   ) 구축 또는 사물인터넷 (Ⓑ   ) 육성이 필요하다고 주장하였다. 사물인터넷 관련 기업, 지역 대학, 연구소 등이 특정 지역에 모여 네트워크를 구축하고 사업전개, 기술개발, 핵심기술 공동연구, 인력 및 정보교류 등을 통해 시너지 효과를 내는 것을 목표로 한다.

Ⓐ – (   )   Ⓑ – (   )

09 다음 설명에서 공통적으로 Ⓐ가 무엇인지 답하시오.

전문가들은 국내 사물인터넷 환경에 적합한 사물인터넷 (Ⓐ   )의 필요성을 주장하였다. 사물인터넷 (Ⓐ   )의 주요 내용에는 사물인터넷 보안 주기적인 모니터링 및 감사, 국제표준 기반의 보안관리체계(보안관리시스템) 구축, 사물인터넷 보안위험도 측정 및 관리, 전사적인 사물인터넷 정보보안 아키텍처의 확보 등이다.

Ⓐ – (   )

10 다음 설명에서 Ⓐ와 Ⓑ가 무엇을 말하는지 답하시오.

사물인터넷 구성요소별 보안위협에는 단말기 분실 및 물리적 파괴, (Ⓐ), 정보유출, 데이터 위·변조, (Ⓑ) 등이 있다.

Ⓐ – (   )   Ⓑ – (   )

11 다음 설명에서 Ⓐ가 무엇인지 답하시오.

(Ⓐ)는 정보시스템 데이터나 자원을 정당한 사용자가 적절한 대기 시간 내에 사용하는 것을 방해하는 행위로 주로 시스템에 과도한 부하를 일으켜 시스템의 사용을 방해하는 공격방식이다.

Ⓐ – (   )

12 다음 설명에서 Ⓐ와 Ⓑ가 무엇을 말하는지 답하시오.

다양한 웨어러블 디바이스로부터 수집·획득된 데이터는 (Ⓐ)에 자동적으로 저장되고, 이들 (Ⓑ)를 분석하여 분석결과를 웨어러블 디바이스 제품출시를 위한 스펙(spec)에 활용한다.

Ⓐ – (   )   Ⓑ – (   )

참고문헌

김대건(2013), "웨어러블 디바이스 동향과 시사점", 방송통신정책, 제25권, 제21호, pp. 1-26.

박영태(2015), "국내외 물류산업의 사물인터넷(IoT) 현황과 발전방향에 관한 연구", 경영과정보연구, 제34권, 제3호, pp. 141-160.

박형래, 강성민, 이연미(2014), "사물인터넷에 관한 국외 정책 및 사례연구를 통한 한국의 녹색성장 방안에 대한 연구", 전자무역연구, 제12권, 제1호, pp. 137-161.

서화정, 이동건, 김지현, 최종석, 김호원(2014), "사물인터넷상에서의 보안과 프라이버시 보호 이슈", 정보처리학회지, 제21권, 제2호, 한국정보과학회, pp. 48-60.

이호태(2017), "사물인터넷 보안 기술 분석", 한국인터넷방송통신학회 논문지, 제17권, 제4호, pp. 43-48.

임철수(2017), "IoT 서비스 활용사례 분석 및 산업 활성화이슈", 한국차세대컴퓨팅학회 논문지, 제13권, 제1호, pp. 45-53.

임철수(2017), "웨어러블 디바이스 주요 기술/서비스 이슈 분석 및 발전방향 연구", 한국차세대컴퓨팅학회 논문지, 제13권, 제4호, pp. 81-89.

임재욱, 김영미, 서정위(2014), "중국 사물인터넷 발전 현황과 활성화 방안", 전자무역연구, 제12권, 제1호, pp. 163-186.

전정훈(2014), "사물인터넷의 기술 동향과 전망에 관한 연구", 융합보안논문지, 제14권, 제7호, pp. 65-73.

정우수, 김사혁, 민경식(2013), "사물인터넷 산업의 경제적 파급효과 분석", 인터넷정보학회논문지, 제14권 제5호, pp. 119-128.

홍석한(2015), "사물인터넷의 주요 문제와 규범적 대응방향", 과학기술법연구, 제21권, 제3호, pp. 409-442.

홍성혁(2017), "사물인터넷의 세계표준화 추진전략 모델 연구", 한국융합학회논문지, 제8권, 제2호, pp. 21-26.

한국방송통신전파진흥원(2013), "사물인터넷의 발전 지원 및 신뢰도 제고를 위한 유럽의 정책 대안", 동향과전망-방송통신전파, 제67호, pp. 1-83.

한국인터넷진흥원(2014), "사물인터넷 보안 위협 동향", Internet & Security Bimonthly, 제5호, pp. 1-22.

Gartner(2019), Forecast: IoT Security, Worldwide, 2019, Gartner Special Report, 2019.

Hong, S. H.(2015), "Current Status of IoT and Countermeasures in Law of the U.S.: Focused on the Personal Data Protection," Journal of Constitutional Law Research, Vol. 21, No. 3, pp. 331−362.

Hong, Y. K., Shin, M. K. & Kim, H. J.(2013), "Trends on Standardization for IoT and M2M," OSIA Standards & Technology Review, Vol. 26, No. 2, pp. 8−17.

ITU(2015), The Internet of Things, ITU Internet Report 2015, pp. 22−45.

Hyundai Research Institute(2016), "Technology and Market Trends Analysis on Internet of Things," VIP REPORT, Vol. 662, No. 1, pp. 1−16.

Jeong, W. J.(2014), "A Study on Legal and Institutional Improvement Measures to Promote the Internet of Things," Journal of Law and Politics Research, Vol. 14, No. 4, pp. 1835−1867.

Kim, H. R., Hong, S. P. & Park, S. M.(2016), "A Study on Personal Information Protection Guideline: Through Research Case Study Analysis in Internet of Things Environment," Journal of Security Engineering, Vol. 13, No. 2, pp. 155−168.

Kim, J. Y.(2015), "Legal Study on the Internet of Things for the Protection of Personal Data," Journal of Law and Politics Research, Vol. 15, No. 4, pp. 1451−1482.

Kim, N. R. & Lee, S. W.(2015), "A Conceptual Model of Service Quality in Internet of Things(IoT)," Journal of Information Technology and Architecture, Vol. 12, No. 3, pp. 391−397.

Lee, S. & Cho, Y. Y.(2015), "A Study on the Measures to Reinforce South Korea's National Defense in Cyber Space in the Age of IoT(Internet of Things)," The Journal of Political Science & Communication, Vol. 18, No. 2, pp. 1−30.

Lee, W. K.(2015), "A Study on Issues and Alternatives of Privacy Protection in IoT," Korean Journal of Local Government & Administration Studies, Vol. 29, No. 4, pp. 215−234.

Lim, J. W., Jin, Y. M. & Xu, J. W.(2014), "A Study on Current Situation and Activation Plans of Internet of Things in China," E−Trade Review, Vol. 12, No. 1, pp. 163−186.

Park, J. H. & Ryoo, H. Y.(2016), "User Value Factors of Internet of Things(IoT)

Service," Journal of the HCI Society of Korea, Vol. 11, No. 2, pp. 23−30.

Son, S. W., Park, J. H. & Moon, S. M.(2016), "A Study on Improvement Measures of Information Security Relevant Laws for IoT Service Providers," Journal of Korean Law, Vol. 57, No. 1, pp. 181−215.

Yang, J. M.(2015), "The Criminal Regulation of Internet of Things Cyber Crime," The Journal of Criminal Regulation, Vol. 48, No. 1, pp. 305−350.

CHAPTER

07

클라우드 서비스와 4차 산업혁명

7.1 클라우드 서비스(Cloud Service)의 개요

4차 산업혁명의 전제조건 중 하나가 바로 클라우드(Cloud)와 데이터 규제 혁신이다. 4차 산업혁명 시대는 기술의 융합을 통해 '예측과 맞춤을 통한 최적화'라는 가치를 창출한다. '예측과 맞춤' 서비스를 제공하기 위해서는 인공지능이 필수적이며, 인공지능이 이러한 서비스를 제공하기 위해서 빅데이터가 필요하다. 즉, 인공지능의 머신러닝(기계학습) 및 딥러닝(심층학습)을 처리하기 위해서 대용량의 빅데이터가 필요하고, 이러한 빅데이터를 처리하기 위해서 고성능의 컴퓨팅 인프라가 필수적이다. 그러나 고성능 인프라와 대용량 데이터는 소규모 기업이나 개인이 구입하기는 부담스럽다. 이러한 이유로 클라우드 컴퓨팅(Cloud Computing)의 필요성이 대두되고 있는 것이다. 방대한 양의 데이터를 수집하고, 이를 처리하는 대안으로써 클라우드 컴퓨팅이 주목받고 있으며 4차 산업혁명으로 가는 첫 관문은 클라우드 인프라 구축이다.

클라우드 컴퓨팅은 인터넷 기술을 활용하여 정보기술(IT) 자원을 서비스로 제공하는 컴퓨팅으로 IT자원(소프트웨어, 스토리지, 서버, 네트워크)을 필요한 만큼 빌려서 사용하고, 사용한 만큼 비용을 지불하는 컴퓨팅을 의미한다. 2008년 글로벌 금융위기(global financial crisis) 이후 다수의 기업들은 IT비용 등의 원가절감을 통한 생존전략 차원에서 클라우드 컴퓨팅을 IT전략기술로 채택하였다. 클라우드 컴퓨팅은 기업의 IT인프라에 대한 유지보수 부담을 경감시키고, 사업초기 대규모 초기투자 비용에 대한 부담도 경감시키는 등 IT혁신을 통한 비용절감을 이룰 수 있다는 점에서 국내외 많은 기업들이 다양한 클라우드 서비스를 도입 및 운영하고 있다.

　　시장조사기관 가트너(Gartner)가 매년 선정하는 10대 전략기술에서 클라우드 컴퓨팅을 2009년에는 2위, 2010년에는 1위, 2011년에는 1위, 2012년에는 10위, 2013년에는 5위로 선정하는 등 2012년을 제외하고 4년간에 걸쳐 최상위에 속하는 중요 IT기술로 선정한 바 있다(표 7-1 참조). 가트너는 전 세계 클라우드 시장규모가 2019년에 약 243조 원에 달할 전망이고, 2024년까지 연평균 약 17%의 가파른 성장세를 보일 것으로 전망하였다. 또한 시장조사기관 IDC(International Data Corporation)에 따르면 클라우드 서비스 시장은 전체 IT시장 내에서 가장 빠르게 성장하는 영역이며 향후 IT성장의 견인차 역할을 담당할 것이라고 전망한 바 있다.

● 그림 7-1 클라우드 컴퓨팅의 구조

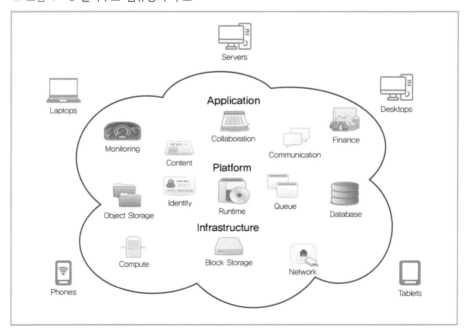

[표 7 - 2]에서 보는 바와 같이 IT전문매거진 및 경제전문지, 그리고 글로벌 기업의 CEO들이 잇달아 클라우드 컴퓨팅을 차기 비즈니스 아이템으로 지목하고 있다. 클라우드 컴퓨팅은 미래의 대표적인 IT 10대 기술변화 중 하나이다.

클라우드 서비스란 일반 소비자 및 기업 고객을 대상으로 인터넷을 통해 실

● 표 7 - 1 가트너 선정 IT 10대 전략기술: 클라우드 컴퓨팅 순위

순위	2010년	2011년	2012년	2013년
1위	클라우드 컴퓨팅	클라우드 컴퓨팅	미디어 태블릿	모바일 기기 대전
2위	고도화된 분석	모바일 앱	모바일 앱	모바일 앱
3위	클라이언트 컴퓨팅	SNS	소셜	퍼스널 클라우드
4위	그린IT	비디오	M2M	M2M
5위	데이터센터 재구성	차세대 분석기술	앱스토어	클라우드 컴퓨팅
⋮	⋮	⋮	⋮	⋮
10위	모바일 앱	패브릭기반 컴퓨팅	클라우드 컴퓨팅	앱스토어

● 표 7 - 2 클라우드 컴퓨팅에 대한 공언

인명 및 기관명	클라우드 컴퓨팅에 대한 공언
빌게이츠(MS)	새로운 디지털 시대는 클라우드 컴퓨팅이 중심이 될 것이며, MS플랫폼이 그 역할을 수행할 것이다.
에릭 슈미츠(구글)	미래 인터넷 경제의 최대 화두는 클라우드 컴퓨팅 가속화에 있다.
미국 IT매거진 인포월드	미래 10대 IT기술변화 중 첫 번째 쇼크(충격)가 클라우드 컴퓨팅이다.
시장조사기관 가트너	클라우드 컴퓨팅은 인터넷 기술을 활용하여 고객들에게 높은 수준의 확장성을 가진 자원들을 서비스로 제공하는 컴퓨팅의 한 형태이다.
포레스터 리서치	클라우드 컴퓨팅은 표준화된 IT기반 기능들이 IP를 통해 제공되며, 언제나 접근이 허용되고, 수요의 변화에 따라 가변적이며, 사용량이나 광고에 기반한 과금 모형을 제공한다.
한국전자통신 연구원(ETRI)	클라우드 컴퓨팅이란 인터넷 기술을 활용하여 가상화된 IT자원을 서비스로 제공하는 컴퓨팅으로 사용자는 IT자원(소프트웨어, 스토리지, 서버, 네트워크)을 필요한 만큼 빌려서 사용하고, 사용한 만큼 비용을 지불하는 컴퓨팅이다.

시간으로 제공되고 소비되는 제품, 서비스 및 솔루션을 말하며 클라우드 컴퓨팅은 이러한 제품, 서비스와 솔루션을 인터넷을 통해 실시간으로 제공할 수 있도록 IT환경을 구축하고 제공해주는 컴퓨팅 모델이다.

클라우드 컴퓨팅에서 제공하는 대표적인 서비스(클라우드 서비스)는 [표 7-3]과 [그림 7-2]에서 보는 바와 같이 IaaS(Infrastructure as a Service), PaaS(Platform as a Service), SaaS(Software as a Service)로 구성된다. IaaS(인프라형 서비스)는 기업의 업무처리에 필요한 서버, 스토리지, 데이터베이스, 네트워크 등의 IT인프라 자원을 클라우드 서비스로 빌려 쓰는 형태이며, 데이터베이스 클라우드 서비스, 미들웨어 클라우드 서비스, 스토리지 클라우드 서비스, 컴퓨터 클라우드 서비스로 구분된다. PaaS(플랫폼형 서비스)는 기업이 각각의 업무에 필요한 소프트웨어를 개발할 수 있는 플랫폼을 제공받는 것으로 엔터프라이즈 플랫폼 서비스와 호스티드 (Hosted) 플랫폼 서비스로 구분된다. PaaS를 통해 서비스 구성 컴포넌트 및 호환성 제공서비스를 지원받으며 그 예로는 웹프로그램, 제작 툴, 개발도구지원, 과금모듈, 사용자관리모듈 등이 있다. 개발자는 서비스 사업자가 마련해놓은 플랫폼상에서 데이터베이스, 애플리케이션 서버, 파일시스템 관련 솔루션 등 미들웨어까지 확장된 자원을 활용하여 새로운 애플리케이션을 만들 수 있다. SaaS (서비스형 소프트웨어)는 기업이 사용하는 소프트웨어를 클라우드 서비스를 통해 빌려 쓰는 것을 의미한다. 즉, 클라우드 환경에서 사용자가 원하는 소프트웨어를 서비스 형태로 제공하는 변화된 소프트웨어 유통방식으로 공급업체가 하나의 플랫폼을 이용해 다수의 고객에게 소프트웨어 서비스를 제공하고 사용자는 이용한 만큼 돈을 지불한다. 전통적 소프트웨어 비즈니스 모델과 SaaS의 차이점은 바로 제품 소유의 여부이다. 클라우드 서비스 사업자가 클라우드 컴퓨팅 서버에 소프트웨어를 제공하고, 사용자가 인터넷상에서 원격으로 접속해 해당 소프트웨어를 활용한다. 이메일 관리 및 문서 관리 소프트웨어에서 기업의 핵심 애플리케이션인 전사적자원관리(ERP), 공급사슬관리(SCM), 고객관계관리(CRM) 솔루션 등에 이르는 모든 소프트웨어를 클라우드 서비스를 통해 제공받는다. SaaS는 응용 소프트웨어 서비스, 웹 기반 서비스, 응용 소프트웨어 컴포넌트 서비스로 분류할 수 있다.

초기 클라우드 컴퓨팅은 IaaS(Infrastructure as a Service) 중심으로 확산이 되

● 표 7-3 클라우드 서비스의 분류와 사례

대분류	중분류	사례
IaaS	데이터베이스 클라우드 서비스	Amazon SimpleDB, Google Base
	미들웨어 클라우드 서비스	Amazon SQS
	스토리지 클라우드 서비스	Amazon S3, EMC Mozy/Atoms
	컴퓨터 클라우드 서비스	Amazon EC2, Saw Cloud Compute
PaaS	엔터프라이즈 플랫폼 서비스	GigaSpaces, Oracle PaaS platform
	호스티드 플랫폼 서비스	Google AppEngine
SaaS	응용 소프트웨어 서비스	GoogleApps, Salesforce.com Apps, Apple MobileMe, Nokia OVI
	웹 기반 서비스	HP Snapfish,, MS Office Live
	응용 소프트웨어 컴포넌트 서비스	Google MAP API, Yahoo Maps API

● 그림 7-2 클라우드 서비스의 유형

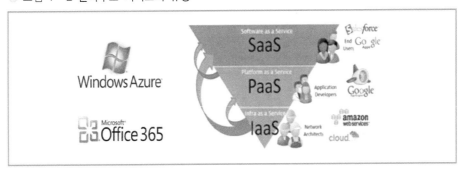

었고, 최근에는 PaaS(Platform as a Service)로 서비스 계층이 전환되고 있다. 개발환경이 모바일 앱의 스타트업 중심으로 변화되어 적은 인원으로 빠르게 관리할 수 있는 플랫폼이 요구되고, 개발된 애플리케이션의 빠른 배포 및 서버의 필요성으로 인해 PaaS의 필요성이 증가한 것이다.

클라우드 서비스가 각광받는 이유는 바로 비용절감이다. 폭발적으로 증가하는 데이터 저장 및 관리를 위해서 대용량 서버구축에 따른 비용이 발생하나 클라우드를 활용하면 상당한 비용절감이 가능하다. 그 결과 스타트업들은 자사의 핵심역량에만 집중할 수 있으며, 그 이외의 부분(데이터 저장 및 관리)은 클라우드 사업자(IaaS, PaaS, SaaS)에게 위임할 수 있다. 최근의 클라우드는 데이터 저장 및 관리서비스를 넘어서 인공지능(머신러닝, 딥러닝) 관련 서비스도 제공하고 있다.

7.2 클라우드 서비스의 비즈니스 모델

클라우드 서비스는 구축되는 형태와 이용대상에 따라 폐쇄형 클라우드(Private Cloud), 공개형 클라우드(Public Cloud), 단체용 클라우드(Community Cloud), 혼합형 클라우드(Hybrid Cloud), 모바일 클라우드(Mobile Cloud) 등 다섯 가지의 비즈니스 모델로 분류할 수 있다(표 7-4 참조).

폐쇄형 클라우드(사설용 클라우드)는 기업 또는 기관 내부에 클라우드 환경을 구성하여 내부 사용자에게만 클라우드 서비스를 제공(internal cloud)하며, 기업 또는 기관의 관리자가 통제하는 서비스이다. 폐쇄형 클라우드는 주로 대기업에서

● 표 7-4 클라우드 서비스의 유형과 특징

서비스 유형	설명	특징
폐쇄형 클라우드 (사설용 클라우드)	기업 내부에 클라우드 환경을 구성하여 내부 사용자에게만 클라우드 서비스를 제공하는 방식	데이터 소유권 확보 가능, 프라이버시 보장, IT자원투자로 인한 비용증대
공개용 클라우드 (퍼블릭 클라우드)	불특정 다수의 사람에게 클라우드 서비스를 제공하는 방식	모든 주체 사용 가능, 규모의 경제 효과
단체용 클라우드 (커뮤니티 클라우드)	특정 집단을 위한 클라우드 서비스 제공	특정 집단 구성원들만 접근 권한 부여
혼합형 클라우드 (하이브리드 클라우드)	특정 업무는 폐쇄형 클라우드 방식을 이용하고 기타 업무는 공개형 클라우드 방식을 이용함	기밀 데이터 및 개인정보 데이터 보호 가능, 인터페이스 표준화 필요
모바일 클라우드	모바일 단말에서 처리할 작업을 클라우드 환경으로 이동시켜 처리하고 모바일 단말에서 처리결과를 보여주는 서비스	데이터 동기화 서비스, 다양한 모바일 단말의 자원연계가 가능

데이터의 소유권을 확보하고 프라이버시를 보장받고 싶은 경우 유용하다. 폐쇄형 클라우드는 운영자인 기업이 전체 인프라에 대한 완전한 통제권을 가질 수 있다는 장점은 있으나, 규모의 경제효과를 보기 어렵고 기존 방식과 같이 해당 기업에서 직접 IT자원을 투자해야 하므로 사용한 만큼만 비용을 내는 운영료 방식의 클라우드 서비스의 장점을 확보하기 어렵다는 단점이 있다.

공개형 클라우드(퍼블릭 클라우드)는 불특정 다수의 사람에게 클라우드 서비스를 제공하는 것으로 개방형 클라우드(external cloud)를 말한다. 공개형 클라우드는 전 세계의 소비자, 중소기업, 대기업 사용자, 공공기관 및 정부 등 모든 주체가 클라우드 서비스를 사용할 수 있다. 또한 사용량에 따라 사용료를 지불하며 규모의 경제를 통해 경쟁력 있는 서비스 단가를 제공한다는 장점이 있다.

단체용 클라우드(커뮤니티 클라우드)는 특정 집단을 위한 클라우드 서비스로 구성원들에게만 접근 권한을 부여한다. 이들 집단 구성원들은 서로 데이터 및 응용프로그램을 서로 공유한다.

혼합형 클라우드(하이브리드 클라우드)는 특정 업무는 폐쇄형 클라우드 방식을 이용하고 기타 업무는 공개형 클라우드 방식을 함께 이용하는 것을 말한다. 일반적으로 공개형 클라우드 서비스를 기본적으로 제공하며 공유를 원치 않는 데이터(기밀 데이터, 개인정보 데이터)는 폐쇄형 클라우드 서비스 정책을 따른다. 클라우드 도입이 확산됨에 따라 다양한 클라우드 인프라 연동요구가 높아지고 있다. 혼합형 클라우드를 구축하기 위해서 인터페이스의 표준화와 통합관리플랫폼 구축이 필요하다.

최근에 등장한 모바일 클라우드는 서버 기반의 클라우드를 이용하는 단말의 형태가 데스크톱이나 노트북에서 모바일 기기로 변경되어 이에 관한 서비스를 제공받는 것이다. 모바일 클라우드는 모바일 단말에서 처리해야 할 작업을 클라우드 환경으로 이동시켜 처리하고 모바일 단말에서 처리결과를 보여주는 서비스이다. 즉, 언제 어디서나 끊임없이 이용할 수 있는 연계서비스를 모바일 클라우드를 통해 지원받을 수 있다. 모바일 클라우드의 예로는 검색 서비스, 동기화 서비스, 헬스케어 서비스, 공공서비스 실시간 조회, 엔터테인먼트 서비스 등이 있다. 대표적인 모바일 클라우드 서비스 제공회사인 애플은 전 세계적으로 약 14억 대 이상 판매된 아이폰, 아이팟을 기반으로 클라우드 시장에 진입하여 단말 제조업체에서 서비스업체로의 변신을 시도하고 있다. 애플은 모바일 클라우드 서비스인 모바일미(MobileMe)라는 개인용 클라우드 서비스를 제공하고 있다. 그 이외에도 마이크로소프트는 My Phone이라는 모바일 클라우드 서비스를 운영하고 있고, 구글은 Google Sync와 Android, 아마존은 Kindle이라는 모바일 클라우드 서비스를 운영하고 있다.

모바일 클라우드는 단순히 전통적인 클라우드 혹은 가상화의 개념이 모바일로 확장된 것이 아니라 사용자가 이용하고 생성하는 데이터, 콘텐츠 및 서비스에 자유로운 이동성을 제공하기 위해 모바일 서비스 자체를 클라우드 플랫폼으로 제공한다. 즉, 모바일 클라우드는 클라우드 컴퓨팅의 편리성과 확장성을 기반으로 다양한 유·무선 디바이스에 플랫폼 및 운영체제 비종속적인 개방 환경의 N스크린(N-Screen) 지향성의 컴퓨팅 환경을 제공한다. 기존 클라우드 서비스는 대부분 모바일 단말과 서버 간의 단순 데이터 동기화 서비스(일정, 연락처, 파일 공유 등)를 제공했으나 모바일 클라우드 서비스는 통신사들의 새로운 비즈니스 모델로써 경쟁적으로 관련 서비스 출시를 하고 있어 표준 없이 확산될 경우 향후 상호 운용성에 문제가 발생된다. 각 벤더(vendor, 단말제조회사)별로 자사 플랫폼 의존적인 솔루션 제공으로 인한 모바일 클라우드 플랫폼의 벤더 종속성은 가장 우려되는 문제로 이는 표준화로 해결해야 한다.

최근에는 혼합형(하이브리드) 클라우드 서비스의 확산, 서비스 브로커로서의 IT (Hybrid Cloud & IT as Service Broker), 개인 클라우드 시대(The Era of Personal Cloud)의 등장 등 다양한 서비스 모델로의 클라우드가 제시되고 있다.

7.3 국내외 클라우드 기업의 서비스 현황

클라우드 산업은 컴퓨팅 자원의 구축과 데이터 자원의 확보가 가능한 업체들 중심으로 산업이 형성되고 있다. 초기 클라우드 컴퓨팅은 IaaS(Infrastructure as a Service) 중심으로 확산이 되면서 글로벌 IT기업들이 시장을 장악하고 있다. 국외의 클라우드 시장은 구글(Google), 아마존(Amazon) 등 인터넷 기업뿐만 아니라 마이크로소프트(MS), IBM, HP 등과 같은 IT벤더(vendor)들도 클라우드 컴퓨팅이 IT 패러다임을 변화시킬 만한 중요한 기술임을 주창하며 다양한 클라우드 서비스를 제공하고 있다.

세계 최초의 인터넷서점으로 출발한 인터넷 종합 쇼핑몰인 아마존(Amazon)은 2002년부터 아마존웹서비스(Amazon Web Service, AWS)라는 클라우드 서비스를 제공하고 있다. 아마존은 클라우드를 통해 저장장치(storage)를 IaaS로 제공하는 S3(Simple Storage Service)을 운영하고 있다. 이밖에도 데이터베이스를 빌려주는 Simple DB라는 클라우드 서비스와 서버를 빌려주는 EC2(Elastic Computing Cloud) 서비스를 제공하고 있다. 아마존은 태블릿(Tablet) 시장의 경쟁력을 바탕으로 Kindle이라는 모바일 클라우드 서비스도 제공하고 있다. AWS의 강점은 광범위한 고객층이며 이들 고객은 인프라 서비스에서 애플리케이션 서비스까지 광범위하게 이용하고 있다. 국내외 많은 스타트업들이 AWS를 활용하고 있으며, 이를 기반으로 글로벌 서비스 구축에 성공한 기업으로 넷플릭스(Netflix), 드랍박스(Dropbox, 클라우드 저장소 제공) 등이 있다.

세일즈포스닷컴(salesforce.com)은 2005년부터 세일즈포스 서비스(Salesforce CRM)라는 이름으로 SaaS를 제공하고 있다. 세일즈포스 서비스는 주로 고객관계관리(CRM) 솔루션을 클라우드 서비스를 통해 제공하고 있다. 세일즈포스닷컴은 CRM분야의 시장을 선도하고 있고, 영업자동화(SFA), 파트너관계관리(PRM) 등의 새로운 서비스를 출시하여 영역을 확대해나가고 있다. 최근에는 오피스, 그룹웨어, 이메일, 일정관리 등 웹으로 제공되는 애플리케이션이 증가함에 따라 이들을 통합하여 클라우드 서비스로 제공하고 사용한 만큼 요금을 지불하는 과금모델을 만들고 있다.

구글(Google)은 급성장하는 검색서비스의 성능 개선을 위해 인터넷데이터센터(Internet Data Center, IDC) 설비를 증설하고 인프라를 확장하면서 자연스럽게 클라우드 컴퓨팅 시장에 진출하였다. 구글은 클라우드 컴퓨팅 업계 1위 달성을 목표로 2013년에 기업용 클라우드 서비스인 '구글 컴퓨트 엔진(GCE, IaaS서비스제공)' 상용화를 시작하였다. 구글은 구글 앱스(GoogleApps)라는 개인용 클라우드(Personal Colud) 서비스를 통해 이메일 기능(Gmail), 문서도구(Google Docs), 그리고 데이터 연산기능(Google Spreadsheet)을 무료로 제공한다. 또한 애플리케이션

출처: www.google.com

개발자들을 위해 서비스 구성 컴포넌트, 제작 도구(tool) 및 개발 도구지원 등을 제공하는 구글 앱 엔진(Google App Engine, GAE)이라는 PaaS서비스도 제공하고 있다. 개발자들은 구글이 제공하는 플랫폼상에서 다양한 IT자원을 활용하여 새로운 애플리케이션을 개발하고 사용할 수 있다. 최근 구글은 구글 컴퓨트 엔진, 구글 클라우드 스토리지, 구글 앱 엔진 등을 통합한 구글 클라우드 플랫폼 (Google Cloud Platform)을 개발하였다.

마이크로소프트(Microsoft)는 운영체제(OS) 시장에서 높은 시장점유율을 바탕으로 애저 서비스 플랫폼(Azure Service Platform)을 중점으로 IaaS와 PaaS 서비스를 제공하고 있다. 애저 서비스 플랫폼은 클라우드 컴퓨팅 파워를 활용하여 누구나 손쉽게 서비스를 개발할 수 있도록 지원하는 플랫폼이다. 또한 마이크로소프트 오피스(MS Office) 등과 같은 오프라인 제품군을 온라인을 통해 제공하는 SaaS와 My Phone이라는 모바일 클라우드 서비스도 제공하고 있다. 이처럼 글로벌 IT기업들은 클라우드 서비스 포트폴리오를 확대하고 있으며, 특히 모바일 클라우드 서비스로의 전환을 위한 다양한 비즈니스 모델과 경영전략을 세우고 있다. 최근에는 인공지능 기술과 클라우드를 결합하여 사용자가 더 편리하게 사무작업을 처리할 수 있는 오피스프로그램(M365)을 개발하고 이를 SaaS 형태로 서비스를 제공하고 있다.

국내의 클라우드 서비스는 선진국에 비하면 아직 초기 단계에 머물러있으나 글로벌 IT기업의 한국지사가 국내에 클라우드 컴퓨팅 보급을 구체화하면서 삼성

업체 이름	아마존	세일즈포스닷컴	구글	마이크로소프트
서비스 시작일	2002년	2005년	2008년	2009년
비즈니스 모델 (클라우드)	S3, EC2, Simlpe DB(IaaS)	Salesforce CRM (SaaS) Force.com(Paas)	AppEngine(PaaS) GoogleApps (SaaS) GCE(IaaS)	Azure (Iaas, PaaS)
비즈니스 모델 (모바일 클라우드)	Kindle	없음	Google Sync, Android	My Phone
특 징	① IaaS 점유율 1위 ② 서버, 스토리지, NW 외 SaaS와 PaaS 제공함 ③ 모바일 클라우드 서비스 제공 ④ 광범위한 고객층 보유하고 있음	① SaaS CRM 강점 ② Force.com (PaaS) 제공 ③ IaaS와 모바일 솔루션에서 약점 ④ 전 세계 6만여 개 고객사 확보	① 오픈API 등 PaaS 강점 ② GoogleApps의 SaaS 지원 ③ 모바일 클라우드 안드로이드 지원 ④ 광범위한 플랫폼 개발자 & 사용자 보유함	① SW개발 기술 역량을 바탕으로 SaaS 제공함 ② Azure(PaaS, IaaS) 제공함 ③ 모바일솔루션의 Win Mo에 역량 집중

SDS, LG CNS, SK C&C 등의 SI업체와 KT, SK텔레콤 등의 통신사업자가 클라우드 서비스를 운영하고 있다. 삼성SDS는 서버와 스토리지, 백업 인프라를 사용한 만큼 비용을 청구하는 유즈플렉스(USEFLEX)라는 IaaS를 운영하고 있다. KT는 CPU, 메모리 등 전산자원을 사용량에 따라 과금하는 형태로 개인 대상의 IaaS인 유클라우드(ucloud)와 금융고객에 특화된 맞춤형 서비스인 금융 클라우드 서비스를 제공하고 있다. 금융 클라우드 서비스는 금융감독원의 보안 가이드라인 준수를 통해 공개형 클라우드 환경에서 금융사의 중요 데이터(신용정보, 거래정보)를 관리하고 있다. 네이버는 2017년 4월 네이버 클라우드 플랫폼을 출시하면서 클라우드 사업을 본격적으로 시작하였다. 인공지능, 자율주행, IoT 등 미래 산업 기반으로 클라우드 경쟁력이 중요해지면서 인프라 중심의 클라우드 서비스(IaaS)를 제공한 기술 노하우를 바탕으로 인공지능 기반 클라우드 생태계 구축에 적극

투자하고 있다.

2019년 기준 국내 클라우드 전환율(8%)이 미국(40%), 일본(33%)에 비해 매우 낮은 실정이며 국내 클라우드 시장은 선진국 대비 최소 몇 년에서 최대 8년 이상 뒤쳐져있는 것이 현실이다. 기술 경쟁력 부족, 보안과 안전성 우려, 도입 타당성 미검증 등으로 공공부문의 민간클라우드 도입률(서비스 전환율)이 매우 낮은 상태이다. 국내 기업들은 디지털 기술로 혁신에 성공한 기업들의 사례를 벤치마킹하면서 클라우드의 필요성을 점차 깨닫고 도입을 서두르고 있다. 국내에 클라우드 개념이 소개되던 초기에는 효율성, 비용 절감 등이 이슈였지만 현재는 (1) 데이터 기반 비즈니스를 위해서 어떻게 데이터를 모으고 활용해야 하는지, (2) 고객의 요구사항을 듣고 어떻게 빠른 제품화를 달성할 수 있는지, (3) 각 산업별 기업들이 어떻게 혁신하는지 등이 이슈가 되고 있다.

우리나라는 2015년 세계에서 유일하게 '클라우드 컴퓨팅 발전법'을 제정하고, 클라우드 보급 및 확산을 위해 노력했으나 민간과 공공의 엇갈린 시각으로 인해 법 제정 취지가 무색할 정도로 클라우드 도입률이 저조한 상태이다. 2019년에는 각종 규제 개선과 '데이터 3법'으로 불리는 법안들이 개정되면서 금융과 공공, 대형 기업들이 클라우드를 활용할 수 있는 분위기가 조성되고 있으며 비즈니스 혁신 이슈와 맞물려 국내 클라우드 산업은 한층 활성화될 것이다.

7.4 국내외 클라우드 산업동향과 정부정책

클라우드 컴퓨팅이 다양한 산업의 고도화 및 융합에 필요한 기본 인프라로 작용함에 따라 주요 국가들은 클라우드 활성화전략을 적극적으로 마련하여 추진 중이다. 미국, 유럽(영국), 중국 등 주요국은 클라우드의 중요성을 인식하고, 공공부문의 업무혁신과 자국 기업의 경쟁력 강화를 위해 클라우드 정책을 펼치고 있다.

미국은 클라우드 우선 도입 정책인 'Cloud First Policy'를 핵심정책으로 표명하고, 국가 정보화 예산의 25%를 클라우드 분야에 집행하고 있다. 미국은 국가 차원의 클라우드 도입체계 구축과 기술로드맵 등을 제시하여 클라우드 컴퓨팅의 빠른 확산을 도모하고 있다. 국가 주도로 각 정부기관 IT인프라의 클라우드화를 추진하여 IT예산절감, 업무생산성 증대 및 유연성 제고를 이루고, 클라우드 표준기술 개발지원, 클라우드 환경의 신뢰성 및 투명성 제고 등의 과제를 추진하고 있다. 최근에는 보안정책을 통해 공공부문의 민간 클라우드 이용 활성화에 노력하고 있다.

유럽연합(European Union, EU)은 '디지털 아젠다(Digital Agenda)' 정책의 일환으로 클라우드 산업을 육성하고 있다. 디지털 아젠다는 유럽연합이 '스마트하고 지속 가능하며 종합적인 경제발전'을 위해 2025년까지 진행하는 성장전략으로, 각 회원국에 고용촉진과 혁신, 교육발전, 사회적 화합, 환경보호 및 에너지 절약의 효과를 가져다주는 것을 목표로 한다. 유럽 집행위원회는 클라우드 컴퓨팅을 통해 유럽 내 기업(특히 중소기업)들의 IT비용 절감 및 에너지 효율성 제고, 정부기관의 공공 클라우드(G-Cloud, Government Cloud)를 통한 대민 서비스를 제공하고 있다. 유럽연합 중 ICT를 선도하는 영국은 초창기 클라우드 컴퓨팅을 공공부문에 적용하기 위한 다양한 노력을 시도하고 있다. 영국은 G-Cloud를 통해 예산절감과 더불어 유비쿼터스(ubiquitous) 기반의 공공 클라우드 서비스를 제공하고 있다. G-Cloud는 공공서비스 네트워크라는 비즈니스 애플리케이션의 활용으로 보다 안전하고 지속적이며 비용측면에서 저비용·고효율적인 공공기관의 내부시스템을 구축할 수 있다. 최근에는 G-Cloud 프로젝트를 통해 데이터센터 통합 및 공공 클라우드 서비스 고도화와 친환경 IT서비스 환경 구축에 초점을 두고 있다.

중국은 클라우드 산업 육성 및 중소기업 경쟁력 강화에 중점을 두고, 2018년 9월에 발표한 '5개년 과학기술 발전계획'을 통해 클라우드 핵심기술 개발 및 기업 육성, 전통산업과의 융합 및 국민편의 서비스를 제공하고 있다. 클라우드 데이터 센터를 자국 내에 두는 인터넷 안전법 발표, 민간 클라우드 발전을 위한 클라우드 공급능력 강화, 전자정부 고도화, 클라우드 인프라 시설 구축 등의 다양한 클라우드 정책을 추진하고 있다. 정부의 클라우드 산업육성 의지와 함께 중국 3대 IT기업 바이두(Baidu), 알리바바(Alibaba), 텐센트(Tencent) 등이 클라우드 인프라 구축에 적극적으로 투자하여 중국의 클라우드 시장은 연평균 50% 이상 급성장 중이다. 또한 상하이 클라우드 컴퓨팅 산업단지와 허베이(Hebei) 랑팡(廊坊) 경제개발특구에 대규모 클라우드 기반 데이터센터를 운영하고 있다. 이처럼 미국과 영국은 우수한 자국의 클라우드 기업을 바탕으로 공공부문의 업무혁신을 추진하고 있으나 후발 주자인 중국은 자국 클라우드 기업의 육성에 초점을 맞추고 있다.

우리 정부는 '클라우드 기반의 지능정부구현' 계획에 따라 클라우드 활성화 정책을 추진하고 있다. 구체적으로 '제1차 클라우드 컴퓨팅 발전 기본계획(2016~2018년)'을 발표하고 적극적으로 클라우드 산업을 육성하고 있다. 2015년 3월 제정·공표된 '클라우드 컴퓨팅 발전 및 이용자 보호에 관한 법률(이하 클라우드 발전법)'로 공공부문에서 클라우드 도입의 법적 근거를 확보하여 공공부문의 선제적인 클라우드 도입에 방점을 두고 있다. 클라우드 발전법은 클라우드 컴퓨팅의 발전 및 이용을 촉진하고, 클라우드 서비스를 안전하게 이용할 수 있는 환경을 조성함으로써, 국민생활의 향상과 경제발전에 이바지함을 목적으로 한다. 그러나 클라우드 발전법은 클라우드 활용을 저해하는 '개인정보보호법', '정보통신망 이용 촉진 및 정보보호 등에 관한 법률(4조)' 등을 따르도록 규정함으로써 상충되는 법적 리스크를 해소하지 못하고 있다. 동시에 국가기관은 클라우드 컴퓨팅 도입 촉진을 위해 노력해야 한다고 명시하고 있으나 실무적으로는 복잡한 절차와 규제로 확산 및 활성화가 저해되고 있다. 정부는 공공부문이 클라우드 시장의 마중물 역할을 하고자 공공 클라우드(G-Cloud) 운영계획을 발표했으나, 자체적인 설립안을 제시하면서 글로벌 흐름을 역행하고 있다. 공공이 우선적으로 G-Cloud를 활용하는 것은 미국, 영국과 유사하나 민간의 클라우드 서비스를 활용하지 않고 자체적으로 설립하는 것은 한국이 유일하다. 정부의 과도한 시장개입은 클라우드 시장을 왜곡하고 민간의 투자를 위축할 수 있다.

최근 체계적이고 지속적인 클라우드 산업육성을 위해 '제2차 클라우드 컴퓨팅 발전 기본계획(2019~2021년)'이 수립되었다. 이는 우리나라가 클라우드 선도 국가로 도약하기 위한 성장모멘텀 기반을 마련하기 위함이다. '제2차 클라우드 컴퓨팅 발전 기본계획'의 세부 추진계획은 4단계로 구성된다. 1단계는 공공부문의 클라우드 도입 촉진이다. 과학기술정보통신부 및 클라우드 전담기관부터 클라우드 서비스를 우선 도입하고, 공공부문 클라우드 도입 촉진을 위한 클라우드 확산 지원센터를 운영한다. 2단계는 민간부문의 클라우드 이용 활성화이다. 산업단지에 클라우드를 적용하고, 새로운 클라우드 서비스 개발로 생산성 향상 및 산업혁신을 추진한다. 또한 정부와 민간이 공동으로 협력하여 클라우드 관련 지속적인 규제를 개선하고 민간부문의 클라우드 도입 촉진을 위해 클라우드 혁신센터를 확대 운영한다. 3단계는 클라우드 기업 경쟁력 강화 및 글로벌화이다. 성장 단계별 맞춤형·상시지원체계를 통한 글로벌 스타급 SasS를 육성한다. 또한 누구나 활용 가능한 공개소프트웨어 기반 PaaS를 개발·운영하고 산업단지에 국내 기술 중심의 IaaS를 적용한다. 마지막 4단계는 클라우드 산업성장기반 구축이다. 클라우드 이용보호(가이드라인 보급 등) 및 대국민 인식확산을 확대한다. 또한 클라우드 연구개발을 통한 기술경쟁력 향상 및 산업계 수요 맞춤형 인력을 양성하고, 클라우드 선도국가 협의체를 통해 클라우드 정책성과를 공유한다.

클라우드 발전법 및 민간 클라우드 규제개선추진단을 통해 클라우드 도입을 저해하는 규제를 발굴하고 있으나, 아직 의료, 금융, 교육 등 다양한 산업에서 클라우드를 저해하는 규제가 존재한다. 이는 ICT발전을 따라가지 못하는 기존 법적·제도적 규제가 국가 및 산업 전반의 경쟁력을 저해하는 요소로 작용한다. 정부 및 민간이 협력하여 적극적으로 규제를 해소하고, 클라우드 서비스를 통해 새로운 비즈니스 모델과 서비스가 창출될 수 있도록 산업전반에 혁신기반을 마련할 필요가 있다.

7.5 클라우드 서비스의 보안위협과 해결방안

최근 소셜미디어(social media)의 활용도 증가로 인한 빅데이터의 등장, 웹 2.0(Web 2.0) 애플리케이션 확대, 실시간 대용량 스트리밍 데이터(streaming data) 구현 등으로 빠르게 변화하는 IT환경 진화의 핵심에 클라우드 컴퓨팅이 조명되고 있다. 네트워크의 고도화와 웹의 급속한 진화, 더불어 급증하는 트래픽과 컴퓨팅 파워 문제를 해결하기 위한 대안으로 클라우드 컴퓨팅에 대한 관심이 높아지고 있으며 클라우드 이용자도 기하급수적으로 늘고 있다. 이와 비례하여 국내외적으로 클라우드 환경에서의 개인 및 기업정보유출, 서비스 장애, 보안위협 등 정보보호 관리체계에 많은 문제가 발생하고 있다. 현재 클라우드 시장에서 데이터 프라이버시(data privacy)와 데이터 보호를 위한 보안이슈 및 대응방안이 핵심사항으로 떠오르고 있다.

최근 클라우드 서비스 환경에서 보안위협과 보안 취약점이 큰 문제점으로 대두되고 있다. 클라우드 환경은 모든 정보가 집중화되어 보다 강도 높은 인증과 접근제어가 요구된다. 클라우드 보안위협 요인의 주요 요소는 클라우드 서비스 이용자 및 서비스 제공자, 클라우드 서비스 이용자와 제공자 사이의 네트워크이며 이것이 공격 대상이 된다. 클라우드 환경의 보안위협 유형은 클라우드 컴퓨팅에 대한 외부 공격, 가상화 기술 취약성에 의한 공격, 클라우드 환경을 이용한 공격, 클라우드 내부 공격에 의한 위협, 그리고 네트워크에 대한 위협 등 다섯 가지 유형으로 분류할 수 있다(표 7-6 참조). 먼저, 클라우드 컴퓨팅에 대한 외부 공격은 클라우드 데이터센터에 대한 분산서비스 거부공격(Distribute Denial of Service, DDos)과 불법 접근, 그리고 정당한 클라우드 이용자를 위장한 공격 형태를 말한다. 가상화 기술 취약성에 의한 공격은 클라우드 이용자가 공격자가 되어 클라우드 환경 내의 다른 클라우드 이용자를 공격하는 것을 말한다. 클라우드 환경을 이용한 공격은 클라우드의 막대한 리소스(컴퓨팅 및 스토리지 등)를 이용하여 제3자에 대해 분산서비스 거부공격(DDos)을 하는 행위이다. 클라우드 내부공격에 의한 위협은 클라우드 운영관리 내부자에 의한 중요 데이터 및 개인정보유출 형태이다. 마지막으로 네트워크에 대한 위협은 클라우드 서비스 이용자와 서비스 제공자 사이의 네트워크 환경에서 각종 데이터의 도청, 변경, 파괴 등의 공격을 말한다.

보안 취약점은 직접적으로 시스템에 위협을 초래하지 않지만 위협이 발생할 수 있는 환경을 제공하며 클라우드 서비스 환경에서 보안관제 및 접근제어 등 보안문제에 대한 대응책이 마련되어야 하지만 보안 취약점을 이용하는 악의적인 사용자로부터 모든 공격을 차단하는 것은 매우 어려운 것이 현실이다. 또한 클라우드 서비스는 인터넷을 통한 정보서비스의 제공, 가상화, 다중소유기술의 개방성과 공유로 인해 기존의 정보서비스 환경보다 취약성이 증가되면서 통제의 어려움을 내포하고 있어 상시 점검과 모니터링을 통해 예방하는 방법 외에는 별

● 표 7-6 클라우드 서비스 환경에서의 보안위협 유형

위협 유형	위협 형태
클라우드 컴퓨팅에 대한 외부 공격	클라우드 데이터센터에 대한 분산서비스 거부공격(DDos)과 불법 접근, 정당한 클라우드 이용자를 위장한 공격 형태
가상화 기술 취약성에 의한 공격	클라우드 이용자가 공격자가 되어 클라우드 환경 내의 다른 클라우드 이용자를 공격하는 형태
클라우드 환경을 이용한 공격	클라우드의 막대한 리소스를 이용하여 제3자에 대해 분산서비스 거부공격(DDos) 등의 사이버공격 형태
클라우드 내부 공격에 의한 위협	클라우드 운영관리 내부자에 의한 중요 데이터 및 개인정보유출 형태
네트워크에 대한 위협	클라우드 서비스 이용자와 서비스 제공자 사이의 네트워크 환경에서 각종 데이터의 도청, 변경, 파괴 등의 공격 형태

출처: 박춘식(2011), 김종철 외(2020) 재구성

도의 대응책을 찾기가 어렵다. 최근에는 악의적인 공격자로 인한 서비스 이용자의 계정 탈취를 통해 데이터 분실 및 유출의 위험이 지속적으로 증가하고 있다.

　이상의 논의를 바탕으로 클라우드 서비스의 보안 취약점을 근본적으로 해결해야 할 핵심요소로 신뢰성(reliability), 가용성(availability), 그리고 호환성(compatibility)을 들 수 있다.

　첫째, 신뢰성은 클라우드 컴퓨팅에서 해결해야 할 가장 큰 당면 요소로 사용자들이 안심하고 클라우드를 사용할 수 있도록 제반 사항들을 마련하는 것이다. 신뢰성에는 시스템적인 측면과 관리적인 측면이 있다. 시스템적인 측면은 하드디스크 고장이나 해킹 등의 이유로 자료가 유실되거나 손실되는 경우를 말한다. 관리적인 측면은 바로 개인정보보안을 말한다. 예를 들어, 나의 파일을 타인에게 판매하는 일, 내 정보를 마케팅에 이용하는 일, 내 정보를 분석하고 이용 형태를 광고하는 행위, 내 파일을 삭제했음에도 복사본을 보관하는 행위 등으로 사용자가 우려 및 불안감을 가지게 되어 클라우드 운영자를 신뢰하지 못하는 경우이다. 클라우드 사업자의 정보사용 남용방지를 위한 법 제도 및 관리자 교육이 필요하며, 자료 유실이나 손실에 대비한 방안도 마련해야 한다. 또한 클라우드 서버의 해킹 공격에 대비하여 암호화와 인증 기술을 도입하고 보안정책과 방화벽(firewall), 가상사설망(Virtual Private Network, VPN)을 구축할 필요가 있다.

둘째, 가용성은 클라우드 서비스에서 제공하는 자원들을 언제나 사용 가능하도록 보장해야 한다는 의미이다. 클라우드 서비스를 활용하여 사업을 수행하거나 서비스를 운영하는 사용자들은 클라우드 서비스가 중단되면 막대한 손실을 가져올 수 있다. 클라우드 인프라 내의 서버, 스토리지, 네트워크 장비와 같은 하드웨어적인 결함 또는 다운되는 경우에도 이를 대체할 수 있는 솔루션을 마련해야 한다. 고가용성을 제공하는 인프라 기술과 일정한 수준을 유지할 수 있는 관리 및 통제기능도 필요하다.

마지막으로 호환성은 표준화된 사용자 인터페이스를 마련하는 것이다. PaaS를 이용하여 사업을 영위하는 이용자들은 플랫폼에 종속적인 관계를 형성하여 다른 기회를 상실할 수 있다. 다른 사업자의 클라우드 플랫폼으로 이전하면 기존 개발된 산출물(코딩작업)을 사용할 수 없어 재작성해야 하는 부담을 가지게 된다. 이런 문제점을 해결하기 위해 표준화된 사용자 인터페이스를 마련하는 것이 필요하다.

클라우드 서비스는 이미 상용화 단계에 이르렀지만 보안 관련 정책은 아직 미흡한 상태이다. 클라우드 컴퓨팅에서 이슈되고 있는 보안위협에 대해 대응책을 마련하고, 시스템에 대한 신뢰성, 가용성, 호환성을 구축할 수 있다면, 사용자들이 손쉽게 저렴한 비용으로 안정적인 서비스를 이용할 수 있는 차세대 컴퓨팅 기술로 자리매김할 것이다.

국내 사업자들은 인터넷 데이터센터(IDC) 구축 및 운영경험을 보유한 인력은 있으나 전반적인 서비스 운영인력이 부족한 실정이다. 이들 운영인력을 양성할 프로그램을 정부에서 마련할 필요가 있다. 또한 우리 정부는 클라우드 사업자의 정보사용 남용방지를 위한 법 제도 마련과 관리자의 보안교육이 필요하다. 특히, 모바일 클라우드와 개인용 클라우드는 선진국과의 기술격차가 크지 않으며 시장의 잠재력도 매우 크므로 정부 지원을 통해 상용화할 경우 세계 시장의 선점이 가능하다는 점에서 정부의 적극적인 재정지원이 무엇보다 필요한 시점이다.

7.6 개인용 클라우드 서비스와 정보보호행위

　최근 클라우드 시장은 다양한 모바일 디바이스의 등장과 모바일 네트워크의 고도화 등으로 인해 개인용 클라우드 서비스(Personal Cloud Service)로 확장되고 있다. 웹(web)상에서 개인의 콘텐츠를 공유하는 소셜네트워크서비스(SNS)의 확산과 개인 이용자들의 클라우드 서비스에 대한 요구가 급증하면서 개인 이용자에게로 관심이 확대되었다. 개인용 클라우드 서비스는 이용자들이 보유한 문서, 동영상, 프로그램 파일, 사적 데이터 등을 클라우드 사업자의 서버에 업로드하여 저장하고, 이들을 해당 클라우드 계정과 동기화된 다양한 단말기에서 접근과 이용, 다운로드 받을 수 있는 서비스를 말한다. 개인용 클라우드 서비스의 장점은 스마트 기기별로 콘텐츠를 따로 구입할 필요 없이 콘텐츠 라이브러리(contents library)가 클라우드 서버에 저장되고, 디바이스 간에 호환이 가능하여 개인이 저장장비를 가지고 다닐 필요가 없다. 개인용 클라우드는 서비스 제공자 및 사용자 단말에 독립적으로 사용자 정보기반의 개인화된 콘텐츠를 제공하는 사용자 중심형 클라우드 서비스이다. 온라인 서비스가 급증하는 개인정보화 시대에 모든 단말기와 온라인 공간에 산재한 개인 콘텐츠를 클라우드 환경에 저장·통합·관리하여 언제 어디서나 독립적으로 접근할 수 있으며 이들 개인 빅데이터(CRM 빅데이터)를 분석하여 고부가가치의 개인화 서비스를 제공할 수 있다.

　초기의 개인용 클라우드 서비스는 자신이 보관한 콘텐츠를 보관만 해주는 웹하드(web hard) 유형이었으나 현재 개인용 클라우드 서비스는 다양한 단말기를 통해 실시간으로 음악, 영상 등 멀티미디어 콘텐츠와 애플리케이션을 제공해주는 형태로 진화하고 있다. 개인용 클라우드는 파일 클라우드 서비스, 디바이스 클라우드 서비스, 애플리케이션 클라우드 서비스로 분류할 수 있다. 파일 클라우드 서비스는 사용자의 파일을 서버에 저장하는 초창기 개인용 클라우드 서비스이다. 드랍박스(Dropbox), 바이두(Baidu), 텐센트(Tencent) 등이 파일 클라우드 서비스를 제공하고 있다. 이들은 파일 저장 설비를 서비스 형태로 유저들에게 제공하고 있다. 디바이스 클라우드 서비스는 이용자들이 자신의 디바이스 내에 어떠한 파일이 있는지 인지하지 못해도 같은 회사의 다른 디바이스에서 기존에 이용하던 애플리케이션이나 파일을 이용할 수 있는 서비스이다. 애플사(Apple Inc.)의 아이클라우드(iCloud)가 대표적인 사례이다. 마지막으로 애플리케이션 클라우드는 이용자에게 맞춤형 애플리케이션과 콘텐츠를 제공하는 개별화된 클라우드 서비스로 넷플릭스(Netflix), 구글 드라이브(Google Drive) 등을 예로 들 수 있다.

이처럼 글로벌 IT기업들이 무료로 개인에게 클라우드 서비스를 제공하고 있어 그 이용자는 폭발적으로 증가하고 있으나 이와 비례하여 클라우드 관련 피해와 사고도 급증하고 있다. 최근 개인용 클라우드 계정해킹을 통해 유명인이 클라우드 저장소에 보관된 사생활 사진이 유출되거나 부적절한 사생활 대화내용이 유출되면서 논란이 되고 있다. 이처럼 정보유출 및 해킹사고로 인해 개인용 클라우드 서비스의 데이터 보안 및 정보보호에 대한 우려가 급증하고 있다. 개인용 클라우드의 취약점은 해커(hacker)가 클라우드 접속 계정 아이디(ID)와 비밀번호를 알아내면 모든 데이터에 접근할 수 있다는 점이다. 클라우드 데이터를 관리하는 서버 자체를 해킹하는 것보다 개인 아이디와 비밀번호를 알아내는 것이 더 쉽기 때문에 다수의 해커들은 계정해킹방식을 이용하고 있다.

개인용 클라우드 서비스 이용의 활성화를 저해하는 요인도 바로 정보유출과 프라이버시(privacy) 침해에 대한 우려이다. 개인, 기업, 정부의 데이터관리를 클라우드 운영자가 함으로써 발생할 수 있는 각종 법적 보안 관련 이슈는 클라우드 분야의 가장 주요 논쟁거리이다. 현재 다수의 클라우드 운영기업은 외부 침입 및 보안위험 요인에 대한 대응방안이 구체적으로 마련되어있지 않은 상태이고, 보안관제시스템을 운영 및 관리할 직원도 매우 부족한 실정이다.

개인용 클라우드 이용자는 개인정보유출에 대한 우려와 염려가 매우 크므로 클라우드 운영기업은 클라우드 보안시스템에 대한 믿음을 이용자가 가질 수 있도록 신뢰성 높은 대응방안을 마련해야 한다. 클라우드 이용자가 요구하면 언제라도 보안 관련 서비스 내용을 상세히 공개하여 투명성도 갖추어야 한다. 또한 클라우드 컴퓨팅의 보안정책 및 표준화 가이드라인 마련도 필요하다. 단계별 암호화 등 데이터 프라이버시에 대한 치밀하고 엄격한 기준을 세우고 클라우드 서비스 운영자는 사이버보안 및 정보보호 관련 국제표준과 표준화 가이드라인을 엄격히 준수해야 한다.

클라우드 이용자 측면에서 클라우드 해킹방지를 위해 이용자 스스로 정보보호에 대한 인식과 실천과제가 필요한 시점이다. 그중 대표적인 것이 이중 인증(two factor authentication) 활용이다. 포털이나 클라우드 등 중요한 서비스 이용 시 단순히 아이디(ID) 및 비밀번호 입력만으로 접속하지 않고 문자메시지(SMS)나 일회용 비밀번호 생성기(OTP) 등 2단계 인증을 사용하는 것이 바람직하다. 최근 개인용 클라우드 사업자들은 2단계 인증 범위를 확산하고 사용자에게 이를 더욱 적극적으로 알리는 등 보안정책을 강화하고 있다. 클라우드 보안성을 강화하고자 3단계 인증에 기반을 둔 로그인 방식도 도입되고 있다. 클라우드 계정 아이디와 비밀번호뿐 아니라 문자로 전송된 보안코드와 스마트폰 잠금 비밀번호까지 인증하는 방식이다.

7.7 클라우드 데이터 개혁 방안과 클라우드 발전법

해외 주요 국가들은 공공데이터를 원칙적으로 공개하고, 개인정보는 활용의 촉진과 통제권 강화라는 대원칙을 세우고 있으며, 이를 뒷받침할 수 있는 인프라로 클라우드 서비스를 활성화하고 있다. 사물인터넷, 인공지능 등 4차 산업혁명 기반 기술을 활용한 엔지니어링 산업혁신은 국가 제조경쟁력 향상의 필수요소로 인식되고 있다. 산업인터넷 기술의 발전을 통해 기존에는 획득이 불가능했던 다양한 종류의 데이터 수집이 클라우드 기술을 통해 가능해짐에 따라 데이터를 효율적으로 관리하고 해당 데이터로부터 의미 있는 결과를 도출하기 위한 연구가 활발하게 진행되고 있다.

미국 제44대 대통령 버락 오바마(Barack Obama)는 행정집행 문서가 투명한 열린 정부를 표방하는 등 적극적인 데이터 개방 정책을 추진하였다. 오바마 정부는 열린 정부를 통해 책임성을 제고하고, 국민들은 자신들이 활용할 수 있는 정보의 접근성을 보장받으며, 정부를 중심으로 다양한 영역에 산재된 정보를 모으고, 대중의 기준에서 정책과 규칙, 규정 등을 신설하거나 재정비하였다. 미 연방정부는 공공이 주도한 연구성과도 적극적으로 개방하여 다양한 산업의 혁신을 지원하였다. 미국의 국립보건원(National Institute of Health)이 보유한 200TB (terabyte)의 인간 DNA 데이터를 아마존의 클라우드 서비스를 통해 무료로 제공하고 있다. 뉴욕주 시라큐스(Syracuse)시는 IBM과 협력하여 스마트 시티(smart city) 프로젝트를 수행한 연구성과와 데이터를 민간 클라우드를 통해 무료로 시민들에게 제공한 바 있다. 미국은 개인정보정책에서 소비자 프라이버시 권리장전(Consumer Privacy Bill of Right)을 제정하여 개인정보보호와 활용의 균형에 중점을 두고 있다. 이를 통하여 관련 산업의 발달에 초점을 두고 옵트아웃(Opt-out, 사후규제)을 허용하고 있다. 즉, 미국의 개인정보정책은 개인정보의 사전규제가 아니라 당사자의 개인정보 활용에 중심을 두고 정책을 수행한다. 개인정보활용의 구체적 영역은 의료, 교육, 금융이며, 의료정보는 개인의 건강정보에 대한 접근권을 향상하는 데 초점을 두고 있다.

영국의 재무부와 경영, 혁신 및 기술부(Department for Business, Innovation and Skill)는 성장을 위한 계획(Plan for Growth)을 추진하고, 핵심정책은 데이터 개방과 활용을 통하여 신산업을 육성한다는 것이다. 공공부문은 클라우드 데이터 활성화의 마중물 역할을 하고자 개방을 전제로 3단계 데이터 정책을 수행하고 있다. 공개, 보안, 절대보안이라는 3단계 데이터 정책은 90%를 공개한다는 목표 아래에서 추진하였고, 그 결과 94%를 개방하였다. 또한 클라우드 스토어를 운영하여 공공(정부 및 공공기관)은 우선적으로 데이터를 민간 클라우드 서버에 업로드하고, 이를 활용하지 않는 경우 소명을 요구하였다. 또한 개인정보활용의 활성화를 위해서 소비자 권한 강화정책을 추진하였으며, 이들 정책은 소비자들이 시장에서 최선의 의사결정을 하는 데 필요한 정보를 활용할 수 있다는 것이다. 데이터를 통한 소비자 보호 및 편익 창출을 위해 영국은 디지털경제연결단지(Connected Digital Economy Catapult)가 중심이 되어 정부, 기업, 그리고 이해관계자들과 데이터의 사용 준칙을 개발·운영하고 있다. 영국 데이터 정책의 기본원칙은 소비자 데이터 권한 강화, 데이터 투명성과 데이터 접근성, 데이터 보안성, 그리고 데이터 혁신이다.

한국의 4차 산업혁명이 산업별 기술혁신을 이끌어내기 위해서는 클라우드 데이터 활성화가 필수조건이다. 클라우드 데이터 선진국 사례를 바탕으로 국내 클라우드 산업은 공공데이터 정책, 개인정보정책, 그리고 클라우드 정책 및 제도

정비가 필요하다. 한국의 클라우드 데이터 활용 활성화 및 데이터 개혁 방안과 관련하여 세 가지 실천과제를 제시한다.

첫째, 공공부문은 클라우드 활용을 촉진하고 시장의 마중물 역할을 해야 한다. 이를 위해서 과도한 국가보안 패러다임에서 벗어나 데이터 보안과 개방의 균형이 필요하다. 공공데이터 개방의 실천적 목표로써, 영국의 3단계 데이터 분리를 벤치마킹한 공공데이터의 90% 이상 개방화를 제안한다. 공공데이터 정책은 철저하게 개방을 목적으로 이루어져야 하며, 이를 위해 기관에 따른 데이터 분류가 아니라 데이터의 보안성이 기준이 되어야 한다. 또한 공개된 데이터는 우선적으로 민간 클라우드를 활용할 것을 제안하며, 데이터의 비공개나 클라우드 미사용은 담당자 및 담당기관이 소명하도록 제도개선이 필요하다.

둘째, 공공부문이 공공데이터 개방으로 클라우드 활용을 촉진한다면, 민간에서는 다양한 개인정보활용이 가능한 토대가 형성되어야 한다. 시장에서 다양한 개인별 맞춤서비스가 출현하기 위해서는 비식별 데이터의 자유로운 활용이 필수적이다. 한국은 세계에서 개인정보보호 관련 규제가 가장 높은 국가 중 하나이다. 한국은 개인정보에 대한 옵트인(Opt-in, 사전동의) 방식으로 문제가 발생할 요소를 사전에 막는 것에 주력하고 있다. 익명화 및 비식별화에 대한 명확한 개념을 이해하고, 이를 바탕으로 비식별화 가이드라인 개선이 필요하다. 개인정보는 옵트인(Opt-in)을, 비식별화된 개인정보는 옵트아웃(Opt-out)으로 패러다임이 전환되어야 한다. 이와 동시에 개인정보통제권의 강화가 필요하다. 개인정보보호의 핵심은 사전규제가 아니라 개인의 통제권 강화에 있다. 자신의 정보처리에 대한 적절한 통제권을 부여하는 것이 개인정보의 통제와 활용의 균형을 맞추는 길이다.

마지막으로 데이터 규제 개선과 함께 데이터를 저장 및 활용할 수 있는 클라우드 인프라 확산이 필요하다. 클라우드 시장 활성화를 위해 정부는 클라우드 프로젝트를 발주하여 수요를 창출할 필요가 있다. 시장의 수요가 일정 이상의 임계점을 돌파하면 이후에는 시장에서 자연스러운 확대와 선순환이 일어난다. 이러한 정책들이 실효성을 갖기 위해서는 근본적으로 포지티브 방식(원칙적 금지·예외적 허용)의 규제에서 네거티브 방식(원칙적 허용·예외적 금지)으로 규제 패러다임이 전환되어야 한다. 또한 동시에 사용자와 사업자들에게 클라우드 데이터 활용에 대한 자율과 책임이 함께 부여되어야 한다. 2017년 7월부터 시행되고 있는 클라우드 발전법은 행정·공공기관에서 민간 클라우드 이용이 수월하도록 이용절차와 기준을 완화하고 있다. 이에 따라 행정·공공기관 정보시스템 절반 이상이 민간 클라우드 활용이 가능하여 클라우드 산업의 활성화가 기대되고 있다.

클라우드 기술 역시 빅데이터와 인공지능 기술과 융합되어 더욱 큰 비즈니스 가치를 만들고 있다. 빅데이터 활용을 위한 인프라 등 자원의 효율적 활용을 위해 점차 클라우드 활용이 확산되고 있으며, 인공지능 기반의 응용서비스 개발도 클라우드 환경을 중심으로 점차 확대되고 있다. 클라우드 환경은 인공지능 기술의 도입으로 점차 지능적(스마트화)으로 관리될 수 있다. 최근에 엔지니어링 분야에서 생성되는 대용량의 빅데이터를 효율적으로 저장, 관리, 분석하는 클라우드 기반 빅데이터 플랫폼이 구축되었다. 클라우드 기반 빅데이터 플랫폼은 클라우드 인프라 환경, 빅데이터 분석 플랫폼, 데이터 수집 및 처리 모듈, 인공지능 기반 분석 라이브러리, 응용서비스로 구성된다. 이를 통해 데이터 분석에 대한 전문지식이 없는 엔지니어링 전문가도 IoT 빅데이터(제조·설계 빅데이터)를 수집 및 분석함으로써 산업적으로 활용이 가능하다.

Q. 데이터 3법과 데이터 산업 활성화

A. 데이터 3법은 개인정보보호법, 정보통신망법, 신용정보법 개정안을 일컫는 말이다. 데이터 3법은 개인정보보호에 관한 법이 소관 부처별로 상이하게 분산되어 발생되는 중복규제를 없애 4차 산업혁명 도래에 맞춰 개인과 기업이 정보를 활용할 수 있는 폭을 넓히기 위해 마련되었다. 이에 국회는 2018년 11월 데이터 산업 활성화를 위한 '데이터경제 3법' 개정안을 발의하였다. 이후 법안 발의 1년 1개월 만인 2019년 12월 국회가 정보통신망법 개정안을 통과시킨 후 2020년 1월 국회 본회의를 최종 통과하였다.

데이터 3법은 최초 수집 목적과의 관련성 등을 고려해 일부 상황에서 개인정보를 주체의 동의 없이 추가로 사용할 수 있다는 게 골자다. 우리나라는 개인정보처리에 있어 정보주체가 일일이 동의해야 정보를 제공 가능한 옵트인(Opt-in) 방식을 채택하여 구글, IBM 등 해외 IT기업들과 형평성 문제가 제기되었다. 미국, 유럽, 일본 등은 '옵트아웃(Opt-out)' 방식을 기본으로 데이터 활용에 대한 포괄적 동의를 전제한다. 데이터 3법은 데이터 이용 활성화를 위한 '가명정보' 개념을 처음으로 도입하였다. 추가적인 정보 없이는 개인을 특정할 수 없게 가명(假名) 처리된 정보를 뜻한다. 개인정보나 신용정보를 가명정보화해 정보주체의 피해가 발생할 수 있는 상황을 방지하기 위한 개념이다.

관계 부처와 시민단체·산업계·학계·법조계가 참여하여 '데이터 3법 시행령 개정안'에 대해 토론하고, 안전한 데이터 활용이 이뤄질 수 있는 방안을 도출하여 시행령 개정안에 반영해나가는 것이 필요하다.

- 클라우드 컴퓨팅(Cloud Computing): 인터넷 기술을 활용하여 IT자원을 서비스로 제공하는 컴퓨팅으로 IT자원(소프트웨어, 스토리지, 서버, 네트워크)을 필요한 만큼 빌려서 사용하고, 사용한 만큼 비용을 지불하는 컴퓨팅

- 클라우드 서비스: 클라우드 컴퓨팅을 활용하여 상용(商用)으로 타인에게 정보통신자원을 제공하는 서비스

- SaaS(Software as a Service): 애플리케이션을 서비스 대상으로 하는 SaaS는 클라우드 서비스 사업자가 클라우드 컴퓨팅 서버에 소프트웨어를 제공하고, 사용자가 인터넷상에서 원격으로 접속해 해당 소프트웨어를 활용하는 모델

- PaaS(Platform as a Service): 사용자가 소프트웨어를 개발할 수 있는 토대를 제공해주는 서비스로, 클라우드 서비스 사업자는 PaaS를 통해 서비스 구성 컴포넌트 및 호환성 제공 서비스를 지원함

- IaaS(Infrastructure as a Service): 서버 인프라를 서비스로 제공하는 것으로 클라우드를 통해 저장장치(storage) 또는 컴퓨팅 능력(computing power)을 인터넷을 통한 서비스 형태로 제공하는 모델

- 폐쇄형 클라우드(사설용 클라우드): 기업 또는 기관 내부에 클라우드 컴퓨팅 환경을 구성하여 내부 사용자들에게만 클라우드 서비스를 제공(internal cloud)하며 기업 또는 기관의 관리자가 관리하는 서비스

- 클라우드(퍼블릭 클라우드): 불특정 다수의 사람들에게 인터넷을 통해 클라우드 서비스를 제공하는 것으로 개방형 클라우드(external cloud)를 말함

- 혼합형 클라우드(하이브리드 클라우드): 특정 업무는 폐쇄형 클라우드 방식을 이용하고 기타 업무는 공개형 클라우드 방식을 함께 이용하는 것을 말함

- 단체용 클라우드 서비스(커뮤니티 클라우드): 특정 집단을 위한 클라우드 서비스로 구성원들에게만 접근 권한을 부여함. 이들 집단 구성원들은 서로 데이터 및 응용프로그램을 서로 공유함

- 개인용 클라우드 서비스: 이용자들이 보유한 문서, 동영상, 프로그램 파일, 사적 데이터 등을 클라우드 사업자의 서버에 업로드하여 저장하고, 이들 저장된 파일을 해당 클라우드

계정과 동기화된 다양한 단말기에서 접근과 이용, 다운로드 받을 수 있는 서비스

- 모바일 클라우드(Mobile Cloud) 서비스: 서버 기반의 클라우드 컴퓨팅을 이용하는 단말의 형태가 데스크톱이나 노트북에서 모바일 기기로 변경되어 이에 관련한 서비스를 제공받는 것
- 아마존웹서비스(Amazon Web Service, AWS): 대량의 서버, 스토리지, 네트워크 장비를 구매해놓고 사용자에게 인프라를 대여해주는 서비스(IaaS), 사용자는 각 장비를 사용한 만큼 비용을 지불함
- 클라우드 서비스 환경에서의 보안위협 유형: 클라우드 컴퓨팅에 대한 외부 공격, 가상화 기술 취약성에 의한 공격, 클라우드 환경을 이용한 공격, 클라우드 내부 공격에 의한 위협, 네트워크에 대한 위협 등
- 분산서비스 거부(Distributed Denial of Service, DDos)공격: 여러 공격 지점으로부터 네트워크를 범람시키고 전복시키기 위해 수많은 컴퓨터를 사용하는 것을 말함
- 인터넷데이터센터(Internet Data Center, IDC): 기업 및 개인 고객에게 전산 설비나 네트워크 설비를 임대하거나 고객의 설비를 유치하여 유지·보수 등의 서비스를 제공하는 곳. 개별 기업이 운영하기에 부담이 큰 서버 장비 및 통신장비의 운영과 관리를 대행하며 최첨단 시설과 보안, 완벽한 통신 네트워크를 갖추고 있음
- 그린 데이터센터(Green Data Center): 구축·운영비용을 낮추고 에너지 효율을 높인 친환경 인터넷 데이터센터
- 클라우드 기반 빅데이터 플랫폼: 클라우드 인프라 환경, 빅데이터 분석 플랫폼, 데이터 수집 및 처리 모듈, 인공지능 기반 분석 라이브러리, 응용서비스로 구성됨
- 신뢰성(Reliability): 클라우드 컴퓨팅에서 해결해야 할 가장 큰 당면 요소로 사용자들이 안심하고 클라우드를 사용할 수 있도록 제반 사항들을 마련하는 것
- 가용성(Availability): 클라우드 서비스에서 제공하는 자원들을 언제나 사용 가능하도록 보장해야 한다는 의미
- 호환성(Compatibility): 표준화된 사용자 인터페이스를 마련하는 것
- 이중 인증(Two factor authentication): 포털이나 클라우드 등 중요한 서비스 이용 시 단순히 아이디(ID) 및 비밀번호 입력만으로 접속하지 않고 문자메시지(SMS)나 일회용 비밀번호 생성기(OTP) 등 2단계 인증을 사용하는 것
- 클라우드 발전법(클라우드 컴퓨팅 발전 및 이용자 보호에 관한 법률): 클라우드 컴퓨팅의 발전 및 이용을 촉진하고 클라우드 컴퓨팅 서비스를 안전하게 이용할 수 있는 환경을 조성함으로써 국민생활의 향상과 국민경제의 발전에 이바지함을 목적으로 함
- 데이터 3법: 개인정보보호법, 정보통신망법, 신용정보법 개정안을 뜻함. 최초 수집 목적과의 관련성 등을 고려해 일부 상황에서 개인정보를 주체의 동의 없이 추가로 사용할 수 있음

연습문제

01 다음 설명에서 Ⓐ가 무엇인지 답하시오.

(Ⓐ   )은 인터넷 기술을 활용하여 정보기술(IT)자원을 서비스로 제공하는 컴퓨팅으로 IT자원(소프트웨어, 스토리지, 서버, 네트워크)을 필요한 만큼 빌려서 사용하고, 사용한 만큼 비용을 지불하는 컴퓨팅을 의미한다.

Ⓐ – (   )

02 다음 설명에서 Ⓐ와 Ⓑ가 무엇을 말하는지 답하시오.

(Ⓐ   )는 기업의 업무처리에 필요한 서버, 스토리지, 데이터베이스, 네트워크 등의 IT 인프라 자원을 클라우드 서비스로 빌려 쓰는 형태이다. (Ⓑ   )는 기업이 사용하는 소프트웨어를 클라우드 서비스를 통해 빌려 쓰는 것을 의미한다.

Ⓐ – (   )   Ⓑ – (   )

03 다음 설명에서 공통적으로 Ⓐ가 무엇을 말하는지 답하시오.

(Ⓐ   )는 기업 또는 기관 내부에 클라우드 환경을 구성하여 내부 사용자에게만 클라우드 서비스를 제공(internal cloud)하며, 기업 또는 기관의 관리자가 통제하는 서비스이다. (Ⓐ   )는 주로 대기업에서 데이터의 소유권을 확보하고 프라이버시를 보장받고자 하는 경우 유용하다.

Ⓐ – (   )

04 다음 설명에서 Ⓐ가 무엇을 말하는지 답하시오.

(Ⓐ)는 특정 업무는 폐쇄형 클라우드 방식을 이용하고 기타 업무는 공개형 클라우드 방식을 함께 이용하는 것을 말한다.

Ⓐ – ( )

05 다음 설명에서 공통적으로 Ⓐ가 무엇인지 답하시오.

클라우드 컴퓨팅에 대한 외부 공격은 클라우드 데이터센터에 대한 (Ⓐ)과 불법 접근, 그리고 정당한 클라우드 이용자를 위장한 공격 형태를 말한다. 가상화 기술 취약성에 의한 공격은 클라우드 이용자가 공격자가 되어 클라우드 환경 내의 다른 클라우드 이용자를 공격하는 것을 말한다. 클라우드 환경을 이용한 공격은 클라우드의 막대한 리소스(컴퓨팅 및 스토리지 등)를 이용하여 제3자에 대해 (Ⓐ)을 하는 행위이다.

Ⓐ – ( )

06 다음 설명에서 공통적으로 Ⓐ가 무엇인지 답하시오.

클라우드 서비스의 보안 취약점을 근본적으로 해결해야 할 핵심요소로 신뢰성(reliability), (Ⓐ), 그리고 호환성(compatibility)을 들 수 있다. (Ⓐ)은 클라우드 서비스로 제공되는 자원들은 언제나 사용 가능할 수 있도록 보장되어야 한다는 측면이다.

Ⓐ – ( )

07 다음 설명에서 공통적으로 Ⓐ가 무엇을 말하는지 답하시오.

정보유출사고 및 해킹사고로 인해 (Ⓐ) 서비스의 데이터 보안 및 정보보호에 대한 우려가 급증하고 있다. (Ⓐ)의 취약점은 해커 (hacker)가 클라우드 접속 계정 아이디(ID)와 비밀번호를 알아내면 모든 데이터에 접근할 수 있다는 점이다.

Ⓐ – (   )

08 다음 설명에서 공통적으로 Ⓐ와 Ⓑ가 무엇을 말하는지 답하시오.

한국은 세계에서 개인정보보호 관련 규제가 가장 높은 국가 중 하나이다. 한국은 개인정보에 대한 (Ⓐ) 방식으로 문제가 발생할 요소를 사전에 막는 것에 주력하고 있다. 익명화와 비식별화에 대한 명확한 개념을 이해하고, 이를 바탕으로 비식별화 가이드라인 개선이 필요하다. 개인정보는 (Ⓐ)을, 비식별화된 개인정보는 (Ⓑ)으로 패러다임이 전환되어야 한다.

Ⓐ – (   )   Ⓑ – (   )

09 다음 설명에서 Ⓐ가 무엇을 말하는지 답하시오.

2017년 7월부터 시행되고 있는 (Ⓐ)은 클라우드 컴퓨팅의 발전 및 이용을 촉진하고 클라우드 컴퓨팅 서비스를 안전하게 이용할 수 있는 환경을 조성함으로써 국민생활의 향상과 국민경제의 발전에 이바지함을 목적으로 하고 있다.

Ⓐ – (   )

10 다음 설명에서 공통적으로 Ⓐ와 Ⓑ가 무엇을 말하는지 답하시오.

(Ⓐ)은 개인정보보호법, 정보통신망법, (Ⓑ) 개정안을 일
컫는 말이다. (Ⓐ)은 개인정보보호에 관한 법이 소관 부처별로 상
이하게 분산되어 발생되는 중복규제를 없애 4차 산업혁명 도래에 맞춰 개
인과 기업이 정보를 활용할 수 있는 폭을 넓히기 위해 마련되었다.

Ⓐ – (   )   Ⓑ – (   )

참고문헌

구원본, 민영기(2014), "클라우드 컴퓨팅 산업 동향과 이슈사항", It's Smart Media, 제3권, 제2호, pp. 16 – 21.

김기철, 허옥, 김승주(2013), "한국형 클라우드를 위한 정보보호 관리체계 평가 기준", 정보보호학회논문지, 제23권, 제2호, pp. 251 – 265.

김병일, 신현문(2012), "클라우드 컴퓨팅 생태계 및 정책 방향", 전자통신동향분석, 제27권, 제2호, pp. 137 – 148.

김정덕, 이성일(2013), "클라우드 컴퓨팅 정보보호 프레임워크에 관한 연구", 정보보호학회논문지, 제23권, 제6호, pp. 1277 – 1286.

김종철, 민영기, 서보국, 정현철, 정기봉(2020), "클라우드 서비스를 이용한 클라우드 솔루션 및 서비스 대상 보안 취약점 점검 결과 및 보안수준 향상방안", 한국차세대컴퓨팅학회논문지, 제16권, 제1호, pp. 56 – 64.

김창수, 장봉임, 정회경(2013), "안전한 클라우드 컴퓨팅 서비스 도입을 위한 보안 기술 연구", 보안공학연구논문지, 제10권, 제5호, pp. 567 – 580.

김태형, 김인혁, 김정한, 민창우, 김지홍, 엄영익(2010), "클라우드 컴퓨팅 환경에서 보안성 향상을 위한 로컬 프로세스 실행 기술", 정보보호학회논문지, 제20권, 제5호, pp. 69 – 79.

문혜영, 류재홍, 최진호(2013), "개인용 클라우드 컴퓨팅의 특성 도출에 관한 탐색적 연구", JITAM, 제20권, 제2호, pp. 57 – 75.

민옥기, 김학영, 남궁한(2009), "클라우드 컴퓨팅 기술 동향", 전자통신동향분석, 제24권, 제4호, pp. 1 – 13.

박대하, 한근희(2013), "클라우드 서비스 환경의 개인정보 위탁을 위한 개인정보보호 관리체계 통제 연구", 정보보호학회논문지, 제23권, 제6호, pp. 1267 – 1276.

박지수, 유헌창, 이은영(2011), "모바일 클라우드 컴퓨팅 환경에서 신뢰적인 자원 선택 기법", 정보창의교육논문지, 제5권, 제1호, pp. 8 – 14.

박춘식(2011), "클라우드 컴퓨팅에서의 보안 고려사항에 관한 연구", 한국산학기술학회논문지, 제12권, 제3호, pp. 1408 – 1416.

서동우, 김명일, 박상진, 김재성, 정석찬(2019), "엔지니어링 서비스 지원을 위한 클라우드 기반 빅데이터 플랫폼 개발 연구", 한국빅데이터학회 학회지, 제4권, 제1호, pp. 119 – 127.

송유진, 도정민(2012), "모바일 클라우드 환경에서 안전한 프록시 재암호화 기반의 데이터 관리 방식", 한국통신학회논문지, 제37권, 제4호, pp. 288 - 299.

신경아, 이상진(2012), "클라우드 컴퓨팅 서비스에 관한 정보보호관리체계", 정보보호학회논문지, 제22권, 제1호, pp. 155 - 167.

유우영, 임종인(2012), "클라우드 컴퓨팅 서비스 제공자의 개인정보보호 조치 방안에 대한 연구", 정보보호학회논문지, 제22권, 제2호, pp. 337 - 346.

윤영배, 오준석, 이봉규(2012), "클라우드 서비스 도입을 위한 보안 중요도 인식에 대한 연구", 인터넷정보학회논문지, 제13권, 제6호, pp. 33 - 40.

이강찬, 이승윤(2011), "모바일 클라우드 표준화 동향 및 전략", 한국통신학회논문지, 제28권, 제10호, pp. 44 - 49.

이명선, 오형용, 민병원, 오용선(2011), "모바일 클라우드 컴퓨팅에 최적화된 모바일 웹 사용성 개선", 한국콘텐츠학회논문지, 제11권, 제9호, pp. 85 - 95.

장은영, 김형종, 박춘식, 김주영, 이재일(2011), "모바일 클라우드 서비스의 보안위협 대응 방안 연구", 정보보호학회논문지, 제21권, 제1호, pp. 177 - 186.

조유진, 이재덕, 이민우(2016), "국내외 클라우드 정책 및 산업동향", 정보통신표준화소식(TTA저널), 특별호, pp. 1 - 27.

최정란, 송영미, 김철홍, 김선자(2017), "인공지능을 위한 클라우드 컴퓨팅 산업 동향", 전자통신동향분석, 제32권, 제5호, pp. 107 - 116.

ABI Research(2011), Enterprise Mobile Cloud Computing, 2011 ABI research report.

Altamimi, M., & Naik, K.(2011), "The Concept of a Mobile Cloud Computing to Reduce Energy Cost of Smartphones and ICT Systems," Lecture Notes in Computer Science, Vol. 6868, pp. 79 - 86.

Cho, H - S. & Hwang, S - M.(2012), "Mobile Cloud Policy Decision Management for MDS," Lecture Notes in Computer Science, Vol. 7425, pp. 645 - 649.

Cui, Y., Ma, X., Wang, H., Stojmenovic, I., & Liu, J.(2013), "A Survey of Energy Efficient Wireless Transmission and Modeling in Mobile Cloud Computing," Mobile Networks and Applications, Vol. 18, No. 1, pp. 148 - 155.

Gartner(2012), Forecast Overview: Public Cloud Services, Worldwide, 2011 - 2016, 2Q12 Update, Gartner Report - Market Analysis and Statistics.

Liu, S. G.(2012), "An Architecture of Mobile Internet Base on Cloud Computing," Advanced Materials Research, Vol. 457 - 458, No. 1, pp. 38 - 41.

Lu, J., Liu, C., Yu, C−S. & Wang, K.(2008), "Determinants of Accepting Wireless Mobile Data Services in China," Information & Management, Vol. 45, No. 1, pp. 52−64.

Wadhawan, A., Daehne, P., Fuhrmann, W. & Ghita, B.(2012), "Performance Impact of Mobile Cloud Computing on Wireless LAN," ITG Fachberichte, Vol. 234, pp. 122−127.

CHAPTER

08

빅데이터와 4차 산업혁명

전 산업에 걸쳐 빅데이터(Big Data)에 대한 관심이 날로 증대되고 있고, 기업들은 빅데이터 분석 솔루션(도구)을 활용한 비즈니스 가치 창출과 이를 최적화하려는 수익모델을 개발하고 있다. 주요 국가 정부와 산업계는 빅데이터를 각종 문제해결 및 이슈대응과 더불어 미래전략과 수반되는 전략적 의사결정의 중요한 도구로 활용하고 있다. 우리 정부는 '빅데이터를 활용한 과학적 행정구현 및 유능한 전자정부 구현'을 목표로 빅데이터 기반의 합리적 정책 결정체계와 맞춤형 행정서비스 지원 계획을 수립하고 있다. 중앙정부뿐 아니라 지방정부에서도 지능형 행정서비스 제공을 위해 관광 및 교통정책 등에 빅데이터를 활용하여 맞춤형 콘텐츠 개발과 신속한 교통서비스를 제공하고 있다. 본 절에서는 빅데이터 기술이 4차 산업혁명에 어떠한 변화를 가져오고, 가치를 창출하는지 알아보고자 한다.

8.1 빅데이터(Big Data)의 등장 배경과 주요 이슈

빅데이터(Big Data)의 사전적 의미는 디지털 환경에서 생성되는 데이터로 그

규모가 방대하고, 형태도 수치데이터(numerical data)뿐 아니라 문자와 영상 데이터(string and video data)를 포함한 다양하고 거대한 데이터의 집합을 말한다. 즉, 부피가 크고, 변화의 속도가 빠르며, 데이터의 속성이 다양한 데이터를 지칭한다. 다국적 컨설팅전문회사 맥킨지(McKinsey)는 빅데이터를 '지금까지 데이터를 관리하던 기존의 소프트웨어로는 저장, 관리, 분석할 수 있는 범위를 초과하는 규모의 데이터'로 정의했으며, 가트너(Gartner)는 '보다 향상된 의사결정을 위해 사용되는 비용 효율적이며 혁신적인 거대한 용량(volume)의 정형 및 비정형의 다양한 형태(variety)로 엄청나게 빠른 속도(velocity)로 쏟아져 나와 축적되는 특성을 지닌 정보자산'이라고 정의한 바 있다.

최근 정보기술 발전에 따른 데이터 저장 및 처리 비용의 하락과 소셜네트워크서비스(Social Network Services, SNS)의 확대 등의 디지털 정보량 증가에 따라 빅데이터가 중대한 이슈로 부각되고 있다. 저장장치(storage)와 프로세서의 발달과 더불어 데이터 분석기술의 진보는 빅데이터 시장을 촉진해왔으며 4차 산업혁명의 핵심원천기술인 사물인터넷, 클라우드, 인공지능과 함께 폭발적인 잠재성으로 동반 성장하고 있다.

최근 몇 년 동안 정보통신기술(ICT) 분야에서 가장 많이 언급된 개념과 이슈가 바로 빅데이터이다. 전 산업에 걸쳐 빅데이터에 대한 관심이 날로 증대되고 있고 빅데이터가 ICT분야의 새로운 패러다임이자 신(新)성장동력으로 급부상하고 있다. 모바일 기반 무선인터넷 서비스의 활성화, 스마트 팩토리(smart factory)로 인한 생산공정의 디지털화, IoT의 확산 등으로 데이터가 폭증하면서 산업화 시대의 '철·석탄', 정보화 시대의 '인터넷'에서 진화된 4차 산업혁명 시대에는 '빅데이터'를 핵심자원으로 인식하고 있다. 여기에서 더 나아가 글로벌 기업들은 빅데이터 분석 솔루션과 관련 플랫폼을 활용하여 비즈니스 가치 창출과 이를 최적화하려는 수익모델을 개발하고 있다.

글로벌 IT기업 IBM은 사내에 200명 이상의 수학자들과 통계학자들이 빅데이터 분석으로 도출된 핵심기술 분야를 집중 연구함으로써 다수의 관련 특허를 취득하고 미래 전략사업을 준비하고 있다. IBM은 클라우드, 빅데이터 분석, 인공지능 등과 관련하여 하루 평균 20건 이상의 특허를 취득하여 현재 미국 최다 특허 취득기업으로 리더십을 유지하고 있다. IBM은 4차 산업혁명의 주요 특징인 초연결(hyper-connectivity), 초지능(super-intelligence) 특성으로 인해 빅데이터 분석과 인공지능의 중요성이 날로 강조될 것이라고 주장하였다. 글로벌 시장 조사기관 테크 프로 리서치(Tech pro Research)에 따르면 빅데이터를 도입 중이거나 이미 활용하고 있는 글로벌 기업이 2013년 20%에서 2020년 45%로 증가할 것으로 전망하였다. 가트너(Gartner)는 2015년에 49억 개의 디바이스가 사물인터넷에 연결될 것이고, 2020년에는 250억 개 이상의 디바이스가 사물인터넷에 연결되어 빅데이터 시장을 지속적으로 견인할 것으로 예측하고 있다. 시장조사기관인 포레스터 리서치(Forrester Research)의 '빅데이터 기술 수명주기 예측보고서'에서는 빅데이터 기술은 향후 10년간 안정적 성장세를 유지할 것이며, 비즈니스 가치가 높은 핵심기술이라고 언급하였다. 위 보고서는 상위 5개 빅데이터 기술로 예측분석(predictive analytics), 빅데이터 처리(Big Data preparation, NoSQL databases), 데이터 통합(data integration), 인공지능(artificial intelligence), 기계학습(machine learning)을 제시하였다. 이들 빅데이터 기술을 통해 각종 의사결정문제에 관한 대응방안을 마련하고, 실시간 경기예측, 사회적 위험 모니터링, 장기적 미래예측 등의 통합적 미래연구를 할 수 있는 토대가 되고 있다.

우리 정부는 '빅데이터를 활용한 과학적 행정구현 및 유능한 전자정부 구현'을 목표로 빅데이터 기반의 합리적 정책 결정체계와 맞춤형 행정서비스 지원 계획을 수립하고 있다. 지방정부는 지능형 정부를 표방하여 빅데이터 분석을 통해 지방행정을 혁신하고, 맞춤형 대국민 서비스를 제공하는 차세대 지자체 스마트 정부를 추진하고 있다. 또한 지능형 행정서비스 제공을 위해 관광 및 교통정책 등에 빅데이터를 활용(관광 빅데이터, 공공 빅데이터)하여 맞춤형 콘텐츠 개발과 신속한 공공서비스를 제공하고 있다. 최근에는 범죄발생 위험지역을 예측하여 경찰관과 순찰차 등 치안자원을 미리 적재적소에 배치하는 인공지능 및 빅데이터 분석 기반 스마트 치안 서비스를 제공하고 있다.

이처럼 빅데이터 시장은 급격히 성장하고 빅데이터 분석활용도 점차 확대되고 있다. 빅데이터의 기술적 수요와 관심이 높아짐에 따라 이를 활용하기 위한 방법으로 다양한 솔루션 및 오픈소스(open-source)들이 등장하고 있다. 이에 관해 현재 국내외 빅데이터 관련 표준화전략 수립과 표준개발 활동이 증가하는 추세이다. 또한 각국 정부는 국가 주도의 빅데이터 기반 지식처리 인공지능 소프트웨어 프로젝트를 추진하고 있으며 차세대 지능형 소프트웨어 시장에서 지식 및 지능처리 기술 선점을 위해 소리 없는 전쟁을 하고 있다.

8.2 빅데이터의 개념 및 특성

빅데이터의 사전적 의미는 수치와 문자데이터, 그리고 영상데이터를 포함한 대규모 데이터를 말한다. 위키피디아(Wikipedia)는 빅데이터를 '기존 데이터베이스 관리도구의 데이터 수집, 저장, 관리, 분석의 역량을 넘어서는 대량의 정형 또는 비정형 데이터 집합(data set)이며, 이들 데이터를 분석하여 가치를 창출하는 기술'로 정의하고 있다. 컨설팅 기관 맥킨지(McKinsey)는 빅데이터를 '기존의 데이터베이스 소프트웨어로 저장, 관리, 분석할 수 있는 능력을 벗어나는 규모의 데이터 세트'로 규정하였다. 다만, 단순히 데이터의 크기만으로는 설명할 수 없다는 점을 강조하고, 빅데이터의 경제적 역할로서 기업 및 공공부문의 경쟁력과 생산성을 강화할 수 있는 중요한 가치라고 언급하였다. 시장조사기관 IDC(International Data Corporation)는 '다양한 종류의 대규모 데이터로부터 저렴한 비용으로 가치를 추출하고, 데이터의 빠른 수집, 발굴, 분석을 지원하도록 고안된 차세대 기술'이라고 정의하였다. 우리나라의 국가지식재산위원회에서는 '대용량 데이터를 활용 및 분석하여 가치 있는 정보를 추출하고 생성된 지식을 바탕으로 능동적으로 대응하거나 변화를 예측하기 위한 정보화 기술'이라고 정의하였다. 이와 같이 빅데이터란 엄청나게 많은 데이터로 양적인 의미를 벗어나 데이터 분석과 활용을 포괄하는 개념으로 사용하고 있다. [표 8-1]에서와 같이 빅데이터의 정의는 다양하지만, 빅데이터를 기업의 효과적인 전략도출에 필요한 상세하고 높은 빈도로 생성되는 다양한 종류의 데이터로 정의하고 있다.

데이터웨어하우징 인스티튜트(The Data Warehousing Institute)에서 발표한 '2012년 빅데이터 분석보고서(Big Data Analytics Report 2012)'에 의하면 빅데이터의 특성으로 규모(Volume), 속도(Velocity), 데이터의 다양성(Variety)을 제시하였다. 가트너(Gartner)의 'Emerging Technology Hype Cycle 2012'보고서에서도 빅데이터

표 8-1 기관별 빅데이터의 정의

기관 또는 출처	정의	핵심키워드
맥킨지(McKinsey)	지금까지 데이터를 관리하던 기존의 소프트웨어로는 저장, 관리, 분석할 수 있는 범위를 초과하는 규모의 데이터	대규모 데이터 (volume)
가트너(Gartner)	비용 효율적이며 혁신적인 거대한 용량의 정형 및 비정형의 다양한 형태로 엄청나게 빠른 속도로 쏟아져 나와 축적되는 정보자산	거대한 용량(volume), 다양한 형태(variety), 빠른 속도(velocity)
IDC(International Data Corporation)	다양한 종류의 대규모 데이터로부터 저렴한 비용으로 가치를 추출하고, 데이터의 빠른 수집, 발굴, 분석을 지원하도록 고안된 차세대 기술	대규모 데이터(volume), 저렴한 비용, 빠른 수집·분석(velocity)
국가지식재산위원회	대용량 데이터를 활용 및 분석하여 가치 있는 정보를 추출하고 생성된 지식을 바탕으로 능동적으로 대응하거나 변화를 예측하기 위한 정보화 기술	대용량 데이터(volume), 변화 예측
위키피디아 (Wikipedia)	기존 데이터베이스 관리도구의 데이터 수집, 저장, 관리, 분석의 역량을 넘어서는 대량의 정형 또는 비정형데이터 집합	정형, 비정형데이터 집합

의 3가지 조건으로 규모(Volume), 속도(Velocity), 다양성(Variety)이라는 '3V'의 조건을 충족해야 한다고 언급한 바 있다. 정리하면, 빅데이터는 대규모 용량, 빠른 속도, 그리고 다양성을 갖는 정보자산으로서, 신속한 의사결정지원, 새로운 정보와 지식의 발견, 그리고 프로세스 최적화를 위해 새로운 형태의 빅데이터 처리 방식과 분석기술이 필요하다.

빅데이터의 가장 중요한 특성 중 하나가 바로 빅데이터의 다양성(Variety)이다. 빅데이터의 다양성이란 빅데이터를 구성하는 데이터 유형의 다양화를 말한다. 빅데이터는 [표 8-2]와 같이 정형데이터(structured data), 반정형데이터(semi-structured data), 비정형데이터(unstructured data)로 구분할 수 있다. 정형데이터는 일정한 규칙을 갖고 체계적으로 정리된 데이터를 의미한다. 고정된 필드에 저장된 데이터로 관계형 데이터베이스 및 스프레드시트(spread sheet) 등에 저장된 데이터이다. 예를 들어 매년 통계청에서 발표하는 통계자료, 방송통신 실태조사, 각종 과학적 데이터 등이 이에 해당한다. 정형데이터는 그 자체로 의미 해석이 가능하며, 바로 활용할 수 있는 정보를 내포하고 있다. 반정형데이터는 고정된 필드에 저장되어있지는 않지만, 메타데이터(metadata, 속성정보 제공)나 스키마(schema, 데이터의 정의) 등을 포함하는 데이터이다. 즉, 반정형데이터는 스키마 형태가 있으나 연산이 불가능한 데이터이다. XML(eXtensible Markup Language)과 HTML(Hypertext Markup Language) 등의 웹 문서와 웹 로그(weblog), 센서데이터 (sensor data) 등이 이에 해당한다. 비정형데이터는 고정된 필드에 저장되어있지 않은 데이터이다. 텍스트 분석이 가능한 텍스트 문서 및 이미지, 동영상, 음성데이터 등을 예로 들 수 있다. 비정형데이터는 개인, 집단, 사회, 국가 등과 관련된 주제를 스마트 미디어(smart media) 이용자들이 상호 의견을 교류함으로써 생산되는 정보들(댓글, 구매후기)이 주를 이루고 있다. 특히 오늘날 빅데이터는 비정형데이터에 관심을 두고 있으며 가장 활발하게 빅데이터 분석 및 활용이 이루어지고 있다.

기존 데이터 분석과 빅데이터 분석을 비교하면, 빅데이터는 기존 데이터 분석에 비해 (1) 규모가 매우 큰 데이터를 대상으로 하며, (2) 로그데이터(log data)나 구매기록 등 정형데이터뿐 아니라 소셜미디어, 위치, 센서 등 반정형·비정형데이터까지 분석대상에 포함한다. 또한 빅데이터는 (3) 다양한 데이터들의 관계를 동시에 가능한 한 빨리 처리할 수 있는 새로운 컴퓨팅 기술을 적용하며, (4) 다양하고 신뢰할 수 있는 분석결과를 제시하여 가치를 창출하는 데이터 처리방식이다.

● 표 8-2 빅데이터의 다양성(분류)

정의	설명
정형데이터 (structured data)	고정된 필드에 저장된 데이터, 연산 가능 [예] 관계형 데이터베이스, 스프레드시트, CSV 등
반정형데이터 (semi-structured data)	고정된 필드에 저장되어있지는 않지만, 메타데이터나 스키마 등을 포함하는 데이터, 연산 불가능 [예] XML, HTML, 로그형태(웹로그, 센서데이터)
비정형데이터 (unstructured data)	고정된 필드에 저장되어있지 않은 데이터, 연산 불가능 [예] 텍스트, 소셜데이터, 이미지, 동영상, 음성 등

최근에는 기존의 '3V' 요소에 빅데이터의 부가적 특성으로 다양한 개념을 포함하고 있다. IBM은 '빅데이터의 이해(Understanding Big Data)'라는 보고서에서 빅데이터의 부가적 특성으로 진실성(Veracity)을 언급하였다. 이는 빅데이터의 모호성에서 진실성, 즉 가치(value)를 찾아내라는 의미이다. 가트너(Gartner)는 데이터 폭증에 대한 대비를 주장하면서 빅데이터의 특성으로 복잡성(Complexity)을 언급하였다. 이에 따르면, 정형데이터, 사진, 이메일, 소셜데이터(social data)는 사람 수에 비례하고, 결국 폭발적으로 증가할 여지가 큰 데이터는 사물인터넷 기기의 확산으로 인한 센서(sensor)데이터이다. 가트너는 빅데이터에서 복잡성 요소가 빅데이터 분석 및 활용에서 가장 어려운 과제라고 언급하였다. 이처럼 빅데이터의 정의는 빅데이터를 수집, 저장, 분석, 시각화하기 위해 필요한 다양한 분석기법과 이를 운용하는 인적자원을 모두 포괄하는 개념으로 확장되고 있다.

다수의 전문가들은 [표 8-3]과 같이 빅데이터는 최소한 '5V'로 대표되는 규모(Volume), 다양성(Variety), 속도(Velocity), 정확성(Veracity), 가치(Value)의 5가지 구성요소를 갖추어야 한다는 점에서 대체로 동의하는 편이다. 특정 규모(big

● 표 8-3 빅데이터의 5가지 구성요소(5V)

구분	주요 내용
규모(Volume)	• 기술적인 발전과 IT일상화가 진행되면서 해마다 디지털 정보량이 기하급수적으로 폭증
다양성(Variety)	• 로그 기록, 소셜, 위치, 센서 데이터 등 데이터 종류의 증가(반정형, 비정형데이터의 증가)
속도(Velocity)	• 소셜 데이터, IoT 데이터(센서, 모니터링), 스트리밍 데이터 등 실시간성 데이터 증가 • 실시간성으로 데이터 생성, 이동(유통) 속도의 증가
정확성(Veracity)	• 빅데이터의 특성상 방대한 데이터들을 기반으로 분석 수행 • 데이터 분석에서 고품질 데이터를 활용하는 것이 분석의 정확도(예측정확도)에 영향을 줌
가치(Value)	• 빅데이터가 추구하는 것은 가치 창출 • 빅데이터 분석을 통해 도출된 최종 결과물은 기업이 당면하고 있는 문제를 해결하는 데 통찰력 있는 정보 제공

출처: 한국소프트웨어기술인협회 빅데이터전략연구소(2016), "빅데이터 개론", 광문각

volume) 이상을 빅데이터로 칭하는 것을 넘어서 원하는 가치(big value)를 창출할 수 있어야 한다.

8.3 빅데이터 분석기법

8.3.1 기계학습과 인공지능기법

기계학습(machine learning, 머신러닝)이란 방대한 데이터를 분석해 미래를 예측하는 기술로 일반적으로 생성(발생)된 데이터를 정보와 지식(규칙)으로 변환하는 컴퓨터 알고리즘(algorithm)을 의미한다. 기계학습은 데이터 분석의 기준(알고리즘)을 가지고 학습을 통해 해결책 제시(의사결정지원)를 자동화하는 것을 의미한다. 기계학습은 다양한 확률이론과 수학적 최적화기법, 통계기법, 컴퓨터 구조를 활용하여 이상적인 학습모델을 구축하는 기술과 연구자의 경험적 지식 습득까지 포함하는 융합기술이다. 기계학습 개념은 빅데이터 혹은 데이터마이닝(data mining)과 혼용해서 쓰이는 경우가 많으나 데이터마이닝은 대용량 데이터 속에서 유효한 정보와 규칙(지식)을 찾아내는 과정이고, 기계학습은 데이터를 이용하여 학습과 검증의 과정을 통해 특정 조건에서 예측값을 얻는 과정이라는 점에서 차이가 있다. 기계학습의 기본적인 절차는 데이터를 정제하고 정리하는 과정을 통해 추상화하고, 이들 추상화된 모형을 기반으로 훈련과 테스트를 통해 일반화된 알고리즘을 도출하는 과정을 거친다. 빅데이터 기계학습은 빅데이터를 이용하여 학습과 검증의 과정을 통해 예측과 추측을 수행하여 의사결정을 지원한다.

빅데이터 전문가들은 빅데이터 분석의 핵심기술인 기계학습과 인공지능기법(artificial intelligence techniques)에 대한 이해 및 기술력 향상을 가장 중요한 요소로 선정하였다. 기계학습은 도출된 알고리즘이 최적화에 이르기까지 학습하고 이를 통해 미래 현상을 추측 및 예측이 가능하기에 전통적인 통계기법(판별분석, 회귀분석 등)과 비교하여 지능형 기법(intelligent techniques) 또는 인공지능기법(AI techniques)으로 불린다. 인공지능기법에는 인공신경망(artificial neural networks),

의사결정나무(decision trees), 연관성규칙분석(association rule analysis), 유전자알고리즘(genetic algorithm), 서포트벡터머신(support vector machines) 등이 있다. 다음 절에서는 인공지능기법을 포함한 다양한 빅데이터 분석기법을 설명하고자 한다.

8.3.2 빅데이터 분석기법: 데이터마이닝(Data Mining)

조직이 빅데이터를 보유하고 이를 활용할 수 있는 IT인프라를 구축했다고 해서 바로 빅데이터를 분석할 수 있는 것은 아니다. 실제 빅데이터 분석을 위해서는 다양한 통계기법과 인공지능기법에 대한 지식 및 활용방법이 필요하며, 이들 기법을 통칭한 것이 데이터마이닝 기법(Data Mining Techniques)이다. 데이터마이닝은 축적된 대용량 데이터를 통계기법 및 인공지능기법을 이용하여 분석하고 이에 대한 평가를 거쳐 일반화시킴으로써 새로운 데이터에 대한 예측 및 추측을 할 수 있는 의사결정을 지원한다. 데이터마이닝은 대규모로 저장된 데이터 안에서 주로 인공지능기법을 활용하여 전통적인 통계학 이론으로는 설명이 힘든 패턴(pattern)과 규칙(rule)을 발견한다. 데이터마이닝은 빅데이터라는 거대한 광산 속에 묻혀 아직 발견되지 않은 가치 있는 정보를 '발굴'하기 위한 기법이며, '가설'을 세우고 이를 '검증'하는 전통적인 통계학과는 다소 차이가 있다.

데이터마이닝은 대용량의 데이터베이스에 존재하는 은닉된 데이터 간의 관계, 패턴, 새로운 규칙 등을 탐색적으로 찾아내고 모형화해서 유용한 지식을 추출하는 일련의 과정을 의미한다. 데이터마이닝은 통계학 분야의 탐색적 자료분석(exploratory data analysis), 가설검정(statistical hypothesis testing), 시계열 분석(time series analysis), 일반선형모형(generalized linear model), 군집분석(cluster analysis), 판별분석(discrimination analysis) 등의 방법론과 연결분석(link analysis), 연관성규칙(association rule), 의사결정나무(decision tree), 신경망모형(neural networks), 전문가시스템(expert system) 등의 기술적인 방법론이 쓰이고 있다. 이를 바탕으로 데이터마이닝은 분류(classification), 추정(estimation), 예측(prediction), 유사집단화(affinity grouping), 군집화(clustering)의 5가지 업무영역을 수행한다(표 8-4 참조).

분류(classification)는 데이터마이닝의 가장 보편적인 작업으로 어떤 새로운 사물이나 대상의 특징을 파악하여 미리 정의된 분류코드에 따라 어느 한 범주에

업무영역	데이터마이닝 기법	사례
분류(classification)	의사결정나무분석, 사례기반 추론	부도기업과 건전기업 분류, 신용우량고객과 불량고객 분류, 보험사기분류(정상청구, 허위청구)
추정(estimation)	회귀분석, 신경망	수입, 은행잔고, 배당금 산출, 고객평생가치 산출
예측(prediction)	장바구니분석, 사례기반추론, 의사결정나무, 신경망	소비자구매행동예측, 고객이탈률예측, 부도확률예측, 환율변동성예측
유사집단화 (affinity grouping)	장바구니분석, 연관성분석	장바구니 분석, 교차판매 및 끼워팔기 전략 수립
군집화(clustering)	클러스터링	시장 세분화 및 고객 세분화

할당하거나 나누는 것을 의미한다. 즉, 분류는 클래스(class, 종속변수, 목표변수)에 대한 사전에 명확한 정의가 존재하며, 미리 분류된 예들로 구성된 훈련집합(훈련데이터)을 가진다. 분류는 목표변수가 이산형인 것을 주로 다루며, 이에 대한 예로는 부도예측(부도, 건전), 신용등급예측(우량, 불량), 보험사기예측(정상청구, 허위청구) 등이 있다. 분류작업을 위해 주로 사용되는 데이터마이닝 기법은 의사결정나무(decision tree, DT), 사례기반추론(memory based reasoning, MBR) 등이 있다.

추정(estimation)은 결과가 연속형 값을 갖는 변수를 주로 다루며 주어진 입력변수로부터 수입(income), 은행잔고(balance), 배당금(corporate dividends)과 같은 미지의 연속형 변수에 대한 값을 추정(산출)하는 작업이다. 추정은 예측한 결과를 이용하여 분류작업을 수행할 수 있다. 고객충성도 지수 또는 고객평생가치를 추정하여 고객충성도가 높은 고객과 낮은 고객에 대한 차별화된 마케팅을 수행할 수 있다. 추정작업에 사용되는 대표적인 방법은 회귀분석(regression analysis)과 신경망(neural networks)이다.

예측(prediction)은 과거와 현재의 자료를 이용하여 미래를 예측하는 모형을 만드는 것이다. 미래에 대한 것이라는 것만 제외하면 분류, 추정과 근본적으로 유사하다. 예측은 분류와 추정에서 사용한 방법을 이용하여 시간순으로 정리된 자료에 대해 미래를 예측하는 모형을 만들 수 있다. 예측에 관한 사례로는 소비자의 구매행동예측, 고객의 이탈여부예측, 부도확률예측, 환율 및 주가변동성예측 등이 있다. 예측에 관한 분석기법은 장바구니분석(market basket analysis, MBA), 사례기반추론(case based reasoning, CBR), 의사결정나무, 신경망 등이 있다.

유사집단화(affinity grouping)는 유사한 성격을 갖는 사물이나 물건들을 함께 묶어주는 작업을 말한다. 이에 관한 예로는 판매시점정보관리(point of sales, POS) 시스템의 구매내역 데이터(영수증 데이터)를 이용한 장바구니분석(MBA)이 있다. 유통업은 장바구니분석을 통해 매장에서의 카탈로그 및 진열대 배치에 어떠한 품목을 같이 진열할 것인가를 결정한다. 또한 장바구니분석을 통해 번들링(bundling), 교차판매(cross selling), 끼워팔기(tying product) 등의 마케팅전략을 수립하기도 한다. 유사집단화 관련 분석기법은 장바구니분석, 연관성분석(association rule analysis) 등이 있다.

마지막으로 군집화(clustering)는 이질적인 사람들의 모집단으로부터 다수의 동질적인 하위 집단 혹은 군집들로 세분화하는 작업이다. 군집화가 분류와 다른 점은 군집화는 미리 정의된 집단이 없다는 것이고, 분류는 새로운 원소나 레코드를 미리 정의된 집단에 할당함으로써 모집단을 나누는 방법이다. 군집화는 개체들의 유사성에 따라 여러 개의 동질적인 군집(cluster)으로 나누게 되는데, 군집화를 통하여 나누어진 각각의 집단에 대해 분석자가 의미를 부여하여 해석한다. 또는 군집화는 다른 데이터마이닝이나 모델링의 선행 작업으로 사용되기도 한다. 예를 들어 군집화는 시장세분화(market segmentation) 과정의 첫 번째 작업으로 수행될 수 있다. 군집화와 관련된 분석기법으로는 군집화 또는 클러스터링 기법이 있다.

이상으로 언급한 데이터마이닝 업무영역과 관련된 주요 응용분야는 기업부실화 예측모형(prediction model of financial distress), 신용평점시스템(credit scoring system)의 신용평가모형, 사기탐지시스템(fraud detection system), 장바구니분석(market basket analysis), 공정과정의 최적화(optimization of manufacturing process) 등이 있다.

Q. 데이터마이닝 표준방법론 CRISP - DM이란 무엇인가?

A. 데이터마이닝 기업과 데이터마이닝 전문가, 그리고 글로벌 IT기업들은 다양한 데이터마이닝 표준방법론을 제시하고 있다. 그중에서 가장 대표적인 방법론이 CRISP-DM(Cross-Industry Standard Process for Data Mining)이다. CRISP-DM은 데이터 분석 초보자도 사용할 수 있는 포괄적인 데이터마이닝 표준방법론이며, 공개표준프로세스이다. CRISP-DM은 (1) 비즈니스 이해 및 데이터 이해, (2) 데이터 준비, (3) 모델링 단계, (4) 모형 평가, (5) 모형 구축(개발)의 5단계로 구성된다.
첫째, 비즈니스 이해 및 데이터 이해 단계는 해당 비즈니스의 이해와 현업이 보유 및 관리하고 있는 데이터를 이해하는 단계이다. 둘째, 데이터 준비 단계는 자료를 컴퓨터 서버로부터 내려받고 나서 분석 가능한 상태로 만들기 위해 데이터 정제(data cleaning) 작업을 하는 단계이다. 셋째, 모델링 단계는 자료 기술(data description) 및 탐색(exploration)을 포함하여 필요한 각종 모델링을 수행한다. 여기에는 신경망, 의사결정나무 등의 지도학습과 군집화, 연관성분석 등의 비지도학습이 포함된다. 넷째, 평가는 앞 단계에서 생성된 모형이 잘 해석되는지, 독립적인 새로운 자료에 적용되는지 예측력 성과 등을 측정하는 단계이다. 마지막, 모형 개발 단계는 검토가 끝난 모형을 실제 현업에 적용하는 단계이다.
CRISP-DM은 데이터에서 유용한 정보와 지식을 신속·정확하게 추출할 수 있도록 모범사례(Best Practice) 형태로 모아 정리한 데이터마이닝 작업흐름 모형이다. 빅데이터 분석을 진행하는 단계는 해결해야 할 문제와 환경에 따라 세부적인 절차는 상이할 수 있으나 CRISP-DM은 이해하기 쉽고 다양한 산업영역에 적용 가능하다는 점에서 현재까지 많이 사용되고 있다.

8.3.3 빅데이터 분석기법: 텍스트마이닝(Text Mining)

최근 빅데이터 기술이 각광을 받으면서 방대한 양의 데이터를 다루는 기술뿐 아니라 텍스트, 이미지, 음성데이터와 같이 정형화되지 않은 비정형데이터(unstructured data)를 다루는 기술이 빠르게 발전하고 있다. 기업에서 생산되는 데이터의 80% 이상은 비정형데이터로 이루어져있으며, 그중 텍스트데이터는 가장 대표적인 비정형데이터이다. 온라인 쇼핑몰에서 사람들은 물건을 구매할 때 다른 구매자가 남긴 제품리뷰 텍스트(구매후기)로부터 제품에 대한 정보를 수집한다. 특정 상품에 대해 개인이 평가한 리뷰들은 해당 기업이나 상품에 관심이 있는 잠재적 고객에게 필요한 데이터이다. 또한 소셜미디어(social media)의 발전으로 소셜네트워크서비스(social network service, SNS)에서 방대한 텍스트데이터(댓글데이터, 트윗글)가 생산되고, 빠르게 확산되고 있으며, 기업들은 이를 분석하여 마케팅전략에 활용하고 있다.

텍스트마이닝(text mining)은 텍스트데이터를 분석하는 가장 기본적인 빅데이터 분석기법이다. 텍스트마이닝은 자연어(natural language) 형태로 구성된 비정형 또는 반정형데이터에서 패턴 또는 관계를 추출하여 의미 있는 정보를 찾아내는 기법으로 자연어 처리(natural language processing, NLP)가 핵심기술이다. 자연어 처리(NPL)는 인공지능의 주요 분야 중 하나로 컴퓨터를 이용해 사람의 자연어를 분석하고 처리하는 기술로 자연어 분석, 자연어 이해, 자연어 생성의 기술이 사용된다. 최근에는 딥러닝(deep learning, 심층학습) 기술이 기계번역 및 자연어 생성에 적용되고 있다.

텍스트마이닝 분석을 실시하기 위해서는 불필요한 정보를 제거하고, 비정형데이터를 정형데이터로 구조화하는 작업이 필요한데 이것을 데이터 전처리(data preprocessing)라고 한다. 데이터 전처리 과정은 텍스트 문서를 컴퓨터가 자동으로 인식할 수 있도록 사전 작업을 수행하는 것이다. 주로 불필요한 기호나 단어를 제거하는 토큰화(tokenization)과정, 영문의 대소문자를 통일해주는 변환(transform)과정, 의미가 없는 단어나 연구주제와 일치하지 않는 단어를 제거해주는 불용어(stopword) 제외과정(관사, 전치사, 조사, 접속사 제외) 등을 거치게 된다.

온라인 쇼핑몰의 특정 상품에 대한 리뷰데이터(구매후기 데이터)는 해당 상품의 전반적인 평가, 장점 및 단점, 품질 불량 등을 파악할 수 있다. 이들 리뷰데이터를 추출 및 정리하여 정형데이터로 변환하여 분석하는 텍스트마이닝 작업은 다음과 같다. 데이터 추출 및 정제 단계에서 상품 평가 리뷰를 추출하고 자연어 처리를 진행한다. 웹 크롤링(web crawling)을 이용하여 상품에 대한 온라인 리뷰와 공개된 고객정보를 수집한다. 각 단어의 연관관계를 분석하기 위한 데이터 파일과 데이터베이스에 저장하기 위한 테이블 형태의 데이터 파일을 구분 지어 리뷰데이터(텍스트)를 저장한다. 저장한 텍스트를 통계분석용 소프트웨어(R프로그램)

를 이용하여 비정형적인 리뷰데이터를 단어 단위로 추출하고, 불용어나 의미 없는 문자 및 기호를 제거하는 전처리(preprocessing)를 수행한다. 다음으로 단어 정보 및 키워드를 추출하고, 이들 요소를 군집화(clustering)를 통해 분류한다. 고객식별자(Customer ID)에서 추출된 키워드에 연관규칙학습(association rule learning)을 수행하여 연관성 있는 단어들끼리 결합하고, 이를 바탕으로 자료 분류 및 요약을 수행한다. 이처럼 텍스트마이닝은 문서분류(document classification), 문서군집(document clustering), 정보추출(information extraction), 문서요약(document summarization) 등 문서에 숨겨진 고급지식들을 탐색하는 분야이다.

텍스트마이닝 관련 분야로 감성분석(sentiment analysis) 또는 오피니언 마이닝(opinion mining)이라 불리는 기술이 있다. 현재 이들 용어는 서로 혼용되어 사용되고 있으나 텍스트마이닝은 감성분석과 오피니언 마이닝을 포괄하는 기술로 볼수 있다. 감성분석은 텍스트마이닝 분석의 한 분야로 특정 문서의 긍정, 부정에 대한 감정을 추측하고 분류하는 방법이다. 사용자가 생성한 온라인 텍스트 속에 담긴 감성(sentiment), 정서(affect), 주관(subjectivity) 또는 감정(emotion)을 식별하기 위해 사용된다. 감성분석은 각 문서의 최소 단위인 단어의 감성극성(sentiment polarity)에 기반을 두어 이루어진다. 즉, 단어의 감성극성이 미리 정의된 감성사전을 구축한 후 새로 주어진 문서에 출현한 단어의 감성극성에 따라 문서 전체의 감성을 분류한다. 감성분석은 단어의 감성극성을 정확하게 반영한 감성사전을 사용하는 것이 중요하다. 감성분석은 포럼(forum), 블로그(blog), SNS에서 발생하는 텍스트에 적용이 가능하며, 주로 소셜미디어(social media) 사용자들의 의견을 긍정(positive), 부정(negative), 중립(neutral)의 선호도로 판별하고, 감정을 추측 및 분류한다.

감성분석은 온라인 쇼핑몰 구매자의 상품평 검색 효율을 높이기 위해 상품평 데이터에 순위(인기도 지수)를 결정할 수 있고, 영화 관람의 후기를 요약하고 긍정 및 부정을 평가할 수 있다. 또한 법률분야의 블로그를 대상으로 감성분석을 수행하여 고객의 반응이나 법률적 이슈에 대한 모니터링을 수행할 수 있다. 감성분석은 특정 서비스 및 상품에 대한 시장규모예측, 상품에 대한 고객반응탐지, 입소문 분석 등에 활발히 사용되고 있다.

8.3.4 빅데이터 분석기법: 소셜네트워크분석(Social Network Analysis, SNA)

매스미디어(mass media) 및 커뮤니케이션 영역은 TV, 라디오, 신문 등의 전통적인 소통방식에서 유튜브(youtube), 트위터(twitter), 페이스북(facebook) 등의 소셜미디어 소통 방식으로 전환되고 있다. 다수의 기업과 기관을 중심으로 상품 브랜드 및 기관에 대한 여론동향을 파악하고 의사결정을 지원하기 위한 소셜미디어 분석이 활발하게 이루어지고 있다.

소셜미디어 분석 중 가장 대표적인 방법인 소셜네트워크분석(Social Network Analysis, SNA)은 소셜시스템(social system)이 관계(relationship)와 이러한 관계에 의해 형성되는 패턴(pattern)에 의해 창조된다는 전제로 한다. SNA는 수학의 그래프 이론(Graph Theory)을 이용하여 사람, 그룹, 데이터 등 객체 간의 관계 및 관계 특성을 분석하고 시각화하는 기법이다. 그래프는 점(node)과 선(link)으로 표현하며 점은 행위자를, 선은 행위자들 간의 관계를 표현한다. 그래프 이론의 점과 선의 조합을 통해 사회적 관계(거래, 의사소통, 상호 침투 등)를 표현한다. 소셜네트워크(social network)는 하나 이상의 관계(relation) 유형에 연결된 네트워크 구성원의 집합, 즉 액터(actor)의 집합이다. 소셜네트워크데이터는 테이블 형태의 분석데이터와는 다른 노드와 노드의 연결을 나타내는 관계데이터의 형태를 가진다. 소셜네트워크 연구자들은 소셜네트워크가 사회를 형성하는 주요 구성요소라고 인식하며, SNA는 사회 구성원 간의 관계에 분석의 초점을 맞추어 이들 관계의 패턴에서 의미 있는 시사점을 도출한다.

최근에 수행되는 SNA는 트윗(tweet)의 확산분석 및 영향력자 분석(influencer analysis)에 집중되어있다. 트윗의 확산분석은 특정 트윗의 확산유형을 네트워크 그래프로 분석(network graph analysis)하는 기술이다. 트윗들의 확산형태를 분석하고 그래프의 유형을 분류함으로써, 해당 트윗이 로봇(robot)에 의해 생성된 스팸(spam)인지 여부를 알 수 있고, 특정 트윗의 초기 확산형태를 분석하여 향후 트윗의 확산양상을 예측할 수 있다. 영향력자(influencer, 인플루언서) 분석은 트위터를 사용하는 사람들 중 특정 주제에 대해서 가장 영향력이 큰 사람을 순위화(ranking)하는 기술이다. 영향력자 분석은 트윗의 확산분석과 밀접하게 연관되며,

개별 트윗들의 확산분포를 분석하여 해당 트윗을 작성한 트위터리안(트위터 사용자)이 영향력자인지 여부를 결정한다. 다음으로 확산된 트윗내용이 어떤 주제 분야에 해당하는지 카테고리별로 분류(범주화)한다. 소셜네트워크 연결구조, 연결강도, 중심성을 바탕으로 사용자의 명성 및 영향력을 측정하여 영향력자(인플루언서)를 추출하고, 이들 영향력자의 모니터링 및 관리를 통한 고객관계관리 및 마케팅전략을 수립하고 있다.

8.4 빅데이터 분석 단계: 과제기획과 과제분석 단계

빅데이터 분석 단계는 빅데이터 과제기획 단계와 빅데이터 과제분석 단계로 구성된다. 먼저, 빅데이터 과제기획 단계는 (1) 문제 발굴 및 정의, (2) 문제해결을 위한 개념적 대안설계, (3) 데이터 가용성 평가, (4) 문제해결을 위한 논리적 모형설계, (5) 과제 추진방안 수립 및 타당성 평가, (6) 과제확정 및 분석계획수립으로 구성된다(표 8-5 참조).

첫째, 문제 발굴 및 정의는 빅데이터 분석을 통해서 향상된 고객서비스 제공 및 합리적·과학적 의사결정지원을 위한 기회 식별과 경영목표 달성을 위해 해결해야 할 문제를 식별하는 단계이다. 식별된 문제 중 조사 연구를 통해 시급히 해결할 문제를 사용자 관점에서 정의한다. 문제정의 및 요구사항 분석은 분석 결과의 최종 사용자 관점에서 이루어진다. 문제가 정의되면 그 문제를 해결하기 위해 다양한 시각에서 가설(hypothesis)을 설정해보는 절차도 요구된다.

둘째, 문제해결을 위한 개념적 대안 설계는 도출된 여러 가설 중 분석을 위해 필요한 가설을 추려내는 과정이다. 가설검정(statistical hypothesis testing)은 본격적인 데이터 분석을 위한 사전적인 대안설계 작업이며 식별된 가설검정을 위해 샘플데이터(sample data)를 수집한다. 샘플데이터 분석을 통해 가설이 채택된 경우 데이터의 가용성을 평가한다. 그러나 가설 기각 시에는 가설 조정 및 샘플데이터 보완을 통해 유효한 가설이 도출될 때까지 반복 수행한다.

셋째, 데이터 가용성 평가는 관련된 데이터 존재 여부와 데이터 확보여부를 검토하는 단계이다. 만약 데이터 가용성이 미비하다고 판단될 경우에는 문제해결을 위한 개념적 설계를 조정한 다음 재차 데이터 가용성을 평가한다. 이러한 과정을 반복하여 가용성 있는 데이터 확보가 가능한 경우 비로소 문제해결을 위한 논리적 모형설계로 나아갈 수 있다.

넷째, 문제해결을 위한 논리적 모형설계는 논리적 모형과 필요한 변수를 선정하고 문제해결 대안을 수립한다. 발굴된 문제를 해결하기 위한 분석모형과 필요한 변수들을 선정하고 분석결과 제시를 위한 산출물과 시각화(visualization)에 관한 방안을 설계한다.

다섯째, 과제 추진방안 수립 및 타당성 평가 단계는 본격적으로 빅데이터 분석과제(project) 추진방안을 다양하게 검토한다. 엑셀(excel)프로그램 등 오피스프로그램을 이용하는 방법, 통계프로그램(SPSS, SAS)을 이용한 기초통계분석, 그리고 R프로그램과 데이터마이닝 분석도구를 활용하는 방법 등 다양한 대안이 도출될 수 있다. 이들 대안을 평가하고, 적정한 방안을 최종 선정하기 위해서 경제적, 기술적 타당성 분석이 수행된다. 타당성 평가에서 적정평가를 받은 과제의

◉ 표 8-5 빅데이터 과제기획 단계 프로세스

빅데이터 분석 단계	세부 단계	역할 및 활동
빅데이터 과제기획 단계	문제 발굴 및 정의	• 요구사항 분석 • 가설 설정
	문제해결을 위한 개념적 대안 설계	• 가설 검정 • 샘플데이터 수집
	데이터 가용성 평가	• 관련 데이터 존재 여부 파악 • 데이터 확보 여부 검토
	문제해결을 위한 논리적 모형 설계	• 논리적 모형과 변수선정 • 문제해결 대안 제시(수립)
	과제 추진방안수립 및 타당성 평가	• 경제적 타당성 분석 • 기술적 타당성 분석
	과제확정 및 분석계획수립	• 프로젝트 목표 정의 • 프로젝트 수행 예산 수립 • 프로젝트 관리 계획 수립

출처: 한국소프트웨어기술인협회 빅데이터전략연구소(2016), "빅데이터 개론", 광문각

해결대안이 결정되면 과제를 확정하게 된다.

마지막, 과제확정 및 분석계획수립 단계는 여러 대안 중에서 평가과정을 거쳐 가장 우월한 대안을 선택하여 이를 과제(project)화하고, 계획 단계의 입력물로 설정한다. 빅데이터 분석기획 단계에서 최종 선정된 프로젝트를 어떻게 수행하여 소기의 목적을 달성할 것인가에 대한 계획을 수립한다. 또한 프로젝트 목표를 명확히 정의하고, 프로젝트 추진 시 필요한 데이터나 기술적 요구사항을 파악하여 프로젝트 예산수립과 프로젝트 관리계획을 수립한다.

과제가 기획되고 추진계획이 수립되면 그 계획에 의거 과제분석을 수행하게 된다. 빅데이터 과제분석 단계는 (1) 데이터 수집, (2) 데이터 전처리와 정제, (3) 데이터 분석과 정리 및 처리결과의 수용, (4) 해석과 결과제시로 구성된다(표 8-6 참조).

첫째, 데이터 수집은 선정된 변수에 의해 구성된 분석모형이나 과제를 해결하기 위해 관련 데이터를 수집하고 이를 분석하는 단계이다. 데이터 수집 방법은 내부의 데이터웨어하우스(data warehouse)나 데이터베이스(database) 내의 데이터, 조직 외부의 데이터 소스(source) 등을 통해 이루어진다. 어떠한 데이터를 어떠한 방법으로 선택하여 수집할 것인가에 대한 판단은 문제의 성격과 측정할 변수들(독립변수와 종속변수)의 특징에 달려있다.

둘째, 데이터 전처리(data preprocessing)와 정제(refinement)는 다양한 소스(데이터 원천)로부터 획득한 데이터 중 분석하기에 부적합하거나 수정이 필요한 경우 데이터를 전처리하거나 정제하는 과정이다. 빅데이터 과제분석 단계에서 데이터 전처리와 정제 과정은 프로젝트의 90% 이상을 차지한다. 이는 빅데이터 분석프로젝트에서 데이터 전처리와 정제가 얼마나 중요한지를 말해주는 것이다.

셋째, 데이터 분석과 정리 및 처리결과의 수용은 분석 대상과 관련된 변수의 데이터가 수집되면 이를 분석하는 과정이다. 데이터 분석이란 모아놓은 데이터에서 변수들 간의 관련성을 파악하는 것이다. 기초적인 통계분석에서 매우 정교한 데이터마이닝 기법에 이르기까지 각각의 상황에 필요한 데이터 분석과 기법(도구)을 이용한다. 분석과 정리를 통해 나온 처리결과는 수용 가능한지 여부를 판단해야 한다. 수용하지 못할 경우 반복적인 분석과 정리 작업을 통해 결과의 활용성을 제고하고, 모형의 정확성(예측정확도)을 향상시키는 작업을 반복 수행해야 한다.

● 표 8-6 빅데이터 과제분석 단계 프로세스

빅데이터 분석 단계	세부 단계	역할 및 활동
빅데이터 과제분석 단계	데이터 수집	관련 데이터 수집
	데이터 전처리와 정제	데이터 전처리 및 정제 실시
	데이터 분석과 정리 및 처리결과 수용	데이터 분석 실시, 처리결과 수용 여부 결정, 모형의 정확성 향상
	해석과 결과제시	의사결정자에게 조언, 시각화 도구 활용

출처: 한국소프트웨어기술인협회 빅데이터전략연구소(2016), "빅데이터 개론", 광문각

넷째, 분석의 마지막 단계는 분석결과의 의미를 제시하는 단계이다. 즉, 데이터 분석을 통해 변수 간의 관련성이 파악되면 그 결과가 의미하는 바를 명료하게 해석하여 의사결정자에게 구체적인 조언을 한다. 특히 주요 분석결과를 간단 명료하게 요약하여 어떠한 의사결정이 바람직한 것인지 차트나 그래프 또는 시각화 도구를 적극적으로 활용하여 결과를 제시하는 것이 중요하다.

8.5 빅데이터 분석 프로젝트 개발방법론(6단계)

빅데이터 환경에서 기업은 경쟁우위 확보를 위해 빅데이터 분석을 수행하고 있으며, 성공적인 빅데이터 분석을 위해 체계적인 분석과정과 표준방법론을 지속적으로 개발하고 있다. 이에 본 절에서는 빅데이터 분석 프로젝트 개발방법론 (Big Data Analysis Project Development Methodology, 이하 빅데이터 분석방법론)을 설명하고자 한다. 빅데이터 분석방법론은 정보전략기획(Information Strategic Planning, ISP), 비즈니스 인텔리전스(Business Intelligence, BI) 방법론, 데이터웨어하우스(data warehouse) 구축방법론, 소프트웨어 개발방법론 등을 참조하여 개발되었다. 빅데이터 분석방법론은 문제정의, 데이터준비, 모델설계, 모델구현, 결과평가, 서비스 구현의 6단계로 구성된다(표 8-7 참조). 특히 모델설계와 모델구현 단계는 긴밀한 협조가 필요하므로 반복 수행되기도 한다. 각 단계에서 필요한 정보를 충분히

얻었는지 그리고 충분한 진척이 있는지 판단하여 다음 단계로 진행한다. 여러 단계가 동시에 수행될 수 있고, 필요시 이전 단계로 언제든지 돌아갈 수 있는 것이 특징이다.

첫 번째 단계는 '문제정의 단계(Problem Definition Stage)'이다. 발주기관의 사업적 핵심문제점을 발견하고, 이들 문제점을 해결한 경우의 사업적 가치를 파악한다. 사업적 문제를 데이터 분석의 문제로 정형화하고 성공과 실패를 판별할 수 있도록 가설(hypothesis)을 수립한다. 문제해결을 위해 필요한 데이터 유형과 분석용 프로그램, 프로젝트 인원, 기술 등의 자원을 파악한다. 프로젝트 수행 시 체계적인 의사소통이 가능하도록 참여자별 담당업무와 책임을 명확히 한다. 문제정의 단계는 환경분석, 현황분석, 목표정의의 세 부분으로 구성된다. 환경분석

● 표 8-7 빅데이터 분석 프로젝트 개발방법론

세부 단계	역할 및 활동
1단계: 문제정의 단계	• 문제 인식 및 요구사항 분석 • 가설 설정 • 환경분석, 현황분석, 목표정의 • 프로젝트 계획 수립
2단계: 데이터준비 단계	• 분석 환경 마련 • 데이터 이해 • 데이터 정제 및 통합 • 속성 도출과 데이터 형식 적용
3단계: 모델설계 단계	• 독립변수와 종속변수 설정 • 분석 모델(모형화기법) 선택 • 분석 모델의 실행 가능성 점검
4단계: 모델구현 단계	• 학습용, 검증용, 테스트 데이터 구성 • 분석 모델(연구모형) 구축 • 모형 평가 및 프로세스 검토
5단계: 결과도출 단계	• 최종 결과물 점검 • 사업적 가치 판단 • 최종 결과물 발표 및 완료보고서 작성
6단계: 서비스구현 단계	• 파일럿 서비스, 운영계시스템 구축 • 프로젝트 최종 산출물 배포 • 유지계획 수립(모니터링)

은 외부환경과 내부환경을 분석(SWOT 분석)하고 발전전략을 마련한다. 현황분석은 업무현황, 정보시스템현황, IT아키텍쳐분석, 데이터현황분석으로 구성된다. 목표정의는 분석목표를 정의하고 시스템 구조를 설계하며, 보고서 산출물의 형식정의(schema, 스키마)를 포함한다. 또한 빅데이터 문제를 데이터마이닝 문제로 해석하기 위해서 데이터마이닝 작업(분류, 추정, 예측, 유사집단화, 군집화 등)으로 재구성해야 한다. 이들 작업이 완료되면 프로젝트 계획을 수립하고 데이터준비 단계로 넘어간다.

두 번째 단계는 '데이터준비 단계(Data Preparation Stage)'이다. 프로젝트 수행 기간 동안 분석작업을 수행할 시스템을 구축하고, 분석환경을 마련한다. 현업이 보유 및 관리하고 있는 데이터를 이해하고 레코드의 수, 변수의 종류, 자료값의 질(quality), 데이터 관리체계 등을 파악한다. 또한 다양한 분석이 가능하도록 분석에 필요한 모든 데이터를 분석시스템에 적재한다. 식별된 가설을 검정하는 데 필요한 샘플데이터(sample data), 실험용데이터, 설문조사를 통한 응답 등을 확보한다. 적재된 시스템 내 데이터의 기초분석, 오류정제, 표준화 등 데이터 품질을 높이는 작업을 수행한다. 비정형데이터는 분석모델(연구모형)이 이용할 수 있도록 변형(data cleaning, 데이터정제)한다. 다음으로 데이터 통합 작업을 수행하고 분석모델에 사용 가능한 유의한 속성 도출과 데이터 형식을 정의한다.

세 번째 단계는 '모델설계 단계(Model Design Stage)'이다. 다양한 데이터 소스로부터 수집된 테이블의 속성들 간의 관계를 파악하여 업무흐름과 데이터에 대한 개념적 이해를 명확히 한다. 필요한 경우 분석모델(모형화기법)을 이해하기 쉽도록 속성을 재생산한다. 분석목적에 해당하는 속성(반응변수, 종속변수)과 상관관계가 높은 속성(설명변수, 독립변수)을 선별한다. 입력변수와 출력변수로 사용할 속성의 특성과 데이터의 양, 목적 등을 고려하여 분석모델을 결정한다. 또한 샘플데이터(sample data)를 이용하여 분석모델의 실행 가능성을 점검한다.

네 번째 단계는 '모델구현 단계(Model Development Stage)'이다. 분석모델을 실행하기 위해 학습용 데이터 집합(training data set), 검증용 데이터 집합(validation data set), 그리고 테스트 데이터 집합(test data set)으로 구성한다. 학습용 데이터 집합은 모형을 적합화시키기 위해 사용되는 데이터를 말한다. 검증용 데이터 집합은 구축한 모형 중에서 가장 좋은 모형을 찾는 데 사용된다. 테스트 데이터 집합은 사전에 알지 못했던 데이터에 대해 모형이 어떠한 성능(예측정확도 등)을 내는지 결정하기 위해 사용한다. 데이터마이닝 업무영역인 분류, 추정, 예측, 유사집단화, 군집화를 위한 신경망(neural networks), 의사결정나무(decision tree), 연관성분석(association rule), 통계기법(판별분석, 회귀분석 등) 등의 다양한 데이터마이닝 기법을 이용하여 분석모델(연구모형)을 구축한다. 분석모델을 실행하기 위한 최적의 시스템 환경을 구성하고, 분석성능(예측정확도)을 높일 수 있는 방안을 강구한다. 다음으로 분석모델을 실행하고 결과를 평가한다(연구모형평가). 모형평가에는 연구모형이 얼마나 정확한가, 모형이 관찰된 데이터를 얼마나 잘 설명하는가, 모형의 예측에 대해 얼마나 자신할 수 있는가(신뢰성, 타당성), 모형이 얼마나 이해하기 좋은가 등을 평가하고 만족하지 못한 결과가 나온다면 모델설계 단계와 반복 수행한다.

다섯 번째 단계는 '결과도출 단계(Result Extraction Stage)'이다. 분석모델을 실행하여 도출된 최종결과물을 점검하고, 사업적 측면에서 결과의 가치를 재평가한다. 주요 발견 사항의 사업적 가치를 발주기관의 관계자가 판단할 수 있도록 명확한 보고서와 시연(데모)을 준비한다. 발주 책임자에게 최종 결과물을 발표하고, 업무에 활용할 방안을 마련한다.

마지막 단계는 '서비스구현 단계(Service Development Stage)'이다. 분석모델을 파일럿 테스트(pilot test, 시험작동)를 통해 운영한 다음 안정적으로 확대하여 운영계시스템에 구축한다. 일정기간 분석모델을 운영계시스템에 운영한 후, 예상한 대로 수익이 증가하고 목표한 효과가 나타나는지 확인한다. 시스템 운영상황을 정기적으로 재점검하고 프로젝트의 최종산출물을 발주기관에 전달한다. 서비스구현 단계는 소프트웨어 개발방법론에 따라 기본적으로 필요한 일련의 산출물을 종합적으로 정리한다. 서비스구현 단계는 분석결과로 만들어진 분석모델을 실 운영계시스템에 적용하므로 분석, 설계, 구현, 시험의 반복 수행이 필요하다.

Q. 빅데이터 생태계란 무엇인가?

A. 빅데이터 생태계는 데이터 생산자(기업 또는 개인), 유통자(플랫폼), 소비자, 솔루션 제공
자 간 참여와 협력을 위한 일종의 네트워크를 말한다. 한국정보화진흥원(2012)은 빅데이
터 생태계는 서비스 사용자, 서비스 공급자, 그리고 애플리케이션 공급자로 구성된다고
정의하였다. 빅데이터 전문가 Dave Feinleib(2012)은 빅데이터 생태계의 구성요소로 기
술, 데이터베이스, 데이터 제공자, 분석인프라, 운영인프라, 서비스인프라, 서비스데이터,
비즈니스 인텔리전스, 시각화도구, 응용프로그램 등을 제시한 바 있다. 빅데이터 생태계는
노드(node)와 링크(link)로 표현할 수 있다. 노드는 구성원이며 링크는 구성원과의 관계
를 나타낸다. 즉, 데이터 제공자, 데이터베이스, 인프라, 시각화도구, 응용프로그램, 기술
의 6개 구성원과 이들 구성원들 간의 관계로 빅데이터 생태계가 구성된다.
빅데이터는 데이터 생성, 수집, 분석, 소비에 이르는 일련의 가치사슬을 통해 문제를 해결
하는데 이러한 가치사슬은 구성원 간 협력과 새로운 가치를 창출하기 위한 가치네트워크
(value network)로 발전되고 궁극적으로 가치네트워크가 결합하면 빅데이터 생태계가
구축된다. 빅데이터 생태계를 구축하면 비즈니스를 효율화하고 빅데이터 분석의 예측력을
높일 수 있다. 참여자 간 협력을 통해 비용, 위험, 자원을 공유할 수 있을 뿐 아니라 참여
자간 단순협력, 경쟁관계에서 협력적 경쟁과 공진화(coevolution)를 통해 새로운 가치를
창출할 수 있다는 이점이 있다.

8.6 분야별 빅데이터 활용사례

빅데이터는 국가 경제의 혁신 및 가치 창출에 기여하고, 기업에게는 새로운
비즈니스 모델 창출과 시장기회를 제공하고 있다. 현재 빅데이터 분석은 제조업
의 스마트화에서 시작해서 마케팅(CRM), 금융, 의료, 재난관리, 범죄예방, 교통,
통신분야 등 다양한 분야에서 활용되고 있다. 본 절에서는 분야별로 빅데이터
분석 활용사례를 소개하고자 한다.

8.6.1 고객(CRM) 빅데이터 분석을 통한 구매성향예측

CRM(Customer Relationship Management) 분야는 빅데이터 분석이 가장 많이 활용되는 분야로 고객 빅데이터(또는 CRM 빅데이터) 분석을 통해 차별화된 고객서비스를 제공할 수 있다. 기존 고객의 서비스 이용성향 및 취향 등을 분석하여 고객 세분화(segmentation)와 각 고객군에 맞는 맞춤형 전략을 추진하고, 고객의 불만사항을 실시간으로 파악하여 고객 충성도를 증진시킨다. 또한 충성도 높은 고객뿐 아니라 이탈 가능성 높은 고객과 잠재 고객 파악에도 고객 빅데이터 분석이 활용될 수 있다.

효율적인 고객관계관리를 위해 고객의 니즈(needs)를 파악하고 실제 고객이 필요로 하는 제품이나 서비스를 제공(추천)하는 것이 중요하다. 그러나 최근에는 고객 니즈의 다양화와 복합성으로 이를 파악하는 것이 매우 어려워지고 있다. 게다가 경쟁이 심한 산업의 기업환경에서 고객데이터는 규모가 매우 크고 다양해서 일일이 고객의 니즈를 파악하는 것이 불가능하다. 따라서 빅데이터 분석을 기반으로 한 니즈 유형화 및 분류가 필요하다. 즉, 도출된 니즈의 유형화를 기반으로 각 니즈 유형에 따른 고객관리전략을 수립해야 한다.

미국의 마케팅 솔루션 기업 카탈리나 마케팅 코퍼레이션(Catalina Marketing Corporation, 이하 카탈리나사)은 CRM 빅데이터 분석을 통해 고객의 구매성향을 예측하여 고객 니즈에 맞는 제품과 서비스를 제공하고 있다. 카탈리나사는 2.5페타바이트(petabyte)의 방대한 고객 데이터를 데이터웨어하우스(data warehouse)로 수집·운영하고 있다. 고객이 대형 할인마트 계산대에서 결제하는 순간 구매이력 데이터가 분석되어 맞춤형 쿠폰이 인쇄된 영수증이 출력된다. 이때, 여러 명의 고객이 동일 제품을 구매해도 각 구매이력에 따라 각각 다른 쿠폰이 출력된다. 고객의 개인별 구매성향이 실시간으로 반영된 쿠폰 제시를 통해 구매를 유도하는 것이다. 그 결과 쿠폰 사용을 통한 추가 구매율이 기존 10%에서 25%로 크게 향상되었고 고객의 마케팅 반응률이 향상되어 카탈리나사의 수익은 크게 증가하였다. 이러한 결과를 얻기까지 카탈리나사는 CRM 분석용 데이터웨어하우스를 기반으로 다양한 데이터마이닝 기법(인공지능기법)을 이용하여 실시간으로 고객의 구매성향을 예측하였다. 즉, 고객에게 맞춤형 쿠폰을 발행할 때 실시간으로 고객행동에 대한 프로파일링(profiling)을 수행하였으며, 기존에 4.5시간 걸리던 분석모형(예측모형)에 대한 스코어링(scoring) 시간도 불과 60초 이내로 단축시켰다. 카탈리나사는 CRM 빅데이터를 활용하여 구매예측모형의 예측성과 향상과 더불어 맞춤형 고객 서비스를 제공하고 있다.

최근 CRM 빅데이터 분석은 향상된 고객 맞춤형 서비스를 위해 추천시스템(recommendation systems) 개발에도 적용되고 있다. 아마존(Amazon)은 모든 고객들의 구매내역을 데이터베이스에 기록하고 이를 분석하여 소비자의 소비 패턴과 관심사를 파악하고 있다. 아마존은 빅데이터를 활용한 항목(item, 상품) 기반 협업 필터링(item-to-item collaborative filtering)이라는 추천시스템을 개발하였다. 기존의 온라인 쇼핑몰은 주로 소비자의 패턴 분석에 의한 추천 방식(user based filtering)을 채택하고 있으나 아마존은 구매한 아이템(제품) 혹은 검색한 제품을 중심으로 추천하는 방식이다. 상품 간의 상관관계를 결정(상품 간 유사성 측정)하는 아이템 매트릭스(행렬)를 만든 후 고객의 최신 입력데이터를 기반으로 고객의 기호를 유추하여 맞춤형 상품과 서비스를 추천한다. 아마존의 추천시스템은 아마존 성장의 일등 공신으로 매출의 40% 이상이 추천 상품에서 발생하고 있다. 현재 다수의 전자상거래 업체에서 아마존의 추천시스템을 활용하고 있으며 추천 상품의 예측정확도를 높이기 위해 인공지능 기반 추천서비스를 개발하고 있다.

8.6.2 금융분야의 빅데이터 분석 및 활용

최근 가장 활발하게 빅데이터 분석 및 활용이 이루어지고 있는 분야가 바로 금융분야이다. 금융서비스는 대다수의 국민들과 기업들이 항상 이용하고, 우리 생활의 일부분이므로 데이터의 유입량, 보유량, 집적량이 광대하며, 그 증가 속도도 매우 빠르게 이루어지고 있다. 다른 산업분야에 비해 금융분야의 빅데이터는 활용 범위가 다양하고 비즈니스 가치가 매우 큰 것이 특징이다.

금융분야의 가장 대표적인 업종인 은행업종은 대출의사결정과 관련하여 해당 기업에 대한 도산예측(bankruptcy prediction)과 개인의 신용등급예측(credit rating prediction)에 금융 빅데이터 분석을 적극 활용하고 있다. 독일의 금융기관은 당좌예금(결제) 계좌상태, 신용기간, 신용이력, 신용대출목적, 신용대출합계, 저축성 예금의 평균 잔액, 인구통계학적 자료(거주기간, 근무기간, 직업상태) 등을 포함한 개인의 금융 빅데이터를 활용하여 개인신용평가 및 신용등급예측을 수행하고 있다.

보험업종은 해약 가능성이 높은 고객, 고객가치가 높은 고객, 금융리스크가 높은 고객 등을 추정하기 위해 빅데이터 분석을 활용하고 있다. 또한 보험계약 및 보험금 심사 등의 업무에도 빅데이터 분석을 활용하고 있다. 회사 내부의 보험관련 고객데이터와 보험개발원, 보험협회 등의 외부 고객데이터를 통합하여 보험료 산정 및 사고 보험금 심사에 활용하고 있다.

신용카드업종은 신용카드의 도용(fraudulent transaction) 패턴을 탐색하기 위해 빅데이터 분석을 이용한다. 신용카드 사용 이력(소비 성향 패턴)을 분석하여 고객의 니즈를 파악하고, 이를 유형화하여 선호도가 가장 높은 품목에 할인 혜택을 제공하는 등 맞춤형 서비스를 제공하고 있다. 이 밖에도 글로벌 금융기관은 이자율, 환율, 유가변동의 예측(forecasting)에 금융 빅데이터 분석을 적극적으로 활용하고 있다.

8.6.3 의료분야의 빅데이터 분석 및 활용

의료분야는 각종 임상 및 검진의료기기(device) 데이터의 통합, 병원 간 검사기록과 연구데이터 공유를 통해 질병의 징후를 조기에 발견하고 질병을 예측하는데 빅데이터 도입과 활용이 확대되는 추세이다. 미국은 의료개혁과 관련하여 의료기관, 환자, 정부, 의료보험회사를 하나로 통합하는 'Health 2.0' 프로젝트를 추진하고 있으며, 의료 빅데이터 분석을 가장 핵심기술로 선정하였다. 미국 비영리 의료단체 세튼 헬스케어 패밀리(Seton Health Care Family) 재단은 연간 200만 명에 달하는 환자들의 진료 데이터를 IBM의 왓슨(Watson) 시스템에 적용하여 환자가 미래에 겪을 수 있는 질환이나 증상을 예측하는 등의 의료 빅데이터 기반 서비스를 제공하고 있다. IBM의 인공지능 의사 왓슨은 매일 쏟아지는 300개 이상의 의학저널, 200개 이상의 의학교과서, 1천500만 페이지에 달하는 의료정보, 치료 가이드라인과 전 세계 암 환자 2만 명의 치료사례를 분석해 각 환자에게 최적의 치료법을 제안하고 있다.

출처: 계명대 동산병원, www.dsmc.or.kr

미국 보건복지부(Department of Health and Human Services)는 의료부문에서 의료 빅데이터를 활용하면 연간 3,300억 달러(미 정부 의료예산의 약 8%, 378조 원)의 직간접적인 비용 절감 효과를 보일 것으로 전망하고 있다. 특히 임상분야는 의료기관별 진료방법, 효능, 비용데이터를 분석하여 보다 효과적인 진료방법과 환자 데이터의 의료협회 간 데이터 공유로 치료 효과를 제고할 수 있으며, 공중보건 영역에선 전국의 의료 데이터를 연계하여 전염병 발생과 같은 긴박한 순간에 빠른 의사결정이 가능하다.

미국 국립암연구소(National Cancer Institute)는 암 환자에 대한 빅데이터 분석을 실시하여 암 발생의 원인을 제시하고 있다. 환자의 상태와 가족력 등을 분석하여 이를 고려한 식단, 운동, 치료가 가능한 맞춤형 의료서비스를 제공하고 있다. 이처럼 빅데이터가 의료분야에 응용되면서 의료 패러다임이 바뀌고 있다. 의료는 병에 걸리면 치료를 한다는 치료의 개념이 강했지만 빅데이터 분석을 활용하면 질병을 원천적으로 차단하는 예방 의료가 가능해질 전망이다.

8.6.4 빅데이터 분석을 통한 재난관리

국가정보화전략위원회(http://17cis.pa.go.kr/)는 2012년에 발표한 '스마트 국가 정보화를 위한 빅데이터 마스터플랜 16개 대상과제' 중에서 예측기반의 자연재해 조기감지 대응을 우선적으로 추진해야 할 과제로 제시하였다. 현재 미국, 일본 등 재난관리 선진국은 재난관리 분야에 빅데이터를 적극적으로 활용하고 있다. 환경 센서(sensor) 데이터를 이용한 지진 감지, SNS를 활용한 현황 파악 및 복구 지원, 위성데이터를 활용한 재난 지역 파악 등을 빅데이터 분석을 통해 수행하고 있다.

미국 국립해양대기청(National Oceanic and Atmospheric Administration, NOAA)은 빅데이터 분석을 통해 기상정보 및 지질정보를 추정하고 있다. 50년 전부터 기상 및 지질 데이터를 수집하고 분석하고 있으며, 최근에는 위성, 선박, 항공기, 부표, 기타 센서로부터 매일 35억 건 이상 30페타바이트(petabyte)의 신규 데이터를 수집·저장하고 있다. 기온과 상대습도의 조합으로 계산되는 열지수 강도와 지속시간을 기준으로 여름철 폭염특보와 고온건강경보알림 등을 제공하고 있으며, 눈보라 및 돌풍, 홍수주의보, 화재가 일어날 가능성이 높은 레드 플래그(red flag) 경고를 비롯한 총 24개의 기상 관련 경고지도를 구축·운영 중이다. NOAA는 빅데이터를 기반으로 신경망과 의사결정나무 등의 인공지능기법을 이용하여 기상예측모형을 구축하고, 이들 예측모형의 결과를 미국 국방부, 나사(NASA), 기타 공공기관에 공유하고 있다. 최근 NOAA는 아마존 웹 서비스, 구글 클라우드 플랫폼, IBM, 마이크로소프트, 오픈 클라우드 컨소시엄 등과 공동으로 빅데이터 프로젝트를 수행하고 있다.

빅데이터를 이용하여 가장 예측하기 힘든 분야는 바로 지진과 쓰나미(tsunami)다. 과거의 재해 빅데이터와 현재 발생지진 정보를 결합·분석하여 지진과 쓰나미 등의 자연재해를 예측하기 위해 지속적으로 노력하고 있다. 미국 내무부 산하 연구기관인 미국지질조사국(United States Geological Survey, USGS)은 1900년 이래로 발생한 각종 지진을 유형별, 크기별로 조사할 뿐 아니라 그 피해정도까지 분석하여 지진이 발생한 경우 어떤 형태로 발전할지 재난 상황을 미리 시뮬레이션함으로써 각종 재난 피해를 예측하고 있다. 최근에는 다양한 기계학습 및 인공지능 기반의 예측성과가 뛰어난 자연재해 예측모형을 구축하여 미래 재난에 대처할 수 있는 기반을 마련하고 있다.

우리 정부는 재난관리 분야에 빅데이터 활용을 위한 주요전략과 고려사항을 다음과 같이 제시하였다. 첫째, 정부 3.0(government 3.0) 기반의 빅데이터 공유

환경의 마련이다. 민간 및 공공 부문 간 개방과 공유의 확산을 통해 다양한 기관의 이종 데이터를 통합하여 새로운 가치를 창출해야 한다. 둘째, 과거 데이터의 현재화이다. 과거의 재난 및 기상자료를 디지털화하고, 이들 데이터를 현재 데이터와 통합·분석함으로써 재난예측정확도를 높일 수 있다. 셋째, SNS를 통한 참여형 재난관리체계의 구축이다. 민간부문과 지역사회의 적극적인 참여로 재난정보의 수집과 전달에 중요한 매체로 활용될 수 있다. 마지막으로 재난관리 분야의 공공 및 민간 데이터를 통합한 데이터센터(data center)를 구축하여 빅데이터 기반의 재난관리 예측모형을 구축하는 것이다.

8.6.5 범죄예방 및 수사에서의 빅데이터 분석 및 활용

미국, 영국, 독일, 싱가포르 등에서 범죄예방 및 수사에 빅데이터를 적극 활용하고 있다. 2013년 보스턴 마라톤 테러 용의자를 신속하게 검거하기 위해 빅데이터 분석 기반의 용의자 추적 기술을 적극 활용하였다. 빅데이터 분석을 통해 용의자 추적 기술을 활용한 것이다. 미국 연방수사국(FBI)는 테러 직후 주변 600여 대의 CCTV 데이터, 시민들이 현장에서 촬영한 사진과 영상데이터, 트위터(twitter)와 페이스북(facebook)의 글, 그리고 현장 기지국 통화 로그데이터(log data) 등을 수집하여 빅데이터 분석 전문가에게 전달했고, 이들은 용의추정 인물들의 유형을 뽑아내고 일일이 식별코드를 붙이는 방식으로 용의자를 식별하였다.

미국은 2008년 글로벌 금융위기(financial crisis)로 재정 위기의 확산이 바로 개인과 기업의 탈세에 따른 낭비성 재정지출에서 문제가 발생한다고 판단하고 빅데이터 분석 기반의 탈세방지시스템 구축 프로젝트를 수행하였다. 미국 국세청(Internal Revenue Service)은 2011년, SAS사와 공동으로 빅데이터와 인공지능기법(신경망 등) 기반의 통합형 탈세 및 사기범죄방지시스템을 구축하였다. 소셜데이터(social data)를 활용하여 범죄자와 관련된 계좌, 전화번호, 납세자 간 연관관계를 분석하여 고의 세금 체납자를 선별하고 있다. 이들 시스템 덕분에 미국 국세청은 연간 3,450억 달러(약 388조 원)에 이르는 세금 누락 및 불필요한 세금 환급을 줄일 수 있게 되었다.

로스앤젤레스 경찰국(City of Los Angeles Police Department, LAPD)은 과거에 발

생한 범죄수법, 시·공간 환경적 통계정보를 분석하여 실시간 범죄지도를 구성하고, 범죄발생을 미연에 방지하는 범죄예측서비스(PredPol, 프레드폴)를 2012년부터 운영하고 있다. 과거 범죄 통계정보와 우범지역 CCTV 영상에서 범죄가 일어나는 상황을 인공지능이 학습하고, 이를 통해 범죄발생 위험이 높은 장소와 시간을 예측하여 경찰관들의 범죄예방을 위한 직관을 보완해주고 있다. 범죄예측서비스 도입 결과 절도범죄 27% 감소, 범인 체포율 56% 상승, 도난차량 회수율 27% 향상 등 놀라운 성과를 보여주고 있다. 뉴욕 경찰청(New York Police Department, NYPD)은 2012년 마이크로소프트(MS)사와 공동으로 최첨단 범죄감시스템인 Domain Awareness System(DAS)을 450억 원의 개발비용으로 구축하였다. DAS는 CCTV와 블랙박스 등의 영상정보분석기술, 빅데이터처리기술, 그리고 GIS(Geographic Information System, 지리정보체계)와의 융합기술을 활용하여 공공안전 및 테러활동을 탐지하고 예방한다. 뉴욕 경찰청은 도시 내 3,000개의 감시카메라, 2,600개의 자동차 번호판 인식기, 911 신고 전화, 차량 정보 데이터베이스를 실시간으로 수집하여 이를 범죄수사를 위한 빅데이터 분석에 활용하고 있다. DAS를 활용하면 위치정보를 통해 범죄용의자 차량이 현재 어디에 있는지, 과거 어느 지역에 있었는지 추적 가능하다. 또한 DAS는 자동차번호판을 용의자 정보와 비교하여 차량 소유자와 관계된 모든 범죄기록을 실시간으로 제공할 수 있다. 범죄집단이 갈수록 첨단기술을 범죄에 악용하는 만큼 시민의 안전과 자유를 지키기 위해 빅데이터 분석은 범죄예방 및 수사에 필요한 수단으로 자리 잡고 있다.

기업사례 빅데이터를 활용하여 무결성을 달성한 혁신기업 사례

온라인 자동화가 확대되면서 이에 대한 반대급부로 범죄기회도 증가하고 있다. 최근 기업들은 빅데이터를 활용한 부정행위 관리를 통해 사업의 무결성(integrity)을 확보하고 있다. 즉, 무결성 확보는 부정 및 사기방지가 주요 업무이며, 빅데이터를 활용하여 사기 의심 거래 후보군을 정밀하게 예측하고 있다.

대한생명(현 한화생명보험)은 2007년, 보험사기방지시스템(insurance fraud detection system, IFDS)을 구축하였다. IFDS는 보험 빅데이터를 기반으로 예측분석을 통해 보험사고 허위사실이나 확대 청구 등 다양한 사기 행위들을 객관적이고, 현실적으로 적발하는 지능형 예측모델시스템이다. IFDS는 보험금 청구 고객에 대한 스코어링(scoring) 수단을 토대로

보험금 지급 여부를 판단한다. 보험사기 청구에 대한 데이터 분석 스코어링이 100여 개의 팩터(factor)로 분류되어 사기방지 프로세스가 구축되고, 사기징후의 감지기준(detection criteria)이 표준화된다. IFDS는 보험사기로 적발된 사례들을 수집, 패턴화하여 보험사기 혐의자(사기 의심 거래 후보군)를 자동으로 추출한다. 사기유형, 계약 및 사고유형을 개인, 보험모집인, 병원, 정비업소별로 구별하여 다양한 지표들이 개발되고, 혐의자 선정을 통해 가해자, 피해자, 동승자가 자동 추출되며, 사고 관련성과 공모 여부를 판단한다. 대한생명은 IFDS을 가동하여 보험사기(허위청구) 적발률을 제고하였고, 이를 통해 보험사기 예방효과가 나타나 결과적으로 보험가입자들의 보험혜택에 기여하고 있다.

　　대한생명은 자사 데이터만을 활용한다는 한계를 극복하고자 2010년, IFDS을 고도화하였다. 한층 진보한 IFDS의 특징은 자사 데이터뿐 아니라 보험개발원, 보험협회 등의 공공 빅데이터를 함께 활용할 수 있고, 딥러닝(심층학습)기법을 이용한 빅데이터 분석도 가능하다. 또한 생명보험, 손해보험 전체 계약을 토대로 세부적인 항목 평가와 리스크 관리를 수행할 수 있다. 대한생명은 IFDS 고도화를 통해 연간 50억 원의 사기방지 효과가 발생되고 있다.

● 그림 8 - 2 대한생명의 보험사기방지시스템 분석 흐름도

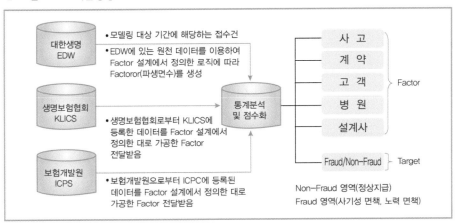

출처: Fntime.com, 송민정(2013)

- 기계학습(Machine Learning, 머신러닝): 방대한 데이터를 분석해 미래를 예측하는 기술로 일반적으로 생성(발생)된 데이터를 정보와 지식(규칙)으로 변환하는 컴퓨터 알고리즘 (algorithm)을 의미함

- 인공신경망(Artificial Neural Network): 기계학습과 인지과학에서 생물학의 신경망에서 영감을 얻은 통계학적 학습알고리즘, 두뇌의 정보처리 과정을 모방함

- 데이터마이닝(Data Mining): 축적된 대용량 데이터를 통계기법 및 인공지능기법을 이용하여 분석하고 이에 대한 평가를 거쳐 일반화시킴으로써 새로운 자료에 대한 예측 및 추측을 할 수 있는 의사결정을 지원함

- 데이터마이닝 업무영역: 분류(classification), 추정(estimation), 예측(prediction), 유사집단화(affinity grouping), 군집화(clustering)

- CRISP-DM(Cross-Industry Standard Process for Data Mining): 데이터마이닝 방법론으로 (1) 비즈니스 이해 및 데이터 이해, (2) 데이터 준비, (3) 모델링 단계, (4) 모형 평가, (5) 모형 구축(개발)로 구성됨

- 텍스트마이닝(Text Mining): 자연어(natural language) 형태로 구성된 비정형 또는 반정형 데이터에서 패턴 또는 관계를 추출하여 의미 있는 정보를 찾아내는 기법

- 자연어 처리(Natural Language Processing, NLP): 인공지능의 주요 분야 중 하나로 컴퓨터를 이용해 사람의 자연어를 분석하고 처리하는 기술로 자연어 분석, 자연어 이해, 자연어 생성의 기술이 사용됨

- 감성분석(Sentiment analysis): 소비자의 감성과 관련된 텍스트 정보를 자동으로 추출하는 텍스트마이닝(text mining) 기술의 한 영역. 주로 온라인 쇼핑몰에서 사용자의 상품평에 대한 분석이 대표적 사례임

- 소셜미디어(Social Media): 트위터(twitter), 페이스북(facebook) 등 SNS에 가입한 이용자들이 서로 정보와 의견을 공유하면서 대인관계망을 넓힐 수 있는 플랫폼

- 오피니언 마이닝(Opinion Mining): 소셜미디어 등 주로 비정형텍스트의 긍정(positive), 부정(negative), 중립(neutral)의 선호도를 판별하는 기술임. 특정서비스 및 상품에 대한 시장규모 예측, 소비자의 반응, 입소문 분석(viral analysis) 등에 활용됨

- 소셜네트워크분석(Social Network Analytics, SNA): 수학의 그래프 이론(Graph Theory)에 기반, 소셜네트워크 연결구조 및 연결강도를 바탕으로 사용자의 명성 및 영향력을 측정하여 SNS상에서 입소문의 중심이나 허브(hub)역할을 하는 사용자를 찾는 데 활용됨
- 영향력자(Influencer, 인플루언서) 분석: 트위터를 사용하는 사람들 중 특정 주제에 대해서 가장 영향력이 큰 사람을 순위화(ranking)하는 기술
- 군집분석(Cluster Analysis): 관찰대상인 개체들을 유사성에 근거하여 보다 유사한 동류집단으로 분류하는 다변량 분석기법
- 데이터 시각화(Data Visualization): 데이터 분석 결과를 쉽게 이해할 수 있도록 시각적으로 표현하고 전달하는 과정. 데이터 시각화의 목적은 도표(graph)라는 수단을 통해 정보를 명확하고 효과적으로 전달하는 것
- 빅데이터 과제기획 단계: (1) 문제 발굴 및 정의, (2) 개념적 대안설계, (3) 데이터 가용성 평가, (4) 논리적 모형설계, (5) 추진방안 수립 및 타당성 평가, (6) 과제확정 및 분석계획 수립으로 구성
- 빅데이터 과제분석 단계: (1) 데이터 수집, (2) 데이터 전처리와 정제, (3) 데이터 분석과 정리 및 처리결과의 수용, (4) 해석과 결과제시로 구성
- 빅데이터 분석방법론: 문제정의, 데이터준비, 모델설계, 모델구현, 결과평가, 서비스구현의 6단계로 구성됨
- 빅데이터 생태계: 데이터 생산자(기업 또는 개인), 유통자(플랫폼), 소비자, 솔루션 제공자 간 참여와 협력을 위한 일종의 네트워크를 말함
- 보험사기방지시스템(Insurance Fraud Detection System, IFDS): 보험 빅데이터를 기반으로 예측분석을 통해 보험사고 허위사실이나 확대 청구 등 다양한 사기 행위들을 객관적이고, 현실적으로 적발하는 지능형 예측모델시스템
- 버즈마케팅(Buzz Marketing): 구전 마케팅(viral marketing)의 일종으로 상품을 이용해 본 소비자가 자발적으로 그 상품에 대해 주위 사람들에게 긍정적인 메시지 전달케 함으로써 긍정적인 입소문을 퍼트리도록 유도하는 것
- 디지털 데이터 마케팅: 소비자가 온라인상에서 제품이나 서비스를 구매하기 위해 단순히 검색을 하는 것부터 구매에 대한 의사결정을 내리기까지 이루어지는 모든 흔적을 단계별로 분석하여 소비자의 구매촉진에 영향을 주는 요인을 찾아 마케팅 인사이트(insight)를 도출하고 유의미한 전략을 창출하는 것
- 프레드폴(PredPol): 과거에 발생한 범죄수법. 시·공간 환경적 통계정보를 분석하여 실시간 범죄지도를 구성하고, 범죄발생을 미연에 방지하는 범죄예측서비스

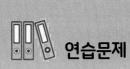

연습문제

01 다음 설명에서 Ⓐ와 Ⓑ가 무엇을 말하는지 답하시오.

시장조사기관인 포레스터 리서치(Forrester Research, Inc.)의 '빅데이터 기술 수명주기 예측보고서'에서는 빅데이터 기술은 향후 10년간 안정적 성장세를 유지할 것이며, 비즈니스 가치가 높은 핵심기술이라고 언급하였다. 위 보고서에서는 상위 5개 빅데이터 기술로 (Ⓐ), 빅데이터 처리 (Big Data preparation, NoSQL databases), (Ⓑ), 인공지능 (artificial intelligence), 기계학습(machine learning)을 제시하였다.

Ⓐ – (   )   Ⓑ – (   )

02 다음 설명에서 Ⓐ와 Ⓑ가 무엇을 말하는지 답하시오.

광의의 빅데이터 개념에서는 빅데이터의 5가지 구성요소(5V)로 규모 (Volume), 다양성(Variety), 속도(Velocity), (Ⓐ), (Ⓑ)를 제시하였다.

Ⓐ – (   )   Ⓑ – (   )

03 다음 설명에서 Ⓐ가 무엇인지 답하시오.

(Ⓐ)이란 방대한 데이터를 분석해 미래를 예측하는 기술로 일반적으로 생성(발생)된 데이터를 정보와 지식(규칙)으로 변환하는 컴퓨터 알고리즘(algorithm)을 의미한다.

Ⓐ – (   )

04 다음 설명에서 Ⓐ와 Ⓑ가 무엇을 말하는지 답하시오.

데이터마이닝은 (Ⓐ), 추정(estimation), (Ⓑ), 유사집단화 (affinity grouping), 군집화(clustering)의 5가지 업무영역으로 구분할 수 있다.

Ⓐ – (   )   Ⓑ – (   )

05 다음 설명에서 Ⓐ와 Ⓑ가 무엇을 말하는지 답하시오.

CRISP – DM은 데이터마이닝 작업의 표준화 실행 단계로 비즈니스 이해 및 데이터 이해, 데이터 준비, (Ⓐ), (Ⓑ), 모형 구축(개발)의 5단계를 제시하였다.

Ⓐ – (   )   Ⓑ – (   )

06 다음 설명에서 Ⓐ와 Ⓑ가 무엇을 말하는지 답하시오.

자연어 처리(NPL)는 인공지능의 주요 분야 중 하나로 컴퓨터를 이용해 사람의 자연어를 분석하고 처리하는 기술로 자연어 분석, (Ⓐ), (Ⓑ)의 기술이 사용된다. 최근에는 심층기계학습(deep learning, 딥러닝) 기술이 기계번역 및 자연어 생성에 적용되고 있다.

Ⓐ – (   )   Ⓑ – (   )

07 다음 설명에서 Ⓐ와 Ⓑ가 무엇을 말하는지 답하시오.

빅데이터 분석 단계는 빅데이터 과제기획 단계와 빅데이터 과제분석 단계로 구성된다. 먼저, 빅데이터 과제기획 단계는 (1) 문제 발굴 및 정의, (2) (Ⓐ), (3) (Ⓑ), (4) 문제해결을 위한 논리적 모형설계, (5) 과제 추진방안 수립 및 타당성 평가, (6) 과제확정 및 분석계획수립으로 구성된다.

Ⓐ – (   )   Ⓑ – (   )

08 다음 설명에서 ⒜가 무엇인지 답하시오.

과제가 기획되고 추진계획이 수립되면 그 계획에 의거 과제분석을 수행하게
된다. 빅데이터 과제분석 단계는 (1) 데이터 수집, (2) (⒜   ), (3) 데이
터 분석과 정리 및 처리결과의 수용, (4) 해석과 결과제시로 구성된다.

⒜ – (   )

09 다음 설명에서 공통적으로 ⒜와 ⒝가 무엇을 말하는지 답하시오.

빅데이터 분석방법론은 문제정의, 데이터준비, (⒜   ), (⒝   ), 결
과평가, 서비스구현의 6단계로 구성된다. 특히 (⒜   )와 (⒝   )
단계는 긴밀한 협조가 필요하므로 반복 수행되기도 한다.

⒜ – (   )   ⒝ – (   )

10 다음 설명에서 ⒜가 무엇인지 답하시오.

(⒜   )은 보험 빅데이터를 기반으로 예측분석을 통해 보험사고 허위
사실이나 확대 청구 등 다양한 사기 행위들을 객관적이고, 현실적으로 적
발하는 지능형 예측모델시스템이다.

⒜ – (   )

참고문헌

국가정보화전략위원회(2011), "빅데이터를 활용한 스마트 정부 구현안", 2011.

곽기영(2017), 소셜네트워크분석, 제2판, 청람출판사.

권양섭(2017), "범죄예방과 수사에 있어서 빅데이터 활용과 한계에 관한 연구", 법학연구, 제65권, 제1호, pp. 179-198.

김동완(2013), "빅데이터의 분야별 활용사례", 경영논총, 제34권, 제1호, pp. 39-52.

김종우, 김선태(2012), 경영을 위한 데이터마이닝: 마케팅과 CRM 활용을 중심으로, 한경사.

김주영, 김동수(2016), "텍스트 마이닝 기반의 온라인 상품 리뷰 추출을 통한 목적별 맞춤화 정보 도출 방법론 연구", 한국전자거래학회지, 제21권, 제2호, pp. 151-161.

김진영, 홍태석(2016), "의료분야에 있어 빅데이터의 활용 동향과 법적 제문제: 일본의 논의를 참고로", 단국대학교 법학연구소, 법학논총, 제40권, 제3호, pp. 339-365.

김형래, 전도홍, 지승현(2014), "빅데이터 분석 프로젝트 수행 방법론", 한국컴퓨터정보학회 논문지, 제19권, 제3호, pp. 73-85.

배화수, 조대현, 석경하, 김병수, 최국렬, 이종언, 노세원, 이승철, 손용희(2005), SAS Enterprise Miner를 이용한 데이터마이닝, 교우사.

변대호(2014), "빅데이터 생태계의 건강성 평가방법", e-비즈니스연구, 제15권, 제3호, pp. 157-171.

손종수, 조수환, 권경락, 정인정(2012), "SNS에서의 개선된 소셜 네트워크 분석 방법", 지능정보연구, 제18권, 제4호, pp. 117-127.

송민정(2012), "빅데이터(Big Data)를 활용한 비즈니스모델 혁신", 과학기술정책, 제192권, pp. 86-97.

신택수, 홍태호(2009), 비즈니스 인텔리전스를 위한 데이터마이닝, 사이텍미디어.

양종모(2014), "수사기법으로서의 데이터마이닝에 대한 법적 고찰", 형사법의 신동향, 제40권, pp. 1-15.

장영재(2012), 아마존닷컴, 현대의 서점 아저씨, 비즈니스북스.

이지혜, 제미경, 조명지, 손현석(2014), "보건의료 분야의 빅데이터 활용 동향", 한국통신학회지(정보와통신), 제32권, 제1호, pp. 63-75.

임상규(2014), "빅데이터를 활용한 스마트 재난관리전략", 한국위기관리논집, 제10권, 제2호, pp. 23-43.

조영복, 우성희, 이상호(2014), "웰니스를 위한 빅데이터 분석과 의료 질 관리", 한국컴퓨터정보학회 논문지, 제19권, 제12호, pp. 101－109.

천민경, 백동현(2016), "빅데이터 역량 평가를 위한 참조모델 및 수준진단시스템 개발", 산업경영시스템학회지, 제39권, 제2호, pp. 54－63.

최도현, 박중오(2015), "빅데이터 환경에서 기계학습 알고리즘 응용을 통한 보안 성향 분석 기법", 디지털융복합연구, 제13권, 제9호, pp. 269－276.

하병국, 장용수, 조재희(2012), "소셜네트워크서비스 사용자 패턴 발견을 위한 사회 네트워크 분석 활용에 관한 연구: 페이스북을 중심으로", 서비스연구, 제2권, 제1호, pp. 13－27.

한국디지털정책학회 빅데이터전략연구회(2016), 경영 빅데이터 분석, 광문각.

한국방송통신진흥원(2013), "빅데이터(Big Data) 활용단계에 따른 요소기술별 추진동향과 시사점", 2013, pp. 6－9.

한국소프트웨어기술인협회 빅데이터전략연구소(2016), 빅데이터 개론, 광문각.

한국정보화진흥원(2012), "더 나은 미래를 위한 데이터 분석, Big Data 글로벌 선진 사례", 한국정보화진흥원 연구보고서, 2012.

한국정보화진흥원(2012), "빅데이터 시대: 에코시스템을 둘러싼 시장경쟁과 전략분석", IT & Future Strategy 보고서, 제4권, 제1호, 2012.

한국정보화진흥원(2015), "글로벌 기업의 빅데이터 활용 현황(The Power of IoT and Big Data)", 한국정보화진흥원 연구보고서, 2015.

한국정보화진흥원(2015), "최근 빅데이터 관련 Mega Trends", 한국정보화진흥원 연구보고서, 2015.

함유근, 이석준(2016), "구성 요소들로 본 빅데이터 비즈니스 모델의 특성: 한미 화장품 빅데이터 비즈니스 사례 비교 분석", 정보기술아키텍쳐연구, 제13권, 제1호, pp. 63－75.

함유근, 채승병(2012), "빅데이터, 경영을 바꾸다", 삼성경제연구소, 2012.

황승구, 최완, 장명길, 이미영, 허성진(2013), 빅데이터 플랫폼 전략: 빅데이터가 바꾸는 미래 비즈니스 플랫폼 혁명, 전자신문사.

허명회, 이용구(2003), 데이터모델링과 사례, SPSS아카데미.

허정, 이충희, 오효정, 윤여찬, 김현기, 조요한, 옥철영(2014), "소셜 빅데이터 마이닝 기반 이슈 분석보고서 자동 생성", 정보처리학회논문지, 제3권, 제12호, pp. 553－564.

Chen, H. and D. Zimbra(2010), "AI and Opinion Mining," IEEE Intelligent Systems, Vol. 25, No. 3, pp. 74－80.

Choi, D－H. and J－O. Park(2015), "Security Tendency Analysis Techniques through Machine Learning Algorithms Applications in Big Data Environments," Journal of Digital Convergence, Vol. 13, No. 9, pp. 269−276.

Forrester Research(2016), "2016 Top 10 Hot Big Data Technologies," pp. 1−13.

Heo, J. C. H. Lee, H. J. Oh, Y. C. Yoon, H. K. Kim, Y. H. Jo and C. Y. Ock(2014), "Web Science: Automatic Generation of Issue Analysis Report Based on Social Big Data Mining," KIPS Tr. Software and Data Eng, Vol. 3, No. 12, pp. 553−564.

Jang, M−H. and Y−I. Yoon(2016), "Research into Changes in Government Policies and Public Perceptions on Camping via Analyses of Big Data from Social Media," Korean Journal of Tourism Research, Vol. 31, No. 1, pp. 91−112.

Jun, C. N. and I. W. Seo(2013), "Analyzing the Big Data for Practical Using into Technology Marketing: Focusing on the Potential Buyer Extraction," Journal of Marketing Studies, Vol. 21, No. 2, pp. 181−203.

Kim, H., D−H. Jeon and S. Jee(2014), "Big Data Analysis Project Development Methodology," Journal of the Korea Society of Computer and Information, Vol. 19, No. 3, pp. 73−85.

Kim, Y., M. Hwang, T. Kim, C. Jeong and D. Jeong(2015), "Big Data Mining for Natural Disaster Analysis," Journal of the Korean Data & Information Science Society, Vol. 26, No. 5, pp. 1105−1115.

National Information Society Agency(2015), "Big Data Industry Trends Analysis and Top News," Report of National Information Society Agency, pp. 1−25.

National Information Society Agency(2015), "IT & Future Strategy," Strategic Report of National Information Society Agency, pp. 1−37.

Yang, J.−Y., J. Myung, and S.−G. Lee(2009), "A Sentiment Classification Method using Context Information in Product Review Summarization," Journal of KIISE: Databases, Vol. 36, No. 4, pp. 254−262.

Yune, H., H.−J. Kim, and J.−Y. Chang(2010), "An Efficient Search Method of Product Review using Opinion Mining Techniques," Journal of KIISE: Computing Practices and Letters, Vol. 16, No. 2, pp. 222−226.

CHAPTER

09

인공지능과 4차 산업혁명

4차 산업혁명이 3차 산업혁명과 구별되는 점은 로봇과 인공지능(Artificial Intelligence, AI)을 활용하여 자동적·지능적으로 제어할 수 있는 가상의 물리시스템(Cyber Physical System, CPS) 구축이 가능하다는 것이다. 컴퓨터가 생산, 소비, 유통에서 시스템을 자동화하는 것에 그치는 것이 아니라 생산방식과 최적의 생산량을 결정할 수 있는 지능화(스마트화)를 의미한다. 결국 4차 산업혁명에서 가장 중요한 화두는 바로 인공지능 기술의 발전과 적용(융합)이다. 사물인터넷, 클라우드, 빅데이터, 그리고 인공지능이 융합되어 가상세계에서 예측과 맞춤을 통한 현실세계를 최적화하는 O2O(Online to Offline) 플랫폼 구축에 인공지능은 중추적인 역할을 담당한다. O2O 융합(convergence)은 현실세계에 물리적으로 실재하는 것과 사이버공간의 데이터 및 소프트웨어를 실시간으로 통합한다. O2O 융합의 핵심기능은 예측과 맞춤이며, 이를 위해서 반드시 인공지능이 필요하다.

2016년 3월 구글 딥마인드(Google DeepMind)의 알파고(AlphaGo)와 이세돌 9단의 바둑대결은 알파고의 승리로 끝나면서 인공지능의 발전 수준에 충격을 받은 사건이 되었다. 해당 대국은 초지능화 사회의 시작을 알리는 단초가 되었고, 인공지능과 미래사회 변화에 큰 관심을 보이지 않았던 사람들까지 상당한 수준으로 인공지능의 적용분야에 대한 관심과 반향을 불러일으켰다. 국내는 다양한 분야에서 인공지능에 대한 광범위한 논의와 더불어 다양한 인공지능 활성화 정책이 발표되었다. 본 절에서는 인공지능 기술발전의 역사, 인공지능의 적용분야, 인공지능 산업의 활성화전략, 인공지능과 로봇윤리, 그리고 인공지능의 향후 과제에 대해 알아보고자 한다.

9.1 인공지능 기술발전의 역사

인공지능(Artificial Intelligence, AI)은 미국의 컴퓨터과학자인 존 매카시(John McCarthy)가 1956년 다트머스 콘퍼런스(Dartmouth Conference)에서 최초로 사용한 표현이다. 인공지능은 인간과 유사하게 사고하는 컴퓨터 지능을 일컫는 포괄적 개념으로 인간의 지각, 추론, 학습능력 등을 컴퓨터 기술을 이용하여 구현한 컴퓨터 알고리즘이다. 존 매카시를 필두로 인공지능의 연구가 시작되었으며, 인공지능의 기술발전은 [표 9-1]과 같이 계산주의 시대, 연결주의 시대, 딥러닝 시대로 구분된다.

인공지능 초창기 시대는 계산주의(computationalism) 시대이다. 계산주의는 인간이 보유한 지식을 컴퓨터로 표현하고 이를 활용해 현상을 분석하거나 문제를 해결하는 지식기반시스템(knowledge-based system)을 말한다. 1950년대 존 매카시를 비롯하여 마빈 민스키(Marvin Minsky), 나다니엘 로체스터(Nathaniel Rochester), 클로드 섀넌(Claude Shannon) 등 당시 최고의 정보과학자들이 다트머스 대학교(Dartmouth College)에 모여 계산주의 인공지능을 연구하기 시작하였다. 그러나 컴퓨팅 성능 제약으로 인한 계산기능(연산기능)과 논리체계의 한계, 데이터 부족 등의 근본적인 문제에 직면하여 결국 계산주의 연구는 기대에 부응하지 못하였다. 계산주의로 인공지능 발전에 제약이 생기면서 1980년대에 연결주의(connectionism)가 새롭게 대두되었다. 연결주의는 지식을 직접 제공하기보다 지식과 정보가 포함된 데이터를 제공하고 컴퓨터가 스스로 필요한 정보를 학습한다. 연결주의는 인간의 두뇌를 모사하는 인공신경망(Artificial Neural Network)을 기반으로 한 모델이다. 즉, 연결주의 시대의 인공지능은 인간과 유사한 방식으로 데이터를 학습하여 스스로 지능을 고도화한다. 연결주의 인공신경망은 인간 두뇌의 수많은 뉴런(neuron)이 시냅스(synapse)를 통해 연결된 그물망처럼 구성하고, 그물망 한쪽에는 특정 정보와 관련된 다양한 입력값들이 있으며 이들 정보와 연결된 노드들이 여러 특징을 추려 공통점을 찾아내고 이를 통해 출력값을 찾아낸다. 연결주의는 막대한 컴퓨팅 성능과 방대한 학습데이터가 필수적이나 당시에도 이들이 부족하여 비즈니스 활용 측면에서 한계가 있었다. 결국, 연결주의 시대도 학습에 필요한 빅데이터와 컴퓨팅 파워의 부족이라는 한계를 극복하지 못하였다. 이후 연결주의 신경망 모델은 지도학습(supervised learning)과 비지도학습(unsupervised learning)으로 일부 발전하게 되었다. 지도학습은 훈련데이터(training data)로부터 하나의 함수를 유추해내기 위한 기계학습의 한 방법으로 정답이 있는 데이터를 활용해 데이터를 학습한다. 지도학습의 예로는 분류, 회귀분석, 신경망 등이 있다. 비지도학습은 데이터가 어떻게 구성되는지 분석하는 방법으로 입력값에 대한 목표치가 주어지지 않는다. 비지도학습의 대표적인 예로는 클러스터링(clustering)이 있다.

2010년 이후 GPU(Graphic Processing Unit, 그래픽 프로세서)의 등장과 분산처리 기술의 발전으로 계산주의와 연결주의 시대의 문제점인 방대한 양의 계산문제를 대부분 해결하게 되었다. 또한 사물인터넷과 클라우드 컴퓨팅 기술의 발전으로 빅데이터가 생성·수집되면서 인공지능 연구는 새로운 전환점을 맞이하였다. 최근의 인공지능은 바로 딥러닝(deep learning, 심층학습)의 시대이다. 딥러닝 역시 연결주의 시대와 동일하게 신경망을 학습의 주요 방식으로 사용한다. 신경망의 기본 구조인 입력층(input layer)과 출력층(output layer) 사이에 다수의 숨겨진 은닉층(hidden layer)으로 구성된 신경망을 딥 뉴럴 네트워크(Deep Neural Networks, 심층신경망)라고 부르면서 딥러닝 용어가 탄생하였다. 심층신경망은 인간의 두뇌 구조와 학습방식이 동일하여 뇌 과학과 인공지능 기술의 융합이 가능해지고 있다. 최근에는 4차 산업혁명 기술력의 급성장, 혁신적 알고리즘의 등장, 그리고 분산 컴퓨팅, 특히 GPU의 발전으로 딥러닝 기술이 진보하고 있다. 현재 딥러닝은 음성인식, 이미지인식, 자동번역, 그리고 무인주행(자동차, 드론) 등에 큰 성과를 나타내고 있으며 의료, 법률, 세무, 교육, 예술 등 다양한 범위에서 활용되고 있다.

● 표 9-1 인공지능 발전의 시대적 구분

시대적 구분	시대	특징
계산주의 시대	1950년대	• 인간이 보유한 지식을 컴퓨터로 표현하고 이를 활용해 현상을 분석하거나 문제를 해결하는 지식기반시스템 • 계산기능(연산기능)과 논리체계의 한계, 데이터 부족 등
연결주의 시대	1980년대	• 지식을 직접 제공하기보다 지식과 정보가 포함된 데이터를 제공하고 컴퓨터가 스스로 필요한 정보를 학습하는 것 • 컴퓨팅 성능과 방대한 학습데이터가 부족하여 비즈니스 활용 측면에서 한계점 대두
딥러닝 시대	2010년 이후	• 컴퓨팅 성능 향상, GPU 등장, 분산처리기술의 발전 • 사물인터넷과 클라우드 기술의 발전으로 빅데이터 생성·수집됨 • 딥 뉴럴 네트워크(Deep Neural Networks, 심층신경망)의 활용 • 음성인식, 이미지인식, 자동번역, 무인주행(자동차, 드론) 등을 딥러닝에 적용

9.2 인공지능의 정의와 유형

아마존의 알렉사(Alexa), 애플(Apple)의 시리(Siri), MS의 코타나(Cortana) 등의 대화형 에이전트(개인비서)에서부터 자율주행차의 인지·판단 시스템에 이르기까지 인공지능 기술이 빠르게 접목·확산하면서 인간중시 가치산업 및 지식정보사회를 이끌어갈 부가가치 창출의 새로운 원천으로 인공지능이 주목받고 있다. 미국의 미래학자 레이 커즈와일(Ray Kurzweil)은 2045년을 기술적 특이점(technological singularity, 특이점 기준 아래에 그 기준을 적용할 수 없는 점)으로 예상하면서 인간의 두뇌보다 과학적 창의력과 일반적인 지혜, 사회적 능력 등이 뛰어난 초지능(super-intelligence)이 등장할 것으로 주장하였다. 인공지능이 인간지능에 의존하지 않고 스스로 진화해가면, 미래에 인간이 미래를 예측할 수 없는 시점에 이를 수도 있다는 것이다.

인공지능은 [표 9-2]와 같이 학자마다 다양하게 정의하고 있다. 레이 커즈와일은 인공지능이란 인간이 필요로 하는 지능에 관한 기능을 제공하는 기계를 만드는 작업으로 정의하였고, Rich & Knight(1991)는 인공지능은 컴퓨터가 특정 순간에 사람보다 더 효율적으로 작업이 가능하도록 만드는 연구라고 정의하였다. Schalkof(1991)는 인공지능은 인간의 지능적인 행동양식에서 계산적 과정을 이용해 모방하고 설명하는 연구분야라고 정의하였고, Luger & Stubblefield(1993)는 지능적인 행동의 자동화에 관한 컴퓨터 과학의 한 부문이라고 정의한 바 있다. 시장조사기관 가트너(Gartner)는 인공지능은 특별한 임무 수행에 인간을 대체, 인지능력을 제고, 인간의 의사소통 통합, 복잡한 콘텐츠의 이해, 결론을 도출하는 과정 등 인간이 수행하는 것을 모방하는 기술이라고 정의하였다. 요약하면, 인공지능은 소프트웨어 기술을 활용하여 인간의 뇌를 모방하는 기술로 인지와 학습 및 추론기능을 컴퓨터프로그램으로 구현한 지능형시스템을 만드는 과학과 기술을 말한다.

● 표 9-2 인공지능의 정의

연구자 및 기관	정의	핵심 키워드
Ray Kurzweil(1990)	인간에 의해 수행될 때 필요한 지능에 관한 기능을 제공하는 기계를 만드는 작업	지능, 기계
Rich & Knight(1991)	컴퓨터가 특정 순간에 사람보다 더 효율적으로 작업이 가능하도록 만드는 연구	효율성
Schalkof(1991)	인간의 지능적인 행동양식에서 계산적 과정을 이용해 모방하고 설명하는 것에 대한 연구분야	지능, 계산과정모방
Luger & Stubblefield(1993)	지능적인 행동의 자동화에 관한 컴퓨터 과학의 한 부문	지능자동화, 컴퓨터과학
가트너(Gartner)	인간을 대체, 인지능력을 제고, 인간의 의사소통 통합, 복잡한 콘텐츠의 이해, 결론을 도출하는 과정 등 인간이 수행하는 것을 모방하는 기술	인지능력, 모방
한국정보화진흥원(NIA)	인간의 학습능력, 추론능력, 지각능력, 이해능력 등을 실현한 기술	학습, 추론, 지각, 이해능력
창조경제연구회(2016)	학습을 통하여 예측과 맞춤의 가치를 제공하는 최적화 시스템	학습, 예측, 맞춤, 최적화

출처: 한국과학기술기획평가원(2015), "기술영향평가보고서: 인공지능", 창조경제연구회(2016) 재인용

다음으로 인공지능의 유형(분류)에 대해 알아보자. 인공지능의 유형을 학자마다 다양하게 분류하고 있다. 미국의 철학자 존 설(John Searle)은 인공지능은 주어진 조건에서 작동 가능한 약한 인공지능(Weak AI 또는 Artificial Narrow Intelligence)과 자의식을 지니고 인간과 같은 사고가 가능한 강한 인공지능(Strong AI 또는 Artificial General Intelligence)으로 분류하였다(표 9-3 참조). 약한 인공지능은 인공지능 기술을 유용한 소프트웨어 기술로 파악하고, 특정 문제를 해결하기 위한 인간의 지능적 행동을 수행하도록 공학적 응용을 모색한 접근방식이다. 약한 인공지능은 합리적으로 생각하고, 행동하는 시스템이다. 강한 인공지능은 인간과 같은 사고체계로 문제를 분석하고 행동할 수 있도록 인공지능을 연구하는 접근방식이다. 강한 인공지능은 인간처럼 생각하고 행동하는 시스템이다. 이러한 분류기준에 따르면 현재 인공지능의 발전 수준은 약한 인공지능에서 강한 인공지능으로 발전해가는 과정이다. 향후 인공지능의 진화 방향은 빅데이터 기반의 약한 인공지능에서 인간의 능력을 증강시키는 기술로 진화한 후 미래에는 스스로 사고·판단·예측하고 학습·진화하는 두뇌를 모사하는 인지컴퓨팅(cognitive computing) 등의 강한 인공지능으로 진화할 것이다.

다른 분류방식으로 인공지능의 수준(레벨)에 따른 분류가 있다. 인공지능을 에이전트(agent)로 인식하고 입력과 출력의 관계에서 그 수준에 따라 4단계의 레벨로 구분하는 방법이다.

첫 번째 레벨(Level 1)은 단순한 제어프로그램(simple control program)을 인공지능이라고 칭한다. Level 1은 상업적으로 인공지능이라고 지칭하는 것들로 지극히 단순한 제어프로그램을 탑재한 전자제품(에어컨, 세탁기, 청소기 등)을 인공지능

● 표 9-3 약한 인공지능과 강한 인공지능

구분	약한 인공지능	강한 인공지능
인간의 사고	합리적으로 생각하는 시스템 - 정신적 능력을 갖춘 시스템 - 사고의 법칙 접근 방식	인간처럼 생각하는 시스템 - 사고 및 의사결정을 내리는 시스템 - 인지 모델링 접근방식
인간의 행동	합리적으로 행동하는 시스템 - 지능적 행동을 하는 에이전트 시스템	인간처럼 행동하는 시스템 - 어떤 행동을 기계가 따라하는 시스템

출처: 김병운(2016), "인공지능 동향분석과 국가차원 정책제언", 정정원(2016) 재인용

탑재라고 부르는 경우이다.

두 번째 레벨(Level 2)은 고전적인 인공지능(Classical AI)이다. Level 2는 행동 패턴이 지극히 다채로운 경우의 지능을 말한다. 장기프로그램, 퍼즐프로그램, 청소로봇, 진단프로그램, 그리고 단순한 질문에 대답하는 인공지능이 이에 해당한다. 입력과 출력관계가 명확하고 입력과 출력의 조합 수가 Level 1보다 많다. 인공지능은 적절한 판단을 내리기 위해 추론·탐색을 수행하거나 기존에 보유한 지식베이스(knowledge base)를 기반으로 판단한다.

세 번째 레벨(Level 3)은 기계학습(machine learning)을 적용한 인공지능이다. Level 3은 검색엔진에 내장된 데이터 또는 빅데이터를 학습하여 자동적으로 판단하는 인공지능이다. 기계학습은 인공지능의 한 영역으로 데이터에 내재된 패턴, 규칙, 의미 등을 컴퓨터가 스스로 학습할 수 있는 알고리즘이다. 기계학습은 데이터에서 특징을 추출하는 과정과 그것을 학습하는 예측·분류를 실시하는 과정으로 구성된다. Level 3 인공지능의 사례로는 온라인 쇼핑몰의 추천시스템(recommendation system)이 있다.

네 번째 레벨(Level 4)은 딥러닝(deep learning)을 적용한 인공지능이다. 딥러닝(심층학습)은 기계학습을 실현하는 기술이다. 딥러닝은 다층구조 신경망(심층신경망) 기반의 기계학습 분야로, 빅데이터로부터 높은 수준의 추상화 모델을 구축하는 기법이다. 딥러닝은 여러 단계의 계층적 학습과정을 거치며 적절한 특징값(입력값)을 스스로 생성할 수 있어 사람이 직접 특징량을 추출할 필요가 없다. 딥러닝을 이용한 인공지능은 지능형시스템으로 구현할 수 있다. 사용자가 지능형시스템의 인터페이스를 통해 질의하면 지능형시스템이 추론엔진에 의해 해당 질의를 처리하고, 인공지능은 이를 바탕으로 사용자의 질의에 응답하는 형태의 구조를 취한다. 즉, 딥러닝 기반의 지능형시스템은 지식베이스(규칙베이스와 데이터베이스 포함), 추론엔진, 그리고 인터페이스 부분의 지능화가 모두 갖추어진 상태이다. 딥러닝 기반의 지능형시스템은 학습, 추론, 인식의 3가지 주요 기술이 융합되어 실현된 것으로 딥러닝은 학습에 초점이 맞추어져있다. 추론과 인식 분야는 4차 산업혁명의 핵심원천기술과의 융복합 및 결합이 이루어져야 진정한 형태의 인간을 모방하는 지능형시스템(또는 강한 인공지능)으로 구현될 수 있다.

최근 인공지능의 진보는 기계학습과 딥러닝 기술의 도약에서 기인하였고, 이를 활용한 구글 딥마인드(Google Deep Mind)의 알파고(AlphaGo)가 이를 증명한 바 있다. 알파고는 다층구조 신경망을 기반으로 학습성과를 높이고 있으며, 은닉층이 많을수록 높은 성능을 나타내고 있다. 2020년 기준 알파고는 250개 이상의 은닉층에 도달하는 심층(deep layer)을 갖는 신경망 구조로 발전하여 오류 가능성을 낮추고 있다. 이미지 인식 분야의 알파고는 이미지 인식 오류가 2011년에 25%에서 2020년에는 2% 이하로 줄어들어 인간의 인식 수준(5%)보다 낮은 수준을 보여주고 있다. 이처럼 현재 인공지능은 약한 인공지능에서 강한 인공지능으로의 전환과 딥러닝을 적용한 인공지능(레벨 4)으로 가속화되고 있으며 알파고와는 다른 특정한 기능을 수행하는 인공지능이 지속해서 개발되고 있다.

9.3 인공지능 산업동향과 비즈니스 모델 혁신

인공지능 기술의 발전으로 소프트파워(soft power) 경쟁의 시대가 열리고 있다. 인공지능 시대의 기업들은 인공지능 기반으로 비즈니스 모델을 혁신하거나 재편성하고 있다. 기술이 발전함에 따라 점점 더 많은 제품과 서비스에 인공지능 기반의 사이버물리시스템(Cyber Physical System, CPS)이 적용되고 있다. 이로 인해 산업분야와 상관없이 모든 기업은 하드웨어 측면의 경쟁우위 확보전략뿐만 아니라 소프트웨어 경쟁우위 확보전략도 필요하다. 제조업체를 비롯한 모든 기업은 비즈니스 모델 및 사업 전략을 인공지능 시대변화에 맞춰 수정 및 검토해야 한다. 특히 신흥국과 경쟁하는 전통 제조업체는 기술의 평준화로 인해 하드웨어 측면에서 기술적 우위를 확보하는 것이 어려워지고 있어 인공지능 기술력(소프트파워) 향상이 무엇보다 중요해지고 있다.

최근 인공지능 선도기업들은 자사의 인공지능 알고리즘을 공개하여 인공지능 시스템의 표준화를 주도하고자 노력하고 있다. 2015년을 기점으로 인공지능 소스코드를 오픈소스(open source)화하여 인공지능 개발에 필요한 투자비용을 대폭 감소시키고 있다. 구글(Google)은 인공지능 오픈소스 텐서플로우(TensorFlow)를 공개하는 등 자사 보유의 인공지능 기술을 일반인에게 무료로 공개하고 있다.

IBM은 인공지능을 직접 개발하지 않더라도 SaaS(Software as a Services)를 통해 상업적으로 즉시 활용 가능한 인공지능 서비스(Watson, 왓슨)를 제공하고 있다. 페이스북(Facebook)은 엔비디아(NVIDIA)와 공동으로 기계학습(머신러닝)을 구동하기 위한 하드웨어 시스템 빅서(Big Sur)를 2015년 12월에 오픈소스로 공개하였다. 페이스북은 사물감지, 자연어 이해, 이미지인식, 사진 속 사람의 얼굴인식, 예측과 학습, 음성비서 영역 등에 인공지능 기술을 적용하여 성과를 나타내고 있다. 애플(Apple)도 누구나 고도의 인공지능을 활용할 수 있도록 시리(Siri) 서비스를 SaaS를 통해 제공하고 있다(클라우드와 인공지능의 융합). 이처럼 인공지능 개발기업과 연구자들은 공개된 오픈소스를 활용함으로써 인공지능 개발비용과 시간을 절감하고 있다. 인공지능 소스코드 개방기업들은 빅데이터 플랫폼과 양질의 빅데이터를 보유하고 있다는 공통된 특징을 지니고 있다. 글로벌 기업들이 보유한 인공지능 기술이 공개됨에 따라 인공지능 생태계의 발전은 가속화되고 있다.

또 다른 하나의 산업 흐름은 공격적인 인수합병(Mergers & Acquisitions, M&A)을 통해 기술력과 인재를 확보하여 인공지능 시대를 준비하고 있다. M&A를 인공지능 기술습득의 새로운 동인으로 인지하여 M&A를 지속해서 시도하고 있다. 인공지능 후발주자 기업의 경우 M&A는 자체 기술개발과 비교해 속도를 증진하는 것은 물론 신기술 융합을 가능하게 한다. 알파벳, 애플, 아마존, 삼성전자 등 글로벌 기업들은 경쟁적으로 스타트업(창업기업)을 인수하고 있으며 인수대상 기업은 대부분 4차 산업혁명 분야에 집중되고 있다. 또한, 인공지능은 첨단기술 영역으로 어느 산업보다 기술개발을 이끌어갈 인재가 중요하기 때문에 공격적으로 인공지능의 석학들을 영입하고 있다. 구글(Google)은 토론토 대학(University of Toronto)의 제프리 힌튼(Geoffrey Hinton) 교수와 미래학자 레이 커즈와일(Ray Kurzweil)을 영입하였고, 페이스북도 인공지능 석학 뉴욕 대학교(New York University) 얀 르쿤(Yann LeCun) 교수를 영입하여 인공지능 연구소를 설립한 바 있다. 이 밖에 애플, IBM, MS도 공격적으로 M&A을 통한 인재를 영입하는 등 인공지능 전문가 영입 경쟁은 계속해서 과열되고 있다.

국내의 인공지능 기업들은 해외 기업들과 비교해 기술격차가 존재하지만 빠르게 성장하고 있다. 네이버(NAVER)는 인공지능을 개인화된 서비스 플랫폼의 핵심기술로 인식하고 2013년부터 '네이버랩스(NAVER LABS)'를 주축으로 인공지능 및 미래기술 연구를 수행하고 있다. 지식인, 음성검색, 네이버 클라우드(N드라이브), 네이버 쇼핑 등의 서비스에 인공지능 개념을 적용·확대하고 있다. 최근에 발표한 한국어 음성인식 서비스는 딥러닝 기술을 적용하여 한국어 대상 95% 이상의 정확도를 달성한 바 있다. 네이버는 인공지능뿐만 아니라 로보틱스, 모빌리티, 스마트 홈 분야에 향후 5년간 1천억 원을 투자할 계획이다. 최근 국내 IT 기업들도 M&A를 통해 세계적인 인공지능 석학과 인재들을 영입하는 등 인공지능 시대를 준비하고 있다. 특히 게임업계는 인공지능 기술을 적용하여 개인 맞춤형 스토리텔링(storytelling)이나 유료서비스 제공 시점을 정확하게 예측하고 있다. 국내 대표 게임업체 엔씨소프트(NCSOFT), 넷마블(Netmarble), 넥슨(Nexon) 등은 인공지능을 활용한 프로젝트와 인공지능 연구소를 설립하여 인공지능을 게임에 접목시키기 위한 방안을 강구하고 있다.

2015년 8월, 경영컨설팅기업 보스턴컨설팅그룹(BCG)과 경제전문잡지 포브스(Forbes) 등은 인공지능 분야를 포함한 글로벌 혁신기업을 선정하여 발표한 바 있다. 글로벌 혁신기업 50군에는 미국이 29개, 일본이 5개 기업이 선정되었고, 국내 기업은 삼성전자, 네이버, 아모레퍼시픽이 선정되었다. 4차 산업혁명 기술(인공지능, 3D프린팅, 사물인터넷, 클라우드) 관련 분야에서 인공지능 소프트웨어 분야는 전 세계 158개 기업이 혁신기업으로 선정되었으나 국내는 단지 1개 기업만이 선정된 바 있다(표 9-4 참조).

● 표 9-4 국가별 글로벌 혁신기업 수   (단위: 건)

	인공지능(AI)	3D프린팅	사물인터넷(IoT)	클라우드(Cloud)
미국	70	182	305	854
중국	13	16	69	130
영국	13	47	33	139
일본	9	7	15	32
독일	5	18	16	35
한국	1	4	10	17
전체	158	389	645	1,778

출처: S&P Capital IQ 플랫폼, 김윤경(KERI Brief, 2017 재인용)

국내의 인공지능 기술력은 선도국가인 미국에 비해 약 2년의 기술격차가 나고 있으며 이를 줄이기 위해 인공지능 관련 투자와 활성화 정책이 시급한 실정이다. 인공지능 기반의 4차 산업혁명은 확장성과 파괴적 혁신(disruptive innovation)을 동반하므로 산업 및 기업의 대응전략 마련이 시급히 이루어져야 한다. 글로벌 인공지능 시장을 선도할 수 있는 신기술 획득 및 시장 선점에 대한 인식과 함께 경영진의 적극적인 대응도 필요하다. 정부의 인공지능 기술 및 산업 정책은 사업화 기술에 대한 민간의 역량을 최대한 발휘할 수 있도록 수요자 중심의 협력형 정책으로 전환되어야 한다.

9.4 인공지능의 적용분야

2016년 3월 구글 딥마인드(Google DeepMind)사가 개발한 인공지능 바둑프로그램 알파고(AlphaGo)와 한국기원 소속의 프로기사 이세돌 9단의 대결은 알파고의 승리로 마무리되었다. 우주의 원자보다 많은 경우의 수로 풀어야 하는 바둑에 인공지능이 도전한 것은 무의미하며, 인공지능이 인간에 승리하기 위해서는 긴 시간이 필요하다고 주장한 바둑전문가들에게 큰 충격을 주었다. 이전에도 인간과 인공지능의 역사적 대결에서 인공지능은 모두 승리한 바 있다. 1997년 IBM의 딥 블루(Deep Blue)가 인간 체스 챔피언(Garry Kasparov, 가리 카스파로프)과의 체스 게임에서 승리하였고, 2011년에는 IBM의 인공지능 왓슨(Watson)이 제퍼디(Jeopardy) 퀴즈쇼에서 인간 퀴즈 챔피언과 경쟁하여 우승한 사례가 있다. 특히 퀴즈 대결은 인공지능이 계산도구에서 벗어나 인간의 언어로 된 질문을 이해하고 해답을 도출하는 수준까지 도달했음을 보여주는 사례로 회자되고 있다. 인간은 인공지능의 학습능력, 추론능력, 그리고 지각능력을 넘을 수 없기에 인간과 인공지능의 대결은 의미가 없다. 이제는 인공지능과의 대결에 초점을 맞추지 말고 인공지능이 변화시킬 사회를 예측하고, 이러한 흐름에서 인간은 인공지능을 어떻게 활용하여 성과를 극대화할 것인지 생각해야 한다.

출처: www.ibm.com

　인공지능은 근본적으로 미래기술과 융합하여 온라인과 오프라인이 융합하는 O2O 세상을 선도하고 있다. O2O 융합을 이끄는 클라우드, 빅데이터, 사물인터넷, 생체인터넷, 핀테크(Fintech), 디지털 헬스케어(Digital healthcare) 등이 인공지능과 융합하여 혁신적인 비즈니스 모델과 서비스가 창출되고 있다. 구글의 전(前) CEO 에릭 슈미츠(Eric Schmidt)는 "인공지능과 기계학습 기술의 발전으로 향후 5∼10년 안에 다양한 산업에서 긍정적인 영향을 끼칠 것이라 확신한다"고 언급한 바 있다. 현재 산업계는 인공지능 기술의 적용으로 긍정적인 효과가 나타나고 있다. 제조업·서비스업 분야에서 인공지능이 적용되어 자동화·지능화가 촉진되고, 생산성과 품질이 향상되고 있다. 제조업의 스마트화, 스마트 팩토리(smart factory, 지능형 공장)는 인공지능 기반의 사이버물리시스템을 통해 효율성을 높이고 있다. 인공지능이 인간의 단순 반복적인 업무를 대체함으로써 노동생산성 역시 증가하고 있다. 인공지능 기반의 자동화된 생산시스템 도입은 자국의 높은 인건비로 오프쇼어링(off-shoring, 국외 이전) 정책을 고수하던 선진국이 인건비 문제를 해결할 수 있어 본국으로의 제조업 회귀정책(re-shoring, 리쇼어링)으로 전환하고 있다. 이러한 제조업 회귀현상은 자국 일자리 창출에는 직접 이바지하지 못하더라도 연관 산업들을 파생시켜 관련 산업에 긍정적인 효과를 미치고 있다.

　구글(Google)은 중·장기 인공지능 프로젝트의 일환으로 무인자동차 개발 프로젝트(2022년 실용화 목표)를 수행하고 있다(표 9-5, 그림 9-2 참조). 자동차에 부착된 센서(sensor)로 데이터를 확보하고, 클라우드에서 빅데이터를 축적하여 인공지능이 제공한 예측과 맞춤으로 가치를 창출하고 현실을 최적화시키는 과정을 무인자동차로 구현하였다. 구글의 무인자동차는 부착된 센서를 통해 주변의 환경을 감지하면서 도로 위의 데이터를 수집한다. 수집한 데이터는 클라우드를 통해 데이터로 축적(저장)되고, 이를 인공지능(딥러닝)으로 분석한다. 인공지능은 분석한 데이터를 바탕으로 최적의 경로로 자동차를 운행한다. 각각의 무인자동차들의 경로를 최적화하여 도로 위의 모든 차량은 최적의 경로로 운행할 수 있다.

미국의 지능형 법률자문회사 로스인텔리전스(ROSS Intelligence)는 IBM의 인공지능 왓슨(Watson)을 기반으로 대화형 법률서비스(ROSS, 인공지능 변호사)를 제공하고 있다. 이 서비스는 단순히 키워드 검색 결과를 나열하는 기존 법률정보 검색시스템과는 달리 이용자가 일상의 대화체로 질문하면 질문과 연관성이 높은 법률적 답변과 함께 판례 등의 근거 자료를 제공한다. 최근 미국의 대형 법무법인 베이커 앤 호스테틀러(Baker & Hostetler)는 ROSS를 채용(도입)하여 파산법 분

● 표 9-5 구글(Google)의 무인자동차 구조

단계	기능	핵심기술
데이터 수집	자동차의 센서에서 데이터 수집	사물인터넷(IoT)
저장 및 분석	지원 센터로 데이터 송출 및 분석	클라우드(Cloud), 빅데이터(Big Data)
가치 창출	경로탐색, 자율주행서비스 제공	인공지능(AI), 딥러닝(deep learning)
최적화	최적 경로로 차량 운행	기술융합(convergence)

● 그림 9-2 구글(Google)의 무인자동차

출처: www.google.com

야에 활용하고 있다. ROSS는 법률정보를 통합하고, 신속히 검색만 하는 것이 아니라 쟁점이 되는 사안과 유의미한 관련성을 가진 정보를 선별하여 제공하거나 또는 이들 정보 중 높은 연관성이 있는 정보만을 따로 모아 제공한다. 최근 ROSS는 특정한 사안에서 자신이 가진 전문적인 지식을 활용하여 최종적인 결론을 도출할 수 있는 전문가시스템(약한 인공지능)으로 발전하고 있다. ROSS는 다수의 검사 및 변호사의 지식과 판결문 등을 지식베이스 시스템(Knowledgebase System)으로 구축하고, 강력한 추론(inference) 기능을 부가하여 인간의 의사결정을 조력할 수 있는 진화된 전문가시스템이다.

유통과 물류 영역에서도 인공지능이 적극적으로 활용되고 있다. 아마존(Amazon)은 기존의 주문과 물류가 이원화된 시스템에서 주문, 재고, 유통을 통합한 주문이행센터를 고안하여 고객의 다양한 주문을 사전에 예측할 수 있는 인공지능 기반 예상배송시스템을 구축하였다(표 9-6 참조). 예상배송시스템은 기존 고객의 구매데이터(CRM 빅데이터)를 수집하여 구매패턴을 분석하고, 고객이 구매할 것으로 예상하는 물품들을 사전에 고객 주변의 물류창고에 배치하여 물건 주문 시 신속하게 배송하는 서비스이다. 이로 인해 아마존은 경쟁업체보다 빠르게 상품을 배송하여 고객의 만족도를 높이고 있다. 최근에 아마존은 키바(Kiva)라는 창고정리 자동화시스템을 도입하여 물류시스템의 효율을 크게 높이고 전체비용을 감소시키고 있다. 물류의 현황과 날씨 등 주변 현황을 인식(데이터 수집)하고 분석하여 물류 인력들에게 최적의 작업을 지시하고 있다.

최근 인공지능은 예술의 영역에 도전하기 시작하였다. 인공지능을 활용한 안면인식, 영상인식, 생체인식 기술이 크게 발전하여 분별의 정확도가 인간 능력의 이상으로 향상되고 있다. 구글과 마이크로소프트는 딥러닝 기술을 이용하여

● 표 9-6 아마존의 예상배송시스템

단계	기능	핵심기술
데이터 수집	고객의 구매정보 데이터 수집	사물인터넷(IoT)
저장 및 분석	구매패턴 분석	클라우드(Cloud), 빅데이터(Big Data)
가치 창출	예상 구매물품 예상	인공지능(AI)
최적화	유통과 물류 비용 감소	기술융합(convergence)

대량의 영상으로부터 고양이 얼굴을 스스로 학습하는 인공지능을 개발하였다. 이들 인공지능(안면인식 기술)을 활용하여 마이크로소프트는 렘브란트 미술관과 공동으로 인공지능 프로젝트인 넥스트 렘브란트(Next Rembrandt)를 수행하고 있다. 넥스트 렘브란트는 안면기술을 활용하여 네덜란드의 대표적인 화가 렘브란트(Rembrandt)의 작품 300점 이상을 학습한 후에 그 화풍을 재현하여 렘브란트의 신작을 그리는 작업이다. 또한 인공지능이 집필한 소설이 문학상의 1차 심사를 통과하는 등 예술과 문화영역에서 인공지능의 적용이 가속화되고 있다.

이처럼 사물인터넷, 클라우드, 빅데이터, 인공지능이라는 기술의 융합을 통해 맞춤과 예측으로 세상을 최적화시키는 과정이 4차 산업혁명의 핵심이며, 이러한 흐름은 제조, 유통, 물류, 금융, 예술 등 다양한 산업에서 복합적으로 나타나고 있다.

9.5 인공지능 기술: 기계학습, 딥러닝, 그리고 융합기술

1950년대 화려하게 등장한 인공지능은 컴퓨터 성능 제약으로 인한 계산주의 시대의 한계와 1980년대 인공신경망 기반 연결주의 시대의 한계(컴퓨팅 파워, 빅데이터)로 인해 인공지능에 대한 실망감이 극대화되었고, 실제로 인공지능의 실용적인 성과가 없어 장기간 인공지능은 주목을 받지 못하였다. 그러나 최근 GPU(그래픽 프로세서)를 활용한 분산처리기술의 발달, 알고리즘의 혁신과 개방, 그리고 빅데이터 가용성 등의 결정적 변화로 인해 인공지능 분야가 주목받고 있다. 기계학습(machine learning, 머신러닝)과 딥러닝(deep learning, 심층학습)으로 대표되는 인공지능 기술이 놀라운 속도로 발전함에 따라 음성인식, 영상인식, 자동번역 등의 분야에서 획기적인 성과를 올림에 따라 전 세계가 주목하고 있다. 기계학습(머신러닝)은 인공지능을 구현하는 구체적인 접근 방식이다. 기계학습은 방대한 데이터를 분석해 미래를 예측하는 기술로 일반적으로 생성(발생)된 데이터를 정보와 지식(규칙)으로 변환하는 컴퓨터 알고리즘이다. 기계학습은 입력으로 빅데이터를 활용하여 예측모형을 도출하는 훈련 단계(training phase)와 얻어진 예측모형에 개별데이터를 입력하여 함숫값을 얻어내는 예측/분류 단계(prediction/classification stage)로 이루어진다. 즉, 기계학습은 다양한 데이터를 분석할 수 있는 기준(알고리즘)을 가지고 학습을 통해 주어진 일에 해결책을 제시(의사결정지원)하는 과정을 자동화하는 것이다. 다음으로, 딥러닝(심층학습)은 기계학습을 실현하는 기술이다. 딥러닝은 심층신경망을 학습의 주요 방식으로 사용한다. 심층신경망은 은닉층을 포함한 계층이 많을수록 더 높은 수준의 특징을 효과적으로 추출할 수 있다. 딥러닝은 특정 이미지나 음향 및 동영상 데이터의 패턴 분석을 반복적으로 학습하여 이를 통해 스스로 무엇인지 인지하는 기술이다. 딥러닝은 알고리즘의 유형에 따라 합성곱신경망(Convolutional Neural Network, CNN)과 순환신경망(Recurrent Neural Network, RNN)으로 구분된다. 합성곱신경망은 패턴이나 물체를 인식하는 생물의 시각처리과정을 모방한 모형으로 이미지 인식 및 분류에 효과적인 성능을 나타낸다. 순환신경망은 각 순간별 신경망을 시간에 따라 적층해 시계열 데이터로 처리하는 것으로 주로 영상과 음성처리에 활용된다. 일반적인 신경망은 각각의 입출력이 서로 독립적이라 가정하지만 순환신경망은 순서가 있는 정보(시퀀스 데이터)를 입력데이터로 사용하는 것이 특징이다. 또한 딥러닝은 다른 방법론까지 수용할 수 있는 유연성을 갖추고 있다. 예를 들어, 성능 개선에 도움이 되는 새로운 아이디어가 신경망 계층의 형태로 구현될 수 있다면 딥러닝 구조 속에서 통합될 수 있다. 특히 합성곱신경망은 다양한 종류의 계층들이 결합되어 영상인식 분야에서 탁월한 성능을 보이고 있다.

최근의 인공지능 기술로 주목받고 있는 것이 바로 융합기술(convergence technology)이다. 인공지능의 핵심은 예측과 맞춤을 통한 가치 창출이며, 이러한 과정에는 사물인터넷, 클라우드, 빅데이터, 인공지능이 서로 융합된다. 사물인터넷을 통해 다양한 데이터를 수집하고, 이들 데이터를 클라우드를 통해 저장하며, 인공지능으로 분석하여 빅데이터의 가치를 높인다. 다음으로 가상의 공간(online)에서 예측과 맞춤을 통해 현실(offline)에서 최적화하여 가치를 창출하는 과정이 기술의 융합이다. 이처럼 인공지능은 단순히 하나의 기술로 끝나는 것이 아니라 예측과 맞춤이란 핵심기능을 제공하며 다양한 기술의 융합을 수행한다. 즉, 인공지능은 학습을 통해 예측과 맞춤의 가치를 제공하는 최적화 시스템이다.

9.6 인공지능 산업의 활성화 및 활용 전략

최근 국내에서 인공지능 산업을 육성하기 위해 정부 주도의 국가과제를 적극적으로 수행하고 있으나 아직은 인공지능 선도국가와 기술적 격차가 존재한다. 본 절에서는 인공지능 산업의 활성화를 위한 인공지능 기술의 개발 및 활용 전략, 데이터 확보 및 규제 개혁, 그리고 인재양성 관련 정책과 세부 실천과제를 제시하고자 한다(표 9-7 참조).

첫째, 인공지능의 개발·활용 전략으로 공개된 오픈소스 및 개방 플랫폼을 적극적으로 활용해야 한다. 새롭게 인공지능 기술을 개발하기보다 개방 플랫폼 활용 및 클라우드를 활용하는 방안이 우선시되어야 한다. 현재 인공지능 산업은 기술개발보다 활용의 비중이 높고, 주요한 기술은 이미 개방되어있다. 인공지능 선도기업들이 제공한 오픈소스를 이용하면 인공지능 개발 관련 시간과 비용을 줄일 수 있으며, 다양하게 형성된 인공지능 커뮤니티는 활용과정에서 많은 도움을 받을 수 있다. 2019년 12월 기준, 전 세계 약 500개 기업이 IBM의 'Watson Developer Cloud'라는 개방 플랫폼을 활용하고 있으며, 이 중 150개 기업은 왓슨 분석기술을 기반으로 상품이나 서비스를 제공하고 있다. 이처럼 구글, MS, 페이스북 등의 인공지능 선도기업이 시장을 장악하고 있으므로 기술개발보다 비즈니스 도메인(business domain)을 명확하게 설정한 이후에 특정 영역에서 인공지능 기술을 차별화하는 틈새전략이 필요하다. 특히 중소기업 또는 벤처기업은 데이터, 컴퓨팅 성능, 인력 등의 기술개발 조건을 완벽하게 충족하는 것이 현실적으로 어려우므로 공개된 기술을 활용하고 특정한 비즈니스 도메인을 선정하여 인공지능을 적용한다면 이들 분야에서 시장을 선도할 수 있다. 인공지능의 주요 소스코드는 공개되었으며, 대량의 데이터를 처리하는 데 필요한 컴퓨팅 파워도 대중화되어 결국 기계학습(머신러닝)과 딥러닝에 필요한 양질의 빅데이터 확보가 인공지능 시대의 핵심요소로 주목받고 있다. 즉, 기업은 인공지능 개발 단계에서 데이터 확보가 용이한지 파악하고, 산업계와 정부는 데이터 거래소의 활성화와 빅데이터 플랫폼을 개방하는 등 빅데이터 확보 문제를 지원해야 한다.

둘째, 빅데이터 확보전략과 규제완화가 필요하다. 양질의 빅데이터 확보는 인공지능 산업의 가장 중요한 부분이다. 인공지능 선도기업들이 인공지능 관련 소스코드를 공개하고 있으나 경쟁우위를 유지하기 위해 데이터는 공개하지 않고 있다. 국내는 개인정보보호법, 클라우드 규제, 위치정보보호법 등 다양한 규제로 개인정보 수집 및 활용에 제약이 있으며 공공데이터의 활용도 공공기관의 소극적인 대응으로 활용하는 데 어려움이 있다. 빅데이터의 활용은 다양한 맞춤형 서비스가 가능하고, 특히 개인정보를 활용한 인공지능 서비스는 마케팅, 영업, 상품기획 등 다양한 영역에서 활용될 수 있다. 따라서 인공지능 산업의 발전과 활성화를 위해서는 공공데이터 개방과 개인데이터가 활용될 수 있는 토대가 마련되어야 한다. 공공데이터의 원칙적 개방과 함께 데이터 관련 규제는 포지티브 방식(원칙금지, 예외허용)에서 네거티브 방식(사후규제)으로 전환되어야 한다. 데이터 수집 및 활용과정에서 개인정보유출 및 사생활 침해를 방지하기 위해 기업의 개인정보 관리 수준을 검증하는 시스템을 갖추고, 개인의 정보공개를 인정하되 개인정보 통제권을 강화할 필요가 있다. 이를 위해 공공 및 민간 데이터 개방(공유)을 위한 '데이터 3법 개정안'의 조속한 시행과 마이데이터(MyData), 본인신용정보관리법 산업의 활성화가 필요한 시점이다.

셋째, 인공지능 분야의 우수한 인재확보 및 육성전략이 필요하다. 인공지능 산업은 하드웨어 중심의 산업이 아닌 소프트웨어 중심의 산업으로 물리적인 자원보다 인적 자원이 중요하다. 그러나 국내 인공지능 산업은 인공지능 관련 연구소가 부족하고, 이를 운영할 인공지능 전문가도 절대적으로 부족한 상황이다. 이에 대한 해결책으로 인공지능 관련 교육을 전문적으로 수행할 전문교육기관을 확충하고 인공지능 산업에 투입될 인재를 양성하기 위한 민간교육기관과 연구기관을 활용한 교육시스템의 확보가 필요하다. 정부와 민간이 공동으로 인공지능 융합교육 프로젝트를 수행하여 실무에 투입할 인공지능 전문가를 양성하는 방안도 필요하다. 최근 인공지능 관련 연구가 활발해지면서 국내외 다양한 연구 커뮤니티가 형성되고 있다. 연구 커뮤니티를 통해 최신 인공지능 논문 학습과 동향 파악 그리고 인재양성에 대한 아이디어와 전략을 공유할 수 있다. 경쟁과 공유를 할 수 있는 인공지능 커뮤니티는 인공지능 산업 전체의 발전을 이끌고 있으며, 국내에서도 인공지능 산업의 발전을 위해서는 이와 같은 커뮤니티 활성화가 필요하다. 이를 위해 인공지능 학회 및 세미나를 개최하여 연구성과를 공유하고, 특정 주제에 대한 경쟁연구를 수행하여 인재들을 인공지능 분야로 끌어들일 수 있는 계기를 마련해야 한다.

● 표 9-7 인공지능 산업의 활성화 및 활용 전략

활성화전략	실천 과제
공개된 오픈소스 및 개방 플랫폼 활용	• 개방 플랫폼 활용 및 클라우드 활용 • 비즈니스 도메인 설정 후 특정 영역에서 인공지능 기술의 차별화전략 필요 • 양질의 빅데이터 확보 방안 마련 • 데이터 거래소의 활성화와 빅데이터 플랫폼 구축 및 개방
빅데이터 확보전략과 규제완화 필요	• 공공데이터의 원칙적 개방 • 데이터 관련 규제 네거티브 방식(사후규제)으로 전환 • 데이터 수집 및 활용과정에서 개인정보관리 수준을 검증하는 시스템 구축 • 개인정보 통제권 강화 • 공공 및 민간데이터 개방을 위한 '데이터 3법 개정안' 시행
인공지능 분야의 우수한 인재확보 및 육성전략 필요	• 인공지능 교육을 전문적으로 수행할 교육기관 확충 • 민간교육기관과 연구기관을 활용한 교육시스템 확보 • 정부와 민간이 공동으로 인공지능 융합교육 프로젝트 수행 • 국내외 인공지능 연구 커뮤니티 적극 참여 • 인공지능 학회 및 세미나 개최하여 연구성과 공유

🔍 **기업사례** IBM의 개방 플랫폼: Watson Developer Cloud

Watson Developer Cloud(WDC, 이하 왓슨)는 IBM이 2005년에 개발한 인공지능 기반 개방형 플랫폼으로 왓슨시스템(전문가시스템)을 클라우드 서비스를 통해 제공한다. 기업들은 왓슨을 통해 별도의 인프라 없이 분석기술을 내부 데이터와 연동하여 활용할 수 있다. 현재 왓슨은 금융, 의료, 법률, 유통 등 다양한 분야에 활발하게 적용되고 있다. 금융분야는 2012년 말부터 싱가포르 DBS은행, 캐나다 로열은행, 호주 커먼웰스 은행 등이 왓슨을 도입하여 금융 빅데이터를 바탕으로 투자자에게 적합한 투자 상품을 제안하고 있다. 의료분야는 미국 뉴욕 메모리얼 슬론케터링 암센터(MSK)와 MD앤더슨 암센터 등 의료기관에 왓슨이 적용되어 질병 진단과 예측, 그리고 맞춤형 치료법을 제시하고 있다. 실제로 MD앤더슨 암센터에서 200여 명의 백혈병 환자에 대해 제시한 왓슨의 치료법은 의사들의 판단과 비교했을 때 85% 이상 일치했고, 부정확한 경우는 3% 미만에 불과하였으며, 이 수치는 매년 개선되고 있다. 이 밖에도 미국의 요리 전문 잡지 본아뻬띠(Bon Appétit)와 IBM이 2015년 협력하여 구축한 '셰프 왓슨(Chef Watson)'은 사전에 학습한 1만 가지의 조리법을 바탕으로 사용자에게 다양한 재료와 조리방법을 추천해주고 있다. 스포츠용품 기업 언더아머(Under Armour)는 왓슨을 통해 비슷한 신체 조건을 가진 수백만 명의 고객 데이터베이스를 분석하여 개인의 건강한 삶을 위한 맞춤형 건강 컨설팅서비스를 제공하고 있다. 이처럼 왓슨은 다양한 분야에 적용되어 인간의 삶의 질을 높이는 데 기여하고 있다.

● 그림 9-3 IBM Watson Developer Cloud

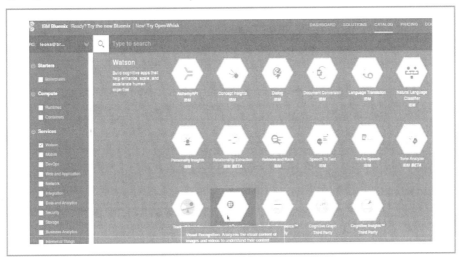

출처: www.ibm.com

9.7 인공지능과 로봇윤리

인공지능이 인간 행동을 대체하는 업무가 점점 많아지고 있고, 인공지능 기술력의 발전으로 인간 없이도 자율적인 판단이 가능해지고 있다. 최근 인공지능 설계 단계에서 윤리적 기준을 알고리즘화하는 소프트웨어 방법이 개발되어 인간 통제 없이도 인공지능의 자율적인 윤리적 행동이 가능하다는 연구가 발표되었다. 예를 들면, 공리주의(utilitarianism) 원칙의 프로그램을 설계하거나 기존 사례에서 학습을 통해 비교·평가하여 자신의 의무를 결정하도록 설계하고, 다양한 경우의 수를 두고 시뮬레이션 과정을 거치도록 설계하는 소프트웨어 방법론이 제시된 바 있다.

인공지능에 의한 기술혁신은 법 정책, 윤리와 사회 규범, 경제 제도 영역에 영향을 미치고 있다. 인공지능의 발전으로 윤리적(ethical), 법적(legal), 사회적 영향(social implications)에 영향을 미친다는 것이다. 인공지능 알고리즘이 탑재된 로봇이 인간의 가치판단 및 의사결정 수준까지 가능해질 것으로 예상되어 기존 인간 중심의 규범 체계에 근본적인 변화가 필요하다. 로봇은 사람보다 일관된 윤리적 판단이 가능하나 사회, 문화적, 시대적 흐름에 맞지 않는 윤리기준이 적용되어 잘못된 윤리적 판단을 할 수 있다. 인공지능 로봇이 무기화되면 전쟁 억제력이 강화되어 군 예비력을 유지하고, 인간이 수행하기에 위험한 작업을 대신 처리할 수 있으나 인공지능의 자율적인 판단으로 무고한 생명의 손실이나 참사로 이끌 치명적인 결과도 예상할 수 있다. 즉, 인공지능의 윤리 알고리즘으로 합리적인 의사결정은 가능하지만, 또 다른 사회적 혼란이 야기될 수 있다는 것이다. 또한 인공지능 로봇이 빅데이터를 활용하는 경우 개인 맞춤형 서비스가 가능하나 반면에 개인정보유출 또는 사생활을 침해할 가능성도 존재한다. 이로 인해 인간과 로봇, 로봇이 매개된 인간과 인간 사이의 바람직한 관계 정립을 위해 '로봇윤리'가 대두되었다. 로봇공학자 지안마르코 베루지오(Gianmarco Veruggio)는 로봇을 사용하는 주체인 인간의 통제권, 로봇이 지켜야 하는 윤리적 규범, 인간 수준의 자율적인 윤리 판단에 관한 내용이 담은 '로봇윤리론(Roboethics)'을 발표하였다. '로봇윤리론'은 로봇기술의 안전하고, 지속 가능한 발전을 위해 필요하며, 로봇의 등장으로 발생할 수 있는 위험으로부터 안전을 확보하는 데 필요하다. 또한 로봇의 법적 규제 장치가 완벽히 갖춰져있지 않아 설계, 제작, 사용 과정에서 비윤리적인 행위에 대한 규제 기준이 될 수 있고, 향후 법규 제정에 윤리적, 이론적 토대가 된다.

최근 인공지능 선도국 미국과 영국에서 로봇과 인간의 관계, 로봇의 자율적 판단 규제, 로봇의 행동 규범 등에 대한 '로봇윤리'가 발표되었다. 주요 내용은 로봇의 행동을 규정하는 로봇원칙, 인간과 로봇이 공존하는 관계임을 강조하는 로봇선언, 로봇 설계·사용·운용에 있어서 법 규범에 부합해야 함을 강조하는 로봇행동규범 등이 있다. 국내는 '인본주의(Humanitarianism)' 철학에 따라 로봇산업이 지향하는 미래, 로봇 제조업자의 법적·윤리적 책임, 로봇의 개조와 파괴에 대한 사용자의 윤리 등을 정립하는 로봇윤리헌장 초안을 발표한 바 있다.

인공지능과 로봇의 판단은 인간의 기술적 판단, 법적 판단, 윤리적 판단을 대신하여 수행할 수 있다(표 9-8 참조). 첫째, 기술적 판단은 일정한 정보에 따라 일률적·일관적인 판단을 내려야 하는 경우 또는 변수가 정해져있어 물리적 조건의 일반적 수준의 판단에 해당하는 경우이다. 기술적 판단은 상대적으로 일정하고 일관된 판단이 가능하여 인공지능이 인간보다 효율적·객관적 판단이 가능하다. 둘째, 법적 판단은 성문화된 규범에 의한 판단으로 이것 역시 일관된 판단이 가능하여 인공지능이 인간보다 효율적·객관적 판단이 가능하다. 셋째, 윤리적 판단은 인간 행위의 옳고 그름에 관한 판단이다. 윤리기준은 사회, 문화, 장소에 따라 차이가 발생하고, 시간이 흐름에 따라 과거와 현재의 윤리기준은 달라지는데 인공지능의 윤리적 판단은 문화나 시대에 맞지 않는 의사결정을 내릴 수 있다. 즉, 윤리적 판단의 경우 다양한 영역(사회·문화·철학·종교 등)의 변수가 존재하며, 그 영역들의 변화까지 파악할 수 있어야 올바른 판단이 가능하다. 이처럼 인공지능이 윤리적 판단을 대신하는 경우는 부작용이 발생할 수 있으므로 광범위한 논의가 필요하다.

◎ 표 9-8 인공지능의 판단 능력

인공지능의 판단	판단 내용	예시	인공지능의 판단 능력
기술적 판단	일정한 정보에 따라 일률적·일관적인 판단을 내려야 하는 경우, 변수가 정해져있어 물리적 조건의 일반적 수준의 판단에 해당하는 경우	공학적 및 의학적 판단	공정, 효율, 일관적인 판단 가능
법적 판단	성문화된 규범에 의한 판단	교통법규, 마약사범 단속, 운동경기 심판	일관적인 판단 가능
윤리적 판단	인간 행위의 옳고 그름에 관한 판단	전쟁터에서 살상 행위, 생명유지 장치에 관한 결정, 무인차 접촉사고 등	변수가 많고, 일관적이지 않은 판단 영역

출처: 한국과학기술기획평가원(2015), "기술영향평가보고서", 창조경제연구원(2016) 재인용

이상으로 언급한 바와 같이 인공지능이 윤리적 판단의 유일한 주체가 되는 것은 막아야 하며, 인공지능이 초래할 비인간적, 비윤리적 문제를 최소화해야 한다. 인공지능의 최종 결정과 관리는 인간이 주체가 되어야 하므로 인공지능 알고리즘은 의무적으로 공개되어야 한다. 즉, 강한 인공지능을 통제하기 위해서 인공지능의 알고리즘 코드가 공유·개방되어야 한다. 또한, 인공지능을 윤리적으로 설계하여 운영·활용하기 위해서는 국제표준에 따르는 인공지능 윤리기준을 수립해야 할 필요성이 있다.

Q. 영국의 로봇원칙(Principle of Robotics)

A. 영국은 2010년 의회에서 다섯 가지의 로봇원칙(Principle of Robotics)을 발표하였다. 내용은 아래와 같다.
1. 로봇은 인간을 죽이거나 해할 목적, 즉 무기를 설계해서는 안 된다. 단 국가안보를 위한 경우는 제외한다.
2. 로봇으로 발생한 문제는 로봇이 아니라 인간이 법적 책임을 져야 한다. 로봇은 사생활 보호뿐만 아니라 현존하는 법 규범에 부합되도록 설계되고 운용되어야 한다.
3. 로봇은 안전과 보안보장에 적합하도록 설계되어야 한다.
4. 로봇은 지능이나 감정을 가지는 것처럼 디자인될 수 있지만, 사람(특히 심신미약자)에게 이에 대한 착각이나 환상에 빠지도록 설계되거나 사용되어서는 안 된다.
5. 모든 로봇은 관리와 사용에 대해 법적 책임을 지는 사람이 명확히 명시되어야 한다.

9.8 인공지능의 부정적 파급효과 및 향후 과제

기술의 발전이 초래하는 긍정적, 부정적 파급효과에 대한 사회적 논란은 역사적으로 전혀 새로운 것이 아니다. 과거 철도, 전기, 내연기관, 인터넷 등의 발명으로 인한 사회·경제 시스템의 극적인 변화에도 기술발전이 초래하는 긍정적, 부정적 파급효과에 대한 사회적 논란은 발생하였다. 본 절에서는 인공지능의 부정적 파급효과 및 향후 과제에 대해 알아본다.

인공지능 시대는 기술 적용의 경제적·사회적 효과에 대한 기대뿐만 아니라 인공지능으로 인한 일자리 대체, 통제불능문제, 윤리적 문제 등 부정적 영향에 대한 우려의 목소리도 커지고 있다. 엘런 머스크(Elon Musk), 스티븐 호킹(Stephen Hawking), 빌게이츠(Bill Gates), 스티브 워즈니악(Steve Wozniak) 등 IT분야 실무자 및 전문가들은 인공지능의 위험성과 인류의 미래에 대해 불안감을 여러 차례 언급한 바 있다. 이들이 언급한 인공지능의 부정적 파급효과에 대한 설명은 다음과 같다.

첫째, 에너지 확보와 환경 문제이다. 사물인터넷, 인공지능, 3D프린팅을 유지하기 위해서는 엄청난 양의 컴퓨팅파워(에너지)가 필요하다. 알파고는 10만 개가 넘은 바둑기보의 학습을 위해 1,202개의 CPU, 176개의 GPU를 사용하여 1MW(megawatt)의 에너지를 소비한 바 있다. 반면 이세돌 9단은 20W 정도를 소비하여 에너지 효율성 측면에서 알파고보다 약 5만 배 효율적이다. 이처럼 4차 산업혁명의 핵심기술을 이용하기 위해서는 방대한 에너지가 필요하므로 이들 에너지를 어떠한 방식으로 효율적으로 생산할 것인지 고민해야 한다. 최근 에너지경제학에서는 '에너지투자생산성(Energy Return on Investment)'이라는 용어가 사용되고 있다. '에너지투자생산성'은 단위에너지생산에 투입해야 할 에너지와의 비교값을 말한다. 현재의 화석연료기반 에너지는 '에너지투자생산성'이 지속해서 하락하여 사회적 문제로 대두되고 있다. 2030년에는 500억 개 이상의 사물들이 연결되는 만물인터넷(IoE) 시대가 열리게 되어 더 많은 에너지 소비가 예상된다. 에너지 생산방식의 획기적인 발전이 없는 한 지구온난화 등 환경문제는 인공지능 시대에 부정적인 영향을 미칠 것이다.

둘째, 대량실업과 빈부격차의 심화로 인한 양극화의 확대 가능성이다. 인공지능은 인간의 대량실업을 예고하고 결국에는 실업문제를 악화시킨다. 아마존(Amazon)은 고객들의 구매성향을 파악·분석하여 개인에게 최적화된 상품을 추천하는 업무를 인공지능으로 대체하여 수많은 직원이 정리해고를 당했다. 미국과 영국에서는 아마존고(Amazon Go)를 비롯한 무인점포의 등장으로 유통업 및 매장 직원들의 대량실업이 예상된다. 이로 인한 소득 양극화의 확대가 문제점으로 대두되고 있다. 인공지능 로봇으로 생산성과 효율성은 높아지나 그 이득은 모두 로봇을 소유한 자가 가져갈 가능성이 크다. 세계화, 글로벌화로 한 지역 또는 국가에서 시작된 기술혁신은 순식간에 전 세계로 확산될 것이며 결국 승자독식(Winner takes all)으로 귀결될 것이다. 인공지능을 비롯한 혁신기술을 선점한 소수의 사람이 높은 소득을 올리고, 소외된 자들은 엄청난 격차로 벌어져 빈부의 양극화 현상이 나타난다. 즉, 혁신기술은 새로운 교육과 직업능력이 필요하므로 부의 세습과 더불어 일부 계층으로 혁신기술 독점화가 발생하여 양극화를 심화시킨다는 것이다.

셋째, 기술개발과 사회적·제도적 혁신과의 격차로 인한 부작용이다. 인공지능 시대는 사회시스템이 가지는 관성 때문에 몇 번의 충격(부작용)을 겪게 될 것이다. 자본주의 학자 카롤타 페레즈(Carlota Perez)는 자본주의 발전 동인으로 기술혁신을 주요 동인으로 제시하면서 필연적으로 보이는 장기파동의 원인을 기술시스템과 사회시스템(institution)의 격차 확대로 설명하였다. 기술시스템의 진화를 뒷받침하는 사회시스템의 공진화(coevolution) 없이는 금융시장의 변동성 확대, 노동자의 파업, 사회적 혼란으로 인한 비용 등 자본주의 경제가 주기적으로 파동을 겪을 수밖에 없음을 지적한 것이다. 산업구조의 전환은 단순히 기술개발로 이루어지는 것이 아니라 교육, 문화, 거버넌스(governance), 일하는 방식 등 사회시스템과 제도적 혁신(institutional innovation)이 동반 실현할 때 가능하다. 그러나 현재 인공지능의 발전 속도보다 법적·제도적 장치와 정책 마련은 느린 측면이 있다.

넷째, 인공지능이 사이버 공격 및 테러로 국가안보에 위협이 되는 등 인간에게 재앙을 불러일으킬 수 있다. 2018년 7월, 아르헨티나에서 열린 인공지능 국제포럼에서 인공지능이 테러 등 인간에게 재앙을 불러일으키고, 악용될 가능성도 크다는 성명서가 발표된 바 있다. 인공지능이 테러, 절도, 살인, 방화 등의 심각한 범죄에 악용될 수 있다는 것이다. 또한 현재는 인공지능이 어떠한 방식으로 규제되고, 상호 작용하여 사용될지에 대한 구체적인 방안과 법안이 마련되어 있지 않으며 이것을 관리 감독할 수 있는 국제기구도 부재한 상황이라는 점을 문제로 제기하였다.

다섯째, 인공지능은 책임을 전가할 대상이 불분명하고, 법과 제도의 적용 범위가 모호하여 사회적 혼란을 야기할 수 있다. 인공지능이 다분한 가능성으로 범죄에 악용된다면, 인공지능이 자립적인 사고(思考) 메커니즘을 가진 독립적인 개체로 보아 책임을 전가하고 법과 제도의 적용을 정당화할 수 있는지 고려해야 한다. 범죄를 직접적으로 저지른 인공지능에 책임을 물을 것인지 또는 직접적으로 범죄를 저지르지 않는 명령자(인공지능 개발자)에게 책임을 전가할 것인지에 대한 문제이다. 인공지능 판사 및 변호사(ROSS)의 잘못된 판결 및 기소사항과 인공지능 의사 왓슨(Watson)이 내린 잘못된 처방 및 진단 경우에도 문제가 발생된다. 가속화되는 인공지능 기술의 발전은 인류의 미래를 엄청나게 변화시킬 것이 분명하다. 그러나 이를 옳은 방향으로 발전시키는 것은 기술발전만으로는 부족하다. 전 인류의 책임 있는 혁신과 윤리적 접근을 수반하지 않으면 우리는 기회보다 위험에 직면할 가능성이 크다. 인공지능과 관련된 윤리적 딜레마(ethical dilemmas)의 해결 없이는 기술적 진보를 성취하기 힘들다.

이상으로 언급한 인공지능의 부정적 파급효과에도 불구하고 인공지능 기술은 지속적으로 발전하고 있으며, 이를 활용한 융합 비즈니스 모델 및 서비스도 늘어나고 있다. 세계적인 인공지능 전문가 스튜어트 러셀(Stuart Russell) 교수는 인공지능이 인간의 일자리를 빼앗거나, 감시와 통제의 도구로 쓰일 수 있다는 문제점을 인정하면서도 우리 경제와 문화가 얼마나 인공지능 시대에 잘 적응하느냐에 따라 심각한 문제가 아닐 수 있다고 주장하였다. 특히 그는 음성인식 분야의 인공지능 발전에 주목하면서 인간의 언어(자연어)를 완전히 이해할 수 있는 인공지능이 교육에 적용되면 인공지능이 학습자와 대화하면서 문제를 이해하고 답변할 수 있고, 학습 내용을 기반으로 개인별 맞춤형 학습이 가능하다는 이점을 강조하였다. 또한, 2019년 이후로 지속되고 있는 코로나 팬데믹(pandemic, 세계적 대유행) 현상에서 인공지능은 중환자실 환자들의 방대한 데이터를 분석하여 의사가 쉽게 인지할 수 없는 환자의 패턴(상태)을 파악하거나 전염병을 예측하는 데 기여하는 등 인공지능이 포스트 코로나(Post Corona) 시대에 중요한 역할을 할 것이라고 언급하였다. 이처럼 인공지능의 빠른 발전 속도는 새로운 응용기술 영역(자율주행, 실시간 통역)으로 확장될 것이고, 이 영역을 이용해 새로운 신(新)산업을 만들어내는 기업과 국가만 인공지능 시대에 생존할 것이다.

- 인공지능(Artificial Intelligence, AI): 인간의 학습능력과 추론능력, 지각능력, 자연어의 이해능력 등을 컴퓨터 프로그램으로 실현한 기술
- O2O(Online to Offline): 온라인(online)과 오프라인(offline)이 결합하는 현상으로 정보 유통비용이 저렴한 온라인과 실제 소비가 일어나는 오프라인의 장점을 접목하여 새로운 시장을 창출하는 것
- 계산주의(Computationalism): 인간이 보유한 지식을 컴퓨터로 표현하고 이를 활용해 현상을 분석하거나 문제를 해결하는 지식기반시스템
- 연결주의(Connectionism): 지식을 직접 제공하기보다 지식과 정보가 포함된 데이터를 제공하고 컴퓨터가 스스로 필요한 정보를 학습하는 것. 인공신경망 구축을 기반으로 한 모델
- 약한 인공지능: 인공지능 기술을 유용한 소프트웨어 기술로 파악하고, 특정 문제를 해결하기 위한 인간의 지능적 행동을 수행하도록 공학적 응용을 모색하는 접근방식
- 강한 인공지능: 인간과 같은 사고체계로 문제를 분석하고 행동할 수 있도록 인공지능을 연구하는 접근방식
- 특이점: 일반적으로 물리학, 수학 등의 학문에서 사용되는 용어로서, 어떤 기준을 상정했을 때 그 기준이 적용되지 않는 점을 지칭하는 표현
- 기술적 특이점(Technological Singularity): 미국의 미래학자 레이 커즈와일(Ray Kurzweil)이 만든 용어로, 인공지능의 발전이 가속화되어 모든 인류의 지성을 합친 것보다 더 뛰어난 초인공지능이 출현하는 역사적 기점(2045년)을 의미함
- 인공신경망(Artificial Neural Network): 기계학습과 인지과학에서 생물학의 신경망(뇌)에서 영감을 얻은 통계학적 학습 알고리즘임. 인공신경망은 시냅스(synapse)의 결합으로 네트워크를 형성한 인공 뉴런(노드)이 학습을 통해 시냅스의 결합 세기를 변화시켜, 문제해결능력을 가지는 모델 전반을 통칭함
- 기계학습(Machine Learning, 머신러닝): 기계학습은 방대한 데이터를 분석해 미래를 예측하는 기술로 일반적으로 생성(발생)된 데이터를 정보와 지식(규칙)으로 변환하는 컴퓨터 알고리즘을 의미함
- 딥러닝(Deep Learning): 다층구조 신경망(심층신경망) 기반의 기계학습 분야로, 다량의

데이터로부터 높은 수준의 추상화 모델을 구축하는 기법

- 심층신경망(Deep Neural Network, DNN): 입력층(input layer)과 출력층(output layer) 사이에 다중의 은닉층(hidden layer)을 포함하는 인공신경망, 심층신경망은 다중의 은닉층을 포함하여 다양한 비선형적 관계를 학습할 수 있음

- 합성곱신경망(Convolutional Neural Network, CNN): 패턴이나 물체를 인식하는 생물의 시각처리과정을 모방한 모형으로 이미지 인식 및 분류에 효과적인 성능을 나타냄

- 순환신경망(Recurrent Neural Network, RNN): 각 순간별 신경망을 시간에 따라 적층해 시계열 데이터로 처리하는 것으로 주로 영상과 음성처리에 활용됨

- 융합기술(Convergence Technology): 사물인터넷을 통해 데이터를 수집하고, 데이터가 저장 및 분석할 수 있는 클라우드와 인공지능이 저장된 데이터를 처리 및 분석하여 가치있는 빅데이터를 창출하고, 가상의 공간(Online)에서 예측과 맞춤을 통해 현실(Offline)에서 최적화하여 가치를 창출하는 과정

- 알파고(AlphaGo): 구글 딥마인드(Google DeepMind)가 개발한 인공지능 바둑프로그램

- 인수 & 합병(Mergers & Acquisitions, M&A): 다른 회사의 경영권을 확보하기 위해 기업을 사들이거나 합병하는 것을 말함. 기업의 인수는 대상기업의 자산이나 주식을 취득하여 경영권을 획득하는 것을 말하며 기업의 합병은 두 개 이상의 기업이 결합하여 법률적으로 하나의 기업이 되는 것을 의미함

- 오프쇼어링(Off-shoring): 기업 업무의 일부를 해외 기업에 외주는 주는 것. 업무의 일부를 국내 기업에 맡기는 아웃소싱의 범주를 외국으로 확대한 것. 주로 인건비가 저렴한 나라 또는 판매시장을 찾아 해외로 생산기지를 옮기는 경우가 많음

- 리쇼어링(Re-shoring): 해외에 나가있는 자국기업들을 각종 세제혜택과 규제완화 등을 통해 자국으로 불러들이는 정책을 말함

- 자연어 처리(Natural Language Processing): 컴퓨터가 인간의 언어를 알아들을 수 있게 하여 인간처럼 말하고 쓸 수 있도록 하는 기술. 다양한 인간의 언어를 가지더라도 의사소통이 가능하게 하는 것 역시 자연어 처리로 볼 수 있음

- 이미지 인식(Image Lmage recognition): 사람들이 보고 있는 특정 피사체의 사진의 정체를 확인하고자 시도하는 기술. 사람이 볼 수 없거나 지진계와 같은 파형 등도 이미지 패턴 인식에 포함될 수 있음

- 음성 인식(Speech recognition): 인간의 발성하는 음성을 이해하여 컴퓨터가 다룰 수 있는 문자(코드) 정보로 변환하는 기술

- 텐서플로우(Tensor Flow): 2015년 구글에서 공개한 오픈소스 소프트웨어로 딥러닝과 머신러닝 기술을 활용하기 위해 개발됨

- 전문가시스템(Expert System): 전문가가 지닌 전문 지식과 경험, 노하우 등을 컴퓨터에

축적하여 전문가와 동일한 또는 그 이상의 문제 해결 능력을 가질 수 있도록 만들어진 시스템

- Watson Developer Cloud: IBM이 2005년에 개발한 인공지능 기반 개방형 플랫폼으로 왓슨시스템(전문가시스템)을 클라우드 서비스를 통해 제공함. 기업들은 왓슨을 통해 별도의 인프라 없이 분석기술을 내부 데이터와 연동하여 활용할 수 있음
- 로봇윤리론(Roboethics): 로봇을 사용하는 주체인 인간의 통제권, 로봇이 지켜야 할 윤리적 규범. 인간 수준의 자율적인 윤리 판단에 관한 내용을 담음
- 로봇윤리: 로봇의 행동을 규정하는 로봇원칙, 인간과 로봇이 공존하는 관계임을 강조하는 로봇선언. 로봇 설계·사용·운용에 있어서 법 규범에 부합해야 함을 강조하는 로봇행동규범 등을 포함
- 인공지능의 기술적 판단: 일정한 정보에 따라 일률적·일관적인 판단을 내려야 하는 경우 또는 변수가 정해져있어 물리적 조건의 일반적 수준의 판단에 해당하는 경우
- 인공지능의 법적 판단: 성문화된 규범에 의한 판단으로 일관된 판단이 가능하여 인공지능이 인간보다 효율적·객관적 판단이 가능함
- 윤리적 판단: 인간 행위의 옳고 그름에 관한 판단. 윤리기준은 사회, 문화, 장소에 따라 차이가 발생하고, 시간이 흐름에 따라 과거와 현재의 윤리기준은 달라지는데 인공지능의 윤리적 판단은 문화나 시대에 맞지 않는 의사결정을 내릴 수 있음

연습문제

01 다음 설명에서 공통적으로 Ⓐ가 무엇인지 답하시오.

사물인터넷, 클라우드, 빅데이터, 그리고 인공지능이 융합되어 가상세계에서 예측과 맞춤을 통한 현실세계를 최적화하는 (Ⓐ) 시스템 구축에 인공지능은 중추적인 역할을 담당한다. (Ⓐ) 융합(convergence)은 현실세계에 물리적으로 실재하는 것과 사이버공간의 데이터 및 소프트웨어를 실시간으로 통합하는 시스템을 말한다.

Ⓐ – (　　　　　　　　　　)

02 다음 설명에서 Ⓐ와 Ⓑ가 무엇을 말하는지 답하시오.

(Ⓐ)는 인간이 보유한 지식을 컴퓨터로 표현하고 이를 활용해 현상을 분석하거나 문제를 해결하는 지식기반시스템을 말한다. (Ⓑ)는 지식을 직접 제공하기보다 지식과 정보가 포함된 데이터를 제공하고 컴퓨터가 스스로 필요한 정보를 학습하는 것이다.

Ⓐ – (　　　　　　　　)　　　Ⓑ – (　　　　　　　　)

03 다음 설명에서 Ⓐ가 무엇인지 답하시오.

레이 커즈와일(Ray Kurzweil)은 2045년을 (Ⓐ)으로 예상하면서 인간의 두뇌보다 과학적 창의력과 일반적인 지혜, 사회적 능력 등이 뛰어난 초지능(super-intelligence)이 등장할 것으로 주장하였다.

Ⓐ – (　　　　　　　　)

04 다음 설명에서 Ⓐ와 Ⓑ가 무엇을 말하는지 답하시오.

(　Ⓐ　)은 인공지능 기술을 유용한 소프트웨어 기술로 파악하고, 특정 문제를 해결하기 위한 인간의 지능적 행동을 수행하도록 공학적 응용을 모색한 접근방식이다. (　Ⓑ　)은 인간과 같은 사고체계로 문제를 분석하고 행동할 수 있도록 인공지능을 연구하는 접근방식이다.

Ⓐ – (　　　　　　　　　　　)　　Ⓑ – (　　　　　　　　　　　)

05 다음 설명에서 Ⓐ와 Ⓑ가 무엇을 말하는지 답하시오.

인공지능을 에이전트(agent)로 인식하고 입력과 출력의 관계에서 그 수준에 따라 4단계의 레벨로 구분할 수 있다. 세 번째 레벨(Level 3)은 (　Ⓐ　)을 적용한 인공지능이다. 네 번째 레벨(Level 4)은 (　Ⓑ　)을 적용한 인공지능이다.

Ⓐ – (　　　　　　　　　　　)　　Ⓑ – (　　　　　　　　　　　)

06 다음 설명에서 Ⓐ가 무엇인지 답하시오.

딥러닝 기반의 지능형시스템은 지식베이스(규칙베이스와 데이터베이스 포함), (　Ⓐ　), 그리고 인터페이스 부분의 지능화가 모두 갖추어진 상태이다. 딥러닝 기반의 지능형시스템은 학습, 추론, 인식의 3가지 주요 기술이 융합되어 실현된다.

Ⓐ – (　　　　　　　　　　　)

07 다음 설명에서 Ⓐ와 Ⓑ가 무엇을 말하는지 답하시오.

최근의 인공지능 기술로 주목받고 있는 것이 바로 (Ⓐ   )이다. 인공
지능은 핵심은 예측과 (Ⓑ   )을 통한 가치 창출이며, 이러한 과정에
는 사물인터넷, 클라우드, 빅데이터, 인공지능이 서로 융합된다. 이처럼 인
공지능은 단순히 하나의 기술로 끝나는 것이 아니라 예측과 (Ⓑ   )
이란 핵심기능을 제공하며 다양한 기술의 융합을 수행한다.

Ⓐ – (   )   Ⓑ – (   )

08 다음 설명에서 Ⓐ가 무엇인지 답하시오.

인공지능 산업의 활성화 및 활용 전략에는 공개된 오픈소스 및 개방 플랫
폼 적극적으로 활용, (Ⓐ   ), 인공지능
분야의 우수한 인재확보 및 육성전략 필요 등이 있다.

Ⓐ – (   )

09 다음 설명에서 Ⓐ가 무엇인지 답하시오.

로봇공학자 지안마르코 베루지오는 로봇을 사용하는 주체인 인간의 통제
권, 로봇이 지켜야 하는 윤리적 규범, 인간 수준의 자율적인 윤리 판단에
관한 내용이 담은 (Ⓐ   )을 발표하였다.

Ⓐ – (   )

10 다음 설명에서 공통적으로 Ⓐ가 무엇인지 답하시오.

인공지능과 로봇의 판단은 인간의 (Ⓐ   ), 법적 판단, 윤리적 판단을
대신하여 수행할 수 있다. 첫째, (Ⓐ   )은 일정한 정보에 따라 일률
적·일관적인 판단을 내려야 하는 경우 또는 변수가 정해져있어 물리적 조
건의 일반적 수준의 판단에 해당하는 경우이다.

Ⓐ – (   )

참고문헌

김기영(2017), "인공지능 활용 법률정보서비스의 발전과 관련 쟁점", 문화미디어엔터테인 먼트법, 제11권, 제1호, pp. 95-113.

김병운(2016), "인공지능 동향분석과 국가차원 정책제언", 정보화정책, 제23권, 제1호, 한 국정보화진흥원.

김윤경(2017), "제4차 산업혁명 시대의 국내환경 점검과 정책 방향", KERI Brief, 한국경 제연구원, pp. 16-33.

박병원(2016), "Introduction: 인공지능, 로봇, 빅데이터와 제4차 산업혁명", FUTURE HORIZON, 제28권, pp. 4-5.

손영화(2016), "인공지능 시대의 법적과제", 법과정책연구, 제16권, 제4호, pp. 305-329.

원동규, 이상필(2016), "인공지능과 제4차 산업혁명의 함의", Industrial Engineering Magazine, 제23권, 제2호, pp. 13-22.

이만종(2017), "지능형정보화 시대의 테러유형과 대응방안: 인공지능에 기반한 테러중 점", 국방연구, 제60권, 제1호, pp. 93-129.

이원태(2015), "인공지능의 규범이슈와 정책적 시사점", 정보통신정책연구원, KISDI Premium Report, pp. 15-07.

정보통신산업진흥원(2012), "지능을 갖춘 군사용 로봇 개발 경쟁과 윤리적 딜레마", 정보 통신산업진흥원, 주간기술동향, 제1566권, pp. 25-34.

정정원(2016), "인공지능(AI)의 발달에 따른 형법적 논의", 과학기술과 법, 제7권, 제2호, pp. 189-212.

조현석, 이은미(2017), "제4차 산업혁명에서 디지털 보호주의와 정책 대응", 평화학연구, 제18권, 제1호, pp. 181-200.

창조경제연구원(2016), "인공지능과 4차 산업혁명", 창조경제연구원 24차 포럼보고서, pp. 1-182.

한국과학기술기획평가원(2015), "2015 기술영향평가 보고서: 인공지능", pp. 1-20.

한국전자통신연구원(2015), "ECO Sight 3.0: 미래기술 전망", Insight Report, 한국전자 통신연구원 연구보고서.

Asaro, Peter(2015), "Regulating Robots: Approaches to Developing Robot Policy and Technology," presented at WeRobot 2015, University of Washington, pp. 1-22.

Bostrom, Nick & Yudkowsky, Eliezer(2011), "The Ethics of Artificial Intelligence," Cambridge Hanbook of Artificial Intelligence, William Ramsey and Keith Frankish(eds.), Cambridge University Press.

Gianmarco Veruggio(2006), "EURON Roboethics Roadmap," EURON Roboethics Atelier Genoa.

John McCarthy, 'What is Artificial Intelligence?'(Nov. 12, 2007).

Karnow, Curtis E.A.(2013), "The Application of traditional tort theory to embodied machine intelligence," The Robotics and the Law Conference, Center for Internet and Society(Standford Law School), April. 2013.

Knight, Kate(2014), "How Humans Respond to Robotics: Building Public Policy through Good Design," Center for Technology Innovation at Brookings, July 2014.

Patrick, L., Keith, A. & George, A. B.(2011), "Robot Ethics: The Ethical and Social Implications of Robotics," MIT Press.

Ray Kurzweil(2005) 저/김명남·장시형 역, 특이점이 온다, 김영사.

4차 산업혁명과 일자리의 변화

Chapter 10   4차 산업혁명과 일자리의 미래

10

4차 산업혁명과 일자리의 미래

4차 산업혁명은 기술융합을 통해 생산성과 효율성을 높이고 생산 및 유통비용을 낮춰 개인의 소득증가와 삶의 질 향상이라는 긍정적인 효과를 기대하고 있다. 그러나 사회적 불평등, 빈부격차, 그리고 기계가 사람을 대체하면서 우려되는 노동시장의 붕괴 등의 부정적인 요소도 무시할 수 없다. 향후 노동시장은 '고기술·고임금'과 '저기술·저임금' 간의 격차가 벌어지고 일자리 양분으로 중산층의 지위가 축소될 가능성이 크다. 이와 관련하여 다보스포럼(WEF), 보스턴컨설팅그룹(Boston Consulting Group), 옥스퍼드 대학(Oxford Univ.), CEDA(Canadian Engineering Development Association) 등은 사회·경제적 측면에서 4차 산업혁명과 일자리의 변화 및 일자리의 미래에 관한 연구를 수행하였다. '인더스트리 4.0' 기반의 제조업 분야에서 나타나는 노동시장의 변화와 기술적 측면의 변화동인(사물인터넷, 클라우드, 빅데이터, 인공지능)이 일자리 지형에 어떠한 영향을 미치는지가 연구의 주요 내용이다. 국내외 노동시장은 4차 산업혁명의 기술적 혁신으로 긍정적인 효과와 더불어 부정적인 효과를 미칠 것이다. 제10장에서는 4차 산업혁명과 일자리의 미래, 일자리 변화에 따른 대응전략, 그리고 4차 산업혁명 시대의 유망직종과 창의적·혁신적 인재양성 방안에 대해 학습한다.

기술혁신이 고용과 근로자에게 요구되는 숙련에 미치는 영향에 대해 경제학에서는 영국의 정치경제학자 아담스미스(Adam Smith) 이래로 낙관론과 비관론이 대립하여왔다. 낙관론자들은 기술혁신으로 인해 근로자의 숙련이 고도화하고 생산성이 높아져 경제성장과 고용증가에 기여한다는 입장을 취하는 반면, 비관론자는 기술혁신으로 인해 기계가 인간의 노동을 대체하여 취업기회를 축소시키고, 근로자의 탈숙련화를 가져옴으로써 소득양극화를 초래한다고 주장한다. 본 절에서는 먼저, 4차 산업혁명 시대 일자리의 긍정적 전망을 주장한 내용을 알아보고, 다음 절에서 부정적 전망에 대해 학습한다.

4차 산업혁명의 핵심원천기술 발전으로 단순 업무에서 복잡한 업무까지 자동화되어 일자리뿐만 아니라 업무영역에도 커다란 변화가 나타나고 있다. 사물인터넷, 클라우드, 빅데이터, 그리고 인공지능 기술의 발달로 업무영역이 자동화되고, 자율주행기술 및 3D프린팅 기술의 등장으로 일자리 지형이 크게 변하고 있다. 최근 제조업 분야에서 널리 활용되고 있는 스마트 시스템(스마트 팩토리)은 생산성과 효율성을 높이고, 인공지능 로봇과 3D프린팅의 활용으로 고객의 니즈(needs)를 충족시키고 있다. 즉, 4차 산업혁명으로 인한 미래사회는 기술발전에 따른 생산성 향상 및 고객만족도 충족 등 긍정적인 변화를 만들고 있다.

4차 산업혁명 시대는 융합기술 직군과 응용 분야에서 새로운 일자리가 등장하고, 고숙련(high-skilled) 노동자에 대한 수요가 증가한다. 글로벌 제조기업 제너럴일렉트릭(General Electric Corp., GE)은 3D프린팅, 빅데이터, 인공지능, 산업로봇 등 4차 산업혁명의 주요 변화동인과 관련이 높은 기술 분야에 약 200만 개의 일자리가 창출되며, 이 중 65%는 신생직업이라고 전망하였다. 보스턴컨설팅그룹(BCG)은 독일 제조업 분야 내 노동력 수요는 대부분 소프트웨어 개발 및 IT분야에서 경쟁력을 갖춘 노동자를 대상으로 나타난다고 전망하였다. 특히 데이터 통합 및 빅데이터 분야의 일자리는 약 100,000개(약 96% 증가) 늘어나고, 인공지능과 로봇 배치의 일반화로 인해 로봇 코디네이터(robot coordinator)의 일자리도 약 40,000개 증가할 것으로 전망하였다. 융합기술로 인한 자동화 및 직무변화는 직업의 대체보다 시장의 확대를 이끌 수 있으며, 인공지능 로봇 또한 생산성을 향상시키나 직업은 감소시키지 않는다는 최근의 연구도 보고되고 있다. Katz and Margo(2013)는 1~3차 산업혁명을 거치면서 인간은 새로운 역량이 필요한 새로운 일자리를 지속해서 만들어왔으며 장기적으로 고용률은 상당히 안정적으로 유지되었다고 분석하였다. 1811년 기계 파괴의 러다이트 운동(Luddites Movement)에서 1961년 미국의 시사잡지 타임지(Time)의 자동화로 인한 일자리 소멸론에 이르기까지 수많은 일자리 위기론이 대두되었으나 인류 역사상 기술혁신이 일자리 총량을 줄인 사례는 없었다. 기존의 산업혁명에서 기술혁신은 일자리의 형태만을 바꾸었고, 생산성의 증가로 삶의 질을 끌어올려 새로운 수요를 창출해왔다. 호주의 광산기업 리오 틴토(Rio Tinto)사의 존 매커피(John McAfee) 임원은 운전자 일자리는 사라질 가능성이 크지만, 반면 시스템 공학자와 인공지능 전문가의 일자리는 늘어나며, 로봇혁명은 결국 인류의 삶을 윤택하게 만들 것이라고 주장하였다. 4차 산업혁명 시대는 데이터 사이언티스트(Data Scientist, 데이터 과학자), 로봇 연구개발 및 소프트웨어 개발·운용, 수리 및 유지보수 관련 직업 등 지식집약적인 새로운 일자리가 지속적으로 창출된다.

4차 산업혁명 시대는 사람을 직접 돕고 보살피거나, 다른 사람을 설득하고 협상하는 등의 면대면 위주의 직종은 인공지능으로 대체하기 어렵다. 또한 예술적, 감성적 특성이 강한 분야의 직종(영화감독, 작가, 코미디언 등)과 스시(sushi) 장인, 도예가처럼 규격 통일이 어렵고 미묘한 힘 조절이 필요한 직업들은 인공지능으로 대체하기 어렵다. 최근 인공지능 도우미 로봇이 사회·복지 분야에 널리 적용되면서 복지서비스가 한층 향상되고 있다. 이는 다가올 초고령화 사회에 복지업무를 담당할 인력 문제를 해결할 수 있으며 인간이 수행하기 힘든 업무를 대체하거나 보완할 수 있다. 실시간 모니터링 및 개인 맞춤형 서비스를 통해 양질의 복지서비스를 제공받을 수 있다. 예를 들어, 인공지능이 사물인터넷과 연결되어 사회적 약자와 소외계층의 행태를 학습하거나 생활환경 등을 모니터링하면 보다 쾌적하고 편리한 환경의 개선을 통해 삶의 질이 향상된다.

3차 산업혁명으로 대표되는 인터넷 혁명이 시장의 연결 비용을 감소시켜 효율성을 증대시킨 것처럼 인공지능 혁명도 시장의 선택 비용을 감소시키고 결과적으로 시장의 구조, 소비, 생산, 운송체계 전반을 변화시켜, 급격한 생산성 향

상이 기대된다. 증가된 생산성과 더불어 개인 맞춤형 서비스로 인해 생산과 소
비의 균형적 질적 향상이 이루어진다. 단순히 인공지능이 일자리를 뺏는다고 활
용을 금지하는 것은 시장의 공급과 수요 측면에서 성장이 둔화하여 결국 국가의
경쟁력을 저해할 수 있다. 물론 인공지능이 공급 측면에서 부의 양극화가 일어
날 수 있으나, 수요 측면에서는 오히려 서비스의 불균형을 해소시킨다(소유의 부는
양극화되지 않고, 관리의 부는 양극화됨). 4차 산업혁명은 결국 사회 전체의 생산성이 향
상되므로 분배시스템이 제대로 구축된다면 부의 양극화 문제는 해결될 수 있다.
따라서 인공지능을 미래사회 발전의 동력으로 활용하기 위해서 경제·사회의 변
화를 관리하는 원리와 시스템으로서의 거버넌스(governance) 재편이 필요하다.
인공지능의 활용은 기본적으로 생산성을 증가시키고 인공지능이 맞춤과 예측으
로 개인별 수요를 창출하여 시장의 수요가 생산성을 능가하게 될 것이다. 인공
지능으로 인해 일자리는 고급화되고, 서비스는 개인화되는 스마트 월드(Smart
World) 시대가 도래하고 있다.

10.2 4차 산업혁명 시대 일자리의 부정적 전망

4차 산업혁명의 과학·기술적 주요 변화동인이 미래사회의 고용구조인 일자
리 지형을 변화시키고 있다. 2016년 1월, '제4차 산업혁명'을 주제로 열린 세계
경제포럼(다보스포럼)에서 인공지능 기술을 포함한 4차 산업혁명의 도래로 선진국
과 신흥국을 포함한 15개국(세계 고용의 65%)에서 2020년까지 일자리 710만 개가
사라질 것으로 전망하였다. 반면 로봇을 비롯한 신규 기술이 새롭게 만들어낼 일
자리는 200만 개에 불과하여 결국 일자리 510만 개가 감소할 것으로 전망하였다.
영국 옥스퍼드 대학(Oxford Univ.)의 칼 프레이(Carl Frey) 교수와 마이클 오스본
(Michael Osborne) 교수는 '일자리 미래에 관한 보고서(The Future of Employment)'
에서 702종의 일자리를 대상으로 자동화 가능성을 분석하였다(표 10-1 참조). 이
들은 향후 10년 이내에 약 47%의 일자리가 컴퓨터로 대체되거나 직업 형태가
바뀔 것으로 전망하였다. 특히 인공지능 기술의 발전으로 도서관 사서, 회계사,

택시기사, 텔레마케터, 스포츠 경기 심판, 계산원, 전화교환원 등의 단순·반복적인 업무의 직업들이 자동화 기술로 인해 사라질 것으로 전망하였다. 또한 단순·반복적인 업무뿐만 아니라 전문직 분야의 직업들도 인공지능으로 대체될 가능성이 크다고 전망하였다. 의사 및 교수 역할을 대체할 인공지능 전문가시스템 왓슨(Watson)과 인공지능 변호사 로스(ROSS)의 등장으로 전문직 분야의 일자리도 대체될 가능성이 존재한다고 언급하였다. 최근 발표된 '유엔미래보고서(State of the Future) 2045'는 2045년에 인공지능이 인간을 대신할 직업군으로 의사, 변호사, 기자, 통·번역가, 세무사, 회계사, 감사, 재무 설계사, 금융 컨설턴트 등을 선정한 바 있다.

◎ 표 10 - 1 20년 내 없어질 가능성이 큰 직업순위

직업	확률(단위: %)
텔레마케터	99
회계사	94
소매판매업자	92
전문작가	89
부동산중개인	86
기계전문가	65
비행기조종사	55
경제학자	43
건강관련기술자	40
배우	37
소방관	17
편집자	6
화학엔지니어	2
성직자	0.8
운동트레이너	0.7
치과의사	0.4

보스턴컨설팅그룹(BCG)과 맥킨지(Mckinsey)는 호주, 미국, 독일을 대상으로 4차 산업혁명으로 인한 고용구조 전망을 2018년에 발표하였다. 호주는 약 50,000명의 노동인력(전체 40%)이 2030년까지 인공지능으로 대체되고, 그중 19%는 인간 업무의 역할이 완전히 사라질 것으로 예측하였다. 미국은 인공지능과 첨단로봇의 활용도가 급증함에 따라 대부분 업무가 자동화될 것으로 전망하였다. 구체적으로 저숙련·저임금 노동인력이 수행하는 단순 업무와 더불어 재무관리자, 의사, 고위간부 등 고숙련·고임금 직업의 상당수도 자동화되어, 인간 업무의 45%가 자동화될 것으로 전망하였다. 향후 5년 안에 로봇 서비스의 일반화로 로봇 약사가 등장하고, 3D프린터로 자동차를 생산하며, 자율주행차(self-driving car)의 비율이 10%를 넘을 것으로 예측하였다. 또한 미국 기업의 30%는 인공지능으로 회계감사를 수행하며, 연방정부는 블록체인(Block Chain)으로 세금을 징수할 것으로 예측하였다. 독일 제조업 분야(스마트 팩토리)는 기계가 인간의 업무를 대체함에 따라 생산부문 120,000개(부문 내 4%), 품질관리부문 20,000개(부문 내 8%) 및 유지부문 10,000개(부문 내 7%)의 일자리가 감소할 것이며, 이러한 현상은 2025년 이후 가속화될 것으로 전망하였다. 이처럼 일자리의 위기감은 '노동총량 불변의 법칙'에 근거한다. 인공지능이 대체하는 직업들이 사라지는 만큼 새로운 일자리가 만들어지지 않는다는 것이다. 노동총량이론(Lump of Labor Theory)은 세계에 필요한 노동총량이 정해져있으며 미국인, 인도인, 혹은 한국인이든 상관없이 일단 그 양이 채워진 후에는 남는 일자리가 없어진다는 것이다. 현재 미국에서 미국인이 가장 큰 일자리 비중을 차지하고 있지만, 인도인들이 적은 임금으로 똑같은 일을 하겠다고 나서면 미국인의 일자리는 점점 줄어들게 된다. 노동총량이론에서 경쟁은 주어진 몫을 가지고 다투는 제로섬 게임(zero-sum game)에 기초하고 있다. 따라서 기계가 인간의 노동을 대체하면 인간의 일자리가 줄어들거나 근무시간이 줄어든다.

4차 산업혁명으로 인공지능과 로봇이 매우 빠른 속도로 인간노동을 대체함으로써 일자리가 급감하고 노동시장이 급속하게 위축되고 있다. 인공지능과 로봇에 의한 인간노동의 대체는 육체노동, 단순노동에서 시작하여 지적노동에 이르기까지 전방위적으로 일자리 소멸을 가속화시키고 있다. 또한 기술혁신의 결과로 고숙련 노동자에 대한 수요가 높아지는 반면, 비숙련 노동자에 대한 수요는 감소하여 노동수요의 양극화 현상이 문제점으로 대두되고 있다. 조지 메이슨 대학(George Mason University)의 타일러 코웬(Tyler Cowen) 교수는 인공지능과 로봇 공학의 발달은 미국 인구를 상위 10%와 나머지 90%로 양분하여 부의 양극화 현상이 심화될 것으로 주장하였다. 인공지능이 대신할 수 없는 창의력이 필요한 업무를 수행하는 고급 근로자(10%)는 고임금과 풍요로운 삶을 누리지만, 중간 수준 이하의 지적노동에 종사하는 근로자(90%)는 임금이 정체되거나 감소하는 상황에 직면한다. 이처럼 인공지능과 로봇의 일자리 대체로 발생되는 사회문제는 바로 빈부격차문제이다. 이는 기술혁신으로 인한 생산성 향상만을 고려하고, 노동시장의 변화는 고려하지 않은 것으로 빈부격차문제와 관련된 광범위한 논의와 더불어 노동정책 및 고용대책 마련이 시급하다.

10.3 | 4차 산업혁명으로 인한 직종별·연령별 일자리 충격

미래사회에 관한 관심이 높아지면서 4차 산업혁명 시대의 장기 추세와 거시적 수준에서의 경향성을 전망하는 연구가 현재 활발히 진행되고 있다. 기술혁신의 현황과 전망, 인구고령화 및 저출생 등 인구구조의 변화에 관한 연구는 활발히 이루어졌으나 상대적으로 교육, 훈련, 취업 등 일반 국민들이 체감할 수 있는 분야의 실천적 미래연구는 제한적으로 진행되고 있다. 향후 10~20년은 기술혁신의 직업세계에 대한 충격이 본격적으로 진행될 것이며, 특히 인공지능, 로봇, 빅데이터, 사물인터넷 등의 기술혁신이 기존 산업과 기술에 융복합됨으로써 과거와는 다른 변화가 이루어질 전망이다.

칼 프레이(Carl Frey) 교수와 마이클 오스본(Michael Osborne) 교수는 기술혁신이 향후 노동시장에 미칠 충격을 진단하기 위해 미국 노동청 통계자료(총 702개 직종)를 이용하여 직종별로 컴퓨터에 의한 인간노동의 대체확률을 추정하였다. 직종별로 컴퓨터 대체확률의 크기(0~1 사이의 값, 0은 대체불가)에 따라 저위험군, 중위험군, 고위험군의 세 가지 범주로 구분하였다. 직종별 컴퓨터 대체확률을 기준으로 0~0.3 미만은 저위험 직업군, 0.3~0.7 미만은 중위험 직업군, 0.7~

● 표 10 - 2 미국의 직종별 컴퓨터 대체확률

직종	컴퓨터 대체확률	직종	컴퓨터 대체확률
운수업	0.95	부동산업 및 임대업	0.45
도매 및 소매업	0.85	농업·임업 및 어업	0.25
금융 및 보험업	0.80	출판·영상방송·통신	0.25
사업시설관리업	0.75	전기, 가스 및 수도 사업	0.20
건설업	0.75	예술 및 스포츠	0.20
숙박 및 음식점업	0.70	전문 과학 및 기술	0.15
제조업	0.70	보건업 및 사회복지서비스업	0.15
광업	0.55	교육서비스업	0.10

1.0은 고위험 직업군으로 분류하였다.

2018년 기준, 미국의 컴퓨터 대체확률 고위험 직업군은 전체 일자리의 58.0%, 우리나라는 전체 일자리의 66%(고용노동부 자료)를 나타내고 있어 4차 산업혁명에 따른 일자리 충격이 미국보다 한국이 더 크다는 것을 시사한다. [표 10 - 2]와 같이 운수업, 도매 및 소매업, 금융 및 보험업, 사업시설관리업이 고위험 직업군(컴퓨터 대체확률 0.7 이상)으로 선정되었고, 교육서비스업, 보건업 및 사회복지서비스업, 예술 및 스포츠, 전기·가스 및 수도사업, 농업·임업·어업 등이 저위험 직업군(컴퓨터 대체확률 0.3 미만)으로 선정되었다.

2018년 기준, 미국의 직종별 컴퓨터 대체 고위험 직종에 종사하는 비율을 살펴보면, 운수업이 81.3%로 가장 높고, 도매 및 소매업 81.1%, 금융 및 보험업 78.9%, 사업시설관리업 70.3% 등의 순으로 나타났다. 즉, 컴퓨터 대체확률이 높은 고위험 직업군에 종사자의 비율도 높은 것으로 나타나 이들 직업군이 4차 산업혁명의 영향으로 일자리 충격이 클 것이다. 직종별로 전체 취업자 수 대비 고위험 직업군에 종사하는 취업자 수 비율은 판매종사자가 100%로 가장 높고, 장치기계조작 및 조립종사자 93.9%, 기능원 및 기능관련종사자 82.9%, 단순노무종사자 73.7% 등의 순으로 나타났다. 4차 산업혁명 시대는 앞으로 인력이 줄어들 것이라 예상되는 직종에서 성장세를 보이는 직종으로 인력을 교육하고 이동시켜야 한다. 즉, 4차 산업혁명으로 인한 일자리 충격이 산업별, 직종별로 상이하게 전개되므로 고용축소 직종에서 고용확대 직종으로 인력의 이동을 촉진하는 정책적 대응이 필요하다는 것이다. 이를 위한 전제조건은 직업교육 및 훈련의 확대를 통해 필요한 숙련을 체계적으로 습득할 기회를 고용축소 직종의 재직자들에게 더 확대한다. 고위험 직업군 종사자의 고용정책 방안이 마련되지 않으면 이들은 정리해고 및 일자리를 잃어버리는 위기를 맞을 수 있다. 실업자 중심의 직업훈련을 재직자와 중장년 재취업희망자에게 확대하는 제도적 개선도 필요하다.

다음으로 연령별로 컴퓨터 대체확률 고위험 직업군에 종사하는 비율을 분석하면, 50세 이상의 연령계층이 가장 취약하고, 15~29세 연령계층이 상대적으로 양호한 것으로 나타났다. 컴퓨터 대체확률 고위험 직종에 종사하는 비율은 15~29세 48.6%, 30~49세 47.4%, 50세 이상 60.1%로서 50세 이상이 특히 취약한 것으로 나타났다. 미래학자들은 4차 산업혁명 시대가 가속화되면서 50세 이상의 고위험 직종 종사비율이 상대적으로 더 빠르게 증가할 것으로 전망하여 다른 연령대에 비해 일자리 충격의 강도가 클 것이다. 이처럼 연령별로 기술혁신에 따른 일자리 충격의 강도는 다르지만 4차 산업혁명 시대의 학습은 학령기뿐만 아니라 생애 전체에 걸쳐서 필수적으로 이루어져야 한다. 국가는 모든 국민에게 개인별 맞춤형의 학습기회를 충분히 제공해야 한다. 직업생애(career life)를 유지, 강화하기 위해 교육훈련이 생애 전반에 걸쳐 요구되고, 교육훈련이 선택재가 아닌 생존을 위한 필수재가 되어야 한다. 4차 산업혁명으로 인해 평생직장, 평생직업 시대가 종언을 고하고 취업과 실업이 불규칙적으로 반복되면서 생애에 걸쳐 다수의 직장과 직업에 종사하는 새로운 생애과정이 대두될 것이다. 우리 정부도 학령기 중심의 학교체제를 평생능력개발과 평생교육이 가능하도록 교육 패러다임을 전환해야 하겠다.

10.4 4차 산업혁명 시대 일자리 변화에 따른 대응전략

첫째, 4차 산업혁명 시대에 적합한 창의적·인지적 능력을 갖춘 인력을 확대하기 위해 '교육·훈련 제도의 재검토'가 필요하다. 현재 주입식 교육의 교육과정과 훈련제도를 산업수요 변화에 유연하게 대응할 수 있는 심층학습(deep-learning) 중심으로의 변화가 필요하다. 즉, 학습을 통해 지식 흡수에만 머무는 방식에서 배운 지식을 기반으로 창조적 문제해결역량을 키울 수 있는 심층학습으로 전환하는 것이다. 심층학습의 일환으로 프로젝트 학습제도를 도입하여 학생들의 자기주도적 학습을 유도할 수 있다. 또한 4차 산업혁명 속도의 가속화에 대응하기 위해 현장 중심의 직업훈련에서 핵심역량 배양 중심의 평생교육으로 전환이 필요하다. 평생교육을 수요자 중심으로 확대하여 노동시장 변화에 선제적으로 대응하는 교육서비스 개발과 제공도 필요한 부분이다.

둘째, 4차 산업혁명 시대의 일자리 소멸에 대한 '고용복지전략'이 필요하다. 복지는 고용과 강력하게 연결되어 일자리 확대 → 복지재원 충당 → 저소득층 및 빈곤계층 고용복지 서비스 지원 → 일자리 확대/근로시간 및 생산성 증가로 이어지는 투자전략의 한 축을 담당한다. 미래의 기술혁신 속도를 따라가기 위한 근로자의 재교육과 재훈련을 위해서 현재 실업보호제도의 관대성(generosity)을 확대할 필요가 있다. 현재 조기 재취업이 목표인 실업보호제도는 4차 산업혁명 시대의 저숙련 근로자의 실업위험을 완화하는 데 한계가 있다. 특히 우리나라의 실업급여 임금대체율과 지급기간은 주요 선진국 중 최하위에 속한다. 저숙련 근로자는 재취업을 위한 핵심직무역량을 키우기 위해서 최소한의 생계를 보장받는 환경이 조성되어야 한다. 따라서 이들에게 실업급여의 기간과 임금대체율 등의 관대성을 강화해야 한다. 또한 새롭게 노동시장 진입을 준비하는 청년들을 위한 청년수당제도를 도입할 필요가 있다.

셋째, 4차 산업혁명 기술을 활용한 '일자리 창출전략'이 필요하다. 사물인터넷, 클라우드, 빅데이터, 인공지능을 활용한 창업 지원과 신규 직종 개발을 위한 정부 차원의 일자리 창출전략 수립이 필요하다. 핵심원천기술과 기존 주력 사업과의 융·복합화를 정부가 적극적으로 지원하고, 이를 통해 고용창출이 이루어지도록 고용 생태계를 조성해야 한다. 지역 내 고부가가치 지식기반산업과 고용 흡수력이 높은 산업을 육성하고, 기존 인력의 융·복합 인력화 전환을 지원해야 한다. 또한 최근 급성장하고 있는 공유경제 플랫폼 구축을 지원하여 신규 일자리가 창출될 수 있도록 독려해야 한다. 선진국은 [표 10-3]과 같이 온라인 공

● 표 10 - 3 온라인 플랫폼 공유경제 해외 사례

기업명(국가)	비즈니스 모델
Peerby(네덜란드)	온라인에서 특정 물건(예 전자기기)에 대한 일시적인 수요를 가진 사람들을 매칭시켜주는 형태
ShareYourMeal (네덜란드)	온라인(웹, 어플)에서 이웃에게 '가정요리'를 판매함
Sorted(영국)	온라인 플랫폼 기반으로 개인의 서비스 판매를 중개(서비스 공급자가 서비스 종류 및 시간당 요금을 제시하고, 플랫폼 기업이 보증함)
Fixura(핀란드)	온라인 기반 P2P 대출 플랫폼(다자간 대출을 통해 채권자의 개별 위험 감소 가능)
Task Rabbit(미국)	개인 또는 기업 간 아웃소싱 업무를 입찰·중개하는 온라인 플랫폼(아웃소싱 대상 업무에 가격을 제시하고, 일할 의사가 있는 사람이 입찰하는 형태)

출처: 최석현(2017), "제4차 산업혁명 시대, 일자리 전략은?", 이슈 & 진단, 경기연구원

유경제 플랫폼을 통해 일자리 소멸(대체) 위험이 높은 서비스 직종의 경쟁력을 확보한 사례가 늘고 있다. 정부가 공유경제 플랫폼 구축을 지원하되 간섭을 최소화하여 일자리의 질 등 공익성을 강화하면서 효율성을 유지하는 정책을 수립하고 있다. 우리 정부도 민관협력 공유경제 플랫폼 구축에 장애가 되는 규제를 개선하고, 정부의 공공데이터 개방 및 공유 확대를 위한 클라우드 체계로의 혁신이 필요한 시점이다.

10.5 4차 산업혁명 시대 직무역량의 변화

한국노동연구원은 4차 산업혁명이 국내 노동시장에 미치는 영향을 분석한 '기술진보에 따른 노동시장 변화와 대응'보고서를 2017년에 발표하였다. 우리나라는 기술혁신으로 대체 가능한 직종이 10%에 불과한 반면에 대체 가능성이 높은 직종은 57%로 나타나 주요 선진국 대비 4차 산업혁명 변화대응이 취약한 것으로 나타났다. 주된 원인은 우리나라는 영업 및 판매 직종이 차지하는 비중이 높으나 주요 선진국은 교육, 법률, 의료 등 대체 확률이 낮은 고숙련 전문서비스

직종의 일자리가 풍부하다. 따라서 대체 가능성이 높은 직종에 대한 고용정책과 재교육 및 재취업 방안을 시급히 마련해야 한다.

다보스포럼(WEF)에서 발표한 '미래의 일자리(The Future of Jobs)'보고서에서 사회·경제적 측면의 주요 변화동인으로 업무환경 및 업무방식의 변화를 제시하였다. 4차 산업혁명은 기술발전 및 산업변화에 따른 고용인력에 요구되는 역량의 변화와 이미 확보한 역량의 유통기한 변화를 의미하는 '직무역량 안정성(skills stability)'에 영향을 미치고 있다. 또한 산업분야가 요구하는 주요 능력 및 역량에도 변화가 생겨 '기초문해력(인지능력)', '창의적 문제해결능력', '능동적 리더십'이 4차 산업혁명 시대의 직무역량이 될 것으로 전망하였다. 이를 바탕으로 과학기술정보통신부와 한국과학기술원은 공동연구를 통해 '문제인식역량', '대안도출역량', '협업소통역량' 등의 미래 직무역량을 발표하였다(표 10-4 참조). '문제인식역량'은 유연하고 감성적인 인지력, 비판적 상황해석력, 능동적 학습능력을 말한다. '대안도출역량'은 시스템적 사고, 협력적 의사결정, 체계적 모니터링 능력을 말한다. 마지막으로 '협업소통역량'은 기계를 활용해 인간과 기계를 조합하는 능력과 정교한 첨단기술 조작역량을 말한다. '협업소통역량'은 인공지능과의 협업의 중요성을 강조한 것이다.

● 표 10-4 4차 산업혁명 시대의 직무역량

기관	직무역량	설명
다보스포럼	기초문해력	일상 속에서 핵심기술을 적용해 현상을 파악하는 능력
	창의적 문제해결능력	복잡한 도전과제를 비판적 사고로 분석하고 창의성, 협력을 통해 해결하는 능력
	능동적 리더십	도전정신을 가지고 변화하는 환경에 능동적, 적극적으로 대처하고 리더십을 발휘하는 능력
과학기술정보통신부, 한국과학기술원	문제인식역량	유연하고 감성적인 인지력, 비판적 상황해석력, 능동적 학습능력
	대안도출역량	시스템적 사고, 협력적 의사결정, 체계적 모니터링 능력
	협업소통역량	기계를 활용해 인간과 기계를 조합하는 능력, 정교한 첨단기술 조작역량

출처: 창조경제연구회 편집부(2017), "4차 산업혁명의 일자리 진화", KCERN 공개포럼보고서

제너럴일렉트릭(GE)은 미국 제조업계는 2018년까지 전체 일자리의 63%가 STEM(Science, Technology, Engineering and Mathematics) 분야의 교육 이수를 요구하고, 첨단 제조분야의 15% 이상이 STEM 관련 고급학위(석사 이상)가 필요할 것으로 전망하였다. 보스턴컨설팅그룹(BCG)은 로봇 및 기계를 다루는 전문적인 직업 노하우를 ICT와 접목할 수 있는 역량과 더불어 소프트스킬(soft skills)이 미래사회의 중요한 역량이라고 언급하였다. 소프트스킬은 변화에 대한 유연성 및 다양한 기술의 활용능력 또는 조직 내 커뮤니케이션, 협상, 팀워크, 리더십 등을 활성화할 수 있는 능력이다. 최근 옥스퍼드 대학에서 발표한 '미래사회의 직무역량'보고서에서 미래 산업분야의 직무역량으로 컴퓨터와 IT융합능력, STEM, 소프트스킬, 창조성, 유연성, 재무 및 경영학지식, 건강 등을 제시한 바 있다.

보스턴컨설팅그룹은 향후 10년간 세계 주요 공업국 가운데 한국의 제조업 생산현장 인력의 로봇 대체가 가장 빠른 속도로 진행될 것으로 전망하였다. 더불어 세계에서 가장 빠른 로봇혁명으로 2025년까지 한국 제조업 경쟁력은 평균 33% 개선될 것으로 예상하였다. 따라서 우리나라 제조업 근로자의 직무역량 강화방안과 인력 대체와 관련된 고용대책이 필요한 시점이다.

10.6 4차 산업혁명 시대의 창의적·혁신적 인재양성 방안

장기적 관점에서 4차 산업혁명 시대의 대응전략으로 과학기술 인력양성 체계를 구축해야 한다. 4차 산업혁명의 주체는 인간이라는 점에서 미래사회 변화를 주도하고 주체적으로 대응하기 위해 미래사회가 요구하는 역량을 갖춘 인력양성이 필요하다.

첫째, 미래 혁신기술에 대한 대응 및 활용 역량을 강화하기 위해 ICT에 기반을 둔 소프트웨어 교육을 확대·강화하고, 스마트 교육환경을 조성해야 한다. 영국은 2014년부터 5~16세를 대상으로 소프트웨어 교육을 의무화하고 있으며, 미국은 중등 교육과정에 '컴퓨터 과학'과 관련된 교육과정을 운영하고 있다. 초고속 인터넷(5G) 및 최첨단 학습도구를 학생들이 활용하도록 지원하는 등 세계 수준의 스마트 교육환경을 제공하고 있다. 유럽은 초·중등과정에 ICT에 대한 학생들의 흥미 유도 및 창의성 증진을 위해 디지털 교육자료를 확대하는 등 ICT 기반의 첨단교육환경을 구축하고 있다. 따라서 우리나라도 초·중등 소프트웨어 교육을 의무화하고, 소프트웨어의 접근성 증진 및 역량 강화를 위해 수준별 프로그래밍 및 코딩 중심의 소프트웨어 교육 체계를 구축할 필요가 있다. 이와 더불어 빅데이터 분석 및 공유플랫폼 관련 교육환경의 조성도 필요하다.

둘째, 4차 산업혁명은 미래사회 인력이 갖추어야 할 역량의 변화를 요구한다는 점에서 기존 교육시스템에서 벗어나 창의적이고 융합적인 역량을 갖춘 인재양성을 위한 교육시스템 전환이 필요하다. 이미 미국과 유럽 등 주요국을 중심으로 미래사회의 인재를 양성하기 위한 교육시스템 전환이 시작되고 있다. 미국은 4차 산업혁명 시대의 대학으로 '미네르바 스쿨(Minerva School)'을 설립·운영하고 있다. 미네르바 스쿨은 온라인 수업을 기반으로 토론 및 세미나 등을 통해 지적 개발에 중점을 두는 '거꾸로 수업(Flipped Learning)' 방식을 활용하여 창의성 및 융합성을 접목한 고등교육 시스템이다. 또한 하버드 대학교(Harvard Univ.)와 매사추세츠 공과대학(MIT) 등은 'MOOC(Massive Open Online Course, 온라인공개수업)'와 같은 새로운 교육방식을 도입되고 있다. MOOC는 웹 서비스를 기반으로 이루어지는 상호 참여적, 거대규모의 교육을 의미한다. 비디오, 유인물, 문제집이 보충자료로 사용되는 기존 수업과는 달리, MOOC는 인터넷 토론게시판을 중심으로 학생과 교수 사이의 커뮤니티를 만들어 수업을 진행하는 원격교육의 진화된 형태이다.

셋째, 인공지능과 빅데이터 분석 등 미래 신기술을 개발할 인력양성을 위해 체계적인 STEM 교육과 더불어 인재양성 영역을 핵심원천기술 인력과 응용기술 인력으로 구분하여 프로그램을 수행해야 한다. 인공지능 전문가, 빅데이터 분석가 양성은 대학 및 전문교육기관의 역할이 크며, 특히 STEM 등 기초원천기술에 대한 교육이 중요하다. 미래 신기술 관련 전문인력의 양성은 핵심원천기술 인력(상대적으로 높은 기술 수준)과 응용기술 인력(상대적으로 낮은 기술 수준)으로 구분하여 차별화해야 한다. 핵심원천기술 인력은 STEM 기본기 학습에 높은 비중을 두고, 구체적인 실무 지식은 채용 후 자체적으로 재교육시키는 방식이 효과적이다. 응용기술 인력은 STEM보다는 당장 실무에 투입할 수 있도록 구체적인 프로그래밍 언어나 개발 도구(tool) 활용에 대한 실무적 지식을 학습하는 것이 효과적이다.

이처럼 주요 선진국의 교육기관은 기존의 지식 습득에 초점이 맞춰진 교육시스템에서 벗어나, '창의성', '융합성' 및 '문제해결능력' 등의 '역량'에 초점을 맞춰진 교육시스템을 운영하고 있다. 이제 우리나라도 무학제/무학과/무학년 개념의 온·오프라인 학제 등 새로운 교육시스템을 도입하고, 이공학적 소양과 디자인적 사고를 갖춘 창의적·융합적 과학기술 인재육성을 위해 '역량 키우기' 중심의 교육시스템으로 전환할 필요가 있다.

10.7 4차 산업혁명 시대의 유망직종과 전문가 양성 방안

본 절에서는 4차 산업혁명 시대의 8대 유망직종에 대해 알아보고, 이와 관련된 전문가 양성방안에 대해 학습한다.

10.7.1 4차 산업혁명 시대의 유망직종

우리 정부는 4차 산업혁명에 대비하여 노동시장의 유연성, 기술 숙련도, 교육시스템, 사회 인프라, 그리고 법적보호지표 등에 관한 대응전략을 수립하고 있다. 이와 관련하여 4차 산업혁명 시대의 '일자리 정책 5년 로드맵'과 '향후 유망할 직종 8가지'를 선정하여 발표하였다. 또한 대기업 중심이던 경제성장 패러다임을 중소·벤처기업 중심으로 전환하기 위한 실천과제도 제시한 바 있다.

[표 10−5]와 같이 4차 산업혁명 시대의 '일자리 정책 5년 로드맵'에는 일자리 인프라 구축, 공공 일자리 창출, 민간 일자리 창출, 일자리 질 개선, 맞춤형 일자리 지원의 5가지 영역으로 구분된다. 첫째, 일자리 인프라 구축은 고용영향평가 강화와 일자리 예산 및 지원을 확대하는 등 일자리 중심의 국정운영시스템을 구축한다. 또한 일자리 안전망을 강화하고, 실업보험 및 산재보험의 보장성 강화가 주요 내용이다. 둘째, 공공 일자리 창출은 국가직, 지방직, 민생 공무원,

● 표 10 - 5 4차 산업혁명 시대의 일자리 정책 5년 로드맵

일자리 정책	세부 실천과제
1. 일자리 인프라 구축	1) 일자리 중심의 국정운영시스템 구축 　－고용영향평가 강화, 일자리 예산/지원 확대 2) 일자리 안전망 강화, 혁신적인 인적자원 개발 　－일자리 안전망 사각지대 축소, 실업/산재 보장성 강화
2. 공공 일자리 창출	1) 81만 개 공공 일자리 확충 　－국가직, 지방직, 민생 공무원, 사회서비스 분야, 보육/요양 등
3. 민간 일자리 창출	1) 혁신형 창업을 촉진 　－민간 중심 벤처 생태계 조성 2) 산업 경쟁력 제고, 신산업/서비스업 육성 　－중소기업 전용 R&D 확대, 불공정거래 시정 등
4. 일자리 질 개선	1) 비정규직 남용 방지 및 차별 없는 일터 조성 2) 근로여건 개선 　－최저임금 1만 원 달성, 임금체불 근절 방안 마련, 근로시간 축소 등
5. 맞춤형 일자리 지원	1) 청년/여성/중장년재취업자 등 맞춤형 일자리 지원 　－임금 격차 완화, 교육/직업 훈련 및 정보 제공 강화

출처: 심재민(2017), "문재인 정부 일자리 정책 5년 로드맵", 한영미 외(2018) 재인용

사회서비스 분야, 보육/요양 등 81만 개의 공공 일자리를 창출하는 것이 주요 내용이다. 셋째, 민간 일자리 창출은 민간 중심의 벤처 생태계를 조성하는 등 혁신형 창업을 촉진하는 것이다. 또한 중소기업 전용 연구개발(R&D)을 적극적으로 지원하고 불공정거래를 시정하는 등 산업 경쟁력 제고와 신산업을 육성한다. 넷째, 일자리 질의 개선은 비정규직 남용을 방지하고, 차별 없는 일터를 조성하는 것이다. 또한 최저임금 1만 원 달성, 임금체불 근절 방안 마련, 근로시간 축소 등의 근로여건을 개선한다. 마지막으로, 맞춤형 일자리 지원은 청년, 여성, 중장년재취업자 등에게 맞춤형 일자리를 지원하는 것이다. 임금 격차를 완화하고, 교육·직업 훈련 관련 정보를 적극적으로 공유 및 제공한다.

　다음으로 우리 정부는 4차 산업혁명 시대의 유망직종으로 스마트 팩토리, 스마트 에너지제어, 바이오 제약, 가상현실 및 증강현실 시스템, 드론 제작 관리운영, 스마트 금융시스템, 스마트 팜, 스마트 카 등 8가지를 선정하였다(표 10-6 참조). 첫째, 스마트 팩토리 산업은 사물인터넷을 비롯한 4차 산업혁명의 핵심원천기술이

제조기술과 융합된 스마트 공장이다. 우리 정부는 제조 중소·중견기업의 제조능력 향상 및 스마트화 달성을 위해 2022년까지 스마트 팩토리 30,000개 구축목표를 밝힌 바 있다. 또한 정부는 2030년까지 인공지능 기반의 스마트 팩토리 2,000개를 구축하여 제조업 부가가치율을 선진국 수준인 30%로 끌어올려 세계 4대 제조 강국으로 도약하겠다는 비전을 발표한 바 있다. 우리 정부는 스마트 팩토리 관련 인력으로 2022년까지 약 12만 명의 지능형 로봇 신규인력과 2천 명의 사물인터넷 기기 인증심사원이 필요할 것으로 예측하고 있다. 둘째, 스마트 에너지제어 산업은 2020년부터 진행하는 그린 뉴딜(Green New Deal)의 핵심정책으로 신재생에너지, 친환경 도시 건설, 스마트 홈, 전기자동차, 수소차 등을 말한다. 국내외적으로 친환경 에너지 시장의 급성장이 예상되어 에너지 신산업분야의 인력양성이 필요하다. 셋째, 바이오 제약 산업은 2015년을 기점으로 유명 항체 의약품 특허가 선진시장에서 단계적으로 만료되면서 바이오시밀러(Biosimilar, 복제약) 시장이 본격적으로 열리고 있다. 현재 국내 대표 바이오 기업(삼성바이오로직스, 셀트리온, SK바이오팜)이 포스트 코로나 시대에 국내 주식시장을 주도하고 있는 등 국내 산업에서 바이오 산업의 비중이 점차 높아지고 있다. 2022년까지 바이오 의약품 관련 신규인력 수요는 약 8천 명으로 전망하고 있다. 넷째, 코로나19(COVID-19) 이후 경기 회복을 위해 마련한 한국판 뉴딜(Digital New Deal, 디지털 뉴딜)정책에서 가장 중요한 융합기술인 가상현실(VR)과 증강현실(AR) 산업이다. 이들 산업은 모바일, 게임, 문화, 예술시장을 중심으로 가상현실 디바이스 확산에 따라 시장이 확대되고 있다. 우리 정부는 글로벌 가상현실 신시장 개척 및 플랫폼 선점을 목표로 2022년까지 100개의 가상현실 전문기업의 육성을 추진한다. 다섯째, 드론(drone) 제작 관리운영 산업은 정밀농업, 인프라 관리, 택배, 화물 수송 등의 영역에서 무인기 활용이 활발해지고 있다. 물류 4.0 (Logistics 4.0) 시대는 로봇과 더불어 드론을 활용한 서비스가 전통적인 물류 사업의 핵심 경쟁력으로 떠오르고 있다. 관련 인력으로 2022년까지 산업용 무인기 관련 신규인력이 6천 명 이상 필요할 것으로 전망된다. 여섯째, 스마트 금융시스템, 즉 핀테크(Fintech)가 유망직종으로 선정되었다. 핀테크 산업은 ICT에 기반을 둔 새로운 형태의 금융서비스로 금융 데이터 분석과 소프트웨어 부문의 투자 비중이 증가하는 추세이다. 금융 빅데이터 분석가, 블록체인 전문가, 로보어드바이저 전문가, 인슈어테크 전문가 등의 인력이 필요한 상황이다. 일곱째, 미래의 먹거리와 관련된 스마트 팜(smart farm) 산업이다. 스마트 팜은 농업기술에 ICT

● 표 10-6 4차 산업혁명 시대의 8대 유망직종

직종	주요 내용
스마트 팩토리 (스마트 제조)	산업: 사물인터넷 기반 스마트 공장으로 2022년까지 스마트 팩토리 30,000개 구축 목표
	인력: 지능형 로봇 인력 약 12만 명 필요, 사물인터넷 기기 인증심사원 필요
스마트 에너지제어	산업: 신재생에너지, 친환경 도시 건설, 스마트 홈, 전기자동차, 수소차 등 국 내외 시장 급성장 예상
	인력: 에너지 신산업분야의 인력양성 필요
바이오 제약	산업: 2015년을 기점으로 유명 항체 의약품 특허가 선진시장에서 단계적으로 만료되면서 바이오시밀러 시장이 본격적으로 개화 예상
	인력: 2022년까지 바이오 의약품 관련 신규인력 약 8천 명 필요
가상/ 증강현실 시스템 (VR, AR)	산업: 모바일, 게임, 문화, 예술시장을 중심으로 가상현실 디바이스 확산에 따라 시장 확대 예상
	인력: 글로벌 가상현실 신시장 개척 및 플랫폼 선점을 목표로 2022년까지 100개의 VR 전문기업 육성 추진
드론 제작 관리운영	산업: 정밀농업, 인프라 관리, 택배, 화물 수송 등의 영역까지 무인기 활용 분 야 성장 예상, 물류 4.0(Logistics 4.0) 시대의 드론 활용도 증가
	인력: 2022년까지 산업용 무인기 관련 신규인력 약 6천 명 필요
스마트 금융시스템 (핀테크)	산업: IT기술에 기반을 둔 새로운 형태의 금융서비스로 금융 데이터 분석과 소프트웨어 부문의 투자 비중이 증가하는 추세
	인력: 금융 빅데이터 분석가, 블록체인 전문가, 로보어드바이저 전문가, 인슈 어테크 전문가 등의 인력이 필요
스마트 팜	산업: 농업기술에 ICT를 기반으로 운영되는 지능화된 농장
	인력: 스마트 팜 설계자, 로봇 감시자, 농업기술자, 작목별 전문지도자 등 인 력 수요 급증
스마트 카	산업: 차량기술에 전기·전자, 정보·통신, 지능제어를 접목하여 고안전·고편 의 기능 및 자율운행이 가능한 차량. 세계 시장규모는 연평균 12% 성 장률을 기록할 것으로 전망
	인력: 2022년까지 약 1만 5천 명의 인력이 필요할 것으로 전망

출처: 한영미 외(2018), "4차 산업혁명 시대의 주요 서비스업종을 통한 일자리 창출 전략", 중소기업연구

를 기반으로 운영되는 지능화된 농장으로 바이오 산업(유기농 분야)과 ICT의 융합으로 농업분야의 스마트화가 진행되고 있다. 관련 인력으로 스마트 팜 설계자, 로봇 감시자, 농업기술자, 작목별 전문지도자 등의 인력양성 수요가 급증하고 있다. 마지막으로 자율주행분야의 스마트 카(smart car) 산업이다. 스마트 카 산업은 차량기술에 전기·전자, 정보·통신, 지능제어를 접목하여 고안전·고편의 기능 및 자율운행이 가능한 차량이다. 자율주행 관련 인력은 2022년까지 1만 5천 명이 필요할 것으로 전망하고 있다.

4차 산업혁명 시대에 유망할 8대 직종 산업의 발전과 인력양성을 위해서는 데이터 플랫폼 구축과 유통시장 창출, 인력양성이 가능한 생태계 조성, 혁신기술 관련 교육시스템 구축, 글로벌 인재 획득, 그리고 노동시장 및 고용시스템의 유연성 향상이 필요하다. 또한 다양한 융합기술이 선도하는 인공지능혁명, 중소 벤처기업이 주도하는 창업과 혁신성장 등 한국형 4차 산업혁명의 대응전략도 필요한 시점이다.

10.7.2 스마트 팩토리 전문가 양성방안

전통적으로 제조기업의 경쟁력 강화를 위해서 제품의 생산과정에서 발생하는 다양한 낭비 요인들을 제거하여 QCD로 일컬어지는 세 가지 요인, 즉 품질(quality), 비용(cost), 납기(delivery)를 적절한 수준으로 관리하고 개선하는 것이 필요하다. 이를 위해 생산관리와 운영관리의 스마트화(지능화)와 지원 업무의 계획 및 통제가 요구된다. 이들 관리 업무를 수행하기 위해 데이터의 수집·공유와 빅데이터 기반의 의사결정이 요구되어 제조 현장에 4차 산업혁명의 핵심원천기술이 적용되고 있다. 핵심원천기술과 제조 현장의 융합, 즉 스마트 팩토리를 통한 제조기업의 경쟁력 강화를 위해서는 결국 스마트 팩토리가 QCD 관리의 최적화로 인한 스마트 제조가 실현되어야 한다.

스마트 팩토리 전문가는 크게 공급기업 전문가와 수요기업 전문가로 구분된다. 스마트 팩토리 공급기업 전문가는 프로그래밍 언어 및 개발도구 지식을 보유하는 등의 운영시스템 개발능력과 스마트 제조기술(가상물리시스템, 스마트 센서, 사물인터넷, 클라우드, 빅데이터)의 이해능력을 보유하고 있다. 스마트 팩토리 수요기업

전문가는 공급기업에서 제공하는 솔루션의 사용자 역할을 담당하며, ERP시스템, PLM시스템, 공정시뮬레이션 소프트웨어, 프로세스통제 소프트웨어 등을 다룰 수 있는 역량을 보유하고 있다. 또한 이들 소프트웨어의 활용 또는 조작 방법을 일반 사용자에게 교육할 역량도 필요하다. 최근에는 제조 빅데이터 분석 및 활용에 관한 교육을 시행하고 있다.

스마트 팩토리의 중요성이 높아지면서 향후 스마트 팩토리 전문가의 인력 수요도 점차 늘어나고 있다. 현재 국내는 기업체를 대상으로 스마트 팩토리 보급·확산 및 연구개발 지원 이외에 재직자 및 대학생을 대상으로 스마트 팩토리 전문인력양성을 위한 다양한 교육이 추진되고 있다. 과학기술정보통신부는 디지털 뉴딜 정책의 일환으로 2023년까지 스마트 팩토리 전문인력양성에 1,000억 원을 투입하여 고급 인력 500명을 양성한다는 계획을 발표한 바 있다. 특히 지역 내 스마트 팩토리 인력 부족을 해소하기 위해 미취업 청년 및 재취업자를 대상으로 인공지능 역량을 갖춘 스마트 팩토리 인력양성 프로그램을 수행하고 있다. 또한 지자체 지원을 받아 지역 내 스마트 팩토리 클러스터를 구축하여 일자리를 창출하고 있으며, 동시에 프로젝트 기반의 스마트 팩토리 소프트웨어 개발 실무자 양성 과정도 진행하고 있다.

10.7.3 빅데이터 분석가와 데이터 과학자 양성방안

빅데이터 분석가(Big Data Analyst)는 2012년 가트너(Gartner)가 '빅데이터 분석'을 주요 10대 전략기술로 선정하면서 주목받기 시작하였다. 빅데이터 분석가는 인공지능 시대에 급부상하고 있는 전문 직군으로 하버드비즈니스리뷰(Harvard Business Review)가 뽑은 '21세기 가장 유망한 직업'으로 선정된 바 있다. 빅데이터 분석가는 방대한 양의 데이터들을 읽고 이해하여 의미 있는 자료를 찾아내고 이들 정보를 통해 부가가치를 창출하는 결과물을 도출한다. 축적된 빅데이터를 분석하여 사람들의 행동패턴, 트렌드, 시장 경제상황 등을 예측한다. 빅데이터 분석가는 기본적으로 통계학 지식과 비즈니스 컨설팅에 대한 이해, 데이터 분석을 위한 설계기법 활용 등에 관한 전문적인 역량이 필요하다. 즉, 빅데이터 분석가는 IT활용능력뿐만 아니라 해당 기술로 얻어낸 자료들을 통계학, 경영학 지식으로 분석하고 가공하여 실전에서 가치를 창출할 수 있는 능력이 필요하다. 빅데이터 분석가는 최신 유행이나 트렌드를 주로 다루기 때문에 글로벌 기업현황 및 분야별 시장동향을 수시로 파악할 수 있어야 한다. 또한 세계 각국의 빅데이터 관련 새로운 기술과 내용, 기사와 논문 등을 신속하게 찾아내고 수집할 수 있어야 한다. 빅데이터 분석가는 실시간 데이터를 수집해 저장하는 것은 물론 데이터를 분석하고 시각화하여 사업경쟁력 방안까지 도출해야 하는 등 과학적, 합리적 의사결정을 지원하는 것이 주요 업무이다.

데이터 과학자(Data Scientist)는 빅데이터 분석가에서 심화되고 전문화된 직업이다. 빅데이터 분석가가 통계학 지식으로 관계를 예측·분석한다면 데이터 과학자는 그 관계의 원인을 찾고 이후의 일을 예측하는 데 중점을 둔다. 데이터 과학자는 통계학 지식을 포함한 넓은 범위의 학문적 지식을 가지고 있으며, 이를 바탕으로 데이터 분석을 통해 가치 있는 결과물을 얻을 수 있다. 즉, 데이터 과학자는 고도로 숙련된 IT역량뿐만 아니라 수학, 통계학, 심리학, 사회문화, 인문학 등 다양한 방면의 지식을 갖추고 있다. 이처럼 데이터 과학자의 역량은 '슈퍼맨'에 비유가 될 만큼 심화된 역량이 요구되기에 데이터 과학자의 수요는 급증하고 있으나 인력 공급은 매우 부족한 상황이다. 기술보다 데이터의 중요성이 높아지는 4차 산업혁명 시대에 전 세계적으로 데이터 과학자의 수요가 폭증하면서 인력난이 심해질 전망이다.

2012년 하버드비즈니스리뷰(HBR)의 보고서 'Data Scientist: the Sexiest Job of the 21st Century'에 따르면 데이터 과학자란 수학, 통계학, 컴퓨터공학의 이해와 적용 분야의 지식(경영학, 우주공학, 물리학, 사회과학, 생태학, 생물학 등)을 갖춘 사람들로 정의하였다. 이들은 강력한 호기심과 창의적인 사고능력을 갖춘 것이 특징이다. 또한 데이터 과학자는 주로 그룹이나 팀으로 일을 수행하므로 소통능력, 협업능력, 스토리텔링(story telling) 능력이 요구된다. [표 10-7]과 같이 데이터 과학자는 응용 수학 및 통계학, 프로그래밍 및 데이터베이스, 도메인 지식 및 소프트스킬, 커뮤니케이션 및 시각화 영역에서 다양한 기술 목록을 필요로 한다.

데이터 과학자는 지속적인 경쟁우위를 확보하기 위한 요소가 무엇인지, 그리고 이것을 확보하기 위해 무엇이 필요한지를 제시한다. 그들은 빅데이터에서 어떻게 하면 최대 가치를 끌어내고 새로운 정보를 통합할 것인지 직접 임원들에게

영역	필요 기술 목록
응용 수학 및 통계학	• 기계학습 • 통계적 모형의 이해 • 베이즈 추정 • 로지스틱 회귀분석 • 신경망, 의사결정나무 • 클러스터링 • 최적화
프로그래밍 및 데이터베이스	• 컴퓨터 과학 기초지식 • 파이썬(Python)과 R 프로그래밍 • 관계형 DB 및 DB SQL • 병렬 DB 및 병렬 질의 처리 • 맵리듀스(MapReduce) • 하둡(Hadoop)
도메인 지식 및 소프트 스킬	• 빅데이터 분석에 대한 열정 • 데이터에 대한 호기심 • 문제해결능력 • 전략적, 주도적인 사고방식 • 창조적, 혁신적인 사고방식
커뮤니케이션 및 시각화	• 경영진과의 협업 및 소통능력 • 스토리텔링(story telling) 기술 • 데이터 결과 해석 능력 • 의사결정 활용능력 • 시각화 소프트웨어 활용능력

조언하며 변화 담당자로서 부서를 조정하고 정보를 통합한다. 또한 데이터 과학자는 비즈니스와 기술적 역량 사이의 적절한 균형 유지가 요구된다. 정교한 알고리즘(algorithm)과 애널리틱스(analytics), 그리고 최신 데이터마이닝(data mining) 및 인공지능기법에 대한 명확한 이해가 필요하다.

빅데이터에 의한 산업 및 비즈니스 모델의 변화는 직업군 연봉순위, 유망직종 순위의 변화로까지 이어지고 있다. 미국의 직업 전문 포털사이트 커리어캐스트(CareerCast)는 미국 노동청 통계자료(2017년 기준)를 바탕으로 직업별 연봉과 업무환경, 스트레스, 미래 전망 등을 분석하여 주요 200개 직업군 순위를 발표하였다(표 10-8 참조). 최고의 직업은 통계 전문가(연봉 9,000만 원)로 선정되었고,

● 표 10 - 8 2017년 미국 200대 직업군 전망

순위	직업	순위	직업
1	통계전문가	9	직업치료사
2	의료서비스 관리직	10	언어치료사
3	공정분석 전문가	⋮	
4	정보보안 분석가	196	병충해 방제원
5	데이터 과학자	197	직업군인
6	대학교수	198	벌목꾼
7	수학자	199	방송기자
8	소프트웨어 엔지니어	200	신문기자

자료: 커리어캐스트

데이터 과학자(5위, 연봉 1억 2,500만 원)도 최상위권으로 선정되었다. 빅데이터 관련 업종으로 확대하면 정보보안 분석가(4위, 연봉 1억 200만 원), 수학자(7위, 연봉 1억 2,500만 원), 소프트웨어 엔지니어(8위, 연봉 1억 원)가 선정되는 등 빅데이터 관련 업종이 미래의 유망직종이라는 사실을 확인할 수 있다. 반면 최악의 직업으로는 신문기자(200위)와 방송기자(199위)로 선정되었다. 이들 직업은 노동 강도가 높고 마감의 압박과 사회적 압력 등으로 업무 스트레스가 매우 큰 반면 광고수익의 감소 등으로 관련 산업의 장래가 어둡고 향후 개선될 가능성도 희박하다고 전망하였다.

최근 빅데이터 분야는 분석기술(알고리즘)의 발전에서 나아가 실제 비즈니스 활용 및 의사결정 반영에 초점을 맞추고 있다. 인공지능 기술의 발달로 빅데이터 활성화 요소인 기계학습(machine learning), 직접 시행하는 고급 분석(advanced analytics with self service delivery), 시민 데이터 과학(citizen data science) 등이 새롭게 등장하였다. 시민 데이터 과학은 비즈니스 현장의 실무자로서 조직 내외의 데이터를 수집·분석함으로써 문제를 해결하는 분야를 지칭한다. 시민 데이터 과학은 데이터 과학이 전통적인 통계학과 분석학에서 벗어나 실용을 추구하는 비즈니스 측면으로 이동하는 것을 말한다. 현재 다수의 비즈니스 전문가들이 데이터 과학자로 활동하고 있으며 빅데이터 기반의 다양한 비즈니스 모델을 개발하고 있다.

국내 데이터 과학자들은 데이터 분석 및 활용 기술력은 있으나 이것을 실제 생활이나 산업, 비즈니스에 활용하는 기술력은 떨어진다. 중앙정부 및 지방정부를 포함한 공공영역과 민간 IT교육기관을 중심으로 비즈니스 빅데이터 프로젝트 중심의 인력양성 프로그램 추진이 필요하다. 또한 중앙정부 및 대학특성화 사업 등의 예산을 기반으로 빅데이터 기업, 지역대학, 그리고 연구소와 연계·협력하여 참여하는 빅데이터 산업클러스터를 구축하고, 이를 통해 실사구시(實事求是)형 빅데이터 전문가와 데이터 전문가를 양성해야 한다.

10.7.4 사물인터넷 전문가 양성방안

사물인터넷 선도국가 실현을 위해 전문적이고 창의적인 사물인터넷 전문가의 양성은 매우 중요하다. 구체적으로 사물인터넷 제품 기획 및 개발자, 사물인터넷 서비스 분야 전문가, 사물인터넷 디바이스(기기) 인증심사원, 사물인터넷 보안 기술 연구자 등의 전문인력양성이 필요하며 이를 위해 체계적인 인력양성시스템 및 장기적인 지원 환경이 중요하다.

국내는 사물인터넷 보안 분야에 관심이 날로 증대되고 있으나 사물인터넷 보안 및 정보보호 전문인력은 부족한 실정이다. 주요 선진국의 사물인터넷 전문가들은 보안인력의 특성으로 산업 밀착형 보안인력, 창의적 마인드 보유한 고급인력, 융합형 보안인재, 글로벌 보안인재 양성의 필요성을 주장하였다. 사물인터넷 서비스와 보안이 결합된 맞춤형 사물인터넷 보안인재 양성을 통해 향후 지속적인 글로벌 사물인터넷 전문가 인력양성체제를 확립할 수 있고, 보안인력 시장도 선도할 수 있다.

또 다른 방안으로 범정부 차원의 사물인터넷 테크 스타트업(tech start-up) 생태계를 육성하고 지원하는 것이다. 사물인터넷 테크 스타트업 생태계 육성은 스타트업 펀드 조성 및 운영, 글로벌 기업과의 상호 협력 지원 및 해외 진출 지원, 소프트웨어 개발 방법론 및 개발 프로세스 체계 연구지원, 스타트업을 위한 법률 지원 및 홍보 마케팅 지원, 산업체 수요 조사를 반영한 사물인터넷 핵심기술 연구개발, 그리고 대학에 특화된 린스타트업(lean start-up, 빠른 시제품 완성 후 시장 반응 분석) 모델 구축이 주요 내용이다. 과학기술정보통신부와 정보통신산업진흥원은 2018년부터 사물인터넷 전문가 및 기업육성지원사업을 추진하고 있다. 사물인터넷 중소·중견기업의 제품과 서비스가 시장에 빠르게 확산될 수 있도록 지원하고 사물인터넷 관련 국가 연구개발의 성과물을 과감하게 민간에 개방하여 산업 활성화를 선도하고 있다. 최근에는 사물인터넷 보안서비스 관련 연구가 관심을 받기 시작하면서 초기 사물인터넷 보안시장을 선점하기 위해 민간 기업들이 연구개발을 수행하고 있다. 정부 및 공공기관은 경쟁력 있는 차별화된 기술을 선별하여 적극적인 투자와 컨설팅 서비스를 지원해야 한다.

마지막으로 사물인터넷 보안기술과 사물인터넷 서비스를 위한 효과적인 산학협력 모델 구축 또는 사물인터넷 혁신클러스터의 육성이 필요하다. 사물인터넷 혁신클러스터는 사물인터넷 기업, 지역 대학, 연구소 등이 특정 지역에 모여 네트워크를 구축하고 사업전개, 기술개발, 핵심기술 공동연구, 인력 및 정보교류 등을 통해 시너지 효과의 극대화를 목표로 한다. 대학 및 연구소 내 사물인터넷 보안연구센터를 설립하여 융합형 보안인력을 양성하고, 보안연구센터 참여기업 및 사물인터넷 전문기업들을 대상으로 취업 알선 및 연계 프로그램을 추진해야 할 필요성이 있다.

10.8 에필로그: 4차 산업혁명과 스마트 비즈니스

다보스 포럼(Davos Forum)의 창시자 클라우스 슈밥(Klaus Schwab)은 『The Fourth Industrial Revolution』 서서에서 "결국 모든 것은 사람과 문화, 가치의 문제로 좁혀진다. 문화와 국가, 소득계층을 넘어 모든 구성원이 4차 산업혁명과 그것이 가져올 문명사회의 문제점을 인식할 수 있도록 함께 노력해야 한다"고 언급하였다. 4차 산업혁명으로 일컬어지는 기술발전이 고용의 양적, 질적 측면을 포함한 인간의 전반적인 삶에 중대한 영향을 미칠 것임은 자명하다. 그러나 아직 4차 산업혁명과 혁신기술 개념에 대한 명확한 합의가 이루어지지 않았고, 그 파급효과에 대해서도 비관, 낙관, 중립 등 다양한 가능성에 대한 예측들이 존재하는 상황이다. 4차 산업혁명 시대의 변화, 또는 미래사회의 변화에 대해 전

구성원들이 문제 인식을 갖고 전략적으로 대응 방안을 마련해야 할 시점이다.

국내외 다수의 미래전망보고서에서 제시하고 있는 4차 산업혁명으로 인한 미래사회의 변화를 종합·분석하면, 4차 산업혁명은 '기술·산업구조' 및 '고용구조'와 같이 사회 외적인 측면에만 영향을 미치는 것이 아니라 '역량'이라는 사회 내적인 측면이자 인간 개개인의 특성에도 영향을 미친다. 이는 미래사회 변화에 대한 대비를 위해 사회 외적인 측면에서의 대응과 사회 내적인 측면에서의 대응이 병행되어야 한다는 의미이다.

4차 산업혁명 시대의 일자리는 기존 IT산업의 내부에만 창출되는 것이 아니라 ICT융합(또는 핵심원천기술융합)을 통해 IT산업 테두리의 바깥에서 광범위한 융합 신기술 일자리가 창출된다는 점을 주목해야 한다. ICT융합은 4차 산업혁명의 핵심요소이며, 융합화가 성공하기 위해서는 ICT기술 자체뿐만 아니라 해당 기술이 적용될 분야(금융, 의료, 제조, 유통 등)에 대한 지식(도메인 지식)이 필수적이다. 따라서 미래사회는 융복합 도메인 지식을 보유한 인력의 수요가 증가할 것이다. 또한 인공지능과 로봇 등의 지식을 보유한 과학기술 인재, 개인의 협력적 소비를 담당하는 놀이와 소비의 인재, 그리고 생산과 소비의 분배 구조를 담당하는 사회적 인재가 미래사회의 인재상으로 부각될 것이다. 과학기술, 인문학, 경제사회의 초융합이 우리 미래산업의 본 모습이며 이러한 현상을 즉시하고 미래사회 변혁에 대한 전략적 대응 방안을 마련해야 한다.

4차 산업혁명의 핵심원천기술로 인해 기술·산업구조와 일자리 지형이 변하고 있으며, 동시에 미래사회에서 요구되는 직무역량도 변하고 있다. 이러한 변화는 우리 후손뿐만 아니라 수년 내 우리가 직접적으로 직면하게 될 현실이다. 따라서 중·단기적으로 미래사회 변화의 대응방안을 마련할 필요가 있고, 보다 장기적 관점에서는 미래사회 변화를 주도하기 위한 전략을 수립할 필요가 있다. 4차 산업혁명에 대비한 전략적 대응 방안으로 범정부차원의 전략 수립과 국가 간 공유전략 수립, ICT 기반의 신성장동력(new growth engine) 발굴을 통한 과학기술 경쟁력 강화, 그리고 창의적·혁신적 과학기술인력 양성 체계 구축 등이 필요한 시점이다.

이상으로 '4차 산업혁명과 스마트 비즈니스'에 대해 학습하였다. 우리는 이제 '한국형 4차 산업혁명 모델'을 구축할 시점이다. '한국형 4차 산업혁명 모델'은 정치계, 경제계, 학계, 노조, 산업계가 참여하는 공동프로젝트로 공식적으로 확대, 발전시켜야 하며 각 행위자들의 상호 작용을 통해 내용과 실천과제를 구체화해야 한다. 우리 미래의 사회, 만물이 네트워크로 연결되는 시대에는 모든 중요 행위자들의 협력, 참여, 조정이 더욱 필요하다. 정치계, 경제계, 학계, 연구소, 노조, 산업계 간의 '한국형 4차 산업혁명 모델'에 대한 합치된 견해를 바탕으로 전 산업의 융합화 및 스마트화를 성공적으로 수행해야 한다.

핵심용어

- 노동총량 불변의 법칙: 인공지능이 대체하는 직업들이 사라지는 만큼 새로운 일자리가 만들어지지 않는다는 것
- 직무역량 안정성(Skills Stability): 기술발전 및 산업변화에 따른 고용인력에게 요구되는 역량의 변화 정도 또는 이미 확보한 역량의 유통기한 변화 정도를 의미함
- 문제인식역량: 유연하고 감성적인 인지력, 비판적 상황해석력, 능동적 학습능력을 말함
- 대안도출역량: 시스템적 사고, 협력적 의사결정, 체계적 모니터링 능력을 말함
- 협업소통역량: 기계를 활용해 인간과 기계를 조합하는 능력과 정교한 첨단기술 조작역량을 말함. 협업소통역량은 인공지능과의 협업의 중요성을 강조함
- STEM(Science, Technology, Engineering, Mathematics): 과학(Science), 기술(Technology), 공학(Engineering), 수학(Math) 등 융합 학문을 배우는 과정. STEM은 융합형 인재를 키워 경쟁력 유지에 필요한 혁신을 주도하는 교육프로그램
- 하드스킬(Hard Skills): 기술적 능력 및 실력 또는 전문지식을 의미
- 소프트스킬(Soft Skills): 변화에 대한 유연성 및 다양한 기술의 활용능력 또는 조직 내 커뮤니케이션, 협상, 팀워크, 리더쉽 등을 활성화할 수 있는 능력을 의미
- 미네르바 스쿨(Minerva School): 온라인 수업을 기반으로 토론 및 세미나 등을 통해 지적 개발에 중점을 두는 '거꾸로 수업(Flipped Learning)' 방식을 활용하여 창의성 및 융합성 등을 키우는 새로운 고등교육시스템
- 4차 산업혁명 시대의 '일자리 정책 5년 로드맵': 일자리 인프라 구축, 공공 일자리 창출, 민간 일자리 창출, 일자리 질의 개선, 맞춤형 일자리 지원 등
- 4차 산업혁명 시대의 유망직종: 스마트 팩토리, 스마트 에너지제어, 바이오 제약, 가상현실 및 증강현실 시스템, 드론 제작 관리운영, 스마트 금융시스템, 스마트 팜, 스마트 카 등
- 스마트 팩토리 공급기업 전문가: 프로그래밍 언어 및 개발 도구 지식을 보유하는 등의 운영시스템 개발능력과 스마트 제조기술(가상물리시스템, 스마트 센서, 사물인터넷, 클라우드, 빅데이터)의 이해능력을 보유함
- 스마트 팩토리 수요기업 전문가: 공급기업에서 제공하는 솔루션의 사용자 역할을 담당하며, ERP시스템, PLM시스템, 공정시뮬레이션 소프트웨어, 프로세스통제 소프트웨어 등을 다룰

수 있는 역량을 보유함

- 빅데이터 분석가(Big Data Analyst): 방대한 양의 데이터들을 읽고 이해하여 의미 있는 자료를 찾아내고 이들 정보를 통해 부가가치를 창출하는 결과물을 도출함. 빅데이터 분석가는 기본적으로 통계학 지식과 비즈니스 컨설팅에 대한 이해, 데이터 분석을 위한 설계기법 활용 등에 관한 전문적인 역량이 필요함
- 데이터 과학자(Data Scientist): 빅데이터의 다각적 분석을 통해 조직의 전략방향을 제시하는 기획자이자 전략가를 말함. 데이터 과학자는 데이터 공학, 수학, 통계학, 고급 컴퓨팅 등 다방면에 걸쳐 복합적이고 고도화된 지식과 능력을 보유함
- 데이터 과학자의 주요 기술 목록: 응용 수학 및 통계학, 프로그래밍 및 데이터베이스, 도메인 지식 및 소프트스킬, 커뮤니케이션 및 시각화 영역 등
- 시민 데이터 과학(Citizen Data Science): 비즈니스 현장의 실무자로서 조직 내외의 데이터를 수집하여 분석함으로써 문제를 해결하는 분야를 지칭함

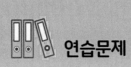
연습문제

01 다음 설명에서 ⒶⒶ와 Ⓑ가 무엇을 말하는지 답하시오.

일자리에 대한 위기감은 '(　　Ⓐ　　)의 법칙'에 근거한다. 인공지능이 대체하는 직업들이 사라지는 만큼 새로운 일자리가 만들어지지 않는다는 것이다. (　　Ⓑ　　)은 세계에 필요한 노동총량이 정해져있으며 미국인, 인도인, 혹은 한국인이든 상관없이 일단 그 양이 채워진 후에는 남는 일자리가 없어진다는 것이다.

Ⓐ – (　　　　　　　　　　　) 　　Ⓑ – (　　　　　　　　　　　　)

02 다음 설명에서 공통적으로 Ⓐ가 무엇인지 답하시오.

현재 커리큘럼 중심의 주입적 성격의 교육 및 훈련제도를 산업수요 변화에 유연적으로 대응할 수 있는 (　　Ⓐ　　) 중심으로의 변화가 필요하다. 즉, 기존의 학습을 통해 지식 흡수에만 머무는 학습 방식에서 배운 지식을 기반으로 창조적 문제 해결 역량을 키울 수 있는 (　　Ⓐ　　)으로 전환하는 것이다.

Ⓐ – (　　　　　　　　　　)

03 다음 설명에서 Ⓐ와 Ⓑ가 무엇을 말하는지 답하시오.

다보스포럼(WEF)에서 발표한 '미래의 일자리(The Future of Jobs)' 보고서에서 사회·경제적 측면의 주요 변화동인으로 업무환경 및 방식의 변화를 제시하였다. 4차 산업혁명은 기술발전 및 산업변화에 따른 고용인력에 요구되는 역량의 변화와 이미 확보한 역량의 유통기한 변화를 의미하는 '(Ⓐ)'에 영향을 미치고 있다. 또한 산업분야가 요구하는 주요 능력 및 역량에도 변화가 생겨 '기초문해력(인지능력)', '창의적 문제해결능력', '(Ⓑ)'이 4차 산업혁명 시대의 직무역량이 될 것으로 전망하였다.

Ⓐ – (   )   Ⓑ – (   )

04 다음 설명에서 공통적으로 Ⓐ가 무엇인지 답하시오.

과학기술정보통신부와 KAIST는 공동연구를 통해 '문제인식역량', '(Ⓐ)', '협업소통역량' 등의 미래 직무역량을 발표하였다. '문제인식역량'은 유연하고 감성적인 인지력, 비판적 상황해석력, 능동적 학습능력을 말한다. '(Ⓐ)'은 시스템적 사고, 협력적 의사결정, 체계적 모니터링 능력을 말한다. '협업소통역량'은 기계를 활용해 인간과 기계를 조합하는 능력과 정교한 첨단기술 조작역량을 말한다.

Ⓐ – (   )

05 다음 설명에서 공통적으로 Ⓐ가 무엇인지 답하시오.

보스턴컨설팅그룹(BCG)은 로봇 및 기계를 다루는 전문적인 직업 노하우를 ICT와 접목할 수 있는 역량과 더불어 (Ⓐ)이 미래사회의 중요한 역량이라고 언급하였다. (Ⓐ)은 변화에 대한 유연성 및 다양한 기술의 활용능력 또는 조직 내 커뮤니케이션, 협상, 팀워크, 리더십 등을 활성화할 수 있는 능력이다.

Ⓐ – (   )

06 다음 설명에서 Ⓐ와 Ⓑ가 무엇을 말하는지 답하시오.

미국은 4차 산업혁명 시대의 대학으로 (Ⓐ)을 설립·운영되고 있다. (Ⓐ)은 온라인 수업을 기반으로 토론 및 세미나 등을 통해 지적 개발에 중점을 두는 '(Ⓑ)' 방식을 활용하여 창의성 및 융합성을 키우는 고등교육 시스템이다.

Ⓐ – ( )   Ⓑ – ( )

07 다음 설명에서 Ⓐ가 무엇인지 답하시오.

스마트 팩토리 (Ⓐ) 전문가는 프로그래밍 언어 및 개발 도구 지식을 보유하는 등의 운영시스템 개발 능력과 스마트 제조기술(가상물리시스템, 스마트 센서, 사물인터넷, 클라우드, 빅데이터)의 이해능력을 보유하고 있다.

Ⓐ – ( )

08 다음 설명에서 공통적으로 Ⓐ가 무엇인지 답하시오.

(Ⓐ)는 방대한 양의 데이터들을 읽고 이해하여 의미 있는 자료를 찾아내고 이들 정보를 통해 부가가치를 창출하는 결과물을 도출한다. 축적된 빅데이터를 분석하여 사람들의 행동패턴, 트렌드, 시장 경제상황 등을 예측한다. (Ⓐ)는 기본적으로 통계학 지식과 비즈니스 컨설팅에 대한 이해, 데이터 분석을 위한 설계기법 활용 등에 관한 전문적인 역량이 필요하다.

Ⓐ – ( )

09 다음 설명에서 공통적으로 Ⓐ가 무엇인지 답하시오.

(Ⓐ)은 비즈니스 현장의 실무자로서 조직 내외의 데이터를 수집하여 분석함으로써 문제를 해결하는 분야를 지칭한다. (Ⓐ)은 데이터 과학이 전통적인 통계학과 분석학에서 벗어나 실용을 추구하는 비즈니스 측면으로 이동하는 것을 말한다. 현재 다수의 비즈니스 전문가들이 데이터 과학자로 활동하고 있으며 빅데이터 기반의 다양한 비즈니스 모델을 개발하고 있다.

Ⓐ - (   )

10 다음 설명에서 공통적으로 Ⓐ가 무엇인지 답하시오.

사물인터넷 전문가 양성을 위해 범정부 차원의 사물인터넷 (Ⓐ) 생태계를 육성하고 지원해야 한다. 사물인터넷 (Ⓐ) 생태계 육성은 스타트업 펀드 조성 및 운영, 글로벌 사물인터넷 기업과의 상호 협력 지원 및 해외 진출 지원, 소프트웨어 개발 방법론 및 개발 프로세스 체계 연구지원, 스타트업을 위한 법률 체계 지원 및 홍보 마케팅 지원, 산업체 수요 조사에 따른 사물인터넷 핵심기술 연구개발, 그리고 대학에 특화된 린스타트업(lean start-up) 모델 구축이 주요 내용이다.

Ⓐ - (   )

참고문헌

고용노동부(2018), "2016~2030 4차 산업혁명에 따른 인력수요 전망", 4차 산업혁명위원회 보고 안건.

국정기획자문위원회(2017), "국정 운영 5개년 계획", 국정기획자문위원회 보고 안건.

김준우(2017), "스마트 팩토리 교육의 현재와 발전 방안", 한국콘텐츠학회지, 제15권, 제2호, pp. 25-29.

김진하(2016), "제4차 산업혁명 시대, 미래사회 변화에 대한 전략적 대응 방안 모색", KISTEP R&D lnl, 제15권, pp. 1-58.

남충현(2018), "4차 산업혁명 시대 일자리 창출의 과제", 월간 공공정책, 제149권, pp. 14-16.

손영화(2014), "빅데이터 시대의 개인정보 보호방안", 기업법연구, 제28권, 제3호, pp. 355-393.

심재민(2017), "[카드뉴스], 문재인 정부 일자리 정책 5년 로드맵", 시선뉴스. 2017.

안상희, 이민화(2016), "제4차 산업혁명이 일자리에 미치는 영향", 한국경영학회 통합학술발표논문집, pp. 2344-2363.

오호영(2018), "제4차 산업혁명과 한국경제의 일자리 충격", 한국경제포럼, 제11권, 제2호, pp. 93-115.

이진태(2013), "빅데이터 활성화와 저작권 문제, 계간 저작권", 제26권, 제2호, pp. 136-173.

장석호(2016), "빅데이터 산업에서의 정보보호 현황과 전망", 정보보호학회지, 제26권, 제2호, pp. 31-34.

창조경제연구회 편집부(2017), "4차 산업혁명의 일자리 진화", KCERN 36차 공개포럼보고서, pp. 1-137.

최석현(2017), "제4차 산업혁명 시대, 일자리 전략은?", 이슈 & 진단, 제273권, 경기연구원, pp. 1-24.

하수욱, 이강찬, 인민교, 이승윤(2015), "국내외 빅데이터 표준화 현황 및 전망", 전자통신동향분석, 제30권, 제2호, pp. 32-39.

한국디지털정책학회 빅데이터전략연구회(2016), 경영 빅데이터 분석, 제1판, 광문각.

한국소프트웨어기술인협회 빅데이터전략연구소(2016), 빅데이터 개론, 제1판, 광문각.

한국정보화진흥원(2015), "Big Data Monthly 빅데이터 동향과 이슈", Big Data Monthly, 제7권, pp. 1－18.

한영미, 임호순, 박광태, 최민, Karmarkar(2018), "4차 산업혁명 시대의 주요 서비스업종을 통한 일자리 창출 전략", 중소기업연구, 제40권, 제4호, pp. 51－74.

함유근, 채승병(2012), 빅데이터 경영을 바꾸다, 제1판, 삼성경제연구소.

CEDA(2015), "Australia's Future Workforce," CEDA REPORT.

Frey, Carl B. and Michael A. Osborne(2018), "The Future of Employment: How Susceptible are Jobs to Computerisation?," Technological Forecasting & Social Change, Vol. 114, pp. 254－280.

General Electronics(2016), "The Workforce of The Future," General Electronics, 2016.

Katz, L. F. and Margo, R. A.(2013), "Technical change and the relative demand for skilled labor: The united states in historical perspective," National Bureau of Economic Research.

Klaus, Schwab(2016), "The Fourth Industrial Revolution," World Economic Forum, 2016.

Mckinesy and Company(2015), "Four Fundamentals of Workplace Automation," Mckinesy & Company Report, 2015.

Oxford Martin School(2013), "The Future of Employment: How susceptible are jobs to computerisation?," Oxford Univ.

Oxford Martin School and Citi Research(2016), "The Technology at Work v2.0," Oxford Martin School & Citi Research, 2016.

Philip Russom(2011), "BIG DATA ANLYTICS," The Data Warehousing Institute, TDWI BEST PRACTICES REPORT(Fourth Quarter 2011), pp. 7－20.

Time(1961), "Business: The Automation Jobless."

UKCES(2014), "The Future of Work: Jobs and Skills in 2030," UKCES, 2014.

WEF(2016a), "The Future Of Job," World Economic Forum.

WEF(2016b), "The Fourth Industrial Revolution: What it Means, How to Respond," World Economic Forum.

index

○

찾아보기

―――― 저자 약력

배재권(裵 在 權) jkbae99@kmu.ac.kr
계명대학교 경영정보학과 교수
(前) 동양대학교 철도경영학과 교수
(前) 서강대학교 경영학과 대우교수
대구광역시 정보화추진위원회 위원
ERP정보관리사 출제 및 감수위원
로고스경영연구 편집위원장
한국로고스경영학회 감사, 총무이사
한국전자상거래학회 상임이사
대한경영정보학회 이사

저서
2019, 금융빅데이터분석(카오스북)
2020, 헬로핀테크 금융플랫폼·금융데이터(한국핀테크지원센터)

4차 산업혁명과 스마트 비즈니스

초판발행   2020년 8월 27일
중판발행   2025년 1월 20일

지은이   배재권
펴낸이   안종만·안상준

편 집   황정원
기획/마케팅   장규식
표지디자인   Ben Story
제 작   고철민·조영환

펴낸곳   (주) **박영사**
              서울특별시 금천구 가산디지털2로 53, 210호(가산동, 한라시그마밸리)
              등록 1959. 3. 11. 제300-1959-1호(倫)
전 화   02)733-6771
f a x   02)736-4818
e-mail   pys@pybook.co.kr
homepage   www.pybook.co.kr
ISBN   979-11-303-1066-4 93320

정 가   27,000원